JOHN R. TORRANCE

COFFRET
PRODUCTIVITÉ
MAXIMALE

4 LIVRES en 1

MAÎTRISEZ VOTRE PRODUCTIVITÉ | TECHNIQUES ÉPROUVÉES DE LECTURE RAPIDE | L'APPRENTISSAGE ACCÉLÉRÉ DÉCRYPTÉ | ALIMENTATION ET PUISSANCE COGNITIVE

TABLE OF CONTENTS

MAÎTRISEZ VOTRE PRODUCTIVITÉ

50+ ASTUCES SIMPLES

pour organiser vos tâches, surmonter
la procrastination et gagner en efficacité
pour exceller dans votre travail

TABLE OF CONTENTS

Votre situation actuelle

Le lieu de travail ou l'environnement professionnel d'aujourd'hui est devenu de plus en plus exigeant et compétitif. Indépendamment du type de travail que vous exercez, de l'intitulé de votre poste et de votre secteur d'activité, tout semble aller très vite. Si l'on ajoute à cela les progrès technologiques et notre dépendance quasi-totale à leur égard, il est facile de comprendre qu'il est de plus en plus compliqué de devenir plus productif dans le monde d'aujourd'hui. En d'autres termes, les outils permettant d'atteindre la productivité ne cessent d'évoluer, mais la capacité humaine à y répondre semble s'amenuiser.

Tout le monde dispose du même temps : 24 heures par jour, 7 jours par semaine et 365 jours par an. Cependant, la capacité à tirer le meilleur parti de chaque journée n'est pas commune à tous. Chaque jour, vous vous réveillez, vous sortez du lit à la hâte, vous vous habillez et vous vous rendez au travail au pas de course. Si vous vous fixez des objectifs quotidiens, hebdomadaires ou mensuels pour réussir, vous parviendrez peut-être à accomplir certaines tâches. Cependant, la plupart des gens se retrouvent bloqués par une myriade de problèmes et d'interruptions lorsqu'ils sont au travail. D'autres se retrouvent sur leur lieu de travail avec des problèmes à la fois personnels et liés au travail.

En fin de compte, beaucoup se démotivent, se stressent et se découragent parce qu'ils ne parviennent pas à accomplir leur tâche quotidienne. Ce qui est ennuyeux, c'est qu'au fil des jours et des semaines, la pression commence à monter. Les échéances approchent à grands pas, la réunion du conseil d'administration est dans deux jours et les détails nécessaires à la rédaction de vos rapports sont encore en cours d'élaboration. Vous avez beau travailler dur, les choses finissent par échapper à votre contrôle.

Oui, vous êtes assidu, astucieux et travailleur, mais il semble qu'il y a toujours quelque chose qui cloche. Pour ne rien arranger, vous devez encore emporter du travail à la maison pour respecter les délais. Même si cela vous déplaît, vous vous sentez épuisé et à bout de souffle, mais vous n'arrivez pas à vous arrêter pour reprendre haleine. Malheureusement, cette course incessante peut nuire à votre santé et réduire encore plus votre productivité.

Où voulez-vous être

Les règles d'implication sur le lieu de travail ont changé. Il faut être rapide et décisif pour rester au top. Il y a vingt ans, il aurait été acceptable de travailler dur pour réussir. Toutefois, le monde d'aujourd'hui s'appuie sur le principe selon lequel il faut travailler plus intelligemment, plutôt que plus durement, pour exceller. Cela ne veut pas dire que l'environnement professionnel tolère le laxisme, mais en raison des interactions avec l'environnement humain, de meilleures façons d'accomplir les tâches se sont développées.

La productivité dépend en grande partie de l'utilisation efficace du temps limité dont on dispose pour optimiser les tâches. Il existe des outils, des systèmes de productivité et des principes qui ont fait leurs preuves et qui permettent d'accroître l'efficacité personnelle au travail. Travailler plus intelligemment permet de canaliser votre énergie et vos ressources, ce qui vous permet de mieux vous concentrer. Vous disposez alors d'un emploi du temps adapté et de meilleures perspectives qui se traduisent par une augmentation de la productivité et une diminution du nombre d'épuisements.

Dans l'ensemble, votre objectif devrait être de posséder la capacité d'identifier les pertes de temps dans votre routine de travail quotidienne. Ensuite, vous devez être en mesure de déterminer comment votre flux de travail doit se dérouler, en augmentant la valeur du temps travaillé. Au final, vous augmentez vos chances de devenir l'une des personnes les plus performantes de votre secteur.

Maîtrisez votre productivité vous offre plus de deux décennies de mon expérience personnelle et de mes connaissances en tant que coach en productivité. Il contient des systèmes éprouvés et des astuces pour la vie de tous les jours afin de vous aider à améliorer considérablement vos niveaux de productivité. Il fournit des étapes pratiques, des principes et des expériences qui ont façonné mon passé et m'ont aidé à atteindre des performances optimales dans tous les domaines de la vie.

Ce livre peut vous servir de guide personnel dans votre voyage vers la maîtrise de soi et l'amélioration de la productivité.

Lire *Maîtrisez votre productivité vous* aidera à :

- ◆ Vaincre la procrastination.
- ◆ Augmenter votre efficacité en vous aidant à vous concentrer sur ce qui est essentiel à votre réussite.
- ◆ Développer des stratégies pour travailler plus intelligemment au lieu de travailler plus durement.
- ◆ Vous mettre sur la voie d'une performance optimale sur le lieu de travail.
- ◆ Prendre plus de plaisir à travailler.
- ◆ Accélérer votre potentiel d'apprentissage.
- ◆ Tirer le meilleur parti des heures de travail limitées de la journée.
- ◆ Réorganiser votre temps de travail et d'étude pour devenir un expert dans votre domaine.
- ◆ Poursuivre vos rêves avec passion.

Quel est le degré de réalisme de *Maîtrisez votre productivité* ?

Maîtrisez votre productivité contient les principes qui ont façonné ma vie depuis plusieurs décennies. La lecture de ces vérités fera toute la différence dans votre ascension vers une vie plus productive. La plupart de ces principes m'ont aidé à augmenter ma productivité d'au moins 80 %. Souvent, les auteurs et les intervenants publics proposent des solutions peu pratiques pour faire bonne figure ou pour vendre une idée. Toutefois, ce livre ne vend pas de foutaises. Non, il n'essaie pas de bâtir des châteaux en Espagne en promettant des étapes et des principes irréalistes. En effet, l'essentiel de ce que vous lirez ici concerne des expériences vécues et des astuces scientifiques éprouvées. D'autres points de vue proviennent d'experts fiables en matière de productivité et de chefs d'entreprise de tous horizons.

Maîtrisez votre productivité : qu'allez-vous y gagner ?

Mes recommandations et mes conseils pour travailler plus intelligemment et non plus durement peuvent faire de vous une personne très performante sur votre lieu de travail. Considérez l'achat et la lecture de ce livre comme un investissement. En tant que tel, l'objectif premier de cet ouvrage est de vous permettre d'en tirer le maximum de valeur afin d'augmenter votre productivité de manière mesurable.

Cependant, pour tirer le meilleur parti de chaque chapitre et de chaque exercice de ce livre, il faut faire preuve de constance et d'efforts inlassables. Mettez en pratique les précieuses leçons de ce livre et, au fil du temps, vous constaterez un immense rendement de productivité. En fin de compte, vous avez le potentiel de devenir l'une des personnes les plus performantes de votre lieu de travail ou de votre secteur d'activité.

La promesse

Si vous vous engagez à lire attentivement et avec ouverture d'esprit les informations (ou les astuces, si vous préférez) contenues dans ce livre et à les mettre en pratique, je vous garantis que dans les quelques jours à quatre semaines à venir, vous constaterez une amélioration d'au moins 45 % de votre niveau de productivité. Au bout d'un an, votre potentiel et votre productivité ne connaîtront plus de limites !

Et maintenant, que faire ?

Pour vous permettre de tirer le meilleur parti de *Maîtrisez votre productivité*, vous devez établir un plan d'action sur la façon de lire ce livre. Compte tenu de votre emploi du temps, définissez un moment précis dans la journée pour lire. En règle générale, les premières heures de la journée offrent une excellente occasion d'apprendre avec un minimum de distractions. Déterminez également la durée que vous souhaitez consacrer chaque matin à la lecture de ce livre. Vous pouvez relever un défi de 14 à 40 jours pour le terminer. Tout dépend de votre rapidité de lecture. Cependant, il ne s'agit pas de vitesse, mais d'être capable d'apprendre et d'appliquer les précieuses ressources trouvées dans ce livre. Lorsque vous lisez, je vous suggère de vous munir d'un stylo et d'un bloc-notes pour noter les points importants. Si vous disposez de notes autocollantes et d'un tableau dans votre chambre ou votre bureau, vous pouvez coller les points essentiels que vous ne voulez pas oublier sur votre miroir ou votre porte, à un endroit bien visible.

Enfin et surtout, une fois que vous avez appris une nouvelle idée, mettez-vous immédiatement au travail pour la mettre en pratique. N'attendez pas d'avoir fini de lire ce livre pour la mettre en œuvre. Le processus d'apprentissage se fait étape par étape.

Poursuivez votre lecture et commencez dès aujourd'hui à maîtriser vos habitudes de productivité grâce à ces plus de 50 étapes éprouvées et réalisables.

CHAPITRE UN

Décidez de ce que vous voulez

La vie est une affaire de prise de décision. On ne peut s'élever dans la vie que dans la mesure où l'on prend des décisions. Vous devez donc décider ce que vous attendez de la vie. Quels que soient les objectifs que vous vous êtes fixés pour votre vie ou votre carrière, ils ne deviendront réalité qu'une fois que vous aurez pris des décisions fermes. La vie ne vous léguera pas ce que vous pensez mériter. On ne récolte de la vie que ce que l'on y sème. Dans la plupart des cas, l'augmentation de la productivité et la réussite dans la vie commencent par l'esprit.

Quels que soient vos projets de vie, professionnels ou personnels, vous devez d'abord évaluer votre parcours. Ensuite, vous devez vous fixer des objectifs significatifs pour les atteindre. Ces objectifs doivent également être assortis d'un plan d'action pour les réaliser. Pour devenir plus productif, ces 6 étapes d'une fixation d'objectifs réussie peuvent vous aider à atteindre des performances optimales :

La conviction

La confiance dans le processus est un élément essentiel de la fixation d'objectifs. Si vous n'avez pas confiance en ce que vous faites, le processus de réalisation vous épuisera plus rapidement. Décider de ce que l'on veut, c'est d'abord avoir une bonne connaissance de ce qui est nécessaire.

« Chaque fois que vous voyez une entreprise qui réussit, dites-vous que c'est parce qu'un jour quelqu'un a pris une décision courageuse. »
-Peter F. Drucker

Rien de significatif n'arrive par hasard, il faut se fixer des objectifs et agir pour réussir. Croire en ses capacités sert de carburant pour atteindre ses objectifs. Lorsque vous croyez au processus, vous vous efforcez de vous l'approprier ou de le personnaliser. Avoir foi dans le processus n'élimine pas les défis ou les écueils qui accompagnent toute entreprise. Cela peut toutefois vous aider à renforcer votre détermination à voir au-delà des revers temporels et à vous concentrer sur ce qui est le plus important. Une solide confiance en soi peut aider à libérer l'énergie nécessaire pour suivre le processus jusqu'au bout. Votre processus de réflexion peut servir de base à la réalisation de vos objectifs.

Certains raisonnements ne peuvent que s'autolimiter. Ces pensées auto-limitantes sont le plus souvent des pensées négatives. Les pensées et les croyances positives vous aideront à canaliser votre énergie vers la réalisation de vos objectifs. Une fois que vous avez décidé de ce que vous voulez, il est plus facile d'atteindre votre objectif si vous avez foi dans le processus.

« Le bonheur n'est pas l'absence de problèmes, c'est la capacité à les gérer. »
-Steve Maraboli

« Une fois que vous prenez une décision, l'univers conspire pour la réaliser. »
-Ralph Waldo Emerson

Vous êtes le mieux placé pour mettre du cœur à l'ouvrage afin d'atteindre vos objectifs dans la vie, c'est pourquoi vous devez croire en vous.

Les croyances limitantes

« Tout homme prend les limites de son champ de vision pour les limites du monde. »
-Arthur Schopenhauer

Certaines croyances sont des pensées auto-limitantes. Les croyances limitatives envoient généralement des ondes négatives qui rendent impossible la réalisation de vos objectifs personnels ou professionnels. Ces pensées proviennent de vos expériences passées, de votre environnement et de vos critères. Parmi ces croyances limitantes, on compte notamment :

La croyance du tout ou rien

La croyance du « tout ou rien » est un état d'esprit excessif qui se situe à deux extrémités opposées. C'est comme si l'on pensait en noir et blanc sans laisser de place à un point médian ou à un équilibre. En d'autres termes, soit vous avez tout, soit vous n'avez rien.

La croyance exagérée

Les personnes ayant des croyances exagérées ont tendance à amplifier les événements ou les incidences de manière disproportionnée. Il est normal de penser positivement et de viser le meilleur, mais une croyance exagérée rend difficile la fixation et la réalisation d'objectifs professionnels ou personnels.

La croyance minimaliste

Un état d'esprit minimaliste a tendance à dépenser de l'énergie pour de petites choses. Il peut également s'agir d'accorder peu d'attention aux détails complexes d'un objectif particulier. Un minimaliste peut remettre à plus tard la poursuite d'un objectif ou le considérer comme insignifiant.

La catégorisation

La catégorisation consiste à se teinter de stéréotypes sur la base d'un incident passé, en utilisant générale-ment des termes négatifs. Se donner des noms en raison de ce qui s'est passé ou ne s'est pas passé est une autre forme de catégorisation. Il s'agit de généraliser à l'excès une situation ou une expérience qui pourrait vous donner une image négative.

La catégorisation erronée

La catégorisation erronée est une forme de fausse représentation de soi. Elle implique l'utilisation d'une description inappropriée d'une situation ou d'un événement. Cette fausse représentation ne correspond pas à vos objectifs professionnels ou personnels.

Les conclusions hâtives

Les décisions ou les jugements pris à la hâte sans preuves rationnelles peuvent avoir des conséquences né-gatives. Les jugements rapides fondés sur les actions ou les réactions d'une personne peuvent conduire à des suppositions inexactes. Ces suppositions peuvent entraîner des complications sur le lieu de travail ou dans le cadre de vos objectifs personnels.

Les pensées pessimistes

Certains raisonnements ne peuvent produire que des résultats négatifs. Le fait de toujours voir le mal dans les situations et les personnes ne peut que produire de la négativité dans votre vie personnelle et profes-sionnelle. Les gens ont parfois des sentiments négatifs et les acceptent comme des faits. Dans ce cas, ils discréditent la vérité et choisissent de croire les situations négatives concernant le travail, leur environ-nement ou eux-mêmes. Le raisonnement émotionnel négatif vous fait considérer une situation comme négative parce que vous vous sentez mal à propos de cette dernière.

Comment se débarrasser des croyances limitantes

Vos croyances façonnent la personne que vous êtes devenue.

« **En apprenant trop tôt nos limites, nous ne connaîtrons jamais nos pouvoirs.** »
-**Mignon McLaughlin**

La seule façon d'apporter des changements significatifs dans votre vie est de faire certains ajustements dans votre système de croyances. Voici ce qu'il faut faire pour y apporter les changements nécessaires :

L'auto-évaluation

Commencez par réévaluer votre vie. Dans quels domaines spécifiques avez-vous l'impression d'être bloqué ? Quel aspect de votre objectif ne fonctionne pas exactement pour vous ? Pour vous débarrasser des croyances auto-limitantes, vous devez identifier les problèmes susceptibles de vous empêcher d'atteindre vos objectifs. Énoncez ces problèmes en aussi peu de phrases que possible.

Quelles sont vos croyances limitantes ?

Vous devez noter les systèmes de croyances particuliers que vous percevez comme des facteurs limitants. Identifiez comment chaque croyance particulière vous a empêché d'atteindre vos objectifs. Par exemple, vous devez prendre certaines mesures pour passer à l'étape suivante de votre objectif. Cependant, le fait d'être pessimiste vous empêche d'atteindre vos objectifs personnels ou professionnels. Dans ce cas, pour réussir, vous devez connaître les causes des sentiments pessimistes et savoir comment y faire face.

Parfois, une croyance limitante peut vous protéger de certains dangers ou de certaines actions. Elles peuvent également nuire à la réalisation d'un autre objectif. Par exemple, si vous êtes une personne qui croit à la simplicité et qui doit économiser autant d'argent que possible, dépenser beaucoup en vacances peut sembler être du gaspillage. Il faudra que vous compreniez bien vos objectifs et le but des vacances pour vous convaincre de dépenser davantage. Un voyage de vacances, par exemple, peut être une source de détente, d'éducation ou de recherche de carrière. Vous pouvez donc lier les dépenses de vacances à un objectif spécifique afin de remettre en question cette croyance limitante.

« Je ne suis pas intéressé par vos croyances limitantes ; je suis intéressé par ce qui vous rend sans limite. »
-Brendon Burchard

L'une des meilleures façons de remettre en question ou de se débarrasser d'une croyance limitante est de se trouver un but. Lorsque le but correspond à vos objectifs, il devient alors plus facile de donner le meilleur de vous même pour l'atteindre. Nous devons donc chercher des moyens de surmonter les croyances limitantes. Certaines habitudes doivent être modifiées pour que vous puissiez atteindre vos objectifs. Une croyance donnée vous aide-t-elle à atteindre votre objectif au niveau souhaité ? Si ce n'est pas le cas, réfléchissez aux moyens de vous en débarrasser. Parfois, cette croyance peut fonctionner parfaitement à un niveau particulier de votre objectif. À d'autres stades de votre objectif, elle peut devenir contre-productive. Dans ce cas, vous devez réévaluer l'objectif et procéder à des ajustements.

Le but

« Le secret de la réussite réside dans la constance du but »
-Benjamin Disraeli

John vivait le rêve américain que beaucoup aux États-Unis espèrent réaliser. Immédiatement après l'université, il a trouvé un emploi dans une entreprise de premier plan dans le quartier de Manhattan. En l'espace de trois ans, il a été promu à un poste de direction. Ce poste s'accompagnait d'une voiture de fonction et d'autres avantages, dont des congés annuels. John semblait vivre la vie de ses rêves. La prochaine étape pour John était de se marier et d'élever des enfants.

Huit ans plus tard et après trois enfants, John n'a pas tardé à se sentir dépassé. La pression constante du travail et de la maison, les factures incessantes qui crient plus fort que le rêve américain, c'en était trop pour lui. Un jour, alors qu'il ressentait un grand sentiment de frustration, il a décidé de prendre le métro pour rentrer chez lui au lieu de conduire. Sur le chemin du retour, un panneau d'affichage électronique affichait en caractères gras cette publicité d'une marque de boisson populaire : « Trouvez les choses qui vous animent, concrétisez-les ! »

Après une longue marche pour rentrer chez lui, John a commencé à réfléchir. Il examinait son travail et sa vie personnelle au cours des huit dernières années. Il se sentait vide à l'intérieur. *Mon travail de 9 à 17h est nul !* se disait John. Il attendait davantage de la vie, mais n'arrivait pas à mettre la main sur ce qu'il voulait exactement. Tout en marchant, John ne cessait de se poser les questions que la plupart des gens se posent depuis un siècle lorsque la vie semble ne plus avoir de sens. *Qu'est-ce qui m'anime ? Qui suis-je ? Quel est le véritable sens de ma vie ?*

Un jour ou l'autre, nous arrivons tous à ce moment de la vie où le sentiment de vide s'installe. C'est à ce moment-là que nous commençons à nous poser des questions pertinentes qui nous supplient de trouver des réponses. Parfois, les réponses à ces questions nous emmènent à la découverte de nous-mêmes.

« Il n'y a pas de plus grande agonie que de porter en soi une histoire non racontée. »
-Maya Angelou

Comprendre la raison d'être d'un objectif est un outil puissant. Cela vous aide à vous concentrer sur l'objectif et à aligner vos activités sur la réalisation de cet objectif. Connaître la raison de votre objectif vous motivera à l'atteindre. Trouver votre but vous donne un tremplin pour réaliser le rêve de votre vie. Votre but vous aide à définir vos choix personnels et professionnels.

Pour vivre une vie épanouie et jouir d'une paix intérieure, vous devez trouver votre but. Celui-ci vous servira alors de boussole pour guider votre vie.

« Ce pour quoi je vis et ce pour quoi je meurs, c'est la même question. »
-Margaret Atwood

Les questions à éviter lors de la recherche d'un but :

♦ Puis-je le faire ?
♦ Cela fonctionnera-t-il ?
♦ Qui me viendra en aide ?
♦ Et si j'échoue ?
♦ Et si je me désintéresse ?
♦ Et si je ne réalise pas de bénéfices ?
♦ Et si je me trompe ?

Des questions honnêtes pour trouver son but dans la vie :

- Que feriez-vous même sans être payé ?
- Que voulez-vous exactement ?
- Quelles sont les choses vous semblent si faciles à faire ?
- Qu'est-ce qui vous passionne ?
- Que ferez-vous si vous savez que vous ne pouvez pas échouer ?
- Que faites-vous qui vous rende vivant ?
- Quelle est la chose qui vous fait oublier de manger ou même d'aller aux toilettes ?
- Quelle est la chose que vous êtes prêt à faire de manière répétée, même si les gens se moquent de vous ?
- Qu'est-ce qui peut vous permettre de rester éveillé très tard le soir sans vous ennuyer ou vous décourager ?
- Pour quel problème pensez-vous être le mieux placé pour sauver le monde ?
- S'il vous restait une année à vivre sur terre, à quoi la dédieriez-vous ? Comment souhaiteriez-vous que l'on se souvienne de vous ?

Comment découvrir votre but dans la vie

Explorez votre passion

Qu'est-ce qui vous passionne ? Les questions honnêtes exprimées ci-dessus permettent de répondre facilement à la question du but de la vie. Chacun possède une capacité innée qui l'incite à agir. Il existe un lien profond entre ce qui vous passionne et le but de votre vie. Vous ne pouvez pas créer un but pour vous-même, il est déjà en vous.

Tout ce dont vous avez besoin, c'est de découvrir votre but. Toutefois, vous ne serez pas le meilleur dans une discipline parce qu'elle correspond à votre but, mais vous la trouverez plus facile à gérer et plus passionnante une fois qu'elle sera le but de votre vie. La formation et le développement peuvent vous aider à affiner vos compétences et à devenir le plus performant dans votre domaine.

Par conséquent, l'exploration des choses qui vous passionnent peut vous aider à découvrir un but, à trouver ce qui vous anime. Quels sont les talents et les dons que vous pouvez exprimer ou explorer ?

Ce que la plupart des gens ne comprennent pas, c'est que la passion est le résultat de l'action, et non sa cause.

Agissez

« L'expérience est la récompense ; la clarté vient du processus d'exploration. »
-Shannon Kaiser

Une fois que vous savez ce qui vous passionne, il est temps de passer à l'action. Ce n'est qu'en essayant des choses dans le domaine qui vous passionne que vous découvrirez ce en quoi vous êtes vraiment doué.

Si vous passez la majeure partie de votre temps à réfléchir à votre objectif, vous risquez d'être frustré. C'est dans l'action, et non dans la seule interrogation, que l'on trouve sa raison d'être. Établissez des relations avec les autres. Utilisez vos qualités, vos dons ou vos talents, même gratuitement. Essayez de nouvelles choses. Vous découvrirez alors ce que vous aimez le plus. Plus vous utiliserez vos dons, plus vous en découvrirez sur vous-même. Avec le temps, vos capacités innées se dévoileront clairement.

Ne réfléchissez pas trop à votre but - agissez !

Visualisez ce que vous voulez

« La visualisation, c'est rêvasser en ayant un but. »
-Bo Bennett

Au début des années 1990, l'appareil photo à pellicule était un moyen populaire de prendre des photos de votre famille et de vos amis lors d'événements. À l'époque, les appareils photo à pellicule utilisaient des pellicules transparentes pour capturer les images et produisaient un son de « clic-clac » lorsque vous preniez une photo. Auparavant, il fallait insérer la pellicule dans la fente prévue à cet effet. Les pellicules étaient fabriquées par des marques populaires comme AGFA ou encore Kodak.

Pour prendre une photo, il fallait regarder dans le viseur pour s'assurer que le sujet était au centre. Vous pouviez également zoomer ou dézoomer pour vous assurer d'obtenir la meilleure position possible. Une fois que vous aviez pris environ 36 photos, il était temps de faire développer la pellicule. La pellicule était envoyée au laboratoire pour être convertie en négatif. Le négatif est une bobine de pellicule qui permet de créer une expression floue des images que vous avez prises. Grâce à cela, vous pouviez identifier les meilleures pellicules à imprimer pour obtenir des photos nettes.

Le parcours qui mène d'un désir ou d'un objectif à la réalisation de vos rêves ressemble beaucoup à ce processus.

« Vous ne pouvez pas compter sur vos yeux lorsque votre imagination n'est pas au point. »
-Mark Twain

En d'autres termes, la visualisation consiste à créer une image mentale de ce que l'on veut ou de l'endroit où l'on veut être dans la vie. Il s'agit d'un outil de réussite puissant que toute personne souhaitant devenir performante doit posséder. Tout ce que vous souhaitez accomplir dans la vie commence d'abord par une image dans votre esprit.

> **« Une image vaut mille mots. »**
> **-Arthur Brisbane**

Pour atteindre vos objectifs personnels ou professionnels, vous avez besoin d'une bonne concentration. Au début, l'image ne sera pas claire et ressemblera à un négatif. Une fois que vous aurez soigneusement défini vos objectifs, tout comme le choix de la bonne pellicule à imprimer, vous pourrez travailler à la réalisation de vos rêves. Chaque objectif ou aspiration a ses propres caractéristiques pour donner une belle image. Plus vous saurez comment vous centrer avant de prendre une photo, meilleur sera le résultat. De même, plus l'image mentale que vous créez est bonne, plus vous avez de chances de réussir.

> **« La visualisation aide notre cerveau à envoyer un signal à notre corps pour qu'il commence à se comporter d'une manière conforme aux images que nous avons en tête. »**
> **-Kimberly Hershenson, thérapeute à New York**

Chaque jour, tout le monde rêve ou crée des images mentales dans son esprit. Cependant, toutes les images mentales ne produisent pas de résultats positifs dans notre vie. Parfois, les gens utilisent le pouvoir de la visualisation pour créer une vie qu'ils ne veulent pas. Ils imaginent les pires situations et se retrouvent avec des photos laides.

> **« Si vous pouvez le rêver, vous pouvez le faire. »**
> **-Walt Disney**

L'intérêt de la visualisation

- Elle donne vie à votre sens créatif. En peu de temps, vous commencerez à avoir des idées créatives en rapport avec vos objectifs.
- La visualisation permet de canaliser l'énergie mentale pour identifier les ressources nécessaires à la réalisation des objectifs.
- Votre image mentale met en œuvre la loi de l'attraction. Cette loi est à l'origine des personnes, des ressources et des situations nécessaires à la réalisation de vos objectifs.
- La visualisation crée la force intérieure ou la motivation nécessaire à la poursuite de vos rêves.

Conseils pour visualiser et réaliser vos objectifs

Sachez ce que vous voulez. Énoncez clairement ce que vous voulez. Qu'est-ce qui vous tient le plus à cœur ? Quelle est la chose qui peut vous apporter le plus de joie ? Créez un schéma mental de ce que sera votre vie une fois que vous aurez atteint cet objectif.

Décrivez l'objectif en détail

Le secret pour décrire votre objectif en détail est de vous demander ceci : si rien ne vous arrête, comment feriez-vous pour atteindre votre objectif ? Il s'agit du processus de réalisation de votre objectif. Créez une image mentale claire de ce que vous voulez exactement. Vous pouvez écrire le processus à suivre pour atteindre vos objectifs. Au moment de la rédaction, faites comme si vous aviez déjà tout ce qu'il faut pour réaliser l'objectif.

Créez une scène émotionnelle de votre objectif

Essayez d'imaginer l'ambiance, les scènes et autres scénarios qui accompagneront l'objectif une fois que vous l'aurez atteint. Pour vous aider à trouver de l'inspiration, créez un tableau de vision avec les images et les citations pertinentes. Inscrivez les objectifs à court et à long terme associés à la vision.

Mettez-vous au travail

Commencez à faire de petits pas chaque jour pour atteindre vos objectifs. Ne vous laissez pas effrayer par leur ampleur. Établissez un plan d'action assorti d'un calendrier pour atteindre vos objectifs quotidiens, hebdomadaires et mensuels.

Énoncez vos objectifs à haute voix

Énoncer ses objectifs à haute voix peut également stimuler la créativité. Vous pouvez faire face au miroir ou à tout autre endroit de votre choix et énoncer vos objectifs, les déclarant ainsi à la vie.

Préparez-vous à un travail de longue haleine

Comprenez que la visualisation de vos objectifs n'est pas une course de vitesse, mais un voyage. En cours de route, vous serez confronté à des défis et au découragement de vos amis et de votre famille. Mais vous devez apprendre à vous en tenir à votre objectif, même lorsque vous avez l'impression que rien ne fonctionne.

« Tous les hommes et les femmes qui réussissent sont de grands rêveurs. Ils imaginent ce que pourrait être leur avenir, idéal à tous égards, puis ils travaillent chaque jour à la réalisation de leur vision lointaine. »
-Brian Tracy

Rédigez votre objectif

Tout le monde peut avoir un rêve ou une image mentale de ce qu'il veut réaliser dans la vie, mais tout le monde ne prend pas le temps d'écrire ses objectifs en termes clairs. Le fait d'écrire ses objectifs permet de voir à quoi ils ressemblent sur le papier. Il devient plus facile de se recentrer ou d'ajuster tout aspect qui n'est pas tout à fait logique.

Lorsqu'il s'agit d'écrire des objectifs, il y a trois catégories de personnes que vous découvrirez. La première catégorie de personnes n'écrit pas ses objectifs. La deuxième catégorie écrit ses objectifs, mais sans plan d'action clair sur la manière de les atteindre. La troisième catégorie de personnes écrit ses objectifs et établit un plan d'action clair pour les atteindre. Ce troisième groupe de personnes adopte ce que l'on appelle les objectifs SMART.

Les études montrent que moins de 20 % des personnes écrivent leurs objectifs en termes clairs. Une étude indique également que les personnes qui ont écrit leurs objectifs ont 1,2 à 1,4 fois plus de chances de les atteindre que les autres.

Pourquoi devriez-vous écrire vos objectifs ?

Augmenter vos chances de réussite

Gail Matthews, professeur de psychologie à l'Université dominicaine de Californie, a mené une étude sur la fixation d'objectifs auprès de 270 participants. Les résultats ont montré que les gens ont 42 % de chances en plus d'atteindre leurs objectifs lorsqu'ils les écrivent.

Clarifier vos objectifs

Le fait d'écrire vos objectifs vous aide à identifier en termes clairs ce que vous voulez exactement. Lorsque vous écrivez vos objectifs, vous commencez naturellement à réfléchir aux ressources dont vous disposez et aux stratégies à mettre en œuvre pour les atteindre. Toutefois, il ne suffit pas d'écrire « Je veux être millionnaire à 30 ans. » Vous devez préciser ce que vous ferez exactement et comment vous comptez gagner ces millions.

Lorsque vous rédigez vos objectifs, vous devez vous assurer qu'il s'agit d'objectifs SMART. Nous reviendrons sur les objectifs SMART plus loin dans ce chapitre.

Vous motiver à réussir

Le fait de voir vos objectifs noir sur blanc vous motivera à les atteindre. Vous pouvez évaluer la distance qui vous sépare de la réalisation de vos objectifs. Si vous avez rédigé vos objectifs, vous pouvez également identifier les petites réussites et célébrer les étapes clés.

Gagner du temps

Un objectif bien écrit et clairement défini réduit le temps consacré aux approximations. Une fois que vous avez rédigé vos objectifs, vous avez une meilleure vue d'ensemble. Vous pouvez ainsi réduire le gaspillage des ressources et mieux gérer votre temps.

Quelques lignes directrices pour la rédaction de vos objectifs

Alors, lorsque le moment est venu d'écrire vos objectifs, que devriez-vous faire ? Notez-vous toutes les idées qui vous viennent à l'esprit et vous y référez-vous dans la poursuite de vos objectifs ? Ou bien y a-t-il des principes, des valeurs, des aspirations ou des structures à suivre ? Voici quelques exemples de lignes directrices à suivre :

- Identifiez vos objectifs professionnels ou personnels.
- Rédiger les objectifs en utilisant les principes de l'objectif SMART.
- Identifiez les raisons pour lesquelles vous souhaitez atteindre chaque objectif.
- Veillez à ne pas avoir trop d'objectifs. En fait, il devrait y en avoir moins de 10.
- Écrivez la manière dont vous allez vous y prendre pour atteindre chaque objectif.

> « L'ennui quand on n'a pas de but, c'est qu'on peut passer sa vie à courir sur le terrain sans jamais marquer. »
> -Bill Copeland

Pour réussir à se fixer des objectifs, il faut toujours les passer en revue pour s'assurer qu'ils sont cohérents. En outre, le fait de travailler avec un partenaire de responsabilisation vous aidera à savoir si vous vous êtes éloigné de vos objectifs.

Élaborez un plan d'action

Écrire ses objectifs sans plan précis sur la manière de les atteindre revient à prendre ses désirs pour des réalités. Pour réussir à fixer vos objectifs, vous devez établir un ordre clair sur la manière dont vous les atteindrez. Sans direction claire, vous risquez d'être frustré et de vous en éloigner.

Conseils pour créer un plan d'action efficace

- ◆ Décomposer les objectifs en tâches plus petites.
- ◆ Répartissez chaque tâche en plusieurs étapes : quotidienne, hebdomadaire et mensuelle.
- ◆ Fixez une priorité pour la réalisation de chaque tâche.
- ◆ Créer une étape pour l'évaluation de la réussite.
- ◆ Établissez un calendrier pour la réalisation de chaque aspect de l'objectif.
- ◆ Soyez précis sur ce que vous avez l'intention d'accomplir à chaque étape de l'objectif.
- ◆ Passez régulièrement en revue vos objectifs, vos échéances et vos tâches pour vous assurer que vous êtes sur la bonne voie.

> « Visez toujours la lune. Même si vous la ratez, vous atterrirez parmi les étoiles. »
> -Les Brown

Pour réussir à se fixer des objectifs, il faut un effort concerté. Vous devez vous lancer, quotidiennement, dans de petites étapes réalisables.

Revoyez vos objectifs

La plupart des gens ne font le point sur leurs objectifs qu'au cours de la nouvelle année. Ils prennent des résolutions du Nouvel An qu'ils finissent par abandonner au bout d'une semaine ou deux. La seule façon de ne pas perdre de vue ses objectifs est de les revoir régulièrement. Revoir ses objectifs, c'est comme avoir une boussole qui sert de guide. Pour accroître son efficacité personnelle, il faut revoir ses objectifs régulièrement.

> « Si vous ne savez pas où vous allez, vous finirez probablement ailleurs. »
> -Lawrence J. Peters

Pourquoi vous devez revoir souvent vos objectifs

- ♦ Cela vous aide à identifier les étapes critiques de votre plan d'action afin d'en assurer la cohérence avec l'objectif global.
- ♦ Revoir votre objectif vous permet de le garder à l'esprit et vous motive à poursuivre votre action.
- ♦ Au fur et à mesure de la mise en œuvre de vos objectifs, un examen de ceux-ci vous aidera à repérer les éléments qui doivent être réajustés pour être efficaces.
- ♦ Vous réduisez les risques de dérapage dans la mise en œuvre de vos objectifs.
- ♦ Cela vous aide à avancer plus vite et de manière plus cohérente.
- ♦ En révisant vos objectifs, vous éliminerez le gaspillage des ressources. Les efforts déployés pour faire ce qu'il ne faut pas feront l'objet d'économies et augmenteront encore l'efficacité personnelle.
- ♦ C'est un excellent moyen de renforcer votre détermination.

« La vie, c'est 10 % ce qui vous arrive et 90 % comment vous y réagissez. »
-Charles R. Swindoll

Comment revoir efficacement les objectifs de sa vie

Il sera plus facile de revoir vos objectifs si vous les avez écrits. Seule une personne qui n'a pas de destination concrète dans la vie vivra sans se fixer d'objectifs. Toutefois, pour devenir un acteur de premier plan dans votre secteur, vous devez savoir comment travailler sur vos objectifs. Si vous avez déjà rédigé vos objectifs selon la méthode SMART, vous pouvez les revoir en procédant comme suit :

- ♦ Choisissez un moment précis chaque jour pour passer en revue vos objectifs hebdomadaires. Veillez à vous engager à évaluer quotidiennement l'indice de performance clé en fonction de vos objectifs. Les premières heures de la matinée sont celles qui conviennent le mieux à certaines personnes. Cela permet de se mettre dans les meilleures conditions pour affronter la journée. Le soir ou l'heure du coucher conviennent mieux à certains, car ils se réveillent en ayant une idée claire du déroulement de leur journée. Nous reviendrons sur ce point dans le prochain chapitre consacré au Club des 5 heures du matin.
- ♦ Évaluez vos objectifs mensuels à la fin de chaque mois pour voir si vous avez réussi.
- ♦ Résumez vos objectifs quotidiens, hebdomadaires et mensuels en trois à dix étapes. En divisant vos objectifs en étapes plus petites, il est plus facile de les revoir. Cela vous permet également de vous familiariser avec le processus sans le rendre ennuyeux ou encombrant. Vous pouvez inscrire les étapes dans votre carnet, votre téléphone, votre tableau ou dans n'importe quels outils que vous utilisez quotidiennement.
- ♦ Au début de chaque semaine ou de chaque mois, passez en revue les activités de la semaine écoulée. Prenez note des tâches quotidiennes, hebdomadaires ou mensuelles accomplies. Faites attention à celles qui sont encore en cours de réalisation et aux domaines où les choses ont mal tourné. Envisagez également des moyens plus efficaces et possibles de résoudre les problèmes.
- ♦ Ajustez vos plans et passez en revue les mesures à prendre pour les jours, les semaines et les mois à venir.

« Si vous voulez atteindre un objectif, vous devez « voir l'atteinte » dans votre esprit. »
- Zig Ziglar

Techniques de définition des objectifs SMART

La clarté dans la définition des objectifs est un facteur majeur d'amélioration de l'efficacité. Elle vous aide également à rester concentré. Les objectifs SMART vont au-delà de la rédaction d'une liste de souhaits. Il s'agit d'une façon de rédiger un objectif réalisable. Un objectif SMART prend en compte le coût de sa réalisation. George T. Doran a inventé la méthode des objectifs SMART en 1981 pour la rédaction de buts et d'objectifs de gestion. Les éléments clés d'un objectif SMART sont les suivants :

Spécifique

Un objectif SMART est un objectif explicite et identifié. Il s'agit d'une déclaration claire sur les résultats attendus et les actions nécessaires pour les atteindre. Nous avons tous beaucoup de choses à faire au quotidien, mais pour accroître notre efficacité personnelle ou professionnelle, nous devons identifier les tâches qui nous permettront d'atteindre nos objectifs plus rapidement. Pour cette raison, dressez une liste de tous vos objectifs, puis sélectionnez ceux qui sont essentiels à la progression de votre carrière.

Par exemple, serez-vous plus à même de réaliser 25 ou 5 tâches par jour ? Et pourquoi pas une fois par semaine ? Il est préférable de classer chaque tâche par ordre de priorité et de réduire le nombre de tâches de 25 à 5 en fonction de vos objectifs. Ces cinq tâches devraient être les plus importantes pour vous aider à atteindre vos objectifs à moyen et long terme.

Mesurable

Un objectif SMART est un objectif qui peut être mesuré. Il doit y avoir un moyen clair de juger si vous avez progressé ou non dans la réalisation de votre objectif. Lorsque vous le fixez, assurez-vous de définir la manière dont vous allez suivre le succès ainsi que les facteurs clés que vous utiliserez pour montrer comment vous avez travaillé pour atteindre votre objectif.

Atteignable

Un objectif n'est pas une liste de souhaits destinée à la fée marraine. Il doit s'agir d'un objectif que l'on peut atteindre en rassemblant des ressources. Par exemple, une personne dépendante de la cigarette peut se défaire de cette habitude. Comment ? En s'en éloignant. Elle doit également éviter les amis ou les endroits où il est facile d'avoir accès à des drogues ou à des cigarettes. Par conséquent, pour que vos objectifs soient réalisables, vous devez disposer de l'environnement approprié pour les soutenir. Par exemple, pour cultiver l'habitude de lire, vous pouvez vous fixer un objectif de nombre de livres à lire chaque mois. Vous pouvez ensuite sélectionner des thèmes ou des livres pertinents. Enfin, vous pouvez définir une durée pour atteindre l'objectif. Ensuite, vous placez la sélection de livres pour le mois sur votre bureau, dans votre sac ou à un endroit où vous pouvez facilement les atteindre.

Pour que l'objectif soit réalisable, il doit être plus modeste au départ, afin d'éviter de se laisser submerger. Là encore, vous devez disposer des outils nécessaires pour atteindre vos objectifs. Si ce n'est pas le cas, vous devez trouver un moyen d'acquérir ces outils, soit en suivant une formation, soit en demandant l'aide d'autres personnes.

Réalisable

Si vous faites un vœu, c'est bien, même s'il est vague. Toutefois, si vous voulez atteindre vos objectifs personnels ou professionnels, ce souhait doit être réaliste. Cela signifie qu'il doit correspondre à vos objectifs personnels ou professionnels à long terme. Vous devez également avoir accès aux ressources ou au savoir-faire nécessaires pour les atteindre.

Temporel

Tout objectif significatif doit avoir une date de début et d'une date de fin. Un objectif dépourvu d'échéancier ne permet pas de mesurer le degré de réussite. En décomposant vos objectifs en éléments plus petits et en fixant des échéances pour chacun d'entre eux, il sera plus facile de savoir si chaque aspect ne se déroule pas comme prévu.

La fixation d'échéances précises donne également le ton sur l'urgence de l'objectif. Vous pouvez en apprendre davantage sur la manière de rédiger des objectifs SMART et obtenir des modèles pour vous guider.

Résumé du chapitre

- Décider de ce que vous voulez est la clé pour atteindre vos objectifs personnels et professionnels.
- Posséder le bon raisonnement et les bonnes croyances, plutôt que des croyances auto-limitantes, vous aidera à mieux progresser.
- Vous êtes le mieux placé pour vous motiver à atteindre vos objectifs dans la vie.
- Votre but sert de boussole pour atteindre vos objectifs. Il doit guider les décisions et les choix de votre vie.
- Une façon précise de trouver votre but est de passer à l'action.
- La création d'une image mentale aide à rendre vos objectifs de vie plus clairs et plus faciles à atteindre.
- L'image que vous voyez souvent peut devenir votre réalité.
- Les supports visuels vous aident à vous motiver pour atteindre vos objectifs.
- En écrivant vos objectifs, vous augmentez vos chances de les atteindre plus rapidement.
- Les personnes qui écrivent leurs objectifs se concentrent mieux et ont plus de chances de les atteindre.
- Un objectif écrit doit comprendre un plan d'action pour être atteint.
- Un programme d'action permet de mesurer plus facilement la croissance et le succès.
- L'examen de vos objectifs vous aide à procéder à une évaluation appropriée afin d'identifier les problèmes, les échecs, les réalisations et les écarts.
- Un objectif SMART est un objectif qui comporte un résultat escompté et l'action nécessaire pour l'atteindre.

Dans le prochain chapitre, vous apprendrez à maîtriser votre journée afin d'atteindre l'objectif de votre vie. Rejoignez le Club des 5 heures du matin.

CHAPITRE DEUX

Rejoignez le Club des 5 heures du matin

Tout le monde a des habitudes ou des activités habituelles auxquelles il s'adonne. Certaines sont de bonnes habitudes, d'autres des habitudes négatives. Cependant, Robin Sharma dit que : « La victoire commence dès le départ. Et c'est au cours de vos premières heures que se forment les grands héros. Prenez le contrôle de vos matinées et vous maîtriserez votre vie. » On dit que les personnes très productives et qui réussissent se réveillent avant 6 heures du matin pour commencer leur journée. Tim Cook, PDG d'Apple, Tim Armstrong, PDG d'AOL, l'investisseur Kevin O'Leary, Ursula Burns, ancienne PDG de Xerox, Jack Dorsey, PDG de Twitter et de Square, et Jeff Immelt, ancien PDG de GE, ont un point commun : ils se réveillent tous entre 3h30 et 6h du matin pour démarrer leur journée.

Depuis près de dix ans, je me réveille avant 5 heures du matin pour commencer ma journée. Et le fait de me lever tôt a eu un impact phénoménal sur ma journée et sur ma vie en général. Les habitudes sont des choses que vous faites souvent. Vous n'avez besoin d'aucune incitation pour les mettre en œuvre. Pourquoi est-il important de développer des habitudes positives ? Toute habitude peut être apprise, qu'elle soit négative ou positive. L'adoption d'habitudes positives aura un impact sur vos objectifs tout au long de votre vie. C'est l'objectif du Club des 5 heures de Robin Sharma. On s'élève dans la vie dans la mesure où on se le permet.

J'ai remarqué que j'étais devenu très occupé et que je n'avais plus le temps de lire, mais je savais que la lecture était une part importante de ma vie et un outil d'apprentissage. Lorsque j'ai réévalué mon objectif de vie, j'ai dû admettre cette vérité. Et c'est exactement ce que nous devons tous faire souvent : réévaluer nos objectifs. Quelle est l'activité ou la compétence que vous pourriez acquérir et qui aurait un impact positif sur votre vie ou vos finances ?

En utilisant la règle des 20/20/20 de Robin Sharma, je devais trouver un moyen de m'aider à lire afin d'augmenter ma productivité. La règle prévoit vingt minutes d'exercice, vingt minutes de planification et vingt minutes d'étude. Je planifie ma journée le soir avant de me coucher. Cela me convient mieux, car je me lève en me sentant organisé et en connaissant mes activités pour la journée à venir. J'avais déjà un programme régulier de 30 minutes d'exercice physique chaque matin. De plus, il est utile de commencer par de l'exercice physique, car dès que je me lance dans une activité, ma journée démarre à plein régime et je peux me laisser distraire. Pour cette raison, j'ai restructuré le 20/20/20 pour les études, en le divisant en 20/20/20 le matin.

Pour m'aider à relever ce défi, j'ai placé les livres à lire le matin sur mon bureau. J'ai également veillé à ce que mon réveil soit réglé une heure plus tôt pour m'adapter à la nouvelle routine de lecture à 4h30 du matin. Le premier jour, ça n'a pas été agréable. Lorsque le réveil s'est mis à sonner, j'ai instantanément appuyé sur le bouton snooze. À la deuxième sonnerie, dix minutes plus tard, j'ai dû me traîner hors du lit si je voulais réussir. Il faut de la discipline et une décision ferme pour exceller dans n'importe quel domaine.

Le premier jour a été un véritable désastre : je me sentais inutile et j'avais l'impression que je devais retourner au lit. J'ai à peine survécu à la première matinée, car mes yeux étaient lourds, mon corps engourdi et je n'arrêtais pas de bailler sans arrêt. Le deuxième jour, oui, je suis sorti du lit dès la première sonnerie du réveil. J'ai pris une tasse de café et je me suis rendu à mon bureau. Le deuxième jour n'a pas été meilleur que le premier. Je me suis couché tard, essayant de préparer des documents pour ma réunion du lendemain. Au réveil, j'ai eu l'impression que je devais laisser tomber le deuxième jour, mais je me suis quand même efforcé de le faire.

C'est après avoir fait ma réflexion et ma planification quotidiennes habituelles avant d'aller me coucher que j'ai réalisé ce qui n'allait pas. Je me réveille désormais une heure plus tôt qu'auparavant, ce qui a fait perdre un peu de temps à ma routine de six à sept heures de sommeil. Comme je me réveille à 5 heures du matin, je dois me coucher vers 22h30 ou 23h pour trouver un équilibre.

Le troisième jour, je n'étais plus aussi fatigué que les deux premiers. Cela a amélioré la qualité du temps que j'ai passé à lire. Cela m'a également permis d'atteindre mon objectif plus rapidement. Le pouvoir de l'habitude. Si vous pouvez maintenir le comportement souhaité pendant au moins 30 à 40 jours, votre corps s'y adaptera.

Les secrets du Club des 5 heures du matin de Robin Sharma

Robin Sharma, dont les parents sont indiens et kenyans, est un conférencier, écrivain et coach de réussite canadien de renom. Au début de sa vingtaine, Sharma a dû faire face aux problèmes que rencontrent la plupart des immigrants. Il souhaitait ardemment exceller et était prêt à fournir des efforts supplémentaires pour réussir.

Après avoir obtenu son diplôme de droit et être devenu un avocat accompli, Sharma souhaitait obtenir davantage de la vie. C'est ainsi qu'il a étudié la vie d'autres hommes et femmes qui ont réussi afin de comprendre ce qui les faisait vibrer au fond d'eux-mêmes. Les stratégies de réussite de ces grandes personnalités ont donné naissance aux livres de Sharma : *Megaliving* en 1994, *Le moine qui vendit sa Ferrari* et son dernier ouvrage, Le Club des 5 heures du mat'.

Le Club des 5 heures du matin de Robin Sharma

Robin Sharma a mené une vie simple, mais disciplinée, basée sur des expériences et des formations accumulées au fil des décennies. C'est ce qui a donné naissance au Club des 5 heures du matin. La discipline personnelle que Sharma a apprise dans sa vingtaine l'a aidé à se projeter vers le succès et à éviter les erreurs commises par tant de gens. Aujourd'hui, il s'adresse à des milliers de personnes lors de conférences et d'autres événements.

Sharma affirme que si vous prenez l'habitude de vous lever tous les matins à 5 heures, ou avant, pour mettre en œuvre la formule des 20/20/20, vous pouvez augmenter votre productivité personnelle. C'est ce qu'il appelle « l'heure de la victoire ». Si vous pouvez suivre judicieusement la règle des 20/20/20, vous deviendrez, au fil du temps, plus intelligent, plus agile, plus sûr de vous et vous connaîtrez un regain de créativité.

La formule des 20/20/20 et l'heure de la victoire de Sharma

Pour augmenter votre productivité personnelle, voici comment utiliser votre « heure de la victoire » :

- Levez-vous à 5 heures du matin (vous pouvez commencer par utiliser le réveil traditionnel pour vous aider à vous réveiller).
- Faites de l'exercice et méditez pendant 20 minutes.
- Planifiez votre journée pendant 20 minutes.
- Lisez un livre ou de la documentation en ligne pour perfectionner vos compétences ou pour apprendre quelque chose de nouveau dans votre domaine.

Comment se réveiller à 5 heures du matin peut augmenter la productivité personnelle

Vigilance mentale

Se réveiller tôt et travailler de manière progressive pour atteindre le Club des 5 heures du matin vous donnera le coup de pouce nécessaire pour commencer la journée. À une heure aussi matinale, la plupart des gens dorment encore ; vous ne risquez donc pas d'être distrait. Vous pouvez vous concentrer, vous sentir à l'aise avec vous-même et réfléchir à vos objectifs.

Faire de l'exercice tous les matins présente également des avantages pour la santé mentale et physique de votre corps. La capacité à gérer votre poids vous donnera le sentiment d'être maître de la situation. Les exercices quotidiens ne vous rendent pas seulement alerte mais vous mettent de bonne humeur pour affronter votre journée. Votre corps libère des hormones qui vous aident à vous détendre, à vous déstresser et, éventuellement, à lutter contre la dépression. Voir le chapitre 7 pour plus de détails sur les habitudes à prendre pour augmenter votre énergie physique et mentale.

Élargissez votre socle de connaissances

Consacrer les premières minutes de votre réveil quotidien à la lecture est, je dois le dire, un moyen efficace de commencer la journée. Quelle compétence ou connaissance devez-vous acquérir pour faire progresser votre carrière ou votre objectif personnel ?

Lire au moins 20 minutes par jour peut avoir un impact considérable sur votre vie. Les personnes qui lisent des livres spécifiques pendant quelques minutes par jour ont plus de chances de devenir des leaders dans leur secteur d'activité.

La lecture, tout comme l'exercice, améliore vos capacités cognitives. Elle augmente votre capacité d'apprentissage et développe vos capacités d'analyse et de jugement. C'est un excellent outil pour stimuler votre intelligence et vos capacités cérébrales. La lecture améliore également votre niveau de concentration.

Se sentir revitalisé et motivé

En commençant la journée dans un bon état d'esprit, vous pouvez accomplir de petites réussites, comme faire de l'exercice, lire et bien d'autres choses encore. Ce sentiment vous aide à vous motiver pour des réalisations plus importantes tout au long de la journée. Si vous excellez dans les petites choses, vous obtenez ce sentiment de « je peux le faire ». Cela augmente votre niveau d'optimisme et d'énergie tout au long de la journée. Et avant que vous ne vous en rendiez compte, vous êtes en train de conquérir des problèmes apparemment insurmontables.

« La motivation est ce qui vous permet de commencer, les habitudes sont ce qui vous permet de continuer. »
- Jim Ryun

Augmentez votre autodiscipline

L'autodiscipline est l'une des habitudes des personnes qui réussissent le mieux. La réalisation de tout ce qui est significatif dans votre vie personnelle ou professionnelle ne se fait pas à un prix dérisoire. Il faut de la ténacité, du courage et une forte impulsion pour réaliser quelque chose de grand. Se lever tôt alors que l'hiver bat son plein requiert de la résilience. Lire quotidiennement demande de l'entraînement et une forte volonté. Faire de l'exercice tous les jours pendant 30 minutes, sans sauter de jour ni s'arrêter, demande de l'engagement.

Accomplir les tâches quotidiennes qui feront progresser votre carrière ou votre développement personnel demande de la discipline. Le faire au bon moment et de la bonne manière demande encore plus de discipline. La discipline exige une force physique et mentale.

« Surveillez vos pensées, elles deviennent vos paroles ; surveillez vos paroles, elles deviennent vos actions, surveillez vos actions, elles deviennent vos habitudes, surveillez vos habitudes, elles deviennent votre caractère, surveillez votre caractère, il devient votre destin. »

---

10 rituels matinaux pour stimuler la productivité personnelle et professionnelle

Quelles sont les habitudes ou les caractéristiques qui, selon vous, peuvent vous aider à réussir dans votre carrière ou votre vie personnelle ? Vous devez acquérir les compétences nécessaires à votre productivité personnelle. Toutefois, avant de devenir un employé performant, voici quelques traits de caractère ou habitudes que possèdent les gens qui réussissent.

Ils dorment suffisamment

Selon une fondation américaine - the *National Sleep Foundation* - un adulte a besoin de sept à neuf heures de sommeil par jour pour vivre en bonne santé. Pour être dans le meilleur état d'esprit possible le matin, il faut dormir suffisamment. Le manque de sommeil réduit votre niveau de concentration au travail. Par conséquent, pour être en pleine forme, vous devez avoir un temps de sommeil régulier.

La plupart des personnes très performantes se couchent tôt afin de se sentir énergisées et prêtes à affronter les tâches du lendemain.

Ils se lèvent tôt

Les personnes très efficaces ont des heures de sommeil et de réveil spécifiques. Certaines d'entre elles se lèvent dès 3h45 ou 4h. D'autres commencent leur journée à 5 ou 6h. Au début, vous aurez peut-être besoin de l'aide d'un réveil pour vous lever tôt, mais avec le temps, votre corps s'adaptera à cette nouvelle routine. Comme s'il était automatisé, vous vous réveillerez tous les jours à peu près à la même heure.

En vous levant tôt chaque jour, vous disposez d'un excellent moment pour faire de l'exercice, vous adonner à des activités spirituelles, vous développer mentalement et bien d'autres choses encore.

Ils consacrent du temps à la méditation

Les personnes très efficaces comprennent le pouvoir de la réflexion. La méditation ou le temps de réflexion vous aident à maximiser l'utilisation de vos capacités cérébrales. Si vous ne savez pas comment commencer, l'utilisation d'une application de méditation quotidienne peut vous aider à mettre en place une routine de méditation. La méditation quotidienne peut également réduire le stress, lutter contre la dépression, vous aider à vous détendre et à traiter les douleurs chroniques.

Des recherches menées par l'université baptiste de Wake Forest montrent que la méditation peut réduire la douleur de 40 %. En revanche, la prise d'analgésiques à base de morphine permet de réduire la douleur de 25 %. Selon le National Public Radio (NPR) - un média américain indépendant à but non lucratif - la méditation peut réduire le stress et la tension artérielle. Elle améliore également les capacités de résolution des problèmes, le bien-être général, la carrière et les relations personnelles.

Des recherches menées pour l'Institut national de la santé et publiées par la Bibliothèque nationale de médecine des États-Unis indiquent que la méditation peut réduire la perte de cognition chez les personnes âgées.

Ils évitent le café dès le lever

Il est toujours tentant de boire son café préféré dès le réveil. La tentation est d'autant plus grande lorsque le temps devient glacial. Cependant, les personnes qui réussissent le mieux comprennent l'importance de résister à l'envie d'une tasse de caféine chaude dès le matin. En se rendant chaque jour au bureau, Jack Dorsey, PDG de Twitter et de Square, dit qu'il s'arrête dans un café pour prendre son café préféré. Cependant, il commence sa journée par de l'exercice, puis par de la méditation avant de partir au bureau.

Des études scientifiques montrent que la consommation de caféine dès le matin bloque les effets bénéfiques de la caféine sur l'énergie. Par conséquent, votre première tasse de café devrait être consommée beaucoup plus tard, vers 9 heures du matin.

Ils prennent plaisir à s'entraîner

J'ai abordé l'importance de l'exercice physique et ses effets sur le corps et le psychisme. Les personnes les plus performantes dans différents secteurs d'activité comprennent bien comment l'exercice physique peut les aider à maintenir des performances optimales. L'exercice permet de revitaliser le corps, de faire circuler le sang plus rapidement et de rester mentalement alerte.

Il ne s'agit pas nécessairement d'une activité rigoureuse, mais plutôt d'un exercice léger et amusant. Que ce soit de la marche rapide, de la natation, de la danse ou du jogging, toute activité physique qui aide le cœur à battre plus vite ou le sang à circuler fera l'affaire.

Ils organisent leur emploi du temps pour la journée

Oui, certaines personnes puissantes travaillant dans de grandes entreprises emploient des assistants personnels pour gérer leur emploi du temps, mais les personnes qui réussissent le mieux vérifient et organisent également leur emploi du temps personnellement. Organiser son emploi du temps permet de s'assurer que la journée se déroule comme prévu, avec moins de contretemps.

Une fois qu'elles ont établi des priorités pour les activités de la journée, les personnes qui réussissent peuvent travailler de manière ordonnée. Elles ont une idée claire de ce qu'elles veulent accomplir à la fin de chaque journée. Même en cas d'imprévus ou d'interruptions, il devient plus facile de suivre ses progrès.

Les personnes qui réussissent bien organisent leur emploi du temps de manière à consacrer le temps le plus productif de la journée à la tâche la plus importante, conformément à leurs objectifs.

Ils adoptent des habitudes alimentaires saines

Le petit-déjeuner est l'un des repas les plus importants de la journée. Les personnes les plus performantes savent qu'il est important de prendre un petit-déjeuner pour être productif. Le petit-déjeuner intervient après le long jeûne du dernier repas de la veille. Votre corps a donc besoin de ce repas comme carburant. Vous vous sentirez beaucoup mieux en mangeant, et en mangeant bien, pour affronter les tâches de la journée.

Il arrive que l'on soit agité ou que l'on ne ressente pas le besoin de prendre un petit-déjeuner. On est alors tenté de sauter le premier repas de la journée. Toutefois, comme le dit Richard Branson, PDG du groupe Virgin, vous pouvez manger quelque chose de léger pour commencer la journée. Les fruits, les céréales complètes, les glucides ou encore les protéines sont idéaux.

Ils s'habillent simplement

Les personnes qui réussissent bien ont tendance à passer moins de temps à se demander comment s'habiller chaque jour. Elles préfèrent consacrer leur énergie à des choses plus productives plutôt que de se créer un stress mental à cause de leurs vêtements. Ce que font les personnes qui réussissent le mieux, c'est de créer une sélection de vêtements simples. Elles portent des mélanges de couleurs attrayants, des baskets ou des chaussures confortables, ainsi que des tenues dépareillées. Avec de telles combinaisons, il est facile pour ces PDG et cadres occupés de choisir leurs vêtements au quotidien. Par exemple, Mark Zuckerberg, PDG de Facebook, a déclaré à l'Independent qu'il portait une collection particulière de vêtements pour simplifier sa tenue vestimentaire et conserver son énergie mentale pour le travail de la journée.

Mark est connu pour ses jeans, ses t-shirt gris et ses sweat-shirt. D'autres milliardaires de la technologie portent également des vêtements simples. Steve Jobs portait souvent un pull à col roulé et un jean noir. Evan Spiegel, PDG de Snap, porte un t-shirt blanc à col en V avec un jean noir et des baskets blanches. Sundar Pichai, PDG de Google, préfère une simple veste de survêtement, un jean et des baskets. Jack Dorsey porte son jean habituel, un t-shirt noir à col rond et des baskets. Avoir l'air élégant ne doit pas nécessairement coûter très cher ni prendre tout le temps du monde. Cependant, portez des vêtements appropriés et soyez élégant pour renforcer votre confiance en vous.

Ils créent un modèle de travail

La meilleure façon d'aborder les tâches de la journée reste une question d'actualité qui suscite des opinions variées. Alors que certaines personnes commencent la journée en s'occupant de tâches plus petites comme la lecture de courriels ou de lettres, d'autres commencent par les projets les plus difficiles et les réduisent ensuite. Quoi qu'il en soit, et quel que soit votre choix, veillez à ce que la première heure de travail soit productive.

Après avoir hiérarchisé les tâches de la journée, je commence mon programme de travail par des tâches plus petites qui ne demandent pas beaucoup de temps. Cependant, ces dernières peuvent avoir un impact sur mes résultats de la journée. Les activités telles que la vérification de mes courriels, lettres, et autres messages, apparaissent généralement lorsque je trie les éléments dont j'ai besoin pour commencer à travailler. Une fois que les documents et les outils dont j'ai besoin sont sur mon bureau, je me lance dans les tâches les plus importantes de la journée.

Les tâches plus importantes peuvent prendre 3 à 5 heures de plus, voire plus, pour être accomplies. Pendant les heures de travail, je ne lis et ne réponds aux courriels liés au travail qu'à une heure précise. Toutefois, pendant mes pauses sociales ou décontractées, je prends le temps de consulter mes courriels et les fils d'actualité de mes réseaux sociaux lorsque j'ai besoin de me changer les idées pendant quelques minutes.

Ils font plusieurs choses à la fois

Bien que les recherches montrent que le multitâche réduit les niveaux d'efficacité au travail, les personnes qui réussissent l'exploitent dans leur routine. Par exemple, le New York Times rapporte que Bill Gates, fondateur de Microsoft, regarde des DVD tout en faisant de l'exercice pour continuer à s'instruire. Personnellement, les toilettes sont un endroit idéal pour réfléchir ou lire. Cela m'aide à me détendre, à réfléchir aux activités passées et à trouver des idées géniales pour résoudre certains problèmes de la vie. Non seulement je vide mes intestins, mais j'acquiers une vision nouvelle d'une tâche à accomplir.

Conseils pour tirer le meilleur parti du Club des 5h du matin de Sharma

- ◆ Pour bien dormir la nuit, essayez d'éteindre tous vos gadgets technologiques, comme vos téléphones et vos tablettes. Je sais que cela peut s'avérer difficile pour certains, mais vous devez avoir moins de distractions. Sheryl Sandberg, PDG de Facebook, affirme qu'éteindre son téléphone le soir est un excellent moyen de se reposer et d'éviter les distractions.
- ◆ Faites des efforts pour vous détendre avant de vous coucher afin de pouvoir dormir facilement. Par exemple, évitez de prendre des repas lourds une ou deux heures avant le coucher.
- ◆ Pour bien dormir la nuit, il est utile de disposer d'une ambiance et d'un éclairage adéquats. Par conséquent, évitez de trop éclairer votre chambre en éteignant les lumières vives. Si vous devez laisser la lumière allumée, optez pour des lumières colorées ou chaudes.
- ◆ Si vous n'avez pas l'habitude de vous réveiller tôt, allez-y doucement. Essayez de vous réveiller 15 à 30 minutes plus tôt que d'habitude. Après trois jours, vous pouvez augmenter votre heure de réveil

entre 45 minutes et une heure pour atteindre l'objectif de 5 heures du matin. Cette stratégie vous aidera à réduire la pression exercée sur votre corps au début.

♦ Efforcez-vous de maintenir une routine en matière d'exercices. Au lieu de séances lourdes d'une heure ou plus par jour, faites des séances d'exercices légers d'environ 30 minutes par jour. L'objectif n'est pas de vous épuiser ou de vous rendre la tâche pénible, mais bien de la rendre passionnante.

♦ Prenez la liberté de porter les vêtements que la culture de votre organisation autorise, mais cherchez toujours les meilleurs moyens de combiner les couleurs et les vêtements pour vous simplifier la vie.

♦ Si votre horaire de travail commence beaucoup plus tard, le club des 8 heures du matin pourrait vous convenir davantage que celui des 5 heures du matin. Tenez-vous en à ce qui vous aide à augmenter votre productivité personnelle en utilisant la formule des 20/20/20 de Sharma.

En rejoignant le Club des 5 heures du matin, vous avez le temps de prendre votre journée en main. Vous avez amplement le temps de ruminer sur des questions et d'utiliser le pouvoir de l'imagination pour concevoir ou visualiser votre journée. Vous pouvez passer plus de temps à apprendre ou à faire des recherches sur les choses dont vous avez besoin pour atteindre vos objectifs. Cela vous donnera l'énergie nécessaire pour accomplir beaucoup de choses.

Résumé du chapitre

Ce chapitre s'est intéressé à la manière dont les heures du matin peuvent avoir un effet sur la productivité personnelle. Le Club des 5 heures du matin de Robin Sharma a été utilisé comme prototype pour vous aider à accroître vos performances. Voici ce qu'il faut retenir de ce chapitre :

♦ Les personnes qui réussissent bien ont des habitudes de travail qui leur permettent d'exceller.

♦ Le Club des 5 heures du matin de Robin Sharma explique ce qu'il faut faire pendant la première heure du réveil.

♦ Organisez vos journées avec la formule des 20/20/20 de Sharma.

♦ Faites de l'exercice pendant les vingt premières minutes, planifiez votre journée pendant les vingt minutes suivantes et étudiez pendant les vingt dernières minutes.

♦ Le temps d'étude vous permet d'acquérir une nouvelle compétence ou d'améliorer vos compétences dans le cadre de votre carrière.

♦ Étudier au moins vingt minutes par jour permet d'augmenter la productivité personnelle.

♦ Pour exceller au Club des 5 heures du matin, vous devez équilibrer vos heures de sommeil et de réveil. Ne vous privez pas d'un sommeil suffisant parce que vous en avez besoin pour atteindre vos objectifs. Au contraire, adaptez votre temps de sommeil pour compenser un quelconque manque.

♦ Se lever tôt pour commencer la journée augmente la vivacité d'esprit.

♦ Le Club des 5 heures du matin vous apprend à intégrer la discipline dans votre journée, chose que font les personnes qui réussissent.

♦ La méditation fait partie intégrante de votre vie et de votre emploi du temps, car elle vous aide à peaufiner votre vie et à la faire progresser.

Dans le prochain chapitre, nous verrons comment créer un Kanban personnel pour vous aider à hiérarchiser et organiser efficacement les tâches.

CHAPITRE TROIS

Créez votre Kanban personnel pour hiérarchiser et organiser les tâches

L a vie peut parfois devenir plus compliquée que vous ne le souhaitez. S'occuper de ses clients, suivre le rythme d'un travail de 9 à 17h, faire face à d'énormes factures à la maison, et bien d'autres choses encore, tout cela a tendance à rendre la vie mouvementée. Nous essayons de trouver des réponses sur la manière d'organiser nos priorités ou sur le nombre de tâches que nous pouvons accomplir chaque jour ou chaque semaine. Nous nous efforçons de déterminer les tâches dont nous devons nous occuper en priorité et celles que nous devons déléguer.

Qu'il s'agisse d'une petite, d'une moyenne ou d'une grande organisation, l'établissement de priorités restera toujours un véritable outil de réussite. Pour atteindre la productivité personnelle au travail, dans les études ou dans les relations personnelles, il faut savoir organiser les tâches de manière efficace. C'est précisément la raison pour laquelle vous devez comprendre comment créer un Kanban personnel pour atteindre vos objectifs personnels et professionnels.

Qu'est-ce que le Kanban personnel ?

Le Kanban personnel est un modèle développé par Jim Benson et Tonianne DeMaria Barry. Kanban est un logiciel couramment utilisé par les informaticiens pour hiérarchiser les tâches importantes et stimulantes, ainsi que pour maximiser le temps. Il s'agit d'une version abrégée et facile à utiliser des méthodes Kanban, conçue pour vous aider à améliorer votre productivité. Le Kanban personnel permet aux individus, qu'ils soient professionnels ou étudiants, de devenir plus efficaces. L'idée de Jim Benson est de simplifier votre vie et de vous débarrasser des tracas de la vie quotidienne. Essayer d'en faire trop peut s'avérer désastreux, et il y a des limites à ce qu'un individu peut gérer seul. C'est pourquoi de nombreuses tâches sont mal exécutées ou laissées en suspens pendant trop longtemps.

L'approche Kanban de Jim et Tonianne vous montre comment hiérarchiser vos tâches en les inscrivant dans le système comme étant *en attente* ou *prêtes*. Il est ainsi plus facile de déterminer les tâches qui sont réellement prioritaires. Avec le Kanban personnel, vous pouvez suivre l'évolution de votre travail à la fin de chaque semaine. Vous pouvez identifier les tâches achevées et les tâches en attente.

Le Kanban personnel consiste en une simple visualisation de toutes vos responsabilités à l'aide d'un tableau blanc (ou de post-it) pour indiquer la progression. Pour exceller dans l'établissement des priorités, vous pouvez créer une structure pour vos tâches, en créant trois colonnes sur le tableau blanc. Chaque colonne couvrira une catégorie spécifique de tâches : les tâches *en attente*, les tâches *en cours* et les tâches *terminées*.

Pour prendre le contrôle de votre vie, le Kanban personnel est un outil puissant. De plus, il s'adapte à tous les types de responsabilités et à tous les besoins de fixation d'objectifs afin d'améliorer le déroulement du travail.

Pourquoi vous devriez hiérarchiser les tâches

L'établissement de priorités consiste à décider quelle est l'activité la plus importante par rapport à votre objectif, afin de vous en occuper en premier. Il s'agit de classer les tâches en fonction de leur pertinence par rapport à vos objectifs quotidiens.

Valoriser votre temps

Le temps est une ressource limitée mise à la disposition de tous de manière égale : 24 heures par jour, 7 jours par semaine et 365 jours par an. Parfois, les gens consacrent leur temps à des choses moins précieuses. Cela ne veut pas dire que ces choses ne sont pas essentielles, mais elles n'ajoutent peut-être pas autant de valeur à vos résultats.

Pour augmenter votre productivité, vous devez passer plus de temps à faire des choses non seulement importantes, mais aussi moins urgentes. En apprenant à hiérarchiser votre temps à l'aide du modèle Kanban, vous obtiendrez plus de valeur pour le temps que vous passez à travailler.

Mieux organisé et concentré

Au lieu de faire les choses au hasard, faites une petite quantité de choses à la fois, mais d'une meilleure manière. Le Kanban personnel nous apprend à faire le bon travail au bon moment. Avec une liste de tâches ou un plan Kanban bien conçu, vous pouvez organiser vos objectifs personnels et professionnels. Cela vous aidera à diviser vos objectifs hebdomadaires et mensuels en tâches quotidiennes plus petites.

Lorsque vous parvenez à mettre en place cette structure, vous vous concentrerez davantage sur la réalisation de vos objectifs.

Augmentation de la productivité et de la rentabilité

Avec votre Kanban personnel, vous devriez constater une amélioration de votre productivité. Une productivité accrue se traduira par un profit plus élevé. Consacrer du temps de qualité aux choses qui produisent un meilleur résultat dans votre carrière conduit naturellement à plus de profit et de succès.

Les principes de base du Kanban personnel

Le Kanban personnel repose sur deux principes de base :

- ♦ La visualisation de votre travail.
- ♦ La limitation de la progression de votre travail.

La visualisation de votre travail

La visualisation de votre travail est un excellent moyen de transformer en actions simples des concepts ou d'autres activités professionnelles exigeantes. Des recherches ont montré que le cerveau humain réagit plus vite et mieux aux images ou aux éléments visuels qu'aux mots, et ce dans une proportion d'au moins 90 %. En outre, l'esprit humain peut traiter les images 60 000 fois plus rapidement que le texte. Par conséquent, le Kanban fonctionne intrinsèquement comme une plateforme visuelle de planification des tâches. Il vous aide à visualiser vos tâches et à simplifier le processus de mise en œuvre de ces dernières.

La limitation de la progression de votre travail

En tant qu'être humain, nous essayons parfois de nous comporter comme des surhommes capables de faire plus que ce dont nous sommes capables. Nous entreprenons plusieurs tâches en même temps et nous nous retrouvons avec un travail de qualité médiocre. Des recherches récentes confirment que le cerveau humain n'est pas en mesure de mener à bien plusieurs tâches de manière optimale. C'est pourquoi vous constaterez que certaines tâches sont mieux accomplies que d'autres.

Lorsque vous limitez votre progression, cela ne signifie pas que vous vous privez de la possibilité d'en faire plus. En limitant votre progression, il est plus facile de vous concentrer sur des tâches spécifiques et de les mener à bien. La limitation de l'avancement du travail rend nécessaire la prise en charge de responsabilités que vous pouvez terminer au fil du temps et que vous pouvez mener à bien jusqu'au bout. Cela élimine le problème d'avoir plusieurs projets inachevés, ce qui génère de la frustration.

Limiter la progression du travail vous permet de mieux valoriser votre temps en hiérarchisant chaque tâche qui se présente à vous. Vous apprenez à hiérarchiser les tâches et à identifier le travail le plus critique à effectuer à chaque fois.

Le mantra du Kanban personnel vous encourage à commencer et à terminer une tâche avant de passer à la suivante. Votre productivité s'améliorera si vous ne menez pas plusieurs projets en même temps (multitâche).

Il est utile de ne pas avoir à s'occuper de toutes les tâches. La délégation ou l'externalisation de tâches, au lieu d'essayer de tout faire soi-même, sont d'autres stratégies qui permettent d'accomplir plus de choses. Lorsque vous adopterez pour la première fois le plan de Kanban personnel, votre première réaction sera un sentiment de gêne. La plupart du temps, vous aurez l'impression que votre vie est soumise à un contrôle externe. Si vous êtes quelqu'un qui tire une satisfaction personnelle à jongler avec plusieurs activités, vous aurez d'abord l'impression d'être moins performant. L'impression que vous travaillez moins n'est pas exacte. Une fois que vous vous serez autorisé à vivre dans les limites du *WIP* (*Work-In-Process, travail en cours*), vous découvrirez que vous avez réalisé beaucoup plus de choses au fil du temps. Les résultats seront d'une qualité exceptionnelle et mieux adaptés aux objectifs de votre entreprise et à vos objectifs personnels. Même vos clients et votre famille remarqueront l'amélioration.

Les effets négatifs du multitâche

J'ai déjà été victime d'une tentative de multitâche sur plusieurs activités distinctes. Lorsque j'ai commencé ma carrière de consultant, j'ai essayé de jongler avec la préparation d'un plan d'affaires (*business plan*), du travail académique et la coordination d'un événement social. Pendant ce temps, je passais des appels, j'envoyais des courriels et j'essayais de rassembler davantage d'informations pour mon plan d'entreprise. Je devais également appeler les traiteurs, les équipes médiatiques et les décorateurs pour que l'événement se déroule sans encombre. Tout s'est terminé par un fiasco, car j'ai omis certains aspects essentiels de l'événement. Seules des mesures de dernière minute ont permis de sauver les meubles. Quant à mon plan d'entreprise, il n'était pas prêt à être présenté au moment opportun. C'est la raison pour laquelle vous devez limiter la progression de votre travail à l'aide du tableau Kanban personnel. Voici quelques-uns des effets néfastes du multitâche.

Une baisse du quotient intellectuel

Des recherches menées par l'université de Londres montrent que le multitâche a tendance à faire baisser le quotient intellectuel d'au moins 17 %. L'effet du multitâche est similaire à celui d'une personne qui a fumé de la marijuana ou qui a passé une nuit blanche. L'individu finit par mémoriser moins de détails à l'issue de sa séance de travail.

Une réduction de l'efficacité du cerveau

L'Association américaine de psychologie a publié un article dans la Revue de psychologie expérimentale sur le multitâche. Cet article indique que le multitâche réduit la capacité du cerveau à traiter les problèmes plus rapidement. Pour traiter plusieurs tâches, le cerveau doit passer d'un élément à l'autre, ce qui prend du temps. Le cerveau doit effectuer ce changement en désactivant une règle cognitive au profit d'un autre objectif.

De plus, des recherches menées à l'université du Sussex indiquent que le multitâche peut altérer le fonctionnement du cerveau.

Comment utiliser le tableau Kanban personnel

Le tableau Kanban personnel se compose de trois colonnes distinctes qui vous aident à classer vos tâches par ordre de priorité. Ces trois colonnes contiennent les sections « À faire », « En cours » et « Terminé ». La section « À faire » est également appelée « Option ».

Colonne 1 : À faire ou Option

Dans la première colonne, inscrivez chaque objectif ou tâche que vous avez l'intention d'accomplir. Deux stratégies peuvent être adoptées à cet égard. Inscrivez dans la colonne 3 à 5 de vos tâches les plus importantes. La seconde stratégie consiste à écrire toutes les missions que vous avez l'intention d'accomplir, quel qu'en soit le nombre. Au moment de la mise en œuvre, vous décidez alors des tâches à faire passer dans la colonne suivante.

Les éléments à inclure dans la première colonne peuvent être des objectifs professionnels et personnels. Les tâches professionnelles comprennent notamment les réunions avec les fournisseurs le lundi à 10 heures, la soumission d'une proposition à un client spécifique à midi, le paiement de l'assurance, la rédaction de lettres à des clients potentiels ou encore la réponse aux courriels et aux demandes de renseignements. En ce qui concerne les tâches personnelles, vous pouvez y inclure par exemple la consultation chez votre médecin le mercredi avant 14 heures, la promenade de votre chiot tous les soirs ou encore votre présence à la cérémonie de remise des diplômes de vos enfants vendredi avant 10 heures.

En gardant cela à l'esprit, vous pouvez créer un plan personnalisé pour votre colonne « À faire » afin de couvrir les tâches professionnelles et les tâches personnelles. Les responsabilités personnelles peuvent inclure des objectifs spirituels, financiers, de santé, d'éducation ou des objectifs sociaux. Lorsque vous choisissez une tâche à accomplir, concentrez-vous sur celles qui vous rapprochent le plus de vos objectifs à long terme. En suivant le tableau Kanban personnel, vous vous concentrerez sur les tâches les plus importantes plutôt que sur les plus urgentes.

Colonne 2 : En cours de réalisation ou en cours d'exécution

Chaque tâche doit déjà être assortie d'un délai d'exécution. Lorsque le moment est venu d'exécuter une tâche particulière, vous la transférez de la colonne « À faire » à la colonne « En cours ». Par exemple, lorsque vous souhaitez réaliser un élément de votre objectif personnel, tel que consulter votre médecin, vous le placez dans la colonne « En cours » (colonne 2). Toutefois, évitez d'ajouter trop d'éléments dans cette colonne afin de ne pas vous surcharger. Si vous avez l'impression d'en avoir plus que vous ne pouvez en gérer, n'hésitez pas à replacer certains éléments dans la colonne « À faire ». Il est préférable de terminer un petit nombre de tâches dans la colonne 2 avant d'en transférer d'autres de la colonne 1.

Mais avant cela, vous devez fixer une limite dans la quantité de travail en cours. Cette limite correspond à la quantité maximale ou autorisée de tâches que vous devez traiter à une période donnée. Ces tâches doivent être placées dans la deuxième colonne « En cours ». Ainsi, vous vous obligez délibérément à consacrer toute votre énergie sur l'accomplissement de ces seules tâches.

Dans la plupart des cas, ces tâches constituent ce que vous pouvez accomplir avec succès. N'oubliez pas de fixer des limites de référence pour les travaux en cours et de toujours vous y tenir.

Colonne 3 : Terminé

Seule une tâche achevée doit figurer dans la colonne « Fait » ou « Terminé ». Toutefois, certaines tâches nécessitent un suivi ou peuvent revenir dans votre liste de tâches. À ce moment-là, vous pouvez réintroduire une tâche dans la première colonne « À faire ». En d'autres termes, si vous avez consulté votre médecin cette semaine, cette tâche doit être placée dans la colonne « Fait », mais si vous avez un autre rendez-vous avec votre médecin à une autre date, elle peut être réintroduite dans la colonne « À faire ».

Chaque fois qu'une tâche passe avec succès de la première colonne « À faire » à la troisième colonne « Terminé », elle suscite un sentiment d'accomplissement. Ce sentiment vous incite à accomplir davantage de tâches. En suivant ce processus sur le tableau Kanban, vous obtiendrez une image plus claire et plus attrayante. Au fil du temps, vous constaterez une augmentation de votre niveau de productivité. La passion d'accomplir plus de choses deviendra plus forte.

Créer son propre tableau Kanban

Vous pouvez facilement créer votre propre tableau Kanban. Tout ce dont vous avez besoin, c'est d'un tableau blanc et de post-its ou d'autocollants pour commencer à créer votre tableau. Vous pouvez également créer un tableau Excel ou un document Word contenant les colonnes et les lignes nécessaires. Une fois votre support choisi, élaborez vos trois colonnes : « À faire », « En cours » et « Terminé ».

Outre l'utilisation d'un tableau blanc, vous pouvez utiliser des outils de gestion des tâches en ligne tels que les outils gratuits Trello ou Asana. Ces outils vous permettent de créer des tâches et de les classer par ordre de priorité.

Lignes directrices pour l'utilisation du Kanban personnel

- Évitez de surcharger la colonne 1 « À faire ». Toutefois, si cela s'avère nécessaire en raison du volume des tâches à accomplir, incluez-les sans hésiter.
- Créez un calendrier spécifique pour la réalisation de chacune de ces tâches afin de savoir quand les faire passer dans la deuxième colonne.
- Veillez à établir une échelle de préférence en plaçant la tâche la plus importante en tête de votre colonne « À faire ».
- Il est également possible de créer une colonne distincte entre les colonnes 1 et 2. Appelez cette colonne « Tâches prioritaires » ou colonne 1A. Si vous avez trop de tâches dans la colonne 1, déplacez les tâches à forte valeur ajoutée dans la colonne « Tâches prioritaires », en laissant les autres pour les tâches générales. Vous pouvez déplacer par intermittence des tâches dans la colonne 1A avant qu'elles n'atteignent le stade « En cours ».
- Examinez et mettez à jour régulièrement votre tableau Kanban. Conformément à votre objectif, le tableau Kanban doit être revu quotidiennement ou hebdomadairement afin d'identifier les disparités ou de mettre à jour les activités.
- Si les tâches deviennent trop lourdes pour votre nouvel emploi du temps, apprenez à externaliser ou à déléguer certaines d'entre elles.

Conseils simples pour hiérarchiser les tâches

- Notez toutes vos tâches dans un seul endroit (le Kanban personnel).
- Organisez ou hiérarchisez vos tâches à l'aide du Kanban personnel. Pour classer efficacement vos tâches par ordre de priorité avant de les inscrire sur le Kanban personnel, vous pouvez les classer dans les catégories suivantes :

Faire - Tâche nécessitant une attention urgente.
Reporter - Tâche devant être effectuée plus tard.
Déléguer - Tâche devant être effectuée par d'autres ou externalisée.
Supprimer - Tâche n'ayant pas beaucoup de valeur ou étant restée trop longtemps sur la liste.

La matrice d'Eisenhower peut vous aider à déterminer ce qui doit figurer sur votre liste de choses à faire.

- Choisissez de planifier les tâches de chaque jour la veille au soir ou tôt le matin. Si vous passez en revue les consignes de chaque jour le soir, il sera plus facile de planifier les tâches du lendemain.

- Soyez proactif dans votre façon de gérer le travail de chaque jour. Prenez le contrôle en ne réagissant pas aux activités, mais en déterminant comment la tâche de chaque jour doit se dérouler.

- Consacrez du temps à votre famille, à vos amis et à d'autres activités non liées au travail. La détente et la socialisation peuvent vous mettre dans un meilleur état d'esprit pour accomplir plus de tâches de manière productive.

- Soyez aussi flexible que nécessaire. Les tâches qui ne sont pas achevées peuvent être placées dans le Kanban personnel pour un autre jour.

- Accordez plus d'attention aux tâches qui auront plus d'impact sur vos objectifs à long terme. Concentrez-vous sur les tâches qui vous donnent plus de résultats et pas seulement sur celles qui vous occupent.

- Vous pouvez avoir un partenaire de responsabilisation, quelqu'un qui vous obligera à respecter vos objectifs.

Résumé du chapitre

Ce chapitre s'est concentré sur les points suivants :

- Essayer de gérer toutes activités quotidiennes peut nuire à votre productivité, c'est pourquoi vous devez savoir comment établir des priorités dans votre vie.

- Vos objectifs personnels et professionnels peuvent être une source de conflit ; le Kanban personnel peut donc vous aider à mieux hiérarchiser vos tâches.

- Le Kanban personnel est un système de productivité ou de gestion des tâches qui permet aux individus de classer chaque tâche par ordre de priorité.

- La hiérarchisation des tâches vous permet de tirer le meilleur parti d'un temps limité et d'être plus productif.

- Les deux principes de base du Kanban personnel sont la visualisation du travail et la limitation de la progression du travail.

- La visualisation de votre travail consiste à créer un bloc mental qui vous permettra d'améliorer vos performances clés.

- Les recherches montrent que les images ont 93 % de chances de plus que les textes de marquer l'esprit humain.

- Limiter la progression de votre travail est une tentative de dire « non » à la réalisation d'un plus grand nombre de tâches que vous ne pouvez accomplir en une journée ou en une semaine.

- La limite de travail en cours consiste à fixer un nombre spécifique de tâches à accomplir sans se surcharger ni entraver son niveau de productivité.

- Le multitâche peut entraîner une baisse de la productivité.

- Pour utiliser le Kanban personnel, vous devez créer trois colonnes contenant les rubriques « À faire », « En cours » (ou « En cours d'exécution ») et « Terminé ».

- La colonne « À faire » doit contenir 3 à 5 tâches (ou plus) que vous devez accomplir en fonction de vos objectifs.

- La colonne « En cours » ou « En cours d'exécution » doit répertorier les travaux que vous êtes maintenant prêt à exécuter.

- La colonne « Terminé » doit contenir toutes les missions achevées.

- Il est préférable de classer vos tâches par ordre de priorité, en commençant par les plus importantes plutôt que les plus urgentes.

- Déplacez chaque tâche d'une colonne à l'autre au fur et à mesure que vous progressez.

♦ Le Kanban personnel doit être simple et non compliqué.

♦ Il est utile de disposer d'un tableau blanc et de post-its pour créer votre Kanban personnel.

♦ Revoyez régulièrement le Kanban personnel pour le mettre à jour et l'améliorer.

Dans le chapitre suivant, vous découvrirez les dangers de la procrastination et les moyens de la surmonter.

CHAPITRE QUATRE

Comment surmonter la procrastination

La procrastination est une voleuse de temps, comme l'a justement qualifié Edward Young. En termes de productivité, la procrastination est l'un des principaux facteurs qui empêchent les gens d'avancer à grands pas dans la vie. Elle empêche de prendre les bonnes décisions au bon moment ou d'agir rapidement pour atteindre des objectifs spécifiques. À bien des égards, la procrastination a maintenu un grand nombre d'individus dans le piège de travailler plus dur plutôt que plus intelligemment.

Les opportunités ont tendance à nous échapper lorsque le temps qui aurait dû être consacré à un usage productif s'échappe lentement.

La procrastination n'est pas nécessairement synonyme de paresse, mais de retard dans l'exécution d'une tâche. Sur la base de ses recherches, Piers Steel affirme que près de 95 % des êtres humains procrastinent à des degrés divers. Nombreux sont ceux qui se retrouvent esclaves de cette attitude habituelle et qui souhaiteraient pouvoir vaincre la procrastination. Même les rêves et les efforts personnels finissent par être victimes de la procrastination. Les gens suivent ce cycle pendant des années sans prendre de mesures significatives pour atteindre les objectifs qu'ils se sont fixés.

La procrastination peut nuire à la productivité. Elle entraîne souvent une baisse de l'estime de soi, une dépression, de la frustration, des insuffisances et de la culpabilité. Plutôt que de s'en prendre à soi-même, il convient de prendre des mesures délibérées et concrètes pour surmonter ce trait de caractère. La lutte contre la procrastination passe par l'action. Un procrastinateur qui veut avancer dans la vie doit comprendre que c'est maintenant qu'il faut commencer. Surmonter la procrastination est possible, mais il s'agit d'un processus graduel qui n'est réalisable que si l'on est prêt à prendre les mesures nécessaires.

Les étapes suivantes vous aideront à vaincre le fléau de la procrastination.

Étape 1 : Admettez-le, vous procrastinez

Le premier pas vers la réalisation de soi est d'identifier que l'on a un problème qui nécessite une attention ou une aide urgente. En se disant la vérité, le voyage se raccourcit. Remettre les choses à plus tard indéfiniment ou se laisser distraire par une activité principale n'est pas un mode de vie sain pour les personnes qui réussissent. Voici quelques moyens de vérifier si la procrastination est devenue votre mode de vie.

Laisser des tâches importantes en suspens

De nombreuses personnes sont encore victimes de la distraction et de l'incapacité à établir des priorités, ce qui les pousse à laisser de côté les choses importantes. Les gens commencent parfois une tâche avec beaucoup d'enthousiasme, puis, en raison de la pression, des distractions, des défis et autres, ils l'abandonnent à mi-chemin. Lorsque quelque chose d'autre se présente, ils se jettent dessus et oublient ce sur quoi ils travaillaient. Si cet acte devient une habitude, la procrastination deviendra un mode de vie.

Abandonner des tâches hautement prioritaires pour des tâches moins critiques

Certaines écoles de pensée estiment que le fait de s'occuper de petites tâches vous donnera la motivation nécessaire pour entreprendre des missions plus importantes. Une autre école de pensée croit que la meilleure partie de votre journée devrait être consacrée aux tâches les plus difficiles. Cependant, certaines personnes s'attaquent à des tâches plus modestes, mais négligent ensuite les tâches plus importantes. Le danger est alors que les tâches prioritaires finissent par ne plus recevoir d'attention.

En outre, poursuivre les tâches les moins critiques alors que du temps précieux s'écoule peut être contre-productif. Une fois que l'on s'habitue à répondre d'abord aux questions urgentes et pressantes, au lieu d'apprendre à traiter les tâches essentielles, cela devient une habitude dont il est difficile de se défaire.

Donner de son temps aux autres au détriment du sien

Il est bon d'aider les autres et d'essayer de résoudre leurs problèmes professionnels. Cependant, laisser les autres déterminer le déroulement de votre journée est une recette pour l'échec.

Le fait de s'occuper d'abord des amis et de la famille peut vous faire perdre beaucoup de temps pendant vos heures de travail limitées. S'il n'est pas mauvais d'aider sa famille, ses amis et ses collègues, cela ne doit pas se faire au détriment de son propre travail. Inscrivez toute assistance sur votre liste de choses à faire afin qu'elle puisse s'intégrer dans votre programme, plutôt que de supplanter vos autres tâches.

Attendre le bon moment, la bonne humeur ou la bonne condition

Il est illusoire de penser qu'il existe un moment, une humeur ou un état favorable pour accomplir quoi que ce soit de significatif. Trop de gens sont victimes de leurs propres émotions et de leur timing. L'attente de la bonne condition ou du moment « parfait » qui ne semble jamais venir a plongé de nombreuses personnes dans des années perdues à ne rien accomplir de tangible. Votre humeur peut servir d'excuse à la procrastination, en affirmant que le moment n'est pas propice ou que tous les facteurs ne sont pas réunis pour une exécution en douceur.

Cependant, la vérité est qu'il n'y a jamais de moment idéal ou d'humeur favorable pour accomplir quoi que ce soit. De même, les conditions nécessaires à la réalisation de vos objectifs ne sont pas toujours réunies. C'est pourquoi vous êtes le mieux placé pour déterminer l'humeur, le moment et les conditions qui vous conviennent. Tant que vous le voudrez, vous céderez à toutes les excuses.

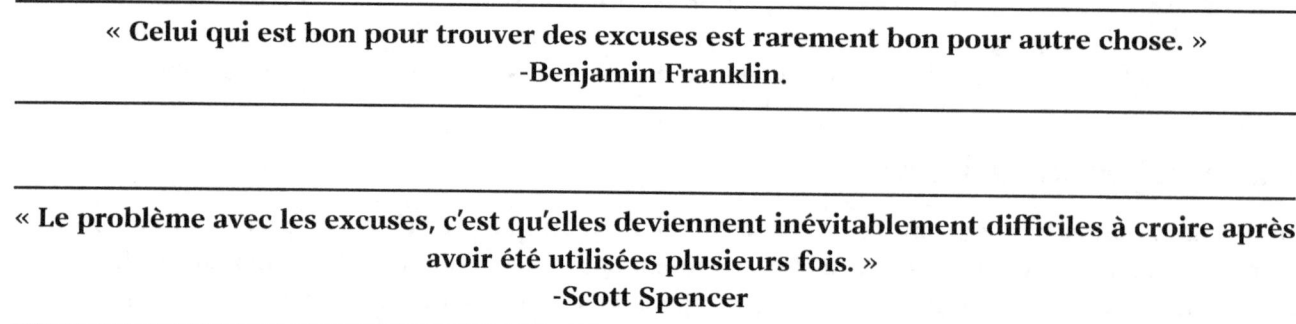

« Celui qui est bon pour trouver des excuses est rarement bon pour autre chose. »
-Benjamin Franklin.

« Le problème avec les excuses, c'est qu'elles deviennent inévitablement difficiles à croire après avoir été utilisées plusieurs fois. »
-Scott Spencer

Consacrer plus de temps à des activités moins importantes

Toutes les tâches méritent votre attention, mais toutes ne requièrent pas la même attention. C'est donc la capacité à savoir combien de temps consacrer à chaque tâche qui déterminera votre niveau de productivité. C'est la formule utilisée par les personnes les plus performantes pour exceller. Lire et répondre aux courriels est une tâche importante, mais elle ne nécessite peut-être pas autant de temps que l'élaboration d'un travail de séminaire. Pour le personnel du service clientèle, la lecture et la réponse aux courriels peuvent être plus importantes que la rédaction du rapport quotidien pendant les heures de travail critiques. En d'autres termes, pour chaque personne, certaines tâches sont plus importantes que d'autres. La capacité à consacrer le temps nécessaire aux tâches appropriées déterminera l'ampleur de votre productivité.

Vous n'avez plus confiance en vous

Lorsque les gens prennent l'habitude de ne pas tenir les promesses qu'ils se font à eux-mêmes, la confiance devient impossible. Lorsque l'on manque de confiance en ses capacités, la productivité commence à diminuer. Il devient impossible de trouver la motivation pour faire quoi que ce soit, car on pense que les tâches ne sont pas susceptibles de porter leurs fruits, et on abandonne.

Abandonner facilement

Abandonner à la moindre difficulté peut devenir une bonne excuse pour procrastiner. Lorsque l'on est confronté à des situations qui paraissent insurmontables, la tendance à l'abandon devient plus forte. Souvent, l'idée de revenir en arrière devient un véritable combat. Lorsque trop de temps s'est écoulé, un sentiment d'accablement commence à s'installer, conduisant à une plus grande procrastination.

Étape 2 : Découvrir les raisons de la procrastination et y remédier

Tout le monde a ce qu'il faut pour exceller dans la mise en œuvre des tâches, mais la plupart des gens manquent de discipline et de connaissances pour faire avancer les choses. L'ironie est que la plupart des gens n'admettent pas que l'un de leurs principaux problèmes est la procrastination. Certains de ceux qui le savent ne peuvent pas expliquer la raison pour laquelle ils procrastinent ou n'ont pas la discipline nécessaire pour surmonter ce problème.

Se déconsidérer n'est pas la bonne solution ; il faut y travailler. Cependant, vous devez d'abord identifier la cause réelle de votre procrastination. Voici quelques facteurs responsables de la procrastination.

Le manque d'intérêt

Lorsqu'une personne n'est pas passionnée par ce qu'elle fait, la tendance à la procrastination augmente. Les retards ou l'évitement complet deviennent l'ordre du jour lorsque vous vous sentez mal dans ce que vous faites. La seule façon de sortir d'une telle impasse est de trouver ce qui vous anime.

Pour les managers, l'attribution d'une tâche à quelqu'un doit répondre à des critères spécifiques pour garantir sa réussite. Examiner le point de vue d'une personne sur une tâche peut contribuer grandement à déterminer si elle est la bonne personne pour l'accomplir. Voici ce qu'il faut faire :

Choisir la personne la plus apte à réaliser le travail

Il est essentiel de déléguer la responsabilité à une personne qui est plus à même de la mener à bien. Certaines personnes ont un niveau de tolérance élevé pour des tâches particulières et leur confier ces tâches se traduira par des gains plus importants.

Diviser le travail en plusieurs tâches

Si le niveau de tolérance est faible, il peut être utile de diviser le travail en plusieurs éléments. Essayez de vous concentrer sur de plus petites parties à la fois.

Horaire

Il est judicieux de fixer un moment précis pour commencer la tâche. Une fois les tâches commencées, concentrez-vous sur leur achèvement avant d'en reprendre une autre. Vous augmenterez ainsi votre productivité et éviterez d'avoir trop de tâches inachevées.

Le manque de motivation

La meilleure façon d'aborder la question de la motivation est de se mettre au travail. Attendre la bonne motivation peut prendre du temps et retarder le travail plus que nécessaire. Une fois qu'un projet est lancé et que vous commencez à constater un certain niveau de réussite, le niveau de motivation a tendance à augmenter. Nous reviendrons sur la motivation au chapitre 8.

La gestion des problèmes personnels

Les défis personnels peuvent entraver l'accomplissement des tâches. Lorsque les autres défis de la vie surviennent, la capacité à les gérer correctement déterminera si cela nuira ou non à votre travail. Par conséquent, la capacité à gérer ses émotions face aux défis déterminera la qualité du travail accompli.

Toutefois, dans les situations difficiles, il est préférable d'établir une priorité pour la gestion des tâches et de les diviser en petits morceaux que vous pouvez gérer. Si vous vous concentrez sur vos difficultés, votre productivité diminuera, mais si vous essayez de vous tourner vers l'avenir, vous aurez l'énergie nécessaire pour continuer à travailler.

Le manque de compétences

Les gens laissent filer leurs objectifs en raison de leur niveau de tolérance, de leur concentration, de leur niveau d'énergie ou d'un manque de compétences. C'est pourquoi vous devez développer des compétences dans les domaines qui vous aideront à atteindre vos objectifs. Le mentorat permet également d'apprendre de ceux qui ont excellé dans le même domaine que le vôtre. La lecture est un autre moyen de vous développer ou d'apprendre des autres dans votre domaine. Le fait est que si vous devez surmonter le problème de la procrastination, toutes les activités qui la déclenchent doivent disparaître, et l'un des moyens de lutter contre la procrastination est le développement personnel.

Si la procrastination vous prive de votre temps, que ferez-vous pour y mettre fin ? Le développement personnel peut servir de rempart contre la procrastination.

La peur

La peur s'oppose à la foi et au courage. Les gens laissent parfois des tâches essentielles en suspens par peur de leur volume. Malheureusement, le fait de retarder le travail ne fera que compliquer les choses puisque vous manquerez ainsi de temps.

Il y a trop de peurs dans la vie des gens. Il y a la peur de l'échec, de l'inconnu, des réactions négatives et du rejet. Pour beaucoup, la peur d'être évalué ou de recevoir un retour d'information négatif les privent de l'envie de commencer. Le retour d'information fait partie intégrante de la mesure de votre productivité et ne doit pas être une source de peur. Considérez le retour d'information comme un outil permettant d'améliorer votre productivité.

Quelle que soit la forme de la peur, elle empêche de nombreuses personnes de prendre des mesures audacieuses pour lancer de nouveaux projets et passer à l'étape suivante dans leur vie personnelle et professionnelle.

Sentiment d'anxiété ou d'accablement

L'anxiété est l'une des principales causes de la procrastination. Lorsqu'une personne est préoccupée, elle a tendance à remettre les choses à plus tard, et lorsque la tâche prend du retard, l'anxiété liée à l'inachèvement de la tâche s'accroît, alors que la cause de la tension demeure.

Au fur et à mesure que les événements s'enveniment et que les tâches s'accumulent, vous avez tendance à vous sentir dépassé. Si vous ne prenez pas rapidement des mesures pour résoudre les problèmes, demander de l'aide ou pour terminer vos tâches, la dépression peut s'installer. L'anxiété peut créer un effet ou un état d'esprit paralysant. Cependant, avec un effort concerté, vous pouvez remettre les choses sur les rails.

Perception d'un manque de contrôle

Lorsque les gens ont l'impression de ne pas contrôler les circonstances de leur vie, la tendance à la procrastination augmente. Ces personnes considèrent que des influences externes, telles que l'environnement ou d'autres personnes, contrôlent leur situation. Le sentiment d'impuissance peut entraîner une dépression ou un sentiment de dévalorisation et pousser la victime à retarder ses tâches.

Le sentiment de ne pas être apprécié par un patron ou un parent critique peut faire naître un sentiment d'impuissance. Ce sentiment peut ralentir la progression du travail ou se traduire par un travail de mauvaise qualité.

Étape 3 : Lutter contre la procrastination : Stratégies d'aide

Vaincre la procrastination en tant qu'habitude demande un effort conscient et délibéré. Les recherches montrent qu'il faut environ 66 jours pour développer une nouvelle habitude ou pour abandonner une habitude existante. Par conséquent, pour atteindre cet objectif, vous devez être capable de désapprendre et de réapprendre. Désapprendre l'ancienne façon de faire les choses et réapprendre la nouvelle façon de les faire. Changer les habitudes ne se fait pas du jour au lendemain, mais nécessite un processus impliquant de la persévérance et de la patience.

Vous pouvez vaincre la procrastination en utilisant les stratégies suivantes au fil du temps.

Apprenez à pardonner la procrastination passée

Ne soyez pas trop sévère avec vous-même ; laissez tomber la procrastination passée. L'incapacité à accomplir une tâche spécifique dans le passé ou la non-réalisation d'un objectif peut constituer une grave entrave à l'esprit. Le plus souvent, les gens ont tendance à laisser les échecs du passé leur barrer la route lorsqu'ils essaient d'aller de l'avant. Or, s'accrocher au passé ne fait qu'augmenter les risques de récidive. Si vous devez exceller, vous devez trouver un moyen de laisser tomber les échecs passés.

La première chose à faire est de réaliser qu'il s'agit simplement d'une faiblesse. Tant qu'il s'agit d'une habitude, vous pouvez la désapprendre de la même manière que vous avez pris l'habitude de procrastiner.

Définissez vos objectifs

Fixez-vous des objectifs clairement définis et des objectifs SMART conformes à vos objectifs personnels et professionnels. Fixer des objectifs irréalistes peut entraîner une frustration supplémentaire, ce qui rendra votre lutte contre la procrastination difficile. Pour que vos objectifs soient réalisables, n'oubliez pas de les mettre par écrit et de fixer des délais pour les atteindre. Ce livre contient plusieurs outils qui vous aideront à fixer des objectifs réalistes et à les réaliser, alors continuez à lire pour en savoir plus.

Engagez-vous dans vos tâches

Comme indiqué précédemment dans ce livre, il est tout aussi nécessaire de passer à l'action que de se fixer des objectifs. Si vous vous fixez des objectifs et que vous ne consacrez pas le temps et les ressources nécessaires à leur réalisation, ils ne serviront à rien. Vous devez faire un effort concerté pour développer vos compétences, trouver ce dont vous avez besoin, élaborer un plan d'action et poursuivre vigoureusement vos objectifs.

Concentrez-vous sur la fin

Avoir l'esprit d'accomplissement peut vous aider à vous motiver pour atteindre vos objectifs. Vous pouvez vous concentrer sur le résultat en visualisant ce que vous voulez atteindre grâce à cet objectif. Mais pour réussir, vous devez déjà avoir élaboré un plan d'action pour atteindre cet objectif. Ainsi, le fait de se concentrer sur la fin vous aide à visualiser la réalisation de l'objectif.

En outre, le fait de se concentrer sur une tâche n'éliminera pas les difficultés inhérentes à tout travail, mais le fait de disposer d'un plan d'action et d'un objectif bien rédigé vous aidera à rester motivé et à ajuster votre stratégie en fonction des besoins. Pour vous aider à mieux vous concentrer, vous devez vous débarrasser de toutes les distractions pour réussir.

Célébrez les petites réussites

Promettez-vous une récompense pour chaque étape franchie et accordez-vous-la. Après tout, vous le méritez ! Il peut s'agir d'une récompense dans votre restaurant préféré à l'heure du déjeuner. L'engouement stimulera votre esprit lorsque les petits succès seront visibles. Si vous ne vous félicitez pas vous-même, qui le fera ?

Rendez des comptes à quelqu'un

Il peut être utile de demander à quelqu'un de vous contrôler et de vérifier vos activités. Le fait de savoir que vous avez des comptes à rendre à quelqu'un d'autre vous donnera le moral pour accomplir vos tâches. Lorsqu'il n'est pas possible d'avoir un compagnon personnel, des applications telles que *remote bliss* peuvent s'avérer précieuses.

La pression des pairs constitue un système de soutien efficace. Une fois que vos amis et votre famille sont au courant de vos objectifs, ils ne manqueront pas de vous poser des questions sur les progrès réalisés.

Agissez sans attendre

Dès que vous recevez de nouveaux projets, accordez-leur une priorité en ne les laissant pas traîner trop longtemps sans leur attribuer de tâches. Je veux dire par là qu'il faut les intégrer dans votre liste de choses à faire, avec un échéancier et un plan d'action. En procédant ainsi pour chaque nouvelle tâche, vous vous sentirez plus confiant et plus maître de votre journée, car rien ne vous échappera. Pour éviter la procrastination, ne laissez jamais une tâche sans surveillance.

Identifiez vos moments les plus productifs et les moins productifs, et planifiez les tâches les plus prioritaires et les moins prioritaires en fonction de ces moments. Le fait de savoir quand vous êtes le plus productif vous aidera à vous concentrer sur les tâches les plus importantes de votre liste de choses à faire. La réalisation d'objectifs essentiels rend le travail sur les autres moins difficile ou moins frustrant.

Reformulez vos processus de pensée internes

Ce que vous vous dites, avec le temps, devient ce que vous croyez. Les phrases que vous utilisez guideront ou mettront des bâtons dans les roues du progrès. Des expressions telles que « il faut » ou « j'ai besoin de » suggèrent que l'on n'a pas le choix. De tels commentaires peuvent à eux seuls démotiver. En revanche, des expressions comme « je dois » et « je choisis » indiquent que vous prenez le dessus.

Éliminez les distractions

Les distractions sont le plus grand ennemi de la réalisation de vos objectifs, et elles peuvent se présenter sous différentes formes : télévision, courriels, réseaux sociaux, appels téléphoniques, ainsi que la famille et les amis. Les distractions peuvent accaparer votre temps le plus productif, vous laissant avec des rêves inaccomplis.

Un bon plan pour minimiser ou éliminer les distractions vous laissera plus de temps pour vous concentrer sur la tâche à accomplir. Même si le besoin s'en fait sentir, vous pouvez mettre votre téléphone en sourdine et ne pas utiliser les appareils électroniques qui peuvent vous distraire dans votre travail.

Concentrez-vous d'abord sur les tâches moins agréables

Traitez d'abord les tâches susceptibles de vous faire perdre de l'énergie, tant que votre niveau d'énergie est encore élevé. Si vous remettez à plus tard les tâches qui épuisent votre énergie, vous risquez de ne pas les accomplir. D'autres tâches moins épuisantes ne seront pas aussi difficiles à réaliser.

Changez votre environnement

Il peut s'avérer nécessaire d'avoir un environnement différent de celui auquel vous êtes habitué. L'environnement a un impact sur votre productivité. Il peut être une source d'inspiration ou une raison de procrastiner.

Certaines conditions rendent l'environnement de travail désagréable ou productif. On dénombre notamment :

- ◆ l'hostilité
- ◆ des postes de travail mal agencés
- ◆ des préjugés
- ◆ un manque d'outils de travail et de fournitures
- ◆ du matériel défectueux
- ◆ des environnements étouffants, humides, chauds ou froids

La procrastination peut devenir une seconde nature ou une habitude. Il faut un effort concerté, une volonté forte, du dévouement et un plan d'action pour y remédier. Vous surmonterez votre problème de procrastination avec le temps, et non du jour au lendemain.

L'action est la clé. Une fois que vous aurez compris pourquoi vous procrastinez et quels sont vos points faibles, vous serez en mesure d'y remédier. Le moment est venu, allez-vous retarder (procrastiner) la mise en œuvre de ces plans ?

Résumé du chapitre

- ◆ Tout d'abord, acceptez le fait que vous procrastinez et prenez des mesures concrètes pour y remédier.
- ◆ Comprenez ce que font les gens qui ont fait de la procrastination un mode de vie.
- ◆ À partir de cette liste, identifiez la raison pour laquelle vous procrastinez et mettez-vous immédiatement au travail.
- ◆ Réalisez que la procrastination est un défaut que beaucoup de gens ont et pardonnez-vous.
- ◆ Choisissez les meilleures stratégies de lutte contre la procrastination qui vous conviennent le mieux. Assurez-vous qu'elles fonctionneront pour vous.
- ◆ En adoptant un état d'esprit motivant, concentrez-vous sur la fin de la tâche plutôt que sur le début.
- ◆ Ne travaillez pas seul. Responsabilisez-vous auprès de quelqu'un pour faire des vérifications et des bilans.

- Agissez au fur et à mesure. Engagez-vous à accomplir la tâche et évitez une accumulation qui vous ferait retomber dans la procrastination. Lancez-vous dans votre plan d'action.
- Dans la mesure du possible, éloignez de vous les facteurs de distraction. Développez la volonté de ne pas vous y adonner.
- Célébrez chaque étape réussie par une récompense. Une petite tape personnelle dans le dos peut être très motivante.
- Si nécessaire, changez d'environnement. Ils ont le don de vous mettre dans de bonnes dispositions pour un rendement maximal.
- Ce que vous percevez est ce que vous croyez. Faites attention aux mots que vous vous dites. Modifiez votre dialogue interne pour qu'il corresponde à votre nouvelle résolution.

Dans le chapitre suivant, vous découvrirez l'intérêt d'optimiser votre temps et des astuces de gestion du temps.

CHAPITRE CINQ

Des astuces pour maximiser votre gestion du temps

L e temps est une ressource limitée, mais universelle, et chacun dispose d'une part égale de 24 heures par jour pour accomplir beaucoup de choses. Cependant, tout le monde ne fait pas le meilleur usage de son temps. Si ce n'est pas le cas, comment expliquer que certaines personnes réussissent mieux que d'autres dans le même laps de temps de 24 heures ? Cela signifie-t-il que les personnes qui réussissent bien passent plus de temps à travailler que celles qui réussissent moins bien ? La réponse est non ! Le simple fait est que certaines personnes ont appris l'art de gérer leur temps plus efficacement. D'autres, en revanche, ont plus de mal à gérer les pertes de temps dans leur emploi du temps. Par conséquent, comment gérer son temps pour augmenter sa productivité ?

« Le temps n'est pas la chose principale, c'est la seule chose. »
- Miles Davis

Des conseils explosifs en matière de gestion du temps pour une productivité accrue

Voici des astuces de gestion du temps pour vous aider à gagner en efficacité. Bien qu'ayant fait leurs preuves, ce sont des astuces simples à mettre en œuvre.

Temps consacré à l'évaluation

Lorsque vous réalisez une évaluation de votre temps, vous serez surpris de découvrir où va l'essentiel de ce dernier. Combien de temps consacrez-vous à des activités professionnelles et non professionnelles ? Combien de temps consacrez-vous aux tâches qui amélioreront vos résultats et vous rapprocheront de vos objectifs ? Combien de temps consacrez-vous à vérifier et à répondre aux courriels ou encore aux réseaux sociaux. Vous avez peut-être l'intention de ne consacrer que 30 minutes aux courriels et aux réseaux sociaux chaque matin, mais vous finissez par y passer plus d'une heure.

Commencez par suivre vos activités pendant une semaine entière afin de repérer les domaines où vous perdez du temps. L'un des moyens les plus simples de suivre vos activités consiste à utiliser des applications de suivi du temps comme Toggl, RescueTime ou Calendar. À la fin de la semaine, le rapport de l'application vous donnera une meilleure idée de la façon dont votre temps s'écoule. Vous serez alors mieux à même de procéder aux ajustements nécessaires.

Chronométrez chaque tâche et fixez des limites

Garder les délais ouverts est une recette pour ne rien faire à temps ou ne rien faire du tout. La fixation d'un délai ou de restrictions pour chaque tâche vous empêche de procrastiner ou de la remettre à plus tard. La création de zones tampons autour de vos tâches facilite la gestion d'un travail particulier. S'il s'agit d'une tâche qui nécessite plusieurs jours ou semaines, il peut être utile de la diviser en tâches quotidiennes plus petites et plus faciles à gérer. Chaque étape franchie vous rapproche de votre objectif global.

J'utilise des périodes tampons pour m'aider à accomplir une tâche. Lorsque j'ai une conférence à donner, j'aime planifier des semaines à l'avance. Par conséquent, je crée généralement un calendrier avec des périodes tampons pour m'aider à terminer le document du séminaire dans les temps. Si, pour une raison quelconque, le document prend plus de temps que prévu, il faut attendre un autre créneau horaire. C'est la seule façon d'éviter de perdre du temps pour d'autres activités.

Veillez toutefois à ce que les délais ne soient pas factices, mais que vous puissiez les respecter dans la réalité. Vous pouvez demander à quelqu'un de vous tenir responsable en lui faisant part de vos objectifs et du délai qui vous est imparti pour les atteindre. Votre partenaire de responsabilisation peut vous aider à rester sur la bonne voie pour réussir.

« Il faut autant d'énergie pour souhaiter que pour planifier. »
- Eleanor Roosevelt

Planifiez à l'avance

« Réfléchissez à deux fois avant d'agir » est un proverbe populaire qui met l'accent sur le fait de réussir à faire les choses du premier coup. C'est dire l'importance de la planification pour la réalisation de vos objectifs.

Le fait d'avoir un plan d'action vous évitera le stress d'errer ou de vous concentrer sur les tâches les moins importantes. Certaines tâches sont plus vitales que d'autres pour votre réussite. Sans une planification adéquate, vous risquez de ne pas obtenir grand-chose.

Les meilleurs moments pour créer un plan ou une liste de choses à faire

Commencez la veille

La fin de chaque journée de travail peut être le moment idéal pour planifier les activités du lendemain. Il suffit de 15 à 30 minutes pour dresser une liste des tâches les plus importantes à accomplir le lendemain.

L'avantage de planifier la veille au soir est que cela vous permet d'éliminer les distractions potentielles. En planifiant vos activités avant le lendemain, vous mettez votre esprit en éveil et vous vous préparez aux activités du lendemain. Cela peut également contribuer à vous motiver et à vous donner envie de travailler. Cela vous permet également de mieux vous concentrer et de canaliser votre énergie sur les tâches les plus productives de la journée.

Commencez dès le matin

Si certaines personnes préfèrent planifier leur journée la veille, d'autres le font dès le matin. Vous pouvez dresser une liste de trois ou cinq de vos activités les plus urgentes et les plus importantes pour la journée. Fixez ensuite le moment où vous serez le plus productif pour les réaliser.

Cependant, il faut toujours revoir ou revérifier ses plans pour éviter les erreurs ou les fautes. Toute confusion dans votre emploi du temps ou vos activités peut entraîner une perte de temps supplémentaire en essayant de remédier à la situation.

Dites non au multitâche

Le multitâche ou sauter d'une tâche à une autre est un tueur de productivité. La croyance erronée selon laquelle le fait de jongler avec plusieurs tâches en même temps permet d'en faire plus n'est pas vraie. Les recherches confirment que le fait de mener plusieurs tâches de front peut avoir des effets négatifs sur le cerveau humain. Le multitâche peut également entraîner une baisse de la qualité du travail. En outre, vous finissez par passer plus de temps à travailler en faisant du multitâche, car votre esprit a besoin d'une énergie considérable pour basculer d'une tâche à une autre.

C'est pourquoi la solution est d'être monotâche. Prenez l'habitude de terminer les tâches entreprises avant de passer aux suivantes. Vous pouvez fixer des échéances, des jalons et des minuteries pour vous mettre sur la bonne voie, une tâche à la fois. Développez intentionnellement votre état d'esprit pour vous concentrer sur une seule tâche.

Protégez votre temps d'action

À quel moment de la journée êtes-vous le plus productif ? Le meilleur moment pour planifier une tâche exigeante est celui où vous êtes le plus alerte mentalement. Vous pouvez programmer ce moment dans votre calendrier ou dans votre liste de tâches.

Protéger votre temps d'action revient à comprendre vos habitudes. Nous avons tous des habitudes, mais l'idée est de prendre des habitudes saines qui contribuent à augmenter la productivité personnelle. Chaque personne a un moment de la journée où elle est la plus productive. Le meilleur moment pour accomplir certaines tâches devrait être celui où vous avez une poussée d'énergie. Par exemple, si vous pensez mieux le matin, après avoir fait de l'exercice, après le déjeuner ou tard le soir, créez un emploi du temps en fonction de ce moment. Cela dépend toutefois du type d'objectif que vous souhaitez atteindre, qu'il soit personnel ou professionnel.

La science propose que quatre heures de travail par jour suffisent. Cela semble absurde ? Eh bien, cela ne signifie pas nécessairement que vous ne pouvez exécuter des tâches que pendant quatre heures et jouer pendant les vingt suivantes. Il s'agit plutôt de se concentrer sur les tâches les plus importantes en utilisant les quatre heures les plus productives de la journée. Le reste des heures peut être consacré à des tâches moins exigeantes.

Faites en sorte que les réunions se déroulent conformément aux objectifs fixés

Les réunions d'équipe font partie intégrante de la planification stratégique, de la réévaluation et de l'évaluation continue du travail. Toutefois, pour que ces réunions soient fructueuses et productives, elles doivent être rationalisées et suivre des procédures établies. Si vous laissez une réunion se dérouler sans liste de tâches ou sans ordre du jour, elle risque de se terminer sans qu'aucune décision concrète n'ait été prise. Vous devez fournir des instructions claires pour toute réunion et fixer des délais et des objectifs pour chaque point de la liste.

Chaque réunion doit commencer et se terminer à l'heure. Par ailleurs, certaines organisations ont l'habitude de convoquer des réunions trop souvent. Il est possible de résoudre certains problèmes sans réunir tout le monde. Grâce à la technologie, certains outils permettent de diffuser plus facilement des informations et d'obtenir un retour d'information sans convoquer de réunions fréquentes. Des outils tels que Trello, Zoom, Slack et Asana permettent aux équipes de discuter et de partager des idées sans empiéter sur le temps de travail. Une autre stratégie pourrait consister à programmer des réunions et des rapports hebdomadaires ou mensuels réguliers, au lieu de réunions impromptues.

Créez un délai de traitement des courriels

Les courriers électroniques peuvent être une source majeure de distraction et vous devez faire preuve de discernement dans le traitement de vos messages. Même si des messages importants peuvent vous parvenir, vous ne voulez pas que les courriels dirigent le déroulement de votre travail quotidien. Le problème avec le fait de répondre aux courriels au fur et à mesure qu'ils arrivent, c'est que vous devenez plus réactif que maître de votre journée. La solution consiste à prévoir un temps pour lire et répondre aux courriels.

Pour me concentrer sur les tâches les plus productives, j'ai l'habitude de fixer des heures précises pour répondre aux courriels. En général, deux ou trois fois par jour sont idéales pour traiter les courriels, mais jamais au moment où vous êtes productif.

L'une des stratégies que j'utilise consiste à sélectionner les messages électroniques à ouvrir, à lire et ceux auxquels je dois répondre à des moments précis. Lorsque je réponds, je m'assure que les réponses ne dépassent pas cinq phrases pour gagner du temps.

Désactivez les notifications

Les notifications sont très utiles pour vous tenir au courant des courriels et des messages des réseaux sociaux. Cependant, elles peuvent également constituer une source majeure de distraction et vous faire perdre de vue des tâches importantes. Les notifications importantes peuvent provenir de votre messagerie électronique ou de vos flux de réseaux sociaux, mais pour les gérer correctement, n'activez que les notifications qui vous aideront à progresser dans vos tâches et vos objectifs. Même dans ce cas, il n'est peut-être pas nécessaire d'activer les notifications sur votre PC et sur tous vos appareils électroniques. De tels actes ne font qu'augmenter les risques de distraction.

Vous pouvez également désactiver les notifications lorsque vous travaillez sur vos tâches les plus exigeantes. Une fois les tâches terminées, les notifications peuvent être réactivées.

Surveillez votre utilisation des réseaux sociaux

Facebook, Twitter, Instagram, SnapChat, et bien d'autres encore, sont des plateformes intéressantes qui répondent à des besoins différents. Toutefois, le fait de rester trop longtemps sur les réseaux sociaux peut être source de distraction. C'est pourquoi vous devez délibérément limiter le temps que vous y passez. Cependant, certaines entreprises les utilisent comme un outil de travail. Si vous êtes responsable des réseaux sociaux, que vous diffusez des annonces, que vous avez une boutique de commerce en ligne ou que vous vous occupez de l'assistance à la clientèle, élaborez un plan concret pour leur utilisation.

Quels que soient vos besoins en matière de réseaux sociaux, prévoyez un plan de travail qui les intègre et crée des échéances. Organisez leur utilisation de manière à ce que vous puissiez vous consacrer à des activités plus productives. S'il s'agit plutôt d'un outil social, gardez alors cette même dimension.

Accordez-vous des périodes tampons ! Soyez indulgent avec vous-même

Accordez-vous un peu de répit en prévoyant des périodes tampons dans votre emploi du temps. Vous êtes un être humain et votre cerveau a besoin de temps pour se calmer. Par défaut, le cerveau humain n'est pas une machine opérationnelle vingt heures sur vingt. Certaines fonctions mentales et physiques du cerveau ont besoin de repos pour rester performantes. Ainsi, la recherche montre que le cerveau fonctionne de manière critique en moyenne 90 minutes d'affilée avant un déclin. Passé ce délai, le cerveau a besoin d'une forme de distraction pour rester motivé et concentré.

Rester assis à son bureau toute la journée n'est pas un signe d'assiduité ou de travail acharné. Heureusement, d'autres tâches ou activités non critiques peuvent surgir au cours de la journée, et c'est peut-être le meilleur moment pour s'en occuper. Toutefois, sur le plan mental, passer d'une tâche ou d'une réunion exigeante à une autre n'est pas une idée brillante ni un mode de vie productif. Aidez plutôt votre corps à faire le plein d'énergie en méditant, en vous promenant ou simplement en rêvassant. Cela vous aidera à vous vider l'esprit.

En dehors du travail, le fait de disposer d'une période tampon peut vous donner amplement le temps d'arriver plus tôt à la réunion suivante. Votre emploi du temps doit comporter de telles périodes tampons dans la mesure où elles vous permettent de passer d'une activité à l'autre. Il doit également vous permettre de vous détendre et de vous ressourcer. Planifiez vos activités de la manière suivante : un gros morceau d'une tâche, avec des pauses de quelques minutes. L'idéal est de disposer de 25 à 30 minutes de période tampon.

Soyez juste envers vous-même

Vous êtes l'aspect le plus vital de votre programme de travail ou de votre tâche. Sans vous, aucune tâche ne serait accomplie ; prenez donc bien soin de vous. Si vous tombez malade, si vous vous épuisez ou si vous perdez la vie, quelqu'un d'autre prendra votre place. Certes, votre héritage perdurera, mais votre famille et vos amis devront faire face à la douleur de votre départ soudain. Même si vous ne perdez pas la vie, le fait de développer des complications de santé ne fera que ralentir votre productivité et vous empêchera de poursuivre vos idées et vos objectifs les plus nobles.

Prenez le temps de vous détendre, de vous amuser, de faire de l'exercice régulièrement, de manger sainement et de passer du temps avec votre famille et vos amis. Parfois, cela vaut la peine de faire ce qui vous plaît.

Soyez égoïste ! Prenez des vacances. En fin de compte, utilisez la motivation et l'expérience pour réaliser vos brillantes idées.

Je dispose d'un bureau spacieux équipé d'un bureau, d'une petite salle de conférence et d'un salon. Lorsque j'effectue des tâches exigeantes, il m'arrive de me détendre pendant quelques minutes en m'installant dans le salon. Je peux m'allonger sur le canapé, me distraire en regardant un programme à la télévision, écouter de la musique ou regarder une série. J'y fais tout ce qui n'est pas du travail. Et quand je suis de retour à mon bureau, je suis gonflé à bloc, prêt à m'y remettre !

Utilisez la règle des 80/20 ou le principe de Pareto

La loi des 80/20 stipule que 80 % de vos résultats ou de vos réussites proviennent de 20 % des efforts déployés. Cela signifie-t-il que vous ne devez consacrer que 20 % de votre temps au travail ? Ou que vous ne devriez venir travailler qu'un jour par semaine ? Après tout, c'est 20 %. Non !

Le principe de Pareto signifie que vous devriez accorder plus d'attention aux éléments essentiels qui vous aident à réussir. Si vous passez plus de temps sur les choses qui vous donnent plus de résultats, vous pourriez voir votre productivité augmenter. Alors, qu'en est-il des choses moins critiques ou moins importantes ? Laissez-les tomber !

Vous pouvez également appliquer le principe de Pareto à n'importe quel aspect de votre vie. Les spécialistes du marketing appliquent également la règle des 80/20. En marketing, 80 % des bénéfices proviennent de 20 % des clients. Dans le domaine des ressources humaines et des relations avec les employés, 80 % des tâches les plus productives sont accomplies par 20 % des employés. En matière de développement personnel et de gestion du temps, 80 % de vos succès proviennent de 20 % de vos efforts ou de vos actions.

C'est pourquoi, en appliquant le principe des 80/20, vous pouvez augmenter votre productivité dans les domaines qui affectent vos résultats. Ce principe vous aidera à savoir comment répartir les tâches entre les employés et comment les aider à s'améliorer. Il peut également vous aider à comprendre quels sont les domaines auxquels vous devez consacrer plus de temps et quels sont ceux que vous devez améliorer. En matière de marketing, le principe de Pareto peut vous aider à rationaliser votre clientèle pour vous concentrer sur les clients les plus performants. Vous pouvez ensuite élaborer une stratégie sur la façon de convertir les prospects ou les clients non performants.

10 mauvaises habitudes qui détruisent votre productivité

- ◆ Passer trop de temps sur une seule tâche, même si elle pourrait prendre moins de temps.
- ◆ Dormir le matin au lieu de planifier votre journée.
- ◆ Naviguer sur le web sans plan précis.
- ◆ Ne pas planifier sa journée ou ne pas établir de priorités.
- ◆ Travailler pendant de longues heures, le regard rivé sur l'écran de son ordinateur, sans prendre de pause non liée au travail.
- ◆ Le maintien de mauvaises habitudes alimentaires, comme le fait de sauter des repas ou d'adopter un mauvais régime alimentaire.
- ◆ Attendre pendant des années le moment idéal pour commencer à poursuivre ses objectifs.
- ◆ Se trouver des excuses pour ne pas poursuivre ou réaliser ses rêves.

- ◆ Ne travailler que sur les tâches urgentes et laisser les tâches importantes ou non urgentes en suspens.
- ◆ Laisser les tâches jusqu'à la dernière minute avant de les exécuter.

Résumé du chapitre

Dans le chapitre cinq, nous avons examiné les concepts suivants :

- ◆ Le temps est limité, mais chacun dispose d'un nombre égal de 24 heures par jour.
- ◆ Les personnes qui réussissent partagent le même nombre d'heures que celles qui réussissent moins bien, mais les différences résident dans la manière dont elles gèrent leur temps.
- ◆ Les personnes qui réussissent créent un emploi du temps pour gérer efficacement leur temps.
- ◆ Décomposez toujours les tâches en éléments plus petits et réalisables.
- ◆ Établissez vos plans à l'avance, soit le soir avant la fin du travail, soit le matin avant le début du travail.
- ◆ Le multitâche n'est pas un signe d'efficacité, mais contribue au contraire à la production d'un travail de moindre qualité.
- ◆ Évitez de consacrer du temps productif aux réseaux sociaux ou aux courriels, car cela peut vous empêcher d'atteindre vos objectifs.
- ◆ Accordez-vous des pauses non liées au travail.
- ◆ Il est important de prévoir de courtes pauses de 25 minutes entre chaque tâche importante.
- ◆ Mettez en pratique le principe de Pareto, ou règle des 80/20, qui prévoit que 80 % de votre succès viendra de 20 % de l'effort que vous y consacrerez.
- ◆ Dormir trop longtemps le matin, passer trop de temps sur une seule tâche, et bien d'autres choses encore, sont quelques-unes des habitudes négatives qui affectent votre niveau de productivité.

Dans le chapitre suivant, vous découvrirez les trois piliers de la productivité dont vous avez besoin pour devenir un acteur très performant.

Les 3 piliers de la productivité dont vous avez besoin pour libérer votre plein potentiel

Vous avez tout ce qu'il faut pour être plus productif et connaître un succès illimité. Cependant, il vous faudra un désir profond, une décision, une action et quelques astuces de productivité pour réussir. Le TEA est un cadre de productivité qui peut vous aider à vous rapprocher de vos objectifs. Il vous aidera à gérer plus efficacement votre temps, votre énergie et votre attention afin de surmonter les obstacles qui se dressent sur le chemin de la réalisation de vos rêves.

Une enquête publiée dans le *New York Times* a montré que 81 % des Américains ont l'intention d'écrire un livre. L'étude a révélé que si ces personnes avaient poursuivi leur rêve, au moins 200 millions de livres auraient été écrits. Cependant, seules 80 000 personnes se décident à écrire et à publier leur ouvrage chaque année. La plupart des gens ne font donc que parler de leur rêve d'écrire un livre.

Qu'est-ce qui, au fond, empêche la plupart des gens d'atteindre leur plein potentiel dans la vie ? La façon la plus simple de répondre à cette question est d'utiliser le cadre de productivité TEA. L'autre réponse est que ceux qui excellent dans leur métier font de la réalisation de leurs objectifs une question d'habitude, plutôt qu'un élément de leur liste de souhaits. Ils s'engagent à atteindre leurs objectifs, établissent un plan d'action et refusent toute excuse qui les empêcherait de les réaliser. Les personnes qui réussissent sont d'irréductibles travailleurs et non des procrastinateurs. Vous deviendrez plus productif lorsque vous apprendrez à gérer au mieux votre temps, votre attention et votre énergie. Alors, qu'est-ce que le cadre de productivté TEA ?

TEA : Le cadre des trois obstacles à l'augmentation de la productivité

Les obstacles et les défis sont réels. Ces trois catégories simples expliquent les obstacles auxquels les gens sont confrontés dans leur quête :

♦ le Temps
♦ l'Énergie
♦ l'Attention

Le cadre de productivité TEA est un outil puissant qui aide les individus à diagnostiquer eux-mêmes les obstacles qui les empêchent d'atteindre leur véritable potentiel. Une fois qu'ils sont en mesure d'identifier ces défis, ils peuvent mieux se concentrer sur leurs tâches les plus importantes. En général, ces tâches sont celles qui auront un impact massif sur leurs résultats.

Catégorie 1 : Énergie et Attention, mais pas de Temps

Le temps est un facteur essentiel de la réussite, et toute personne qui doit atteindre le succès doit savoir comment manipuler le temps en sa faveur. Cependant, les personnes appartenant à cette catégorie possèdent l'énergie, le désir et la passion qui les aideront à réussir. Ils pensent qu'ils n'ont pas assez de temps pour faire les choses correctement. Elles développent ainsi la mentalité de quelqu'un qui est bloqué ou pris au piège. Ce sentiment d'inadéquation amènera les personnes de cette catégorie à exécuter les tâches de manière désordonnée, à les retarder ou à abandonner purement et simplement leurs responsabilités. Lorsque vous développez ce type d'état d'esprit, voici le genre d'affirmations qui s'articule dans le discours :

- Il y a tant à faire et si peu de temps pour y parvenir.
- Cela aurait été bien si le temps s'étendait au-delà de 24 heures.
- Il semble que le temps s'écoule toujours plus vite.

La meilleure façon de décrire les personnes qui n'ont pas de temps, mais plutôt de l'énergie et de l'attention, c'est... débordées. Lorsque vous vous sentez débordé, si vous ne faites pas attention, tout commence à s'éparpiller comme un jeu de cartes. C'est à ce moment-là que la productivité commence à diminuer.

Parfois, ce n'est pas que vous manquez de temps pour accomplir vos tâches. Il peut s'agir d'un manque de planification ou de l'absence d'une liste de choses à faire. D'autres fois, c'est parce que la personne a remis la tâche à plus tard, jusqu'à ce que le temps soit écoulé. Par ailleurs, certaines personnes prennent plus de responsabilités qu'elles ne peuvent en assumer. Au lieu de déléguer une partie des fonctions, elles essaient de gérer la situation elles-mêmes jusqu'à ce que les choses se gâtent. Dans d'autres cas, les tâches peuvent, en réalité, être plus importantes que ce que la personne peut accomplir dans le temps imparti. Dans ce cas, la personne a besoin d'un calendrier plus réaliste et plus souple pour commencer et terminer la tâche.

D'autres scénarios incluent un employé qui se rend au travail très tôt le matin et n'en revient que tard le soir. Ou encore, un fournisseur qui effectue trop de trajets par jour pour livrer des marchandises à des clients éloignés. Une mère de famille issue de la classe ouvrière ayant un emploi de 9 à 17h, des enfants à élever et un diplôme à obtenir se sentira le plus souvent dépassée. Une chose est commune à toutes les personnes mentionnées ci-dessus. Elles ont toutes l'énergie nécessaire pour faire avancer les choses et se consacrer à leur métier, mais se sentent toujours débordées en raison du manque de temps.

3 composantes d'une gestion efficace du temps

Le temps n'existe pas dans le vide, mais il peut être quantifié. La qualité de chaque seconde que vous utilisez dépend du fait qu'elle vous rapproche ou non de vos objectifs. Par conséquent, le temps fonctionne mieux dans les situations suivantes :

1. Les systèmes

La vie est une combinaison de structures ou de systèmes dépendants et interdépendants. Chacun de ces systèmes influe sur les autres de manière unique. Votre capacité à comprendre et à manipuler ou utiliser ces systèmes pour atteindre vos objectifs déterminera votre niveau de réussite. Par exemple, la technologie peut, selon la manière dont vous l'utilisez, soit vous aider à progresser, soit vous distraire. Le gouvernement et ses organismes contribuent à créer un environnement favorable à la prospérité des entreprises et des individus. Toutefois, si vous vous retrouvez du mauvais côté de la loi, cela peut devenir votre pire cauchemar.

Une structure organisationnelle avec ses chaînes de commandement peut contribuer à la réussite des opérations de l'entreprise. Lorsqu'une organisation ou un individu met en place des systèmes autour de ses opérations commerciales, il augmente ses chances de réussite.

2. Les stratégies

Une stratégie est un outil utilisé par les personnes qui réussissent bien pour améliorer leurs performances. Il s'agit d'un plan d'attaque, d'une boussole ou d'une feuille de route qui vous permettra d'atteindre vos objectifs dans votre vie personnelle ou professionnelle. Pour gagner la bataille de la vie, vous avez besoin d'une stratégie. Votre stratégie détermine le type de résultat que vous obtiendrez dans une tâche ou une situation donnée.

Pour réussir quoi que ce soit, vous devez être prêt à changer d'approche si l'approche actuelle devient un obstacle à vos progression. Si la consultation de vos courriels ne fait que vous distraire de vos tâches essentielles, il peut être judicieux de limiter la consultation des courriels à un moment précis.

3. Les personnes

Les systèmes et les stratégies facilitent la réalisation efficace de vos objectifs, mais travailler avec des gens est une autre paire de manches. Pour exceller, vous devez intégrer des systèmes et des stratégies. La façon dont vous vous y prenez pour établir des relations avec les gens déterminera l'efficacité ou l'échec d'une stratégie.

Les systèmes s'articulent autour des personnes, car ce sont elles qui les mettent en œuvre. Pour réussir à travailler avec des gens, il faut une communication efficace, un travail d'équipe et la capacité de déléguer. Vous devez être en mesure d'externaliser, de fixer des attentes, de fournir un plan d'action et de laisser place à la créativité. Les gens travaillent plus efficacement lorsqu'ils se sentent impliqués dans un système, qu'ils s'approprient le processus et qu'ils peuvent s'y identifier.

Stratégies pour augmenter votre temps

Que peut donc faire une personne motivée, mais qui n'a pas le temps ? Il est peu probable que vous puissiez, à proprement dit, augmenter votre temps, mais ces stratégies simples peuvent vous aider à dégager suffisamment de temps pour accomplir vos tâches.

1. Planifiez des tâches quotidiennes sur votre calendrier

Créez un programme quotidien de toutes les tâches que vous devez accomplir, avec un temps spécifique pour chacune d'entre elles. Utilisez un calendrier tel que le tableau Kanban personnel, Google Calendar ou Outlook pour vous aider à planifier. Lors de la création de votre programme quotidien, n'oubliez pas d'y ajouter des périodes tampons. Répartissez également les responsabilités en tâches plus petites et plus faciles à gérer. N'encombrez pas votre programme, mais prévoyez tout de même du temps pour votre famille et vos amis.

Respectez vos projets et évitez de vous y prendre à la dernière minute.

2. Responsabilités

Le fait est que vous ne pouvez pas faire plus que ce que peut faire une seule personne. Comme vous n'êtes pas surhumain, vous devez de temps en temps compter sur les autres pour faire avancer les choses. Vous devez apprendre l'art de la délégation et de l'externalisation si nécessaire.

3. Libérez du temps dans votre emploi du temps

Certaines tâches figurant sur votre liste de choses à faire sont là depuis des lustres sans qu'aucune action n'ait jamais été entreprise. Elles occupent un espace précieux pouvant être utilisé pour traiter d'autres tâches importantes. Lorsque vous libérez du temps dans votre emploi du temps, vous disposez de plus d'espace pour accomplir les tâches essentielles, tout en permettant à d'autres personnes de s'occuper des tâches restantes. Vous êtes peut-être un excellent travailleur, intelligent et organisé. Cependant, si vous consacrez la majeure partie de votre temps aux tâches moins essentielles, vous êtes peut-être efficace, mais pas assez productif (performant).

4. Créez un système de planification du temps

La mise en place de systèmes opérationnels assortis d'échéances pour l'exécution de toutes les tâches vous aidera à consacrer du temps à des tâches essentielles. Vous voulez en faire plus, mais cela ne peut se faire sans confier des tâches à d'autres personnes. Vous devez apprendre à utiliser le temps dont vous disposez.

Une gestion efficace du temps ne se limite pas à remplir sa journée de travail. Elle implique de travailler de manière simple, systématique et opportune, mais aussi de savoir quand s'arrêter de travailler. Pour exceller dans votre travail, vous devez créer un système ou une routine qui fonctionne bien et apprendre à vous y tenir.

Catégorie 2 : Disposer de Temps et d'Attention, mais pas d'Énergie

Lorsqu'une personne manque d'énergie pour accomplir une tâche, elle commence à se sentir frustrée. Elle dispose du temps et de l'attention nécessaires pour accomplir la tâche, mais elle a besoin d'énergie. Un manque d'énergie peut entraîner de la démotivation ainsi que de la procrastination. Ces personnes finissent donc par ne pas mener à bien leurs tâches principales. Les personnes surmenées disent parfois qu'elles sont fatiguées, faibles, épuisées, ou qu'elles n'ont pas envie de faire quoi que ce soit. Elles disent encore qu'elles ne se sentent pas d'attaque.

Les scénarios de personnes disposant de temps et d'attention sans énergie sont les suivants :

- Un professeur qui a des idées de recherche révolutionnaires, mais qui n'arrive pas à rassembler les pièces du puzzle pour les rendre publiques.
- Le meilleur vendeur en marketing (trois années consécutives) de votre département qui ne peut plus répondre à vos attentes en matière de marketing.
- Tout employé à qui vous ne semblez pas faire confiance pour l'exécution de tâches plus importantes.

« La clé qui libère l'énergie est le désir. C'est aussi la clé d'une vie longue et intéressante. Si nous voulons créer un élan, une force réelle en nous-mêmes, nous devons être enthousiastes. »
-Earl Nightingale

Vous pouvez avoir tous les diplômes du monde, acheter tous les outils de travail, sans l'enthousiasme ou l'énergie, vous n'allez nulle part. Lorsqu'une personne s'essouffle ou s'épuise, même si elle dispose de suffisamment de temps et d'attention, elle peut se trouver dans l'impossibilité de continuer à travailler efficacement. Il faudra procéder à quelques ajustements pour augmenter la productivité lorsque les niveaux d'énergie chutent.

Des stratégies simples pour faire le plein d'énergie après une baisse de régime

Le conférencier Tony Swartz affirme que nous disposons tous du même nombre d'heures par jour, mais que le niveau d'énergie dépend de nous.

Les idées suivantes vous aideront à augmenter votre niveau d'énergie :

◆ Accordez-vous suffisamment de sommeil au lieu de rester debout tard le soir à regarder un film. Cela vous aidera à renouveler ou à retrouver votre énergie. Le temps demeure 24 heures par jour et n'a jamais diminué ou augmenté dans l'histoire de l'humanité. En revanche, votre énergie fluctue. Les niveaux d'énergie peuvent atteindre des sommets ou chuter rapidement, en fonction des causes et des effets.

◆ Les personnes qui réussissent comprennent l'importance de conserver leur énergie. Dépenser toute son énergie sur une tâche sans prendre le temps de se reposer peut conduire à l'épuisement mental ou à un travail de mauvaise qualité. Même si vous pensez pouvoir continuer à travailler, vous finirez par produire un travail de mauvaise qualité et vous serez démotivé.

◆ Lisez des livres qui vous aideront à vous motiver et vous donneront des chemins à suivre sur la manière de stimuler la croissance. La lecture de documents appropriés peut vous aider à augmenter votre niveau d'énergie en vous procurant de l'inspiration ou en vous aidant à voir ce que vous faites mal. Ce livre est une ressource importante pour découvrir comment augmenter votre énergie. Nous reviendrons plus en détail sur ce point dans le chapitre suivant.

◆ Prenez le temps de faire de l'exercice car cela vous aidera à donner de l'énergie à votre corps. L'exercice peut servir de source de motivation.

◆ Décomposez les tâches importantes en tâches plus petites et plus faciles à gérer et limitez-vous à une seule tâche au lieu de faire plusieurs choses à la fois.

◆ Faites souvent des pauses au travail.

◆ Manger sainement peut contribuer à augmenter votre niveau d'énergie.

Pour rester productif, vous devez utiliser votre temps à bon escient et canaliser votre énergie pour accomplir les bonnes tâches. Ce n'est pas en essayant d'en faire beaucoup que l'on progresse vraiment, mais en s'assurant que les petites tâches que l'on accomplit se déroulent pour le mieux.

Catégorie 3 : Du Temps et de l'Énergie, mais pas d'Attention

Une faible capacité d'attention se traduit généralement par le sentiment d'être débordé par toutes les tâches que l'on exécute. Une capacité d'attention dynamique ne se limite pas à l'achèvement d'une tâche. C'est la capacité à se concentrer ou à prêter une attention plus soutenue qui façonne les décisions et les exploits majeurs de la vie. Voici des exemples de déclarations faites par des personnes ayant des difficultés à rester concentrées :

♦ Par où commencer ?

♦ Il y a tellement de choses à faire que je ne sais même pas par où commencer.

♦ Ouah ! Que le temps passe vite !

♦ Avec une journée plus longue, je pourrais accomplir plus de tâches.

L'attention soutenue vous aide à réussir chaque tâche au fil du temps. Une fois que vous serez capable de vous concentrer sur une seule tâche sans vous déconcentrer, vous serez sur la bonne voie pour obtenir des résultats plus importants. Une attention saine nécessite l'utilisation de votre temps et de votre énergie pour accomplir avec succès des tâches définies. La capacité à se concentrer ou à prêter attention à ce qui est important et non urgent fera toute la différence.

Exemples de personnes qui ont beaucoup d'énergie et de temps, mais pas d'attention

♦ Un professeur d'université qui passe son temps à discuter avec les étudiants au lieu de donner des cours ou d'effectuer des recherches sur le terrain pour les présentations de séminaires.

♦ Une personne qui a comme projet de créer une Organisation Non Gouvernementale pour répondre aux besoins des personnes déplacées, mais qui se contente de parler sans agir.

♦ Un compositeur de musique qui passe la plupart de son temps à écrire des chansons sans en vendre ou en diffuser au public.

Stratégies simples pour augmenter votre niveau d'attention

Une personne qui dispose du temps et de l'énergie nécessaires pour faire son travail, mais qui n'arrive pas à être attentive, est dite distraite. Voici ce que vous pouvez faire pour augmenter votre niveau d'attention :

♦ Préparez votre espace de travail pour la journée en débarrassant votre bureau.

♦ Avant de rentrer chez vous aujourd'hui, établissez un plan ou une liste de tâches à accomplir pour le lendemain.

♦ Utilisez le tableau Kanban personnel pour vous aider à créer une image mentale de ce que vous voulez accomplir le lendemain. Il vous aidera à vous motiver et à préparer votre esprit à accomplir une tâche unique.

♦ Activez la fonction « Ne pas déranger » de vos appareils électroniques pour minimiser les distractions lorsque vous avez l'intention d'entreprendre une tâche importante.

♦ Utilisez le principe de Pareto ou la règle des 80/20 pour concentrer votre attention sur les 20 % d'efforts qui vous aident à réussir. Rappelez-vous que 20 % de l'effort produit 80 % des résultats que vous obtenez.

♦ Concentration - Pour améliorer votre concentration, vous devez trouver des moyens d'éviter les distractions.

♦ Objectifs - Déterminez la compétence que vous devez acquérir ou l'activité qui vous permettra de vous rapprocher de votre objectif. Créez un plan d'action et mettez-vous au travail pour le mettre en œuvre.

♦ L'état d'esprit - Les habitudes et les systèmes de croyance peuvent affecter vos niveaux de productivité. Identifiez les traits de caractère qui ne vous aident pas à atteindre vos objectifs.

Résumé du chapitre

Dans ce chapitre, nous avons abordé les points suivants :

- L'augmentation de votre productivité n'est pas le fruit du hasard. Il faut de l'engagement, de la planification et les principes du cadre de productivité TEA pour exceller.
- Le Temps, l'Énergie et l'Attention sont les trois piliers de l'amélioration de la productivité.
- Il y a dix fois plus de rêveurs ou de personnes qui ne font que parler de leurs objectifs que de personnes qui passent à l'action.
- Les personnes très productives sont d'irréductibles travailleurs, et non des rêveurs ou des procrastinateurs.
- Le cadre de productivité TEA est un outil puissant pour vous aider à diagnostiquer ce qui vous empêche d'atteindre votre véritable potentiel.
- Certaines personnes ont beaucoup d'énergie, sont très attentives, mais ne disposent pas de temps.
- Si les personnes qui n'ont pas de temps mais de l'énergie et de l'attention peuvent apprendre à établir des priorités et à gérer leur temps efficacement, elles deviendront plus productives.
- Les personnes qui pensent qu'elles n'ont pas de temps agissent comme si elles étaient coincées ou piégées. La meilleure façon de les décrire est de dire qu'elles sont débordées.
- Construire des systèmes, faire évoluer des stratégies et travailler efficacement avec les gens sont les trois grandes solutions pour améliorer l'efficacité du temps.
- Pour utiliser efficacement son temps, il faut organiser, déléguer et désengorger son emploi du temps.
- Une autre catégorie de personnes a du temps et de l'attention, mais n'a pas d'énergie.
- Les personnes qui ont le temps d'effectuer des tâches et de se concentrer, mais qui n'ont pas l'énergie de les mettre en œuvre, deviennent frustrées.
- Le manque d'énergie peut entraîner un essoufflement et conduire à la démotivation ou à la procrastination.
- Dormir suffisamment, lire les bons livres, faire de l'exercice, manger sainement, faire des pauses au travail et diviser les tâches en petits morceaux vous aideront à retrouver votre énergie.
- Une autre catégorie de personnes dispose de temps et d'énergie pour travailler, mais n'a pas le souci du détail.
- Une faible capacité d'attention peut donner le sentiment d'être débordé.
- La concentration et l'attention ininterrompue vous aideront à exceller dans chaque tâche.
- Commencer et terminer une tâche avec succès est un gage d'efficacité et de productivité.
- Les systèmes et les stratégies sont les éléments constitutifs d'une gestion du temps réussie, mais vous avez besoin de monde pour assembler le puzzle.
- Il vous sera utile de disposer d'une équipe fonctionnelle pour exceller dans n'importe quelle tâche.
- La communication, une orientation claire et un leadership efficace sont les outils de la réussite et de l'augmentation de la productivité.
- Pour augmenter votre niveau d'attention, supprimez les éléments qui vous distraient, comme les réseaux sociaux et les courriels. Utilisez la fonction « Ne pas déranger » de vos appareils électroniques pour éliminer les distractions.
- Travaillez toujours selon un emploi du temps et planifiez vos activités du lendemain avant de quitter le bureau.

♦ La productivité ne consiste pas à faire le plus de choses possible, mais à terminer chaque mission de manière efficace et efficiente.

Dans le chapitre suivant, vous découvrirez les habitudes à prendre pour augmenter votre énergie physique et mentale.

CHAPITRE SEPT

Des habitudes pour augmenter votre énergie physique et mentale

V otre énergie est le principal vecteur de la réalisation de vos rêves. Si nous en avons la possibilité, nous voulons tous atteindre nos objectifs. Atteindre son but fait partie intégrante de l'existence humaine, mais combien de personnes atteignent réellement leurs objectifs de vie ? Combien ont ce qu'il faut, même la vigilance physique et mentale nécessaire, pour mener à bien leurs objectifs ? Bien souvent, les gens manquent de volonté, d'ardeur ou de motivation pour réaliser leurs rêves. Ces carences sont directement liées au manque d'énergie physique et mentale nécessaire pour passer à l'action.

L'esprit est l'un des plus grands outils que chacun possède. Pour activer pleinement des énergies telles que la confiance, le bonheur, la concentration, la motivation, l'augmentation de la volonté et la productivité, l'esprit doit être en pleine forme. Votre mode de pensée affecte votre rendement et peut parfois déterminer la façon dont les autres vous perçoivent. Lorsque vous avez des pensées heureuses, vous devenez plus satisfait au fil du temps. Lorsque vous avez confiance en vous, cela commence à se refléter sur votre apparence extérieure.

Pour réussir dans n'importe quel effort, il faut une grande énergie mentale, et souvent les gens découvrent, avec le temps, qu'ils s'essoufflent et ne peuvent plus rien faire. Ce qui leur manque, c'est l'énergie mentale et physique nécessaire pour poursuivre leurs rêves. Cependant, toute capacité se transforme en habitude lorsque l'on prend le temps nécessaire pour les étudier et les acquérir. La vigilance mentale et physique est fonction de certaines habitudes que l'on développe. Si vous voyez une personne peu motivée, manquant de confiance en elle, manquant d'énergie physique et mentale, c'est parfois lié à ses habitudes. Il y a des habitudes qui tuent l'énergie et d'autres qui l'augmentent, et celles que vous adoptez détermineront votre niveau de productivité.

> « La première condition du succès est la capacité d'appliquer ses énergies physiques et mentales à un seul problème sans se lasser. »
> -Charles Caleb Colton

Vous avez besoin d'injecter continuellement de nouvelles énergies dans votre vie pour rester équilibré dans votre vie personnelle et professionnelle. Mais pour que ces nouvelles énergies fassent partie de votre ADN, il faut suivre un processus, développer des habitudes positives et agir en permanence.

Dans cette optique, voici des habitudes qui ont fait leurs preuves et qui vous placent sur le bon piédestal.

10 astuces pour une énergie physique et mentale surpuissante

Attaquez-vous à ce que vous redoutez le plus

Faire ce que vous craignez en premier vous donne la confiance et l'énergie nécessaires pour faire face à d'autres tâches moins critiques le reste de la journée. Le premier succès vous motive et vous donne l'occasion de souffler. Une fois que vous avez réussi la première tâche, vous risquez moins de remettre à plus tard d'autres tâches moins importantes.

Visualisez avant de dormir

Les pensées que vous avez au moment de vous coucher sont essentielles pour définir votre humeur du lendemain. Rien n'est plus important que l'état d'esprit dans lequel vous vous trouvez juste avant de vous coucher. Il vous place dans le bon état d'esprit au réveil. En visualisant des possibilités avant de vous coucher, vous établissez un lien direct entre le plaisir et le réveil.

Un état d'esprit positif vous donne toute l'énergie nécessaire pour commencer la journée. Il contribue à la qualité de votre journée et renforce votre confiance en vous. Cette énergie élevée peut affecter toutes les autres activités auxquelles vous participez au cours de la journée.

Cependant, la visualisation fonctionne mieux lorsque vous avez un plan d'action pour chaque jour et que vous utilisez la veille au soir pour planifier les activités du lendemain. Ce plan sert de motivation.

Désencombrez votre esprit

Il est vrai que la liste interminable des choses à faire peut donner à une personne le sentiment d'être submergée et d'avoir l'esprit encombré. De plus, avec la technologie, le rythme effréné du monde, les échéances, les tonnes de messages électroniques, les rendez-vous et bien d'autres choses encore, gérer sa journée peut devenir encore plus difficile.

Pour garder l'esprit libre et mentalement alerte, déléguez certaines tâches si nécessaire. Déléguer à quelqu'un d'autre soulage le niveau de stress et réduit le volume d'activités dont il faut se préoccuper. D'autres activités, telles que la prise de notes, la tenue d'un calendrier et l'établissement de rappels, contribueront à vous simplifier la vie.

Le fait d'avoir une liste de choses à faire transfère la pression du travail de votre esprit à votre emploi du temps. C'est une stratégie qui vous aidera à désencombrer votre esprit et à augmenter votre énergie mentale. Elle vous permet également de vous concentrer davantage sur une tâche, sans anxiété ni encombrement.

Dormez suffisamment

Le fait de dormir suffisamment est directement lié à la capacité de fonctionner de manière optimale. Le sommeil a un effet sur l'état mental et physique d'un individu. Plus une personne dort, plus elle est mentalement alerte, et vice versa.

En outre, il est utile de connaître son temps de sommeil optimal, c'est-à-dire la quantité et le type de sommeil dont vous avez besoin. Pour certains, trop de sommeil les rend étourdis et épuisés. Si certaines personnes se contentent de six à sept heures de sommeil, d'autres ont besoin de huit heures ou plus pour fonctionner pleinement.

Un autre point à noter est la qualité du sommeil. Avant d'aller vous coucher, vous devrez peut-être éteindre tous les appareils qui interrompent votre sommeil. Un environnement confortable et une literie adaptée peuvent être des facteurs de motivation pour un meilleur sommeil. D'autres éléments peuvent améliorer la qualité du sommeil :

- Prendre un bain chaud pour détendre les muscles.
- Lire un livre au lit.
- Évitez les écrans deux heures avant le coucher.
- Pas de caféine après 15h.

Passez une bonne partie de votre journée sur le projet qui vous tient à cœur

Les projets qui vous tiennent à cœur sont ces choses spécifiques que vous entreprenez et qui sont centrées sur votre passion et vos objectifs ultimes. Lorsque vous concentrez votre énergie sur vos passions et vos objectifs, cela n'a jamais l'air d'être une tâche, mais un loisir. Le projet qui vous tient à cœur donne un nouveau sens à votre vie, ce qui vous rend très enthousiaste et revitalisé.

Vos passions vous donnent une raison de vous réjouir. Elles vous donnent une raison de vous réveiller chaque jour et de prendre la route avec un enthousiasme contagieux.

Ayez le sens de la gratitude

Commencer la journée avec la bonne attitude mentale donne une disposition positive à la vie. Un bon rappel des choses qui fonctionnent dans votre vie peut vous aider à aborder la journée en pleine forme. Essayez d'être toujours reconnaissant afin de bénéficier d'une plus grande énergie mentale. Soyez reconnaissant des choses que les gens tiennent pour acquises, comme une bonne santé, un emploi et le fait de pouvoir gagner un salaire décent. Soyez reconnaissant des relations que vous entretenez et de toutes les choses apparemment insignifiantes qui fonctionnent actuellement pour vous.

N'oubliez pas que les défis font partie de la vie et qu'ils tendent à vous rendre plus fort. Ainsi, quel que soit le défi qui se présente à vous, voyez les choses du bon côté. Tout ne peut pas aller mal en même temps. Un mode de vie empreint de gratitude chasse l'ennui et vous rappelle les choses les plus importantes de la vie. Pratiquez l'acte d'écrire les choses qui fonctionnent dans votre vie et concentrez-vous davantage sur elles.

Ayez une vision positive de la vie

Être positif et optimiste face à la vie est un excellent moyen d'augmenter l'énergie mentale. Vous pouvez remplacer un sentiment dépressif par des pensées positives pour bénéficier d'un regain d'énergie. L'état de votre énergie mentale est un facteur déterminant de vos niveaux de productivité. Un état d'esprit négatif ne fait que diminuer votre énergie mentale. Ayez des pensées positives et saisissez les opportunités qui se présentent à vous.

Mangez sainement

Les aliments que nous mangeons ont une influence non seulement sur notre énergie physique, mais aussi sur notre énergie mentale. Le dicton « vous êtes ce que vous mangez » signifie simplement que vous pouvez puiser de l'énergie dans des aliments énergétiques en mangeant correctement. La nourriture a pour effet de réguler notre énergie mentale.

La consommation d'aliments malsains n'apporte aucune valeur nutritionnelle. Ces aliments diminuent le bien-être général du corps et vous fatiguent. Un corps fatigué affecte automatiquement l'état mental.

Adoptez un plan pour faire des choix alimentaires judicieux un mode de vie. Choisissez un régime alimentaire qui améliore la vivacité d'esprit. Manger plus de calories en début de journée que le soir aura un impact positif sur votre énergie. L'obésité n'est pas l'une des choses que vous voudriez ajouter à votre liste de soucis.

L'alimentation saine est riche en fibres, en fruits et légumes, en protéines et autres minéraux essentiels qui devraient faire partie intégrante de votre régime alimentaire pour améliorer votre énergie. En outre, l'eau agit comme une magie sur le corps et il est utile de rester hydraté tout au long de la journée. Cependant, buvez de l'eau pour rester hydraté, mais ne laissez pas votre consommation d'eau interférer avec votre travail.

Laissez-vous inspirer par l'exercice physique

L'exercice est excellent pour le cerveau, non seulement pour contrôler le poids, mais aussi pour abaisser la tension artérielle. Il peut également aider à lutter contre la dépression et l'anxiété. L'exercice stimule l'humeur en augmentant le taux d'endorphine, qui est la substance chimique du corps qui procure un sentiment de bien-être.

Lorsque l'on fait de l'exercice, le rythme cardiaque augmente et diminue invariablement le niveau de stress dans le cerveau.

L'exercice physique présente d'autres avantages :

- ◆ Un meilleur sommeil.
- ◆ Une augmentation de l'estime de soi et de la confiance en soi.
- ◆ Une stimulation cérébrale.

Restez actif tout en vous amusant

Pour certaines personnes, s'astreindre à un programme d'exercices physiques peut s'avérer une tâche presque impossible. Toutefois, outre les formes traditionnelles de jogging et de marche rapide, vous pouvez trouver une méthode active et agréable pour maintenir votre corps en état de marche. Par ailleurs, la pratique d'un sport ou d'un passe-temps est un excellent moyen de garder le corps plein d'énergie et l'esprit actif.

Parmi les activités intéressantes, citons :

- ◆ Faire du sport avec des amis.

- ◆ Faire de courtes promenades.
- ◆ La course à pied.
- ◆ La randonnée.
- ◆ Le vélo.
- ◆ La danse.
- ◆ Le patinage.

Entourez-vous de gens heureux

La plupart des gens sont naturellement sociables, d'autres non, mais les relations font partie intégrante de l'existence humaine. Les personnes heureuses et pleines d'énergie portent le virus avec elles et si vous les côtoyez suffisamment longtemps, vous serez infecté par le bonheur. Elles vous rendent heureux et plein d'énergie.

Par conséquent, vos relations augmenteront ou diminueront votre niveau d'énergie en fonction de vos choix. Veillez à rester avec les personnes avec lesquelles vous aimez être.

Le fait d'avoir un réseau social qui correspond à vos objectifs et à vos besoins peut constituer une sorte de groupe de soutien. Les groupes de soutien peuvent contribuer à améliorer votre estime de soi et à réduire votre niveau de stress. Les rencontres sociales sont particulièrement utiles pour les introvertis qui ont du mal à interagir. Elles leur permettent de s'exprimer, de s'amuser et de rire, ce qui peut les stimuler.

Laissez votre esprit voyager à travers la méditation

La méditation implique une réflexion profonde et l'utilisation du pouvoir de l'imagination pour recréer votre monde de ce qu'il est à ce que vous souhaitez qu'il soit. La méditation vous aide à exploiter les capacités de votre esprit à prédire un avenir meilleur grâce à la visualisation mentale. Les personnes qui réussissent ont recours à la méditation pour trouver des réponses aux questions les plus épineuses.

Le but ultime de la méditation est la paix intérieure et la relaxation. Des études ont montré que la méditation (aussi brève soit-elle) est un excellent outil pour réduire le stress. Le stress peut avoir un impact sur votre énergie physique ou mentale, et la méditation peut soulager ce dernier. Prendre quelques minutes par jour pour méditer en pleine conscience permet d'atténuer la plupart des formes de stress et d'anxiété. La méditation est un outil utile dans la lutte pour la santé mentale et contre les troubles mentaux.

Revitalisez votre corps et votre esprit grâce à une séance de yoga

Le yoga a apporté une valeur intrinsèque à l'humanité à travers les âges. Il s'agit d'un exercice physique et mental qui aide à revitaliser le corps et à stimuler l'esprit. Le yoga associe des postures, la méditation, la relaxation et des techniques de respiration. La pratique du yoga présente de nombreux avantages pour le développement de l'énergie physique et mentale.

Les bienfaits du yoga :

- ◆ Amélioration de la force musculaire - Cela protège contre les douleurs dorsales et l'arthrite.

- Augmentation du flux sanguin - Le yoga libère de l'énergie dans les cellules du corps et favorise la circulation sanguine.
- Augmentation du rythme cardiaque - Comme le yoga implique un exercice physique, le rythme cardiaque s'accélère.
- Diminution de la tension artérielle et du taux de sucre dans le sang.
- Facilitation de la concentration - Des études ont montré que la pratique du yoga améliore la coordination, la mémoire et le quotient intellectuel.
- Amélioration du sommeil.
- Réduction des fluctuations de l'esprit.

Adoptez plus souvent une attitude ludique

Le dicton selon lequel « Il n'y a pas que le travail dans la vie. » fait référence à l'état mental et physique du bien-être. Toute activité amusante qui nous procure de la joie ou une étincelle enfantine peut être qualifiée de ludique. Le fait d'être occupé et de ne pas avoir le temps de s'adonner à des activités amusantes ou à des loisirs peut avoir un effet néfaste sur notre énergie. La notion de jeu est différente pour chaque individu en fonction de ses besoins, de ses intérêts et de ses envies. Elle ne doit pas nécessairement figurer sur votre liste de choses à faire, mais peut être une activité que vous trouvez captivante. Il peut s'agir de cuisiner, de danser, d'écouter de la musique, d'aller au cinéma, de participer à des compétitions sportives ou à des courses d'athlétisme, bref, de n'importe quel passe-temps.

Créez des routines

L'intégration d'habitudes énergétiques dans votre routine professionnelle ou personnelle peut vous aider à maintenir votre niveau d'énergie élevé. Vous pouvez également rechercher de petites activités pour augmenter rapidement votre énergie au travail. Les habitudes de sommeil, les heures de repas, l'exercice, le yoga, une attitude reconnaissante et les activités professionnelles peuvent être très bénéfiques. Une fois que vous maîtriserez les routines et qu'elles feront partie de votre vie, votre productivité augmentera.

Abordez les problèmes de front

Le fait de laisser des problèmes en suspens ou de ne pas s'en occuper pendant une longue période peut avoir des répercussions sur votre niveau d'énergie et provoquer du stress. Le stress mental peut épuiser votre énergie autant, sinon plus, que le stress physique. Lorsque vous êtes mentalement stressé, la première chose à faire est d'identifier les éléments déclencheurs. La deuxième chose à faire est de commencer à élaborer des stratégies pour lutter contre le stress. Prenez-les à bras-le-corps et gagnez en énergie pour réussir.

Apprendre à augmenter son énergie devrait être plutôt intéressant. L'utilisation de substances ne devrait pas être une option. Agir est un aspect essentiel de la recherche d'énergie. Une fois que vous pouvez faire de ces pratiques une habitude, elles deviennent finalement un mode de vie et sont plus faciles à mettre en œuvre.

Résumé du chapitre

- L'augmentation de votre énergie physique et mentale nécessite des actions délibérées qui doivent être intégrées à votre mode de vie.
- Vous devez régulièrement injecter de l'énergie fraîche dans votre vie pour bénéficier d'un flux d'énergie équilibré.
- Le fait de vous occuper des tâches que vous redoutez le plus vous donnera l'énergie et la confiance nécessaires pour en faire davantage.
- Organisez vos pensées en visualisant le travail avant de vous coucher.
- Libérez votre esprit des sentiments écrasants et des tâches trop nombreuses.
- Le sommeil est important. Veillez à ce qu'il soit suffisant.
- Le projet qui vous tient à cœur se situe dans le domaine de votre passion et doit être poursuivi avec enthousiasme.
- Adoptez toujours une attitude de gratitude.
- « Vous êtes ce que vous mangez. » En d'autres termes, mangez les bons aliments, ceux qui ont une valeur nutritionnelle adaptée à votre corps.
- Si vous vous engagez dans des activités physiques ou actives qui vous inspirent et vous plaisent, votre niveau d'énergie augmentera.
- Socialisez davantage en vous entourant de personnes heureuses.
- Les personnes heureuses sont porteuses d'une énergie contagieuse.
- La méditation est un puissant stimulant énergétique.
- Pratiquez le yoga pour améliorer votre niveau d'énergie.
- Vous devez jouer davantage. Le bon type de jeu crée un sentiment exaltant.
- Prenez des habitudes régulières qui conditionnent l'esprit pour de bon.
- Prenez le taureau par les cornes lorsque vous faites face à des problèmes.

Dans le chapitre suivant, vous apprendrez à vous motiver en quelques minutes grâce à des astuces scientifiquement prouvées.

CHAPITRE HUIT

La motivation en quelques minutes : trucs et astuces scientifiquement prouvés

Qu'est-ce qui permet à quelqu'un d'aller de l'avant malgré les circonstances et les défis de la vie ? Lorsqu'une idée ne semble pas fonctionner ou que l'on est confronté à des revers ou à des échecs, qu'est-ce qui vous donne le courage de continuer d'essayer ? Même lorsque ce n'est pas agréable, qu'est-ce qui vous pousse à vous lever tôt le matin pour méditer, étudier, faire vos exercices de routine ou vous rendre au travail ?

La vérité est qu'il n'y a pas de véritable succès sans motivation. La motivation est la force motrice, tout comme le carburant facilite le déplacement d'un véhicule. La motivation est ce qui donne du vent à votre voile, la force motrice qui vous permet d'aller de l'avant lorsque tout le reste semble ne pas fonctionner. Cependant, il n'est pas aussi facile qu'il y paraît d'être motivé ou de le rester. Cela demande de l'énergie physique et mentale. Dans ce cas, comment rester motivé ?

Voici quelques méthodes scientifiquement prouvées pour vous aider à vous concentrer et à vous motiver afin d'augmenter votre productivité en quelques minutes.

Stimulez votre confiance en vous grâce à une posture de puissance

Durée requise : 2 minutes

Votre langage corporel est un facteur essentiel dans la façon dont les autres vous perçoivent. Il affecte également la chimie interne de votre corps. La façon dont vous vous tenez et effectuez certaines activités, votre posture, vos mouvements et bien d'autres choses encore, envoient des ondes positives ou négatives aux autres. Amy Cuddy, de Harvard, affirme que « nos paroles non verbales déterminent ce que les autres pensent et ressentent à notre égard. »

Des recherches menées par Princeton, Harvard et d'autres institutions montrent que le langage corporel peut influencer les interactions sur le lieu de travail. Utiliser les bons mots peut aider à faire passer le bon message. Cependant, le langage corporel peut influencer le sens que vous donnez à ce message.

Par conséquent, tout comme le langage corporel affecte un message, il affecte également votre niveau de motivation. Le professeur Amy Cuddy, de la *Harvard School of Business*, qui s'exprime sur le langage corporel, explique que la posture de puissance constitue un autre moyen de communication non verbale. La façon dont vous vous tenez peut en dire long sur vous et avoir un impact sur vos niveaux de productivité. Votre langage corporel, vos postures et votre façon de vous tenir peuvent révéler beaucoup de choses sur vous.

Qu'est-ce qu'une posture de puissance ?

Il existe deux types de posture de puissance : la posture de puissance élevée et la posture de faible puissance. La posture de puissance élevée consiste à placer son corps dans une position ouverte plutôt qu'avachie ou voûtée, que l'on soit assis ou debout. Dans une posture de puissance élevée, gardez votre poitrine et vos bras ouverts et évitez de rester dans une position avachie.

C'est pourquoi les chercheurs ont constaté que le maintien d'une posture de grande puissance peut augmenter le taux de testostérone, une hormone responsable de l'augmentation de la confiance en soi. La posture de puissance réduit également le taux de cortisol, responsable de l'augmentation du stress dans l'organisme.

En revanche, dans une posture de faible puissance, l'individu s'avachit dans une position qui le fait paraître petit ou tassé.

Par conséquent, pour vous donner le coup de pouce mental dont vous avez besoin, essayez de prendre des postures de puissance simples et vous verrez l'effet sur vos niveaux de productivité. Tenez-vous toujours consciemment debout ou assis en adoptant une posture de puissance. Une étude menée à Princeton montre que le langage corporel véhicule plus d'expressions que le simple visage.

N'oubliez pas de communiquer activement, et non passivement, et d'orienter tout votre corps vers l'autre personne lorsque vous lui parlez. Souriez souvent, car les recherches confirment également que le sourire peut augmenter votre niveau de confiance.

Accordez-vous un nouveau départ

Durée requise : 3 à 5 minutes

La plupart des gens prennent des résolutions, surtout en début d'année, ce qui constitue une source de motivation. En prenant des résolutions, vous vous donnez une chance de repartir à zéro. Selon une étude menée par la Wharton School of Business, cela peut également créer un regain d'énergie pour accomplir davantage de tâches.

Une publication d'un institut américain - *the Institute of Operations Research and Management Science* - a identifié que l'utilisation de repères temporels importants aide les gens à atteindre leurs objectifs. Ils développent la volonté de s'attaquer à n'importe quelle tâche lorsqu'ils décident de prendre un nouveau départ. Ces nouveaux départs se produisent lors de repères temporels tels que des anniversaires, une nouvelle semaine, un nouveau mois ou une nouvelle année, des vacances, un nouveau semestre ou une nouvelle année scolaire. À l'aide d'une recherche sur Google, l'équipe de recherche a identifié certains domaines nécessitant un nouveau départ, tels que les régimes, la fréquentation d'une salle de sport et l'engagement à atteindre des objectifs.

Pour prendre un nouveau départ, l'utilisation de points de repère permet aux gens d'oublier leurs imperfections passées et de poursuivre des objectifs plus importants qui auront un impact sur leur vie. En d'autres termes, la décision de prendre un nouveau départ pourrait servir de source de motivation conduisant à un changement de comportement et à une augmentation de la productivité.

Comment prendre un nouveau départ dans la vie ?

Tout le monde a des événements passés et récurrents dans sa vie. Certains de ces événements peuvent nous rapprocher ou nous éloigner de nos objectifs. Cependant, un regard critique sur ces événements peut se transformer en un nouveau départ. Vous pouvez faire d'une situation négative ou positive un moyen de prendre un nouveau départ. Par exemple, une perte d'emploi récente, une rupture, l'obtention d'un diplôme ou un déménagement dans un nouvel endroit peuvent servir de motivation pour lancer l'entreprise pour laquelle vous avez économisé ou que vous souhaitez ardemment créer.

Les repères temporels vous aident à vous détacher des échecs passés et à élaborer un plan concret pour atteindre vos objectifs. Pour vous inciter à réussir, vous devez passer à l'étape suivante, qui consiste à mettre vos objectifs par écrit. Créez un plan d'action ou une liste de choses à faire pour canaliser votre nouvelle énergie vers la réalisation de vos objectifs. De plus, prendre un nouveau départ ne doit pas nécessairement se limiter au début de l'année, mais à tout moment où vous découvrez le besoin de redéfinir une situation ou un événement.

Faites-vous plaisir avec des chocolats

Durée requise : 1 minute

Manger du chocolat peut sembler mauvais pour les dents ou trop sucré. Pourtant, le chocolat peut avoir de puissants effets motivants. Le chocolat contient des propriétés qui libèrent de la dopamine et des réactions chimiques connues pour produire ces effets chocolatés sur le cerveau :

- ◆ La dopamine provoque une augmentation du rythme cardiaque, ce qui accroît la motivation.
- ◆ Manger du chocolat libère de la sérotonine et de la phényléthylamine dans le sang. La sérotonine est un neurotransmetteur qui peut aider à calmer les nerfs, tandis que la phényléthylamine favorise la stimulation. Le chocolat blanc contient davantage de ces deux propriétés et offre une plus grande valeur ajoutée. Le chocolat noir contient des antioxydants qui contribuent à ralentir le déclin cognitif et à augmenter votre niveau de concentration.
- ◆ Le chocolat agit comme une forme légère d'antidépresseur. Lorsque vous consommez du chocolat, il provoque une réaction chimique dans le cerveau qui stimule un sentiment de bonheur, une sensation de bien-être et de la motivation.

Renforcez vos capacités cérébrales grâce à des aliments sains

Manger sainement aura un impact direct sur votre santé générale. Votre santé est la seule garantie de pouvoir jouir de la richesse lorsque vous réussirez enfin. Cependant, pour fixer, poursuivre et atteindre vos objectifs, vous avez besoin de votre santé.

Certaines catégories d'aliments ne contribuent qu'à ralentir votre développement mental et physique et à vous rendre malade. Votre corps a besoin de la bonne quantité de nutriments pour reconstruire ou réparer les tissus usés. Lorsque vous lui donnez les bons aliments, il peut non seulement fournir l'énergie nécessaire pour travailler, mais aussi stimuler le développement de votre cerveau.

Quels sont les aliments susceptibles de stimuler vos facultés cérébrales ?

Il existe de nombreux aliments qui, une fois consommés, peuvent servir de carburant à l'organisme et vous aider à atteindre vos objectifs. Les aliments riches en protéines, en graisses et huiles saines, en fruits et légumes, en noix et graines, en céréales complètes, et bien d'autres encore, sont des exemples d'aliments motivants.

Les aliments riches en vitamine B ont un effet stimulant et peuvent contribuer à augmenter votre niveau d'énergie, votre motivation et vos capacités cérébrales. Par exemple, la vitamine B contient de la dopamine, responsable de la motivation. La dinde, le saumon, le tofu, les bananes, les épinards, les noisettes, les noix et les avocats constituent un bon dosage de vitamine B. En revanche, les aliments riches en cholestérol et les aliments gras ne sont ni très sains ni très utiles pour le développement du cerveau.

Le poisson comme le saumon, qui contient des huiles et des acides gras oméga 3, peut accélérer le développement du cerveau. Il peut également protéger contre la perte de mémoire et la démence. Outre le chocolat, les noix et les graines ralentissent également le déclin cognitif. La spiruline et les myrtilles notamment sont d'autres fruits et légumes qui contiennent des propriétés dopaminergiques. Des études montrent que l'avocat contient des propriétés qui combattent les radicaux libres responsables des dommages cellulaires, réduisant ainsi la progression de la maladie d'Alzheimer et de la démence. L'avocat est aussi un excellent aliment pour le développement de la fonction musculaire et de l'apprentissage.

Passez du temps dans la nature

La nature a une façon unique d'entrer en contact avec le point sensible de l'être humain. Elle peut vous motiver même dans les pires situations et les circonstances les plus improbables. Il est si facile de se laisser piéger par la folie de gagner sa vie et de poursuivre des objectifs fixes que l'on oublie de profiter du peu que l'on a gagné. On oublie parfois de prendre le temps d'apprécier les cadeaux de la nature.

« Au milieu de l'hiver, j'ai découvert en moi un invincible été. »
-Albert Camus

L'une des meilleures façons de se motiver en quelques minutes est de laisser la nature s'immiscer dans votre être. Passer plus de temps dans la nature vous aidera non seulement à vous détendre, mais vous incitera également à résoudre des problèmes professionnels difficiles. Alors, que pouvez-vous faire ?

Faites une promenade

La marche est un véritable remède pour le corps et le psychisme humain. Au lieu de conduire ou de prendre un taxi, un bus ou un train, pourriez-vous rentrer chez vous à pied ? Ou au moins vous arrêter à quelques mètres de l'arrêt de bus le plus proche et faire le reste du chemin à pied ? Plusieurs choses se produisent lorsque vous marchez. Cela vous donne le temps de réfléchir aux activités de la journée, de la semaine et du mois. Vous pouvez également méditer sur les problèmes de travail et, comme il s'agit d'un environnement différent, vous n'avez pas l'impression d'être étouffé.

Vous pouvez aussi vous promener sur la plage. Marchez pieds nus, les vagues à gauche, les arbres à droite, la musique au loin, d'autres personnes en quête de plaisir qui courent, des cris et de l'engouement dans l'air. Le simple fait de siroter le vent frais de l'été peut avoir un effet magique sur votre âme. En réfléchissant aux problèmes de la vie, à vos objectifs, à votre travail et à votre vie personnelle, vous ne tarderez pas à faire le plein d'énergie.

Partez en vacances

Un voyage dans des endroits dont vous avez toujours rêvé peut créer la motivation nécessaire que vous recherchez. Il existe des dizaines de lieux exotiques et passionnants, de réserves naturelles et de parcs aquatiques à explorer. Outre les sites merveilleux à voir, le simple fait de vous mettre au vert vous apportera un agréable volume de motivation et d'énergie.

Des recherches menées par l'université d'Essex montrent que les couleurs communiquent aux gens des tons, des humeurs et des sentiments. Selon deux études différentes, la couleur verte est un facteur de motivation, tandis que les éclats de vert peuvent stimuler votre créativité. Par conséquent, entourer votre bureau ou votre pièce d'une touche de vert devrait faire des merveilles pour votre énergie.

Par exemple, Andrew est un homme qui aime dresser sa liste de tâches pour le lendemain lorsqu'il se prépare à aller se coucher. Il passe en revue les activités de la journée, les réussites, les échecs, les tâches inachevées et bien d'autres choses encore, puis les planifie dans les activités du lendemain. Une fois cette tâche accomplie, Andrew s'allonge sur son lit et essaie de visualiser... À quoi ressemblera demain ? se demande-t-il. *Qu'est-ce que je veux accomplir demain ? Quels sont les problèmes que je dois surmonter demain dans ma vie professionnelle et personnelle pour atteindre mes objectifs ?* Au bout d'un certain temps, il éteint la lampe de chevet et se repose pour la nuit. Le matin venu, Andrew est gonflé à bloc, enthousiasmé par les activités de la journée et impatient d'entrer dans le vif du sujet.

La recherche confirme que les gens réagissent différemment aux situations, ce qui contribue à les motiver. La science identifie deux types de motivation : la motivation intrinsèque (interne) et la motivation extrinsèque (externe). Par exemple, lorsque vous nettoyez votre maison alors que vous attendez la visite d'amis, il s'agit d'une motivation externe. La motivation extrinsèque dépend de quelque chose d'extérieur ou de votre environnement pour stimuler un plan d'action. Selon Belle Cooper, la motivation extrinsèque peut être résumée par des énoncés conditionnels, tels que « si », suivis d'une récompense. Par exemple, « si vous atteignez un objectif de cinq ventes régulières au cours des trois prochains mois, vous pourrez prétendre au poste de directeur régional du marketing. » Il s'agit d'une incitation externe à accomplir une tâche. Les récompenses ont tendance à restreindre les processus de réflexion nécessaires à la réussite.

Toutefois, des chercheurs de Princeton ont constaté qu'un tel système de récompense de la motivation externe conduit, à terme, à des performances médiocres. Les tâches impliquant l'innovation et la créativité sont plus performantes lorsqu'il y a une motivation interne. Par exemple, rester après la fermeture pour travailler ses compétences afin d'améliorer quelque chose est une motivation intrinsèque. La motivation intrinsèque fait partie de ce qui favorise les travaux créatifs. L'objectif est le facteur de motivation.

Éléments de la motivation intrinsèque

Dan Pink a parlé des trois éléments de la motivation intrinsèque :

- ◆ L'autonomie
- ◆ La maîtrise
- ◆ L'objectif

L'autonomie

L'autonomie consiste à faire des choix. Lorsque vous avez un sentiment d'appropriation ou de maîtrise de vos choix, vous bénéficiez d'une motivation intrinsèque. Une telle personne peut envisager toutes les possibilités de manière créative pour accomplir sa tâche. Ainsi, le fait d'avoir des éléments sur lesquels vous pouvez exercer un contrôle dans le cadre d'un travail vous donnera un certain degré de motivation. Par exemple, votre patron vous confie un projet à exécuter. Si vous avez la possibilité de prendre des décisions sur la structure, l'avancement et la date d'envoi des tâches, il vous sera plus facile de vous sentir motivé que si vous n'avez qu'à suivre les instructions. Ainsi, en cherchant des moyens d'accroître votre autonomie dans l'exécution d'une tâche, vous serez naturellement motivé, car vous pourrez vous approprier le processus.

La maîtrise

Lorsque vous aimez ce que vous faites, cela vous aide à vous améliorer, même sans motivation extérieure. Vous serez prêt à vous perfectionner pour améliorer votre travail lorsque cela sera important pour vous, et pas seulement pour l'entreprise. Ainsi lorsque des domaines nécessitant vos compétences se présenteront, vous vous sentirez enthousiaste et motivé de les mettre à profit.

L'objectif

Lorsque vous avez l'impression qu'un projet ou une tâche dépasse vos intérêts personnels, concentrez-vous sur l'objectif. La motivation devient intrinsèque lorsque l'individu se concentre sur le bénéfice, par exemple sur la manière dont une tâche apportera un plus à la société ou profitera aux clients de l'entreprise. Vous devenez motivé lorsque vous voyez la valeur réelle qu'un projet apportera aux clients et à d'autres personnes.

Résumé du chapitre

Dans ce chapitre, nous avons examiné en détail les idées suivantes :

- ◆ Dans la vie, les défis font partie des caractéristiques de la poursuite de tout objectif qui en vaut la peine. D'une manière ou d'une autre, les gens trouvent la motivation de poursuivre leurs rêves malgré les obstacles.
- ◆ La motivation est ce qui pousse quelqu'un à se lever tôt chaque jour pour poursuivre un rêve, même après des revers et des échecs.
- ◆ La motivation provient de sources internes (intrinsèques) et externes (extrinsèques).
- ◆ Les postures de puissance vous donnent envie de continuer à travailler.
- ◆ Votre langage corporel en dit long sur vous et peut influencer votre niveau de motivation.

- S'asseoir ou se tenir debout dans une position avachie ou voûtée est une posture de faible puissance, qui peut affecter votre motivation au travail ou lors d'un entretien.
- S'asseoir ou se tenir debout dans une position ouverte ou verticale, les épaules carrées tournées vers l'avant, c'est ce qu'on appelle une posture de puissance élevée. Elle peut vous aider à augmenter votre niveau d'énergie et votre motivation en l'espace de deux minutes.
- Prendre un nouveau départ dans la vie peut être une source de motivation.
- Les gens prennent des résolutions hebdomadaires, mensuelles et annuelles. D'autres résolutions sont prises à l'occasion d'un anniversaire, après une perte d'emploi ou une rupture. Ce système de repères temporels sert de motivation pour arrêter ou commencer à faire certaines choses.
- Faites-vous plaisir en mangeant du chocolat blanc, au lait ou noir, car il contient de la dopamine, qui est l'un des ingrédients de la motivation.
- La consommation d'aliments riches en protéines, en huiles, en acides gras oméga 3, en graines et en noix peut contribuer à augmenter votre niveau d'énergie et votre motivation.
- Rester enfermé à l'intérieur ou toute la semaine au bureau suffit à tuer la motivation. Une excursion dans la nature peut réveiller quelque chose en vous. Promenez-vous, allez à la plage et laissez-vous inspirer.
- Vous pouvez être motivé ou ressentir un sentiment d'autonomie lorsque vous avez l'impression de vous approprier le processus ou d'avoir joué un rôle important dans le processus de prise de décision d'une tâche.
- La maîtrise du processus d'exécution des tâches au sein de votre organisation peut vous donner un coup de pouce substantiel. Une fois que vous aurez pris plaisir à faire ce que vous faites, vous pourrez, le cas échéant, étudier davantage pour perfectionner vos compétences.
- La motivation intrinsèque peut s'inscrire dans un objectif tel que le bien général ou le bénéfice des autres. Elle tend à servir de moteur pour poursuivre une mission. Le fait de savoir quelle valeur ou quel impact vous avez sur les clients et l'humanité peut créer une motivation.

Dans le prochain chapitre, vous découvrirez le secret d'une efficacité et d'une concentration accrues grâce à la méthode Pomodoro.

CHAPITRE NEUF

La méthode Pomodoro : le secret d'une efficacité et d'une concentration accrues

Il y a tellement de tâches à accomplir chaque jour, et il semble qu'il n'y ait jamais assez de temps. Vous avez des délais serrés, mais vous n'avez pas le temps de tout faire. La situation est peut-être devenue si grave que vous devez constamment emporter du travail à la maison pour pouvoir respecter vos délais. Certaines semaines, tout se passe bien et vous atteignez votre objectif. D'autres semaines, c'est la galère. Tout cela s'accumule et vous frustre de plus en plus. Vous commencez à vous essouffler. Que faire dans de telles situations ?

Beaucoup de gens ont du mal à rester concentrés au travail. Parfois, on reste assis toute la journée à son bureau, sans obtenir grand-chose à cause d'un manque de concentration, de motivation ou de la fatigue. L'ingrédient secret dont vous avez besoin est la méthode Pomodoro pour une meilleure concentration et efficacité.

Lorsque j'ai entendu parler de la technique Pomodoro pour la première fois, mon intérêt a été immédiat. Cependant, en tant que coach de vie, il m'a fallu un certain temps pour trouver le temps d'étudier la technique Pomodoro et de m'y essayer personnellement. J'avais beaucoup entendu parler de l'intérêt de cette méthode et j'étais impatient de l'essayer. Le moins que l'on puisse dire, c'est que les résultats sur mon niveau de productivité ont été phénoménaux. Si vous avez du mal à rester concentré et efficace au travail, voici l'outil qu'il vous faut : la méthode Pomodoro.

Qu'est-ce que la méthode Pomodoro ?

La méthode Pomodoro est un outil de gestion du temps qui permet d'accroître l'efficacité et la concentration au travail. Il n'y a pratiquement jamais assez de temps pour tout faire. C'est pourquoi la technique Pomodoro vous apprend à travailler avec le temps dont vous disposez. Au lieu d'être constamment dans une course contre la montre, la méthode Pomodoro vous encourage à rationaliser en structurant votre temps en segments de 25 et de 5 minutes.

En d'autres termes, vous divisez votre journée de travail en tranches plus petites de 25 et de 5 minutes. Les 25 premières minutes sont consacrées à l'accomplissement de certaines tâches, tandis que les 5 autres sont consacrées à de courtes pauses. C'est ce qu'on appelle la méthode Pomodoro. Cependant, après environ quatre intervalles, ou Pomodoros, vous pouvez prolonger la pause jusqu'à 15 ou 20 minutes.

Quel est l'intérêt de la technique Pomodoro ?

La méthode Pomodoro vous aide à vous concentrer sur ce qui est le plus important au quotidien. Parfois, nous travaillons en ayant l'impression d'avoir suffisamment de temps pour accomplir le travail de la journée. Puis, nous nous laissons distraire. Nous recevons un courriel urgent d'un ami et nous nous disons : « Message de John... D'accord, je vais y répondre rapidement... », et vous suspendez votre tâche en cours. En un rien de temps, vous êtes pris par d'autres tâches distrayantes et la moitié de la journée s'écoule sans que vous n'accomplissiez grand-chose. À deux jours de l'échéance, vous êtes pris d'une véritable frénésie, essayant de tout faire en même temps pour que tout soit prêt à temps.

La technique Pomodoro procure un sentiment d'urgence immédiat pour votre travail. Elle vous aide à vous concentrer, même si ce n'est que pendant 25 minutes, sur vos tâches les plus importantes. Après 25 minutes, vous pouvez vous permettre quelques distractions avant de vous remettre au travail sur les mêmes tâches. L'argument est qu'une fois que vous aurez la discipline de suivre cette formule, à la fin de chaque journée, vous aurez augmenté votre productivité de façon astronomique. Ainsi, au lieu de perdre du temps en distractions, vous vous concentrerez sur vos tâches essentielles.

Si vous investissez dans des intervalles de 25 minutes pour les tâches, avec 5 minutes pour les pauses, pendant 12 fois au cours d'une même journée, vous aurez travaillé pendant 300 minutes à la fin de la journée. Il vous reste encore au moins une heure pour faire une pause.

La technique Pomodoro permet d'augmenter la productivité en réduisant les distractions et en accomplissant davantage de tâches. Les pauses forcées éliminent la fatigue quotidienne ou le sentiment d'épuisement à la fin du travail. En outre, il n'est pas sain de passer des heures interminables à son bureau dans l'espoir d'accomplir davantage de tâches. En vous forçant à travailler selon la méthode Pomodoro, vous parviendrez à accomplir davantage de choses tout en conservant un niveau d'énergie élevé.

Du point de vue de la biologie de l'évolution, le cerveau humain ne devrait pas travailler sous une forte pression excessive d'un coup Bien que le cerveau puisse résister au stress (après tout, il est capable de gérer des pressions extrêmement complexes), au fil des années, les effets de la tension se feront probablement ressentir sur votre santé. Le cerveau humain vous aide à survivre à toutes les situations, mais il ne peut pas rester concentré sur une tâche pendant longtemps sans perdre sa concentration. Par conséquent, en utilisant une technique simple, telle que les Pomodoros, votre cerveau peut bénéficier d'un regain d'énergie, d'une vigilance constante et d'une augmentation de la qualité du travail produit.

Stratégies pour tirer le meilleur parti de la technique Pomodoro

Tout le monde n'a pas les mêmes horaires ni le même genre de travail. C'est pourquoi vous pouvez adapter la technique Pomodoro à votre situation particulière. Par exemple, une personne travaillant dans le domaine du marketing ou de l'ingénierie, ou encore un écrivain ou un journaliste, aura un environnement de travail différent.

Au début, l'utilisation de ces pauses incessantes vous semblera maladroite et peu naturelle. Je dois avouer que c'est une expérience encombrante lorsque l'on commence à micro-gérer des tâches à l'aide d'un minuteur. En fait, au début, j'ai souvent prolongé les sessions de 25 à 45 minutes afin de pouvoir répondre à des questions urgentes. À d'autres moments, j'ai dû m'occuper d'un client potentiel avec des comptes importants et j'ai modifié la configuration. En outre, j'avais des réunions avec des clients pendant la journée ou encore des sessions de formation. Dans ces circonstances, j'ai dû désactiver le minuteur Pomodoro pour accomplir d'autres choses.

Cependant, pour m'aider à atteindre mon objectif, j'avais incorporé la technique Pomodoro au tableau Kanban personnel. Les jours où je devais plus travailler au bureau, j'utilisais davantage la méthode Pomodoro. Cela m'a permis d'organiser les choses plus rapidement et plus efficacement. Les jours où j'avais des réunions avec le personnel ou des séances de coaching personnel avec des clients, je suspendais la méthode Pomodoro. Néanmoins, en incorporant la technique Pomodoro de cette manière, j'ai constaté une augmentation exponentielle de mes niveaux de productivité. Cela m'a permis de mieux me concentrer sur une tâche à la fois et d'en faire plus rapidement.

Voici comment la méthode Pomodoro peut vous être utile :

Travaillez avec un chronomètre ou une application de minuterie

Comme vous devez limiter votre temps, un chronomètre ou une application sera le meilleur moyen de définir les intervalles de 25 minutes. Il n'y a aucun moyen de se discipliner à la méthode Pomodoro sans chronomètre. Vérifier l'heure manuellement entraînera plus de déception que de succès. De plus, une fois que vous serez pris par le travail, vous risquez d'oublier votre timing.

Vous pouvez télécharger l'application Pomodoro Timer sur l'iTunes store pour les utilisateurs Apple. Ou essayez ClearFocus pour les utilisateurs d'Android.

Une seule tâche, pas de multitâche

Les dangers et les inconvénients du multitâche devraient maintenant être clairs. Pour augmenter votre productivité, essayez de vous concentrer sur une seule tâche par intervalle de 25 minutes. Si vous avez besoin de plus de 25 minutes pour accomplir cette tâche, utilisez autant d'intervalles de 25 minutes que possible, mais veillez à ne pas y consacrer plus de temps qu'elle ne devrait normalement en prendre.

Engagez-vous

Même si vous souhaitez être flexible, il est préférable de respecter la technique Pomodoro pour en tirer le maximum d'avantages. Il est souvent tentant de sauter les pauses et de continuer à travailler, surtout lorsqu'il y a des délais serrés à respecter. Cependant, vous devez respecter vos pauses, tout comme vous respectez les intervalles des tâches.

Fixez des objectifs quotidiens

Comme nous l'avons déjà dit, fixez des objectifs quotidiens en fonction des tâches de la journée. La tâche quotidienne doit correspondre à 25 minutes de temps de travail et à des pauses de 5 minutes. Utilisez autant d'intervalle de 25 minutes et de pauses de 5 minutes que les activités de la journée le permettent. Prolongez les pauses de 5 à 15 minutes après les quatre premiers intervalles de 5 minutes.

Restez concentré sur votre travail

Il y aura forcément des interruptions et d'autres questions urgentes. Toutefois, vous devez prendre l'habitude de vous concentrer sur votre travail toutes les 25 minutes et d'utiliser les 5 minutes de pause prévues à cet effet. Si vous laissez les interruptions s'immiscer dans votre journée, d'autres personnes en profiteront pour vous déranger. Vous n'obtiendrez que peu de résultats s'il y a trop d'interférences.

Retardez la lecture des courriels et les distractions liées aux réseaux sociaux

Ce n'est pas parce que les courriels font partie de vos activités professionnelles que vous pouvez leur permettre de vous interrompre. Ne les consultez pas lorsque vous effectuez une tâche spécifique de 25 minutes ou pendant les pauses de 5 minutes. Les pauses de 5 minutes sont destinées à des activités non professionnelles qui vous permettent de vous ressourcer. Si vous consacrez 5 minutes à une tâche quelconque, cela signifie que vous ne laissez pas de temps libre à votre cerveau.

Votre emploi du temps quotidien doit prévoir un temps spécifique pour le traitement des courriers électroniques. Vous pouvez faire en sorte que leur lecture soit prévue deux ou trois fois dans un horaire de travail régulier. Vous éviterez ainsi les interruptions dues aux courriels ou aux réseaux sociaux pendant les périodes de travail cruciales.

Profitez de vos pauses

Puisque les pauses de 5 minutes ne servent pas à travailler, que faut-il en faire ? Cinq minutes, ce n'est pas beaucoup. Utilisez vos pauses pour vous concentrer sur des activités non liées au travail. C'est la seule façon d'être physiquement et mentalement alerte après la pause. La raison pour laquelle la pause ne dépasse pas 5 minutes est pour que votre corps ne s'adapte pas à la période de repos ni ne sorte du mode de travail.

Pour utiliser efficacement ces 5 minutes, vous pouvez vous lever de votre poste de travail et aller marcher ou prendre une tasse de café. La marche permet de soulager les tensions corporelles et d'assouplir les muscles. Respirer profondément pour remplir ses poumons d'oxygène présente de nombreux avantages pour le cerveau et le corps. L'oxygène libéré dans le cerveau est un stimulant qui peut vous aider à rester concentré. Un corps plus détendu permet de travailler plus efficacement et, invariablement, d'accomplir des tâches de meilleure qualité au quotidien.

En bref, j'ai commencé par tester la technique Pomodoro et j'ai fini par la recommander à mes clients. Mon expérience personnelle m'a permis de conclure que la méthode Pomodoro n'était pas forcément adaptée à l'emploi du temps ou au mode de vie de chacun. Il est toutefois possible d'adopter la formule pour résoudre différentes situations liées au travail. L'avantage pour moi est que l'utilisation de la technique Pomodoro pour les tâches de bureau m'aide à être plus productif.

Autres stratégies éprouvées pour améliorer la concentration et l'efficacité

Définissez clairement votre objectif

Si vous devez réduire les distractions et concentrer votre énergie, vous devez énoncer clairement vos objectifs en les écrivant. L'intérêt d'un objectif clairement énoncé est qu'il vous oblige à vous concentrer sur ce qui est vraiment important pour votre travail. Si vous n'avez pas défini vos objectifs, il sera plus difficile d'utiliser la méthode Pomodoro. Il est préférable d'avoir des objectifs définis pour planifier les intervalles de 25 minutes et les pauses de 5 minutes.

En outre, le fait d'énoncer vos objectifs rend impossible l'apparition de blocages mentaux. Vous pouvez visualiser le processus de réalisation des tâches et éventuellement voir à quoi elles ressembleront une fois terminées. Lorsque vous énoncez vos objectifs, n'oubliez pas d'écrire ce que vous avez l'intention d'atteindre grâce à cet objectif et pourquoi. Ces derniers points vous aideront alors à vous motiver.

Prenez votre temps

On a parfois l'impression que l'on ne travaille pas beaucoup quand on prend son temps, mais ce n'est pas vrai. Le succès n'est pas une question de précipitation ou un voyage, c'est une destination. La réussite, c'est l'endroit où l'on veut être, et chacun y va à son rythme. Travailler à un rythme défini vous donne le sentiment de maîtriser la situation et de ne pas être débordé. Lorsque vous travaillez sur des tâches qui demandent beaucoup d'énergie mentale, travailler simplement est une discipline que vous devez apprendre. Travailler à un rythme défini vous permet de prêter attention aux détails critiques, et c'est ainsi que vous devriez structurer vos tâches selon la technique Pomodoro. À ce rythme, vous ferez une course au contenu de qualité et non une course contre la montre.

Pouvez-vous le faire maintenant ?

Certaines tâches vous paraissent trop lourdes et vous pouvez être tenté de les remettre à plus tard. Cependant, vous finissez par ne pas les faire du tout ou par attendre qu'elles deviennent urgentes et importantes. Lorsque vous repoussez une tâche à la dernière minute, vous augmentez la pression mentale sur votre cerveau. Des études montrent qu'au moins 15 % des adultes remettent à plus tard ce qu'ils doivent faire. La procrastination peut vous priver de votre motivation et vous donner l'impression qu'il y a tant à faire et si peu de temps pour y parvenir. Ce sentiment peut nuire à la qualité de votre travail. Avec le temps, la procrastination peut devenir une habitude qui entraîne une baisse de l'estime de soi. Vous pouvez toutefois la contrôler en vous fixant des délais stricts, en divisant les tâches en petits morceaux et en planifiant à l'avance.

La règle des deux minutes est une stratégie qui peut aider à lutter contre la procrastination. Selon cette règle, toute tâche qui ne nécessite que deux minutes environ pour être accomplie est exécutée immédiatement. Ne laissez pas ces tâches s'ajouter à la liste des travaux inachevés. Parmi ces activités, citons l'envoi d'un courrier électronique ou le rangement de votre bureau. Veillez toutefois à ce que tout soit planifié dans votre liste de tâches.

Rejoignez le Club des 5 heures du matin

Vous vous souvenez du Club des 5 heures du matin de Robin Sharma ? Vous pouvez revenir au chapitre 2 pour en savoir plus à ce sujet. Se lever tôt le matin pour planifier sa journée et faire de l'exercice permet de tirer le meilleur parti de la méthode Pomodoro. L'utilisation de la formule des 20/20/20 peut vous aider à planifier votre journée, à faire suffisamment d'exercice et à méditer sur ce qui vous aidera à réussir aujourd'hui. Cela devrait vous aider à vous détendre et à devenir plus productif, en vous donnant le coup de pouce nécessaire pour prendre votre journée en main.

Un environnement propice

Un environnement de travail hostile nuit à la motivation et peut entraîner une perte de concentration. Rendez votre environnement de travail moins hostile, plus accueillant et plus confortable. Des éléments tels que la couleur du bureau, du mobilier et des rideaux peuvent créer une ambiance de travail. La couleur communique la tristesse, le bonheur et l'enthousiasme. En général, les couleurs plus lumineuses, comme le vert, sont plus motivantes. Il en va de même pour l'éclairage. Un environnement mal éclairé peut fatiguer les yeux. L'éclairage peut également créer une atmosphère animée ou mélancolique.

Prenez en compte la disposition du mobilier dans votre bureau, car une disposition maladroite peut également nuire à la concentration. Un bureau surchargé est source de distraction et de désagrément. L'aération et l'accès aux commodités, telles que les toilettes, vous aident à mieux vous concentrer. La musique peut également contribuer à améliorer la concentration. La musique peut favoriser les émotions et les pensées agréables. Elle peut également stimuler l'esprit et vous aider à vous détendre. La musique peut également aider à canaliser vos pensées et à surmonter d'autres distractions subconscientes. Toutefois, le choix de la musique déterminera la qualité que vous obtiendrez. La musique avec des paroles risque de vous donner trop de matière à penser et de créer une distraction supplémentaire. C'est pourquoi la musique instrumentale améliore souvent la concentration de manière plus efficace.

Déléguez des tâches

Nous reviendrons plus en détail sur la délégation dans le chapitre suivant. Cependant, la délégation permet de partager les responsabilités et d'accroître votre capacité à en faire plus. Elle peut également vous aider à devenir plus efficace, tout en améliorant la qualité de votre travail. La délégation renforce également la créativité et la flexibilité, car plus il y a de cerveaux impliqués, plus il y a d'idées sur la manière d'accomplir une tâche.

La valeur intrinsèque de la méthode Pomodoro réside dans sa capacité à accomplir davantage de tâches en un minimum de temps, tout en maintenant son niveau de concentration. Il convient donc de planifier le temps de travail et le temps de pause en conséquence. Pour exceller dans n'importe quelle idée innovante, y compris la méthode Pomodoro, il faut de la coopération et de la discipline. Personne ne peut vous aider à réussir si vous ne tentez pas votre chance.

Résumé du chapitre

- Le sentiment d'avoir tant de tâches et si peu de temps pour les accomplir peut entraîner une baisse de la concentration.
- La méthode Pomodoro est un outil de gestion du temps qui vous aide à concentrer votre énergie sur l'accomplissement des tâches essentielles, augmentant ainsi votre concentration et votre productivité.
- La technique consiste à diviser le temps de travail en 25 minutes de travail sérieux et concentré et en 5 minutes de pause.
- En planifiant soigneusement vos tâches, vous pouvez atteindre au moins 25 minutes de travail avec des pauses de 5 minutes, 8 à 12 fois par jour.
- La technique Pomodoro vous aide à diviser les tâches de la journée en petits morceaux gérables de 25 minutes pour vous aider à mieux vous concentrer.
- Elle vous permet de réduire les distractions ou de ne pas vous concentrer sur des tâches moins importantes pendant les heures de travail critiques.
- L'utilisation d'un minuteur Pomodoro ou d'un chronomètre, ainsi que la réalisation d'une tâche unique au lieu de plusieurs tâches à la fois, constituent une stratégie Pomodoro efficace pour améliorer la productivité.
- Fixez des objectifs quotidiens et menez-les à bien afin d'augmenter votre productivité.
- Les pauses de 5 minutes ne doivent servir qu'à se détendre et non à se concentrer sur le travail.
- Pour réussir avec la méthode Pomodoro, vous devez vous engager à suivre un plan, éviter la procrastination et déléguer si nécessaire.

Dans le chapitre suivant, vous apprendrez à déléguer efficacement pour accomplir davantage de tâches et augmenter votre productivité.

CHAPITRE DIX

Comment déléguer des tâches

Certaines écoles de pensée affirment que « si l'on veut que quelque chose soit bien fait, il faut le faire soi-même. » Cependant, même s'il est logique de faire les choses soi-même, la grande question est de savoir ce qu'une personne peut réellement accomplir seule. Lorsque l'empereur Napoléon Bonaparte a formulé la déclaration ci-dessus, il avait probablement à l'esprit la nécessité de créer des structures et des stratégies au niveau de la direction afin que l'exécution des tâches se déroule sans heurts. J'en suis arrivé à cette conclusion parce que Napoléon était un grand dirigeant et empereur français. Il a accédé au pouvoir au cours de la Révolution française dans les années 1790 et s'est fait le champion de la conquête d'une grande partie de l'Europe. S'il entendait par là l'exécution de tâches sans l'aide d'autrui, je doute que le grand empereur aurait été victorieux à la guerre, car il devait travailler avec son cabinet, ses généraux et une grande troupe de soldats pour réussir.

La délégation est un outil de gestion utile pour atteindre les objectifs personnels et d'entreprise. Cependant, il est facile de déléguer trop ou trop peu pour une tâche donnée. Pour trouver un équilibre, il est essentiel de savoir comment déléguer.

En tant que compétence essentielle, il est opportun que les cadres apprennent à déléguer ou à externaliser des projets ou des tâches. La délégation permet de gagner beaucoup de temps, de réduire la charge de travail et de consacrer plus de temps à des responsabilités plus importantes. Lorsque vous confiez des tâches à des subordonnés qualifiés et expérimentés (indépendants freelance ou en interne), la productivité s'en trouve améliorée. Il est également utile d'investir dans la formation du personnel interne.

Qu'est-ce que la délégation ?

Une délégation est un acte qui consiste à conférer une autorité ou un pouvoir à d'autres personnes pour qu'elles agissent en votre nom et exécutent des tâches. Lorsque vous déléguez, vous confiez des responsabilités à des subordonnés en leur donnant un mandat spécifique pour l'exécution de ces tâches. Bien que la responsabilité de l'exécution du travail incombe au personnel, le supérieur doit veiller à une bonne communication, à une bonne compréhension et au respect des normes et des délais. Il s'agit de la capacité à reconnaître et à convertir les talents des membres de l'équipe en vue d'atteindre les objectifs de la direction. La délégation est récompensée par un niveau élevé de productivité. Le flux de travail devient plus fluide et moins stressant lorsque vous déléguez.

Les raisons pour lesquelles les managers ne délèguent pas

Perte d'autorité

Certains managers éprouvent des difficultés à déléguer parce qu'ils ont l'impression de reléguer leur autorité à quelqu'un d'autre. La plupart des gens considèrent la délégation comme un signe de faiblesse ou pensent que l'autre personne fera un travail bâclé. Pourtant, laisser les autres prendre des responsabilités n'évoque pas la fragilité, mais votre capacité à leur faire confiance. Cela vous permet également de voir dans quelle mesure vous pouvez reproduire votre force chez les autres en communiquant efficacement ou en les formant. La délégation est un outil utilisé par les managers très efficaces.

Personne ne fait mieux

Un autre mythe ou idée fausse concernant la délégation est qu'aucune autre personne ne peut faire mieux que vous, mais la vérité est que la délégation, la plupart du temps, apporte de la créativité et des points de vue différents à un projet.

Retards dans l'exécution de la tâche

Là encore, certains pensent que déléguer un travail entraînera des retards. Il est vrai qu'il faut faire part de toutes les informations nécessaires aux subordonnés avant qu'ils puissent exécuter une tâche de manière adéquate. Toutefois, que peut faire un manager seul ? Certains de ces problèmes peuvent être résolus par une formation adéquate du personnel. Travailler seul limite votre capacité à exécuter davantage de tâches. Une personne seule ne peut pas faire grand-chose, mais ensemble, une équipe en fera plus. La délégation permet non seulement de dupliquer les efforts et de gagner du temps, mais aussi d'améliorer la qualité du travail fourni.

Pourquoi les managers délèguent-ils ?

L'essentiel du travail atterrit toujours sur le bureau du manager. Ce phénomène crée un certain degré de panique et dissuade les gens de déléguer. Cependant, la question que se posent la plupart des dirigeants est la suivante : comment dois-je déléguer ? Lorsque vous déléguez, vous ne perdez pas votre autorité, mais vous la partagez afin d'obtenir plus de résultats.

Le fonctionnement d'une entreprise comporte plusieurs aspects importants. Le marketing, les ventes, la production, la distribution, la coordination du personnel, et bien d'autres choses encore, constituent le quotidien des gestionnaires. La seule façon de remplir ces fonctions avec succès est de permettre aux autres de travailler avec vous, tandis que vous vous concentrez sur la stratégie de l'entreprise. Aucune entreprise ne peut exceller si le directeur s'enferme dans les opérations quotidiennes de chaque unité. Il doit confier à des intendants fidèles une partie de ses pouvoirs tout en se concentrant sur les stratégies de développement de l'entreprise. C'est en apprenant à déléguer que les dirigeants peuvent se concentrer sur la situation dans son ensemble.

Capacité accrue

Lorsqu'un manager est dépassé par les événements, il est judicieux de mettre en place un système de répartition des tâches. Pourquoi passer trois mois à se démener entre six tâches alors que deux équipes ou quatre personnes pourraient s'en charger ? La peur de perdre en qualité ou de ne pas respecter les délais se traduira, au fil du temps, par un travail de moindre qualité et par davantage de problèmes de délais. Lorsque l'équipe de direction ne délègue pas, elle subit plus d'épuisement et de surmenage qu'il n'en faut.

D'autres raisons de déléguer des tâches :

◆ Le processus de prise de décision et la chaîne de commandement deviennent plus visibles et plus opérationnels grâce à la délégation. La délégation contribue également à créer une réserve de talents plus forte et améliorée au sein de l'équipe. En attribuant des pouvoirs, les autres peuvent développer de meilleures compétences en matière de communication, une motivation suffisante, une supervision, un encadrement et des traits de leadership.

◆ La délégation rend la relation supérieur-subordonné plus significative et reconnaissable. L'autorité ou le pouvoir peut facilement circuler du haut vers le bas d'une organisation. Grâce à cette hiérarchie reconnue, il est possible d'obtenir des résultats.

◆ La délégation aux subordonnés et aux supérieurs peut entraîner l'expansion de l'organisation. Cela conduira invariablement à la création d'un plus grand nombre de rôles d'encadrement et, éventuellement, à la nécessité d'un plus grand nombre de points de vente. Il s'agit d'un facteur essentiel pour une organisation qui envisage une croissance horizontale ou virtuelle ; c'est un atout.

◆ Une délégation efficace peut aider les subordonnés à s'épanouir et à s'approprier le processus. Les subordonnés n'ont plus l'impression d'être de simples numéros, mais sont davantage au centre des événements. Ils sont motivés pour travailler parce qu'ils ont le sentiment d'être importants dans ce qu'ils font. Chaque cadre peut éprouver une certaine forme de satisfaction au travail, ce qui favorise la stabilité et des relations saines.

◆ La délégation de responsabilités vous permet de rester au fait de votre travail et place le manager dans une position de système de distribution ou de centrale électrique plutôt que de réservoir. Plus vous permettez aux équipes de se développer, plus elles deviendront confiantes. Plus les autres membres de l'équipe auront confiance, plus ils seront efficaces et productifs. En fin de compte, il en résultera une amélioration de la qualité du travail effectué au sein de l'organisation.

◆ La délégation constitue une formation managériale pour les subordonnés. C'est un outil essentiel pour une planification et un développement efficaces, ainsi que pour encourager les promotions. Elle permet à chacun d'acquérir de l'expérience et de s'épanouir dans son travail.

Des astuces simples pour déléguer

Pour que la délégation soit efficace, elle doit être systématique et procédurale, avec des échéances et des mécanismes de contrôle. Il ne s'agit pas seulement d'attribuer des tâches et des responsabilités, mais de maîtriser les méthodes de délégation. La délégation est une compétence qui nécessite une formation. La lecture d'ouvrages, tels que celui-ci, peut permettre de mieux la comprendre. Voici quelques étapes simples de la délégation.

Déterminez les tâches que vous souhaitez déléguer

La première étape de la délégation consiste à déterminer les tâches et les responsabilités que vous souhaitez confier aux membres de l'équipe. Divisez les tâches en unités plus petites afin de garantir une bonne compréhension de l'objectif. Par exemple, de petites tâches telles que la réservation de vols, la planification de réunions ou la réponse à des courriels devraient faire partie des responsabilités professionnelles d'un assistant. Certaines de ces tâches logistiques peuvent sembler ne pas prendre beaucoup de temps, mais il est préférable d'en faire un usage plus productif.

Choisissez dans la liste les tâches qui vous conviennent le mieux et celles qui seraient mieux exécutées par quelqu'un d'autre. Il se peut que vous ne soyez pas compétent dans certains domaines et que l'exécution de la tâche prenne beaucoup de temps. Déléguer une telle responsabilité à une personne mieux équipée que vous est idéal, à condition qu'elle comprenne bien vos instructions. Certaines tâches requièrent votre attention personnelle, mais pour vous aider à planifier, vous pouvez assigner des tâches en fonction des rôles dans l'entreprise et des descriptions ou intitulés de poste de chacun. Si vous avez des cadres supérieurs, des cadres moyens et du personnel subalterne, vous pouvez attribuer les tâches en fonction du niveau d'autorité et d'attention requis. Vous pouvez également utiliser les forces et les compétences individuelles pour décider des tâches à confier à d'autres employés.

Tenez compte des contraintes de temps

La délégation vous donne plus de temps pour vous concentrer sur la situation dans son ensemble. Elle vous permet de vous concentrer sur les subtilités de l'entreprise et sur les stratégies nécessaires pour atteindre l'objectif global de l'entreprise. Lors de l'attribution des tâches, tous les membres de votre équipe ne seront pas nécessairement en mesure d'exécuter les travaux aussi rapidement que ce à quoi vous pourriez vous attendre. Ceci peut être lié à leurs raisonnements ou à leur force dans des domaines spécifiques. C'est pourquoi, en tant que manager ou chef d'équipe, vous devez comprendre les compétences des membres de l'équipe afin de décider au mieux de la bonne répartition du travail.

N'oubliez pas que l'objectif de la délégation est d'assurer un bon déroulement des opérations. Vous ne voulez pas manquer une échéance ou être surchargé de travail. Même si vous êtes plus doué pour gérer les tâches, il se peut que le temps ne soit pas de votre côté. Le projet urgent doit être confié à des personnes rapides et compétentes au sein de l'équipe.

Déterminez à qui vous allez déléguer chaque tâche

Il est essentiel de connaître les forces et les faiblesses de chaque membre de l'équipe. Cela vous aidera à déterminer les responsabilités à déléguer à chaque membre du personnel. À partir de la liste des tâches préparées, associez chaque personne à une tâche en fonction de ses points forts.

Un examen critique des compétences ou des personnalités de chacun peut vous donner un indice sur la personne qui devrait s'occuper d'une tâche. Déléguer une tâche qui nécessite un travail d'équipe à une seule personne, parce qu'il s'agit de quelqu'un de très compétent, peut ne pas toujours s'avérer judicieux. Confier le rôle de chef d'équipe à une personne qui n'aime pas le travail en équipe peut parfois démotiver ou ralentir la progression du travail. Dans certaines situations, les solitaires apprennent à jouer en équipe et à devenir de grands leaders une fois qu'on leur en donne l'opportunité. De même, certaines personnes sont plus performantes lorsqu'elles travaillent en équipe que lorsqu'elles travaillent seules. Il est de votre devoir, en tant que manager, de repérer et d'exploiter les valeurs du personnel.

Parfois, dans le cas de tâches flexibles, le fait de permettre aux personnes de choisir le projet à exécuter peut également les aider à obtenir des succès plus importants au travail. Lorsque les gens peuvent s'approprier un projet, ils se sentent plus motivés pour travailler. La plupart du temps, les gens choisissent des projets qu'ils aiment ou pour lesquels ils sont passionnés, et seront susceptibles d'aboutir à des résultats remarquables.

Soyez juste dans votre délégation

Lors de l'attribution des tâches, exprimez votre confiance dans les capacités de vos subordonnés, mais déléguez objectivement. Fixez un calendrier dès le début du projet afin d'éviter de les harceler pendant qu'ils progressent. Des interférences incessantes peuvent mettre l'équipe sur les nerfs ou donner l'impression d'un manque de confiance en ses capacités. Permettez-lui de s'attaquer aux problèmes par elle-même. Après tout, à quoi bon déléguer des responsabilités si c'est pour faire de la microgestion ?

Dès le départ, exprimez clairement vos attentes et donnez des instructions détaillées. Précisez les objectifs, la vision et les étapes que vous souhaitez qu'ils atteignent. S'ils oublient quelque chose d'essentiel, réexpliquez-leur. Faites-leur comprendre que vous leur faites confiance et que vous voulez les voir progresser. S'ils sentent que vous comptez sur eux, ils seront plus enclins à se montrer à la hauteur.

Selon Jeffrey Pfeffer, professeur de comportement organisationnel à la Graduate School of Business de l'université de Stanford, enseigner à vos subordonnés comment penser et poser les bonnes questions pourrait être votre tâche la plus importante en tant que dirigeant.

Évitez de comparer les membres de l'équipe entre eux, car chaque personne possède des traits et des qualités uniques. Ils n'ont pas tous la même vitesse, les mêmes capacités ou le même quotient intellectuel. Chacun fonctionne différemment. Tenez-en compte. Certains subordonnés peuvent avoir besoin de motivation et d'une disposition favorable de votre part, tandis que d'autres n'ont pas besoin de motivation. Prenez le temps d'étudier leur tempérament, car cela joue un rôle important dans le processus de délégation.

Conseils pour la délégation de tâches

Déléguez rapidement

Apprenez à déléguer les tâches suffisamment tôt pour éviter toute pression inutile. Fixez des délais raisonnables pour l'exécution des projets. Les contraintes de temps et l'empressement à respecter les délais peuvent entraîner des performances de qualité médiocre ou des erreurs dans le projet. En tant que manager, il est important d'apprendre à reconnaître un projet qui mérite d'être délégué. Cela vous aidera à gagner du temps en ne vous occupant pas des tâches ou en attendant de déléguer.

Les années d'expérience et les qualifications peuvent vous aider à décider comment déléguer

Lors de l'attribution des tâches, les compétences individuelles, les talents et la personnalité, les années d'expérience, l'expertise, les qualifications académiques et l'expérience professionnelle peuvent être utiles. Des personnes d'horizons divers peuvent apporter une plus grande valeur ajoutée à un projet que si l'on s'en remet uniquement à ses propres capacités ou à sa propre expertise.

Soyez explicite en ce qui concerne le contexte et la marche à suivre

Ne vous contentez pas de leur confier la tâche et d'attendre d'eux qu'ils se débrouillent. Un guide adéquat contenant les fonctions et les attentes sera d'une grande utilité. Il est toujours souhaitable que l'équipe travaille sur la base d'un mandat documenté, ce qui permet à ses membres de se responsabiliser mutuellement. Veillez à ce que le chef d'équipe vous communique ses plans (par le biais d'un rapport) afin de vous assurer que tout est correct avant d'aller de l'avant. L'ambiguïté des instructions peut conduire à une exécution erronée des projets ainsi qu'à un gaspillage de ressources et de temps.

Rendez-les entièrement responsables

Toutes les chaînes de commandement doivent être parfaitement comprises afin d'aider l'équipe à travailler efficacement. Certains projets peuvent nécessiter l'accès à des fonds, à la logistique et à d'autres ressources. Faites toujours savoir à l'équipe à qui elle peut s'adresser pour obtenir ces éléments. Veillez à ce que l'équipe ait accès au canal de communication en cas de problème. Si vous n'êtes pas là, désignez quelqu'un qui recevra les rapports et prendra les mesures nécessaires en cas d'urgence. Dans tout ce que vous faites, laissez l'équipe faire son travail de fond et prendre l'initiative de ses activités quotidiennes sans interférence.

Créez un canal de retour d'information

En complément du processus, le fait de permettre une communication ouverte au cours du projet favorise l'augmentation de la productivité. Créez du temps pour l'équipe et appréciez les efforts des subordonnés en mettant en place un mécanisme de retour d'information qui fera de la délégation un outil facile à utiliser à l'avenir. Le retour d'information vous permet de savoir ce que chaque personne pense des projets, de l'équipe et d'autres questions. Il vous aidera à glaner des informations utiles pour améliorer le processus des projets à venir. En outre, si des informations essentielles ont été omises ou négligées pour une raison quelconque, le retour d'information peut aider à saisir ces détails. Certaines personnes n'expriment pas mieux leur point de vue au sein d'une équipe. En utilisant des formulaires de retour d'information, des enquêtes, et plus encore, vous pouvez apprendre une ou deux vérités des membres réservés de l'équipe. Lorsque le moment est venu de critiquer le travail d'une personne ou un processus opérationnel, faites-le de manière constructive et sans préjugés. La critique doit aider à corriger et être utilisée pour prendre la bonne direction, plutôt que pour stigmatiser. Par conséquent, les critiques doivent porter sur les activités et non sur les individus.

Assurez-vous d'obtenir une réponse sur le degré d'aisance qu'il a fallu pour exécuter la tâche. Vous pouvez également évaluer vos performances en tant que manager notamment en termes d'attribution des tâches, de clarté des instructions et de capacité à soutenir l'équipe. Armé d'un système de retour d'information complet, vous pouvez aussi obtenir des plans et des stratégies utiles pour déléguer des projets.

Intéressez-vous personnellement à la progression du travail

Essayez de ne pas être intrusif, mais demandez des mises à jour et donnez votre point de vue si nécessaire. Si les performances semblent inférieures à la norme, ne reprenez pas la tâche. Apportez-leur tout le soutien possible et veillez à ce qu'ils comprennent mieux.

Personne n'a le monopole du savoir ; par conséquent, même vos subordonnés devraient avoir la liberté de partager leurs idées avec vous. Vous obtenez parfois de meilleures perspectives de la part de ceux dont vous vous attendez le moins. Tout comme chaque personne s'efforce d'améliorer ses compétences, vous devez investir dans des ressources d'apprentissage pour mieux diriger et déléguer.

Une délégation efficace fonctionne mieux lorsque vous pouvez aider les autres membres de l'équipe à progresser dans leur travail, à acquérir les bonnes compétences et à prendre les choses en main à tour de rôle. La délégation concerne l'autorité, la responsabilité et l'obligation de rendre compte. Les dirigeants doivent apprendre à utiliser la délégation dans l'intérêt de tous, et notamment dans l'intérêt de la motivation, de la croissance et du développement des employés.

Résumé du chapitre

- ♦ La délégation est une compétence que tout le monde doit apprendre, en particulier les managers.
- ♦ La capacité à déléguer déterminera le degré de réussite d'une organisation ou d'un individu. La délégation consiste à utiliser les efforts de plusieurs personnes pour accomplir des tâches, au lieu de permettre à une seule personne de tout faire.
- ♦ La délégation permet de gagner du temps et d'en consacrer à d'autres responsabilités.
- ♦ La délégation réduit la charge de travail des gestionnaires et leur permet d'apporter des contributions essentielles.
- ♦ En mettant de côté toutes les idées reçues sur la délégation, vous pourrez aller de l'avant.
- ♦ Déléguer ne signifie pas reléguer son autorité à d'autres.
- ♦ Lorsque les managers délèguent, ils multiplient leurs efforts en les répartissant entre leurs subordonnés.
- ♦ Le fait de déléguer laisse suffisamment d'espace pour planifier et élaborer des stratégies sur des objectifs essentiels.
- ♦ Les compétences décisionnelles des managers s'amélioreront au fur et à mesure qu'ils délégueront.
- ♦ La délégation se traduit rapidement par une expansion et une croissance de l'entreprise.
- ♦ Elle permet aux subordonnés d'identifier et de perfectionner leurs compétences.
- ♦ La délégation doit suivre un processus bien structuré.
- ♦ Décidez des tâches à déléguer, déterminez qui reçoit quoi et tenez compte du facteur temps.
- ♦ Donner aux délégués la possibilité de comprendre les choses par eux-mêmes.
- ♦ Éviter la microgestion de l'équipe ; c'est le contraire de la délégation.
- ♦ La mise en place d'un mécanisme de retour d'information efficace permettra d'améliorer le fonctionnement de l'équipe et vous aidera à mieux comprendre les difficultés et les réussites du groupe.
- ♦ Lorsque la communication est ouverte, le flux de travail devient fluide.

Ce fut une aventure passionnante, qui vous a permis de découvrir quelques-uns des meilleurs outils de productivité disponibles aujourd'hui. Si vous êtes arrivé jusqu'ici, en prenant le temps de lire ce livre, alors j'ose dire que vous êtes sérieux. Si vous mettez en pratique la plupart de ce que vous avez appris ici, la différence dans votre niveau de productivité devrait être évidente en quelques semaines. En outre, en l'espace de 365 jours, vous devriez constater une croissance exponentielle de vos résultats.

Toutefois, pour vous bousculer un peu l'esprit, ce livre a examiné, en l'espace de dix chapitres, dix domaines critiques qui façonneront votre avenir. À présent, vous pouvez clairement identifier les problèmes ou les questions auxquels vous êtes confronté en termes de productivité. Nous avons abordé dans ce livre trois questions clés liées à votre productivité. Premièrement, la capacité à élaborer un plan réalisable qui vous aidera à atteindre vos objectifs dans la vie ; deuxièmement, la capacité à concentrer votre énergie - il est préférable que vous vous concentriez sur les choses essentielles qui favoriseront votre réussite dans la vie - et troisièmement, votre capacité à mettre fin aux habitudes qui peuvent tuer votre productivité et à développer des habitudes qui vous permettront d'accomplir la vie dont vous avez toujours rêvé.

Après avoir identifié ces trois problèmes clés, *Maîtrisez votre productivité* vous a proposé les solutions suivantes, lesquelles ont fait leurs preuves, pour vous aider à devenir plus efficace, plus productif et plus performant dans votre secteur d'activité. Au cœur de votre réussite se trouvent ces trois solutions abrégées que ce livre recommande :

La nécessité d'un plan réalisable

Il est utile d'avoir un plan pour atteindre ses objectifs. C'est un fait que ce livre a établi. Avoir un plan en tête n'est pas un plan du tout, car vous ne pouvez pas mesurer efficacement les résultats obtenus. Pour que votre plan fonctionne efficacement, vous devez d'abord avoir une idée claire de ce que vous attendez de la vie.

Votre objectif vous aidera à élaborer un plan d'action réalisable. Axez vos objectifs sur votre but. Vous aurez probablement plus de succès et de passion dans les domaines qui lui correspondent. Il est également utile d'avoir les bonnes croyances, de développer les bonnes habitudes et d'éviter les croyances négatives. En outre, lorsque vous fixez des objectifs, ils doivent être SMART - (Spécifiques, Mesurables, Atteignables, Réalisables et Temporels).

Concentrez votre énergie sur la productivité en utilisant des outils qui améliorent votre efficacité

Votre taux de réussite dépendra de nombreux facteurs, mais la première chose à considérer est que vous devez agir maintenant. La procrastination est l'un des principaux obstacles qui empêchent les gens de poursuivre et d'atteindre leurs objectifs.

Le Club des 5 heures du matin de Robin Sharma est un excellent outil pour améliorer votre productivité. Dès les premières heures de la matinée, planifiez votre journée en appliquant son principe des 20/20/20.

Cela signifie que vous passez les 20 premières minutes à faire de l'exercice ou à méditer. Les 20 minutes suivantes doivent être consacrées à une séance de stratégie pour planifier votre journée. Enfin, les 20 dernières minutes doivent être consacrées à l'acquisition de compétences dans un domaine qui vous aidera à atteindre votre grand objectif.

Un autre outil exceptionnel examiné dans ce livre est le planificateur et le tableau blanc Kanban personnel. Le Kanban personnel vous aide à hiérarchiser vos tâches pour vous concentrer sur ce qui est le plus important. Il se compose de trois colonnes. La première colonne s'intitule « À faire » ou « Option ». Vous y dressez la liste de tous vos objectifs et de toutes vos tâches. La deuxième colonne est la colonne « En cours », où vous placez les tâches sur lesquelles vous voulez travailler maintenant. La troisième colonne est la colonne « Terminé », où vous placez les tâches que vous avez achevées. Le fait de disposer de ces détails sur votre tableau blanc Kanban personnel vous aidera à concentrer votre énergie sur des objectifs significatifs, à les poursuivre et à accomplir plus de tâches à un rythme plus rapide.

Avec le Kanban personnel, vous visualisez votre travail lorsque vous le planifiez. La visualisation vous aide à voir comment les tâches peuvent se dérouler et à susciter l'intérêt et l'enthousiasme nécessaires pour les commencer et les terminer. Le deuxième principe du Kanban personnel consiste à limiter la progression du travail. Il s'agit de commencer et de terminer une tâche avant de passer à une autre.

Le principe TEA du Temps, de l'Énergie et de l'Attention peut vous aider à réaliser votre potentiel. Cependant, certaines personnes ne disposent que de deux de ces trois attributs et ne sont donc pas productives.

Lorsque vous avez de l'énergie, de l'attention et pas de temps, vous vous sentez débordé. Les personnes de ce type ont beaucoup d'énergie et prêtent attention aux tâches les plus importantes, mais peuvent se sentir à court de temps pour les accomplir en raison d'une mauvaise planification ou de la procrastination.

D'autres personnes savent gérer leur temps et sont attentives, mais n'ont pas l'énergie nécessaire pour accomplir leurs tâches. Dans ces cas-là, le manque d'énergie est souvent source de frustration. Cependant, une bonne alimentation, un sommeil réparateur, de l'exercice et la division des tâches en petits morceaux les aideront à mieux réussir.

La troisième catégorie de personnes dispose de suffisamment de temps et d'énergie, mais a du mal à se concentrer. Ces personnes sont facilement désorientées et dépassées. Quoi que vous fassiez, vous avez besoin d'une bonne dose de motivation pour réussir. L'utilisation d'astuces scientifiquement prouvées, comme la posture de puissance, peut vous aider à maintenir votre motivation à un niveau élevé.

Pour améliorer votre efficacité et votre concentration, la méthode Pomodoro peut s'avérer utile. Au lieu de passer 3 ou 4 heures à travailler sur différentes tâches sans grand résultat, vous pouvez vous concentrer sur une seule tâche pendant 25 minutes, puis faire une pause de 5 minutes. En procédant ainsi par intervalles de 25 minutes et de 5 minutes tout au long de la journée de travail, vous parviendrez à accomplir davantage de tâches.

Éliminez les habitudes qui peuvent nuire à votre productivité

Au cours de ce livre, j'ai identifié plusieurs facteurs qui nuisent à la productivité et ce par quoi vous devriez les remplacer.

- ◆ Remplacez le multitâche par le monotâche.
- ◆ Remplacez la procrastination par l'action en faisant les choses tout de suite (principe des deux minutes).
- ◆ Au lieu de travailler seul ou d'essayer de faire les choses tout seul, déléguer des tâches à d'autres personnes vous aidera à en faire plus, plus rapidement et plus efficacement.

Alors, quelle est la prochaine étape ?

Prenez ce livre comme un guide ou un compagnon personnel. Les vérités apprises ici peuvent vous durer toute une vie. L'une des meilleures façons de continuer à améliorer ce que vous avez appris est d'adopter *Maîtrisez votre productivité* comme livre de référence.

Mettez en pratique ce que vous avez appris

L'investissement en ressources et en temps décrit dans ce livre ne portera ses fruits qu'une fois que vous aurez mis en pratique ce que vous avez appris. Avec l'aide d'outils tels que le tableau blanc Kanban personnel, la règle des 20/20/20 de Robin Sharma, le principe des 80/20, ou principe de Pareto, la stratégie TEA pour la productivité et la méthode Pomodoro, vous êtes sûr de devenir très performant. Tout ce que vous avez à faire, c'est de les mettre en pratique.

Trouvez un partenaire de responsabilisation

L'une des meilleures façons de vous aider à atteindre vos objectifs plus rapidement est d'avoir quelqu'un qui vous oblige à rendre des comptes sur les objectifs que vous vous êtes fixés. Faites savoir à votre partenaire de responsabilisation quels sont les objectifs que vous avez décidé d'atteindre et demandez-lui de vous aider à y parvenir.

Construisez des équipes

Si vous êtes chef d'équipe, manager ou directeur général, la meilleure façon d'augmenter votre productivité globale est de donner accès aux autres membres de votre équipe aux outils qui vous aident. Dans cette optique, pour vous aider à progresser plus rapidement, organisez une session d'apprentissage avec d'autres membres ou employés afin de mettre en œuvre certaines des stratégies que vous avez apprises.

Mon dernier cadeau

S'il n'y a qu'une seule chose que vous pouvez retenir de ce livre, c'est la suivante : pour être performant dans n'importe quelle discipline, vous devez vous engager dans un plan d'action clairement défini. Cette action doit être soutenue par les bonnes croyances, être assortie de discipline et être réalisée étape par étape.

Le succès ne vient pas du fait d'essayer de tout faire, mais de s'assurer que la seule chose que l'on fasse, on puisse la faire bien.

15 Ways to Boost Mental Energy Levels. (s. d.). [15 façons de stimuler les niveaux d'énergie mentale]. Consulté le 19 décembre 2019 sur https://www.faisonopc.com/office-supply-blog/boost-mental-energy-levels

10016 Therapists, Psychologists, Counseling - Therapist 10016 - Psychologist 10016. (s. d.). [10016 Thérapeutes, psychologues, psychothérapie - Thérapeute 10016 - Psychologue 10016]. Consulté le 19 décembre 2019 sur https://www.psychologytoday.com/us/therapists/10016?profid=318497&search=hershenson&ref=2&sid=1488894923.8327_24335&name=hershenson&tr=ResultsRow

Robbins. (2019). SMART Goals: Tips for Goal Setting. [Objectifs SMART : Conseils pour la fixation d'objectifs]. Consulté le 19 décembre 2019 sur https://www.performancecoachuniversity.com/smart-goals-tips-for-goal-setting/

Alexander, L. (s. d.). How to Write a SMART Goal (+ Free SMART Goal Template). [Comment rédiger un objectif SMART (+ Modèle d'objectif SMART gratuit)]. Consulté le 19 décembre 2019 sur https://blog.hubspot.com/marketing/how-to-write-a-smart-goal-template

Association américaine de psychologie. (2010). Psychology of Procrastination: Why People Put Off Important Tasks Until the Last Minute. [Psychologie de la procrastination : pourquoi les gens repoussent les tâches importantes jusqu'à la dernière minute]. Consulté le 19 décembre 2019 sur https://www.apa.org/news/press/releases/2010/04/procrastination

Baer, D. (2013). Why You Need To Unplug Every 90 Minutes. [Pourquoi vous devez débrancher toutes les 90 minutes]. Consulté le 19 décembre 2019 sur https://www.fastcompany.com/3013188/why-you-need-to-unplug-every-90-minutes

Benefits of Exercise. (s. d.). [Les bienfaits de l'exercice physique]. Consulté le 19 décembre 2019 sur https://medlineplus.gov/benefitsofexercise.html

Berkeley Université de Californie. (2019). The Impact of Ventilation on Productivity. [L'impact de la ventilation sur la productivité]. Consulté le 19 décembre 2019 sur https://cbe.berkeley.edu/research/impact-ventilation-productivity/

Bradberry, T. (2015). Multitasking Damages Your Brain And Career, New Studies Suggest. [Le multitâche nuit à votre cerveau et à votre carrière, selon de nouvelles études]. Consulté le 19 décembre 2019 sur https://www.forbes.com/sites/travisbradberry/2014/10/08/multitasking-damages-your-brain-and-career-new-studies-suggest/#3dfdd3f956ee

Brain scans reveal "gray matter" differences in media multitaskers. (2014). [Des scanners cérébraux révèlent des différences de "matière grise" chez les personnes qui effectuent plusieurs tâches à la fois].

Consulté le 19 décembre 2019 sur https://www.eurekalert.org/pub_releases/2014-09/uos-bsr092314.php

Branson, R. (2010). Richard Branson On the Business of Life. [Richard Branson sur les affaires de la vie]. Consulté le 19 décembre 2019 sur https://www.americanexpress.com/en-us/business/trends-and-insights/articles/on-the-business-of-life-1/?linknav=us-openforum-search-article-link2

Chu, M. (2018). Research Shows Listening to Music Increases Productivity (and Some Types of Music Are Super Effective). [La recherche montre que d'écouter de la musique augmente la productivité (et certains types de musique sont super efficaces)]. Consulté le 19 décembre 2019 sur https://www.inc.com/melissa-chu/research-shows-listening-to-music-increases-produc.html

Clear, J. (2013). How to Stop Procrastinating and Stick to Good Habits by Using the "2-Minute Rule." [Comment arrêter de procrastiner et adopter de bonnes habitudes en utilisant la "règle des 2 minutes"]. Consulté le 19 décembre 2019 sur https://www.lifehack.org/articles/productivity/how-stop-procrastinating-and-stick-good-habits-using-the-2-minute-rule.html

Colvin, G. (2005). The Bionic Manager. [Le manager bionique]. Consulté le 19 décembre 2019 sur https://money.cnn.com/magazines/fortune/fortune_archive/2005/09/19/8272899/index.htm

Conti, G. (2019). How to Delegate Tasks Effectively (and Why It's Important). [Comment déléguer des tâches efficacement (et pourquoi c'est important)]. Consulté le 19 décembre 2019 sur https://www.meistertask.com/blog/delegate-tasks-effectively/

Contributeurs de Wikipédia. (2019). A picture is worth a thousand words. [Une image vaut mille mots]. Consulté le 19 décembre 2019 sur https://en.wikipedia.org/wiki/A_picture_is_worth_a_thousand_words#cite_note-1

Corliss, J. (2019). Mindfulness meditation may ease anxiety, mental stress. [La méditation de pleine conscience peut atténuer l'anxiété et le stress mental]. Consulté le 19 décembre 2019 sur https://www.health.harvard.edu/blog/mindfulness-meditation-may-ease-anxiety-mental-stress-201401086967

Coscarelli, J. (2012). 63 Minutes With Jack Dorsey. [63 minutes avec Jack Dorsey]. Consulté le 19 décembre 2019 sur http://nymag.com/news/intelligencer/encounter/jack-dorsey-2012-3/

Cuddy, A. (s. d.). Your body language may shape who you are. [Votre langage corporel peut déterminer qui vous êtes]. Consulté le 19 décembre 2019 sur https://www.ted.com/talks/amy_cuddy_your_body_language_may_shape_who_you_are

Depression. (s. d.). [Dépression]. Consulté le 19 décembre 2019 sur https://medlineplus.gov/depression.html

Dictionnaire Cambridge. (2019). Prioritize definition: 1. to decide which of a group of things are the most important so that you can deal with them... Learn more. [Prioriser définition : 1. Décider, parmi un groupe de choses lesquelles sont les plus importantes afin de pouvoir s'en occuper... En savoir plus]. Consulté le 19 décembre 2019 sur https://dictionary.cambridge.org/dictionary/english/prioritize

Don't read my lips! Body language trumps the face for conveying intense emotions. (2013). [Ne lisez pas sur mes lèvres ! Le langage corporel l'emporte sur le visage pour transmettre des émotions intenses]. Consulté le 19 décembre 2019 sur https://www.princeton.edu/news/2013/01/15/dont-read-my-lips-body-language-trumps-face-conveying-intense-emotions?section=science

Dowling, T. (2017). What time do top CEOs wake up? [À quelle heure se réveillent les grands chefs d'entreprise ?]. Consulté le 19 décembre 2019 sur https://www.theguardian.com/money/2013/apr/01/what-time-ceos-start-day

Economy, P. (2018). This Is the Way You Need to Write Down Your Goals for Faster Success. [C'est ainsi que vous devez écrire vos objectifs pour un succès plus rapide]. Consulté le 19 décembre 2019 sur https://www.inc.com/peter-economy/this-is-way-you-need-to-write-down-your-goals-for-faster-success.html

Facebook COO Sheryl Sandberg talks personal tech. (2011). [Sheryl Sandberg, directrice de l'exploitation de Facebook, parle de technologie personnelle]. Consulté le 19 décembre 2019 sur https://usatoday30.usatoday.com/tech/columnist/talkingyourtech/story/2011-10-03/talking-your-tech-sheryl-sandberg-facebook/50641034/1

Food for change and motivation. (2016). [De la nourriture pour le changement et la motivation]. Consulté le 19 décembre 2019 sur https://jeanhailes.org.au/news/foods-for-change-and-motivation

Foroux, D. (2019). The Pomodoro Method: Take Strategic Breaks To Improve Productivity. [La méthode Pomodoro : faire des pauses stratégiques pour améliorer sa productivité]. Consulté le 19 décembre 2019 sur https://dariusforoux.com/takebreaks-pomodoro/

Golemanova, R. (2019). 4 Easy Steps To More Successful Delegation. [4 étapes faciles pour une délégation plus réussie]. Consulté le 19 décembre 2019 sur https://blog.hubstaff.com/delegate-tasks/

Grimsley, S. (2015). Delegation in Management: Definition & Explanation. [La délégation dans le management : définition et explication]. Consulté le 19 décembre 2019 sur https://study.com/academy/lesson/delegation-in-management-definition-lesson-quiz.html

Hartmans, A. (2018). How to dress like a tech billionaire for $200 or less. [Comment s'habiller comme un milliardaire de la technologie pour 200 $ ou moins]. Consulté le 19 décembre 2019 sur https://www.businessinsider.com/clothes-worn-by-tech-billionaires-2018-5?IR=T

Harvard Health Publishing. (2019). How much sleep do we really need? [De combien d'heures de sommeil avons-nous vraiment besoin ?] Consulté le 19 décembre 2019 sur https://www.health.harvard.edu/staying-healthy/how-much-sleep-do-we-really-need

Hess, A. (2018). 10 highly successful people who wake up before 6 a.m. [10 personnes très performantes qui se réveillent avant 6 heures du matin]. Consulté le 19 décembre 2019 sur https://www.cnbc.com/2018/05/17/10-highly-successful-people-who-wake-up-before-6-a-m.html

How lighting Affects the Productivity of Your Workers. (2017). [Comment l'éclairage affecte la productivité de vos employés]. Consulté le 19 décembre 2019 sur https://onlinemba.unc.edu/blog/how-lighting-affects-productivity/

Introducing the Eisenhower Matrix. (s. d.). [Présentation de la matrice d'Eisenhower]. Consulté le 19 décembre 2019 sur https://www.eisenhower.me/eisenhower-matrix/

Jack Dorsey LIVE Chat on. (2015). [Jack Dorsey en LIVE]. Consulté le 19 décembre 2019 sur https://www.producthunt.com/live/jack-dorsey#comment-202183

Knapp, A. (2011). Meditation Leads to Greater Pain Relief Than Morphine. [La méditation soulage davantage la douleur que la morphine]. Consulté le 19 décembre 2019 sur https://www.forbes.com/sites/alexknapp/2011/04/07/meditation-leads-to-greater-pain-relief-than-morphine/

Kosner, A. W. (2014). Why The Best Time To Drink Coffee Is Not First Thing In The Morning. [Pourquoi le meilleur moment pour boire du café n'est pas dès le réveil]. Consulté le 19 décembre 2019 sur https://www.forbes.com/sites/anthonykosner/2014/01/05/why-the-best-time-to-drink-coffee-is-not-first-thing-in-the-morning/#ba25f357a717

Laliberte, M. (s. d.). How to Be More Productive In Your First Hour of Work. [Comment être plus productif dès votre première heure de travail]. Consulté le 19 décembre 2019 sur https://www.rd.com/advice/work-career/productive-first-hour-work/1/

Lavretsky, H. et. al. (2012). A pilot study of yogic meditation for family dementia caregivers with depressive symptoms: effects on mental health, cognition, and telomerase activity. [Une étude pilote de méditation yogique pour les aidants familiaux atteints de démence et présentant des symptômes dépressifs : effets sur la santé mentale, la cognition et l'activité de la télomérase]. Consulté le 19 décembre 2019 sur https://www.ncbi.nlm.nih.gov/pubmed/22407663

Lung Institute. (2017). Oxygen Levels and Brain Function. [Niveaux d'oxygène et fonction cérébrale]. Consulté le 19 décembre 2019 sur https://lunginstitute.com/blog/oxygen-levels-brain-function/

Manson, M. (2019). 7 Strange Questions That Help You Find Your Life... [7 questions étranges qui vous aident à trouver votre vie...]. Consulté le 19 décembre 2019 sur https://markmanson.net/life-purpose#footnote-2

Martin, G. (s. d.). "Procrastination is the thief of time" - the meaning and origin of this phrase. [« La procrastination est la voleuse de temps » - la signification et l'origine de cette phrase]. Consulté le 19 décembre 2019 sur https://www.phrases.org.uk/meanings/procrastination-is-the-thief-of-time.html

McCall MD, T. (2017). 38 Health Benefits of Yoga. [38 bienfaits du yoga pour la santé]. Consulté le 19 décembre 2019 sur https://www.yogajournal.com/lifestyle/count-yoga-38-ways-yoga-keeps-fit

Murphy, M. (2018). Neuroscience Explains Why You Need To Write Down Your Goals If You Actually Want To Achieve Them. [Les neurosciences expliquent pourquoi vous devez écrire vos objectifs si vous voulez véritablement les atteindre]. Consulté le 19 décembre 2019 sur https://www.forbes.com/sites/mark-murphy/2018/04/15/neuroscience-explains-why-you-need-to-write-down-your-goals-if-you-actually-want-to-achieve-them/#5c06091e7905

Page de choix de NPR. (2008). Consulté le 19 décembre 2019 sur https://choice.npr.org/index.html?origin=https://www.npr.org/2008/08/21/93796200/to-lower-blood-pressure-open-up-and-say-om

Pardon Our Interruption. (s. d.). [Pardonnez notre interruption]. Consulté le 19 décembre 2019 sur https://www.apa.org/research/action/multitask

Pink, D. (s. d.). The puzzle of motivation. [Le puzzle de la motivation]. Consulté le 19 décembre 2019 sur https://www.ted.com/talks/dan_pink_the_puzzle_of_motivation ?

Pochepan, J. (2019). This Aspect of Office Design Subtly Influences Employee Behavior. [Cet aspect de l'aménagement des bureaux influence subtilement le comportement des employés]. Consulté le 19 décembre 2019 sur https://www.inc.com/jeff-pochepan/use-psychology-of-color-to-influence-your-workday.html

Rampton, J. (2017). 15 Scientifically Proven Ways to Work Smarter, Not Just More. [15 façons scientifiquement prouvées de travailler plus intelligemment, et pas seulement plus]. Consulté le 19 décembre 2019 sur https://www.entrepreneur.com/article/298941

Robin Sharma - Site officiel de l'auteur n°1 de best-sellers. (s. d.). Consulté le 19 décembre 2019 sur https://www.robinsharma.com/

Schmitz, M. (2018). The 3 Pillars of Productivity You Need To Unlock Your Full Potential. [Les 3 piliers de la productivité dont vous avez besoin pour libérer votre plein potentiel]. Consulté le 19 décembre 2019 sur http://www.asianefficiency.com/productivity/tea-framework/

Scott, S. J. (2019). How to Get More Energy: 20 Tips to Boost Your Energy and Get More Done. [Comment obtenir plus d'énergie : 20 conseils pour stimuler votre énergie et faire plus de choses]. Consulté le 19 décembre 2019 sur https://www.developgoodhabits.com/get-more-energy/

Shandrow, K. L. (2015). How the Color of Your Office Impacts Productivity (Infographic). [Comment la couleur de votre bureau influe sur la productivité (Infographie)]. Consulté le 19 décembre 2019 sur https://www.entrepreneur.com/article/243749

Soojung-Kim Pang, A. (2017). Why you should work 4 hours a day, according to science. [Pourquoi vous devriez travailler 4 heures par jour, selon la science]. Consulté le 19 décembre 2019 sur https://theweek.com/articles/696644/why-should-work-4-hours-day-according-science

Sorkin, A. R. (2014). So Bill Gates Has This Idea for a History Class... [Bill Gates a cette idée pour un cours d'histoire...]. Consulté le 19 décembre 2019 sur https://www.nytimes.com/2014/09/07/magazine/so-bill-gates-has-this-idea-for-a-history-class.html?_r=0

Tadeo, M. (2014). Mark Zuckerberg on why he wears that same T-shirt every day. [Mark Zuckerberg explique pourquoi il porte le même T-shirt tous les jours]. Consulté le 19 décembre 2019 sur https://www.independent.co.uk/news/business/news/mark-zuckerberg-i-dont-like-spending-time-on-frivolous-decisions-such-as-clothes-or-what-to-make-for-9846827.html

To Multitask or not to Multitask. (2018). [Le multitâche oui ou non ?]. Consulté le 19 décembre 2019 sur https://appliedpsychologydegree.usc.edu/blog/to-multitask-or-not-to-multitask/

Université de Walden. (2019). 5 Mental Benefits of Exercise. [5 bienfaits mentaux de l'exercice]. Consulté le 19 décembre 2019 sur https://www.waldenu.edu/online-bachelors-programs/bs-in-psychology/resource/five-mental-benefits-of-exercise

Valentine, M. (2019). 7 Habits to Increase Your Physical and Mental Energy. [7 habitudes pour augmenter votre énergie physique et mentale]. Consulté le 19 décembre 2019 sur https://www.goalcast.com/2018/12/19/habits-increase-physical-mental-energy/

Wang, D. (2018). 5 Surprising Tips To Increase Your Motivation Immediately. [5 astuces surprenantes pour augmenter votre motivation immédiatement]. Consulté le 19 décembre 2019 sur https://open.buffer.com/increase-your-motivation-tips/

Wertz, J. (2019). Open-Plan Work Spaces Lower Productivity And Employee Morale. [Les espaces de travail ouverts réduisent la productivité et le moral des employés]. Consulté le 19 décembre 2019 sur https://www.forbes.com/sites/jiawertz/2019/06/30/open-plan-work-spaces-lower-productivity-employee-morale/#5d2f826761cd

What Is SMART and How Do I Write SMART Goals? (2019). [Qu'est-ce que SMART et comment rédiger des objectifs SMART ?]. Consulté le 19 décembre 2019 sur https://www.thoughtco.com/how-do-i-write-smart-goals-31493

Why People Procrastinate: The Psychology and Causes of Procrastination. (s. d.). [Pourquoi les gens procrastinent : la psychologie et les causes de la procrastination]. Consulté le 19 décembre 2019 sur https://solvingprocrastination.com/why-people-procrastinate/

Wong, K. (2016). The Case for Silence While You Work or Study. [Les arguments en faveur du silence pendant que vous travaillez ou étudiez]. Consulté le 19 décembre 2019 sur https://lifehacker.com/the-case-for-silence-while-you-work-or-study-1789

TECHNIQUES ÉPROUVÉES DE LECTURE RAPIDE

LISEZ PLUS DE 300 PAGES EN 1 HEURE

inclut des exercices d'apprentissage avancés

Un guide pour débutants sur comment lire plus vite tout en comprenant

TABLE OF CONTENTS

Combien de fois vous arrive-t-il de parcourir votre fil d'actualité, que ce soit sur Facebook ou sur une autre application d'information, et de voir un article que vous voulez lire, mais de vous dire que vous n'avez pas le temps ? Peut-être trouvez-vous que votre liste de lecture s'alourdit de livres que vous n'avez pas encore lus et que vous n'avez pas l'intention de lire de sitôt. Nous vivons dans un monde de plus en plus numérisé, où les informations pertinentes ou intéressantes affluent de partout à chaque seconde. Notre temps a plus de valeur que jamais. C'est pourquoi choisir comment l'utiliser devient une décision cruciale. Chacun gère son temps différemment. Certains placent la lecture liée au travail en tête de liste, tandis que d'autres choisissent la politique ou d'autres événements d'actualité. D'autres encore utilisent la lecture comme un moyen de ne penser à rien d'autre pendant un certain temps, une distraction bienfaisante en quelque sorte.

Quel que soit votre objectif, ce livre vous apprendra un secret. Vous pouvez faire tout cela, même au-delà de votre objectif de lecture actuel, grâce au pouvoir de la lecture rapide. Vous direz peut-être que vous lisez déjà rapidement, mais laissez-moi vous poser quelques questions. Combien de fois vous arrive-t-il de lire quelque chose et de revenir un paragraphe en arrière parce que vous semblez avoir oublié tous les mots que vous venez de lire ? Peut-être restez-vous bloqué sur un mot ou une phrase parce que vous ne savez pas exactement ce qu'il signifie ? Parfois, il arrive même que vous lisiez un chapitre entier et que vous ne vous souveniez plus vraiment de ce dont il traite exactement, est-ce que je me trompe ? La lecture rapide offre une solution à chacun de ces problèmes et à bien d'autres encore. En vous donnant des conseils spécifiques pour répondre à chaque problème, vous ne devriez plus rencontrer d'obstacles sur votre chemin vers la réussite de la lecture rapide.

J'ai longtemps eu du mal à lire. Mes journées chargées faisaient grossir ma pile de livres à lire et je n'arrivais jamais à en venir à bout. J'ai failli abandonner, submergé par les lectures que je voulais faire par rapport au temps dont je pensais disposer. En tant que coach en productivité, je devais cependant continuer à avancer et, toujours à l'affût de nouvelles solutions pour améliorer mon efficacité, je suis tombé sur la lecture rapide. Une fois ces techniques simples et efficaces trouvées, je les ai essayées et testées avant de les adopter dans mes propres lectures. Ma productivité est montée en flèche et je n'ai jamais regardé en arrière. Sauf circonstances particulières, je lis toujours en accéléré, et la quantité de lecture que je faisais avant n'a rien à voir avec celle que je fais aujourd'hui.

L'écriture de ce livre aurait pris beaucoup plus de temps qu'elle n'en a pris sans l'aide de la lecture rapide. Les heures entières que j'ai passées à la bibliothèque, à surfer sur Internet ou à me creuser les méninges pour trouver des idées ou des points à inclure auraient pris beaucoup plus de temps sans la capacité de lire 1 500 mots par minute. Des livres entiers sur la lecture rapide sont devenus accessibles alors qu'ils ne l'auraient pas été auparavant. Avec autant d'experts sur la lecture rapide, chacun ayant des raisons, des pratiques, des techniques et ses propres trucs et astuces bien documentés, il aurait pu falloir des mois pour rédiger ce livre. Je suis fier de dire que cela n'a pris que quelques semaines. Ces semaines ont été très chargées, ne vous méprenez pas, mais je ne peux m'empêcher de faire l'éloge de la lecture rapide, qui a permis d'éviter que cela ne prenne plus de temps.

Et alors ? direz-vous, en cherchant un avantage plus tangible ou plus compréhensible que le simple fait de pouvoir lire plus vite. La lecture rapide présente de nombreux autres avantages que la simple consommation de mots. Lire plus vite permet d'apprendre plus rapidement, ce qui réduit considérablement le temps nécessaire à l'acquisition de nouvelles compétences.

Non seulement la lecture rapide accélère votre consommation d'informations, mais elle peut aussi booster considérablement votre carrière. Plus vous lisez, plus vous en savez et plus vous pouvez partager vos connaissances avec d'autres personnes, ce qui vous rendra plus fort dans n'importe quel contexte : travail, amis, fêtes ou autre.

En outre, la lecture rapide permet de transformer les heures inutilisées à la fin de la journée de travail en productivité. En profitant de ce temps supplémentaire, vous pouvez suivre un cours en ligne pour obtenir un autre diplôme ou une certification qui pourrait améliorer vos perspectives d'emploi et augmenter vos revenus. Votre confiance en vous augmentera avec votre compréhension d'un sujet donné, ce grâce à l'élargissement de vos connaissances fondamentales. Vous retiendrez également beaucoup plus de choses, ce qui peut sembler étrange compte tenu de la rapidité avec laquelle vous lisez les informations. Mais avec autant d'informations à assimiler, votre mémoire évoluera naturellement, d'autant plus que vos compétences continueront à s'améliorer.

Ne vous contentez pas de me croire sur parole. Des experts confirment ces affirmations. Rien ne remplace l'expérience directe, mais le thème de la lecture rapide a naturellement séduit les chercheurs, qui passent une grande partie de leur vie à lire.

Certains se demandent si la lecture rapide ne nuirait pas à la précision de la lecture et ne représenterait pas un compromis. Toutefois, des études scientifiques, telles que celle menée par la bibliothèque de l'université du Michigan, ont conclu que la capacité à lire plus vite améliore la rétention des informations. Un article publié en 2016 dans la revue universitaire *Psychological Science in the Public Interest* a analysé la crédibilité de la lecture rapide et a conclu que la lecture rapide n'est pas une solution miracle. Cependant, *So Much to Read, So Little Time* concède qu'il y a une amélioration substantielle de la vitesse globale et de l'efficacité avec des stratégies clés de lecture rapide, mais avec en contrepartie une diminution de la compréhension.

Heureusement, ce livre propose des stratégies pour lutter contre les petits sacrifices et les rendre pratiquement inexistants. Nous parlerons des tactiques d'autres experts dans le domaine de la lecture rapide, avec des méthodes de Scott Young, Jim Kwik et Evelyn Wood mises en évidence tout au long de l'ouvrage. Si cela ne suffit pas, internet regorge d'experts dans tous les domaines liés à la lecture rapide. Vous entendrez plusieurs d'entre eux, dont Ron Cole, Jordan Harry, Jim Kwik et Tim Ferriss, témoigner des avantages de la lecture rapide. Grâce à ma propre expérience et à l'appui de recherches évaluées par des pairs, ce livre servira d'introduction aux néophytes de la lecture rapide.

Quelle est l'utilité de ces conseils et astuces ? À titre de référence, une personne moyenne lit environ 200 à 300 mots par minute. Cela vous semble-t-il satisfaisant ? Avant de vous faire une opinion, que diriez-vous si je vous disais que vous pouvez lire 1 500 mots ou plus par minute ? La plupart des experts en lecture rapide fixent la limite supérieure de leur vitesse de traitement de texte à 500-600 mots par minute, estimant qu'il s'agit de la vitesse maximale à laquelle vous pouvez raisonnablement lire sans sacrifier gravement votre capacité de rétention. Cependant, les champions du monde de la lecture rapide, comme Anne Jones, peuvent régulièrement lire plus de 3 000 mots par minute. Anne Jones a établi le record à 4 700 mots par minute avec un taux de rétention de 67 %. Je ne peux pas faire de vous un détenteur de record du monde dans l'ombre d'Anne Jones, mais vous vous rapprocherez davantage de sa cadence que celle d'autres experts. Je peux vous promettre qu'avec les informations et les exercices contenus dans ce livre, vous pourrez compter sur 1 500 mots par minute comme base de référence. Avec beaucoup de temps et de pratique, vous pourrez même dépasser cette attente. Qui sait, vous pourriez devenir le prochain champion du monde de lecture rapide. Mais ne laissez pas cela devenir votre attente la plus réaliste.

Voici la progression des dix prochains chapitres.

Le premier chapitre détaille les avantages de la lecture rapide. Ils sont nombreux et d'une grande portée, allant de l'augmentation de votre rendement de lecture à l'amélioration de votre mémoire et de votre compréhension. Ce chapitre posera les bases de vos attentes quant à ce que vous obtiendrez de ce livre. Si vous n'aimez pas ce que vous lisez ici, vous pouvez arrêter le livre, mais je doute que ce soit le cas.

Le chapitre deux aborde trois idées fausses sur la lecture rapide. Je ne suis pas tout à fait certain de la manière dont elles se sont développées, mais elles semblent avoir pris une place importante dans la culture populaire. La lecture rapide semble être un superpouvoir, en particulier pour les super-héros de fiction qui prétendent lire 10 000 mots par minute. Ceci est grotesque. La seconde concerne la subvocalisation et l'idée fausse selon laquelle il faut s'en débarrasser pour lire vite. Ce n'est pas vrai non plus. Enfin, la lecture automatique permet de lire plus vite. Encore une fois, ce n'est pas vrai. Ce chapitre réfutera ces mythes.

Le chapitre trois vous demande d'accepter le niveau auquel vous lisez actuellement, quel qu'il soit. En faisant le point sur votre situation actuelle, vous pouvez à juste titre développer les points sur lesquels vous souhaitez travailler tout au long du livre. En gardant à l'esprit votre façon de lire et le type de lecteur que vous êtes, vous pourrez vous améliorer.

Le chapitre quatre vous présente un principe de base de la lecture rapide : le calcul de votre vitesse. En suivant la formule, vous pouvez établir une base quantitative pour votre lecture. Souvenez-vous de cette technique à l'avenir. Elle vous sera utile lorsque vous tenterez de mesurer votre vitesse de lecture et sa progression.

Le chapitre cinq vous lance la tête la première dans l'amélioration de votre vitesse de lecture, en vous donnant les conseils et astuces dont vous avez besoin pour commencer. Il s'agit tout d'abord de fixer des objectifs, afin de modérer vos attentes en matière d'amélioration et veiller à trouver le bon équilibre entre ambition et réalisme. Cela inclut l'écrémage, la technique de lecture rapide la plus connue. D'autres tactiques, telles que l'arrêt de la subvocalisation, la lecture de phrases, le méta-guidage, la présentation visuelle en série rapide, vous permettront d'acquérir les bases de la lecture rapide.

Le chapitre six apaisera les craintes que vous pourriez avoir de sacrifier la compréhension au profit de la rapidité, ce que les opposants à la lecture rapide utilisent pour fonder leurs arguments. La compréhension de la lecture ne se limite pas à l'assimilation des mots et à leur compréhension. Elle s'étend à la visualisation, à l'enrichissement du vocabulaire et à d'autres stratégies de lecture active. La lecture rapide peut entraîner une légère perte de rétention, mais les pratiques décrites dans ce chapitre vous aideront à atténuer ces pertes de manière substantielle. La lecture rapide ne nuit pas nécessairement à la compréhension.

Le chapitre sept reconnaît que la base sous-jacente de l'amélioration de la lecture réside dans le fait de la pratiquer davantage. Vous développerez une familiarité avec les choses que vous lisez, ainsi que des routines et des habitudes qui vous permettront de continuer à lire. La première étape cruciale pour devenir un maître de la lecture rapide consiste à établir une base solide.

Le chapitre huit aborde le problème du suivi de vos lectures et vous donne une structure pour documenter vos habitudes. Il recommande des méthodes éprouvées tout en admettant que les temps ont changé et qu'il en existe de nouvelles qui peuvent vous aider tout autant que les anciennes. La manière dont vous suivez vos lectures importe moins que le fait que vous le fassiez. Cela vous aide à vous concentrer sur vos objectifs et à vous sentir bien à l'égard de vos progrès, quel que soit le rythme auquel ils se produisent. Le meilleur moyen d'y parvenir ? Chronométrez de temps en temps votre lecture à l'aide de la formule du chapitre 4. Vous obtiendrez ainsi des données précises à suivre et à analyser comme bon vous semble.

Le chapitre neuf se penche sur l'une des tactiques de lecture rapide la plus populaire et la plus efficace. L'écrémage et le repérage semblent être des échappatoires faciles en raison des connotations qu'ils ont pris, mais, en réalité, cela vous aident à identifier et à acquérir les parties les plus importantes de la lecture. Nous n'en dirons pas trop dans l'introduction, mais ces techniques exigent un style de lecture beaucoup plus actif et impliqué que vous ne l'avez peut-être supposé auparavant.

Enfin, le **chapitre dix** vous donnera un aperçu des techniques de lecture les plus avancées, provenant directement d'experts par excellence. À première vue, elles peuvent sembler identiques aux méthodes du chapitre cinq, mais il serait plus approprié de les considérer comme leur prolongement. Ce chapitre traite de l'une des pionnières en matière de lecture rapide, Evelyn Wood, grâce à qui vous en apprendrez davantage sur l'un des événements les plus étranges survenus sur un campus universitaire dans les années 1960.

Pensez aux personnes les plus intelligentes que vous connaissez, que ce soit dans la culture populaire, sur votre lieu de travail ou dans votre vie de famille. Les enviez-vous pour la quantité de choses qu'elles connaissent ? Souhaitez-vous pouvoir faire et dire les mêmes choses qu'elles ? Aimeriez-vous étaler toutes vos nouvelles connaissances pour être à égalité, peut-être en remportant enfin la victoire lors de votre Trivial Pursuit hebdomadaire ? La lecture rapide peut être l'arme qui vous permettra de rester dans une sorte de course aux armements intellectuels. Si vous continuez à lire ce livre, vous pourrez vous aussi débloquer le superpouvoir de la connaissance et vous donner un avantage, quelle que soit la forme que vous souhaitez lui donner. Tout ce qu'il faut, c'est apporter de petites modifications à vos pratiques et habitudes actuelles, celles que je mentionne dans ce livre. Grâce à elles, vous pourrez améliorer de façon exponentielle votre consommation quotidienne d'informations.

Que ce soit en termes de mots gagnés par minute, d'amélioration de la compréhension ou de gain de temps, les techniques de lecture rapide feront de vous un meilleur lecteur. Elles feront tout cela et plus encore, transformant votre temps de lecture de la corvée qu'il pouvait être auparavant en quelque chose que vous aimez faire grâce à la sensation que vous éprouvez ou aux compétences ou connaissances que vous acquérez. En achetant ce livre, vous avez fait le premier pas vers la réalisation d'un potentiel considérable.

CHAPITRE UN

Comment l'augmentation de votre vitesse de lecture vous aidera-t-elle ?

ommençons par une expérience de réflexion. Pensez à toutes les lectures que vous devez faire un jour donné. Incluez tous les courriels, les textes, les réseaux sociaux, les articles d'actualité, les séances d'information ou toute autre lecture que vous pourriez faire ce jour-là. Combien de temps gagneriez-vous si vous pouviez le faire en trois fois moins de temps qu'aujourd'hui ? Ou, plus ambitieux encore, si cela ne vous prenait qu'un cinquième du temps qu'il vous faut aujourd'hui ? Cela semble presque trop beau pour être vrai, n'est-ce pas ? Ce n'est pas tout à fait un superpouvoir sorti d'une bande dessinée de Marvel ou de DC, mais c'est certainement un objectif à atteindre. Cette capacité modifierait le cours de beaucoup de nos vies.

Lire et comprendre rapidement des livres, des articles et d'autres documents en conservant leur qualité nous permettrait de compléter nos perspectives et d'élargir le champ de notre compréhension. Armé de cette nouvelle capacité à connaître les choses, le succès personnel, sous quelque forme que ce soit, sera plus facile à atteindre. Les carrières évolueraient plus rapidement avec des promotions ou des augmentations de salaire suivant l'accroissement de la productivité sur le lieu de travail. Les entreprises fonctionneraient plus rapidement et plus efficacement. Vous pourriez même être en mesure de faire une première impression plus durable en démontrant à quel point vous êtes bien informé. Ce livre vous aidera dans ces domaines et bien d'autres encore.

Ce qui ne devrait surprendre personne, c'est que ce livre fera de vous un lecteur rapide. Grâce aux conseils et astuces qu'il contient, vous lirez plus en moins de temps. Votre amélioration pourrait se manifester par une vitesse de lecture actuelle doublée ou triplée. Vous apprendrez à survoler les informations de moindre importance pour ne retenir que les informations cruciales.

Nous y reviendrons plus en détail ultérieurement, mais il existe une idée fausse sur l'écrémage. Pour certains, il s'agit de passer rapidement sur toutes les informations d'une page sans s'y intéresser pleinement. C'est tout à fait faux. L'écrémage implique effectivement la lecture rapide d'un grand nombre d'informations, mais le processus est beaucoup plus actif que cela. L'écrémage repose sur un aperçu approfondi de ce que vous décidez de lire, en sélectionnant les mots clés, les phrases et les idées auxquels vous devez prêter attention au cours de votre lecture. Vos yeux captent ces points précieux, ce qui vous permet de passer à côté de tout ce que vous ne jugez pas assez important, comme les exemples. De cette façon, votre cerveau est préparé à assimiler les mêmes informations importantes en moins de temps.

Beaucoup de gens considèrent la lecture rapide comme une sorte de « hack », comme quelque chose qui améliore tellement votre vie que cela ressemble à de la triche. Cependant, peu de gens savent exactement en quoi elle peut être utile, à part le fait de lire vite. Le site internet *Life Hack* a publié un article intitulé « 10 raisons pour lesquelles vous devriez apprendre à lire rapidement », dans lequel il donne quelques exemples généraux et spécifiques. De l'autonomisation à l'amélioration des compétences en matière de résolution de problèmes, l'article offre de nombreuses justifications pour cette compétence. Selon l'article, la lecture rapide, en tant que compétence d'autonomisation, augmente votre niveau de confort où que vous soyez, car elle vous permet de vous documenter sur davantage de sujets et donc d'avoir l'air plus intelligent lorsque vous parlez. En particulier dans les soirées, la lecture rapide vous donne plus de sujets de discussion et rend vos opinions plus intelligentes, car elles sont plus basées sur des faits et moins sur des spéculations. Cela peut également vous rendre plus intelligent d'une manière plus tangible, puisque vous pouvez utiliser votre nouvelle capacité à consommer de plus grandes quantités d'informations et à traduire ces informations en certifications ou en diplômes. Vous pensez que vous n'avez pas le temps de préparer ce master ou ce programme que vous remettez sans cesse à plus tard ? La lecture rapide pourrait faire la différence dans l'équation et vous permettre de gagner plus d'argent.

La lecture rapide améliore la confiance en soi

Outre le fait d'être plus à l'aise et mieux éduqué, la lecture rapide peut vous procurer plus de confiance en vous, en particulier sur le lieu de travail. Si vous consacrez votre temps et vos nouvelles capacités de lecture à vous familiariser avec tout ce qui touche à votre travail, vous deviendrez meilleur. L'aisance que vous dégagez lors des soirées se manifestera également dans les discussions avec votre patron. Dans cette situation, et à chaque fois que vous rencontrerez une résistance d'ordre argumentatif, vous répondrez calmement et facilement avec ce dont vous vous souviendrez grâce à votre lecture rapide.

La lecture rapide améliore la mémoire

Par ailleurs, vous vous souviendrez beaucoup mieux après avoir appris à lire rapidement. C'est logique puisque votre capacité de lecture et votre compréhension dépendent de votre capacité à vous souvenir de ce que vous lisez. S'il est vrai que vous devez disposer d'une certaine capacité de mémorisation pour pouvoir lire en général, le fait de lire davantage, et surtout plus vite, permet d'entraîner votre cerveau. La lecture facilitera l'établissement de connexions entre les informations et la mémoire dans votre cerveau, ce qui vous permettra d'évoquer plus facilement des faits ou des connaissances utiles. Comme il serait agréable de se souvenir d'une chose que l'on est censé faire, quelle qu'elle soit, sans être pris de panique au saut du lit, comme c'est souvent le cas lorsque la mémoire est défaillante. De plus, votre mémoire augmentée peut vous rendre plus créatif.

La lecture rapide accélère l'apprentissage

Bien entendu, l'avantage le plus évident de la lecture rapide est qu'elle vous permet d'apprendre plus rapidement. Passer moins de temps sur chaque lecture signifie que vous pouvez lire plus. Lire plus signifie apprendre plus. Cela va de pair avec le perfectionnement. Vous êtes plus intelligent, plus à l'aise, mieux éduqué, vous avez plus de confiance en vous et vous pouvez retenir davantage, ce qui aide énormément votre cerveau à créer de nouvelles synapses, c'est-à-dire des connexions entre les cellules du cerveau. Plus les voies neuronales que votre cerveau peut utiliser sont nombreuses et fortes, plus vous vous améliorerez dans le simple fait de penser.

La lecture rapide améliore la concentration et réduit le stress

Dans le mêlme ordre d'idées, l'acte de penser, en particulier avec le type de concentration qu'exige la lecture rapide, peut induire des qualités méditatives. Pensez aux moments où vous êtes dans votre élément, dans n'importe quel domaine, qu'il s'agisse de sport, de travail, d'art ou de n'importe quoi d'autre. Ce sentiment que vous ressentez lorsque tout le reste disparaît et que vous pouvez concentrer toute votre attention sur une seule tâche ? C'est ce que la lecture rapide tend à induire. Non seulement elle vous aide à vous concentrer, mais elle a aussi de sérieuses vertus anti-stress. Il en résulte une amélioration générale du bien-être émotionnel. Étant donné la nature relaxante de la lecture, elle réduit le stress et vous libère des soucis et autres pensées intrusives qui ne sont pas bénéfiques pour votre santé. Lorsque vous lisez plus vite, vous vous imprégnez de la matière et vous vous concentrerez sur l'information que vous lisez plus que sur toute autre chose. En tant qu'acte de méditation active, vous atteignez le même état méditatif qu'un moine bouddhiste.

La lecture rapide ouvre des perspectives de carrière

Naturellement, une diminution du stress vous permet de vous concentrer sur des choses plus importantes, comme votre carrière. Pensez-vous que Bill Gates et ses semblables ont laissé le stress les empêcher de devenir quelques-uns des plus grands innovateurs de l'histoire ? La capacité à limiter le stress, qu'elle résulte d'un gain de temps grâce à la lecture rapide ou d'un autre facteur, représente une amélioration significative de la qualité de vie. La clarté d'esprit qu'elle procure améliore notamment les capacités de résolution des problèmes. Les meilleures idées sont souvent des instincts, selon cette logique, et la lecture rapide permet de développer ces instincts.

La lecture rapide améliore les compétences en matière de logique et de résolution de problèmes

Évidemment, la logique est un élément essentiel de la résolution des problèmes. Votre capacité à penser logiquement augmente également avec la lecture rapide. Réfléchissez brièvement aux objectifs de la lecture rapide. Vous devez comprendre rapidement des pans entiers d'informations. Pour ce faire, vous devez trier logiquement les informations en deux catégories : celles qui sont importantes et celles qui ne le sont pas. Le fait de le faire aussi rapidement que l'exige la lecture rapide améliorera sans aucun doute votre capacité à penser et à composer de manière logique.

Quelques idées fausses sur la lecture rapide

Vous vous concentrerez sur tout ce que vous lisez. La plupart des gens sont capables de lire à une vitesse de 200 mots par minute, certains atteignant même 300 mots par minute. De nombreux lecteurs pensent à tort que pour se concentrer davantage sur ce qu'ils lisent, ils doivent ralentir et digérer chaque mot. Cette idée est fausse pour deux raisons.

Premièrement, les styles de lecture traditionnels et les méthodes par lesquelles ils sont enseignés manquent d'efficacité.

Deuxièmement, les gens lisent lentement par manque de concentration. Pensez-y. Combien de distractions avez-vous lorsque vous vous asseyez pour lire un livre ? La distraction la plus importante se trouve probablement dans votre poche au moment où vous lisez ces lignes. Lorsque votre téléphone sonne, c'est presque comme si le monde autour de vous s'arrêtait un instant, n'est-ce pas ? Il peut s'agir de n'importe quoi : un message, une notification Facebook, un like sur vos photos Instagram, des mises à jour sur votre fil d'actualités Twitter, un courriel de votre patron ou simplement un même désagréable. Quoi qu'il en soit, nos vies ultra-connectées limitent notre capacité à rester au calme. Il est rare de pouvoir profiter d'un moment ininterrompu. Cependant, la concentration nécessaire à la lecture rapide rend ce point discutable. Vous n'avez pas le temps d'être distrait.

Une fois encore, nous revenons à certains des principaux avantages de la lecture rapide. Si la concentration est améliorée, la compréhension, la mémoire et la rétention des informations le sont également. Le cerveau est comme un muscle. Si nous entraînons notre cerveau de cette manière, il deviendra plus fort et plus performant. La lecture rapide pousse notre cerveau à être plus performant. Lorsque vous entraînez votre cerveau à assimiler des informations plus rapidement, d'autres parties de votre cerveau s'améliorent également.

Que disent les détracteurs ?

Une recherche rapide sur Google permet de trouver toutes sortes d'articles et de témoignages sur le fait que la lecture rapide n'est pas ce que l'on croit. Les opposants affirment que la lecture à des vitesses aussi élevées réduit la compréhension. Certains affirment que l'œil et le cerveau humains ne peuvent pas se coordonner pour traiter les mots et les phrases assez rapidement de sorte que l'on puisse atteindre une vitesse de lecture supérieure à 600 mots par minute. Ces études sont bien financées et fondées, votre cerveau ne fonctionne effectivement pas assez rapidement pour que les méthodes de lecture traditionnelles puissent fonctionner à cette vitesse.

Comment est-ce possible ?

Cela fait-il de ce livre une perte de temps ? Non. Les techniques contenues dans ce livre vous apprendront à tenir compte du fait que les méthodes de lecture traditionnelles ne suffisent pas pour des vitesses de lecture de 1 500 mots par minute. De nombreuses études, dont l'authenticité et l'intégrité sont similaires à celles des études adverses, confirment la légitimité de la lecture à grande vitesse. Elle remonte à 1950, lorsque l'université du Nebraska a mené une étude sur la lecture rapide auprès de 150 étudiants en commerce. Don Clifton, président du département de psychologie, a divisé les étudiants en deux groupes, l'un dit « doué », avec une vitesse de lecture moyenne de 350 mots par minute. L'autre groupe, dit « normal », avait une vitesse de lecture de 90 mots par minute. Chaque groupe a suivi le même cours de lecture rapide, ce qui a suscité des réactions diverses de la part du corps enseignant, qui craignait que les étudiants doués ne soient avantagés. Le groupe normal a montré une amélioration significative, passant à 150 mots par minute. Cette augmentation de 66 % fait pâle figure en comparaison avec le groupe des surdoués, qui a atteint 2 900 mots par minute, soit une augmentation de 828 %.

Vous remarquerez la vitesse de lecture extrêmement élevée ainsi que l'augmentation du pourcentage, et le fait que ce livre offre quelque chose d'inférieur. Peut-être discréditerez-vous cette étude en tant que preuve. Ce n'est pas grave, car il en existe beaucoup d'autres. Prenons par exemple l'étude de l'université de l'Utah menée par Leann Larsen, intitulée *Does Speed Reading Improve College Student's Retention Level and Comprehension?* En fondant son analyse sur trois articles que ce livre abordera plus tard, elle a émis l'hypothèse que les étudiants qui apprennent à lire rapidement comprennent davantage de choses et retiennent mieux les informations que les étudiants qui n'apprennent pas ce type de lecture. John Macalister, de l'Université Victoria de Wellington en Nouvelle-Zélande, a conclu que la lecture rapide augmentait effectivement la vitesse de lecture des étudiants, même lorsque le texte est authentique ou nouveau pour eux. Dans son article *Speed reading courses and their effect on reading authentic texts: A preliminary investigation*, Macalister se concentre moins sur la rétention, mais reconnaît que la rétention était un élément essentiel de l'étude et qu'elle a été maintenue même avec des vitesses élevées.

La lecture rapide rend la lecture plus agréable dans l'ensemble

Naturellement, nous aimons faire ce que nous savons faire, et si nous améliorons nos compétences en lecture, nous ne nous sentirons plus obligés de lire, mais nous prendrons plaisir à le faire. Lorsque nous aimons faire quelque chose, nous consacrons plus d'efforts et d'énergie à nous améliorer, que nous en soyons conscients ou non. Ce livre vous fera découvrir des techniques d'apprentissage avancées. Vous voulez apprendre une nouvelle langue ? La lecture rapide vous aide à découvrir et à maîtriser les nuances grammaticales et le vocabulaire de la langue de votre choix. Vous souhaitez intégrer une nouvelle compétence professionnelle dans votre travail ? De la même manière, la lecture rapide rend les cours de remise à niveau ou d'approfondissement beaucoup plus accessibles. Vous pouvez même accroître votre valeur aux yeux d'un employeur.

La lecture rapide permet d'éliminer les mauvaises habitudes

Enfin, réfléchissez au nombre de mauvaises habitudes que vous avez prises. Il faut des efforts conscients et dévoués pour les désapprendre et les remplacer, et encore plus de pratique et de discipline pour conserver les nouvelles habitudes sans retomber dans les mauvaises. La lecture rapide est l'occasion de découvrir et de remplacer les mauvaises habitudes que vous avez peut-être prises. Celles-ci proviennent de votre éducation élémentaire. Tout le monde a eu un enseignant qu'il n'aimait pas particulièrement ou dont il s'est rendu compte, après coup, qu'il avait échoué dans son travail. Comment aimeriez-vous qu'ils aient un impact profond sur votre passé, votre présent et votre avenir ? Je ne peux pas imaginer que quelqu'un en ait un, surtout s'il n'était pas spécialement apprécié.

Ce livre rend ces exemples, ainsi que beaucoup d'autres, réalistes. Pour tirer le meilleur parti de ces conseils et astuces, je vous recommande d'avoir le matériel suivant à portée de main lorsque vous faites les exercices de ce livre : un crayon à papier ou un stylo, un surligneur, une feuille, une calculatrice, une montre ou un chronomètre et, bien sûr, votre livre ou votre support de lecture.

Plus largement encore, la lecture rapide fait de vous un meilleur lecteur

Avant que vous ne considériez cela comme une évidence et que vous ne passiez à autre chose, laissez-moi vous expliquer. Bien sûr, votre lecture sera plus rapide. Mais au-delà de cela, la lecture rapide, sous la forme des techniques incluses dans ce livre, vous donnera des tactiques que vous pourrez utiliser pour rendre votre lecture plus efficace. Pour les besoins de ce livre, je souhaite que vous les utilisiez à des vitesses élevées. Cependant, vous pouvez toujours les utiliser à n'importe quelle vitesse. Paul Nation a écrit un article à ce sujet, en mettant l'accent sur la fluidité de la langue. De manière quelque peu élémentaire, *Reading Faster* note que la reconnaissance des lettres conduit à un traitement plus rapide des mots, de même que la reconnaissance des mots permet un traitement plus rapide des phrases et des idées. Poursuivant dans cette voie, il a analysé comment les phrases simples se transforment en phrases complexes. Cela permet d'améliorer non seulement l'expression orale et écrite, mais aussi la lecture. Nation a mis en évidence deux techniques fondamentales que ce livre abordera dans les prochains chapitres : l'écrémage et le repérage. Selon lui, l'écrémage consiste à lire un texte rapidement, dans le but d'obtenir une vue d'ensemble de son contenu, au détriment de certains détails. Le repérage, quant à lui, exige du lecteur qu'il recherche des informations spécifiques, sous la forme de noms ou de chiffres. Nation reconnaît les mérites de chacun, mais admet que l'écrémage offre plus d'avantages que le repérage, pour des raisons de facilité d'utilisation et dans la poursuite de la maîtrise de la langue. En résumé, Nation postule que l'écrémage représente la prochaine étape dans le développement de la maîtrise de la langue et qu'il permet d'améliorer à la fois la capacité à lire et les compétences d'expression écrite et d'expression orale.

Résumé du chapitre

- ◆ Vous pouvez réduire considérablement le temps que vous consacrez actuellement à la lecture.
- ◆ Vous pouvez utiliser ce temps pour lire davantage, ce qui multiplie le temps de lecture effectif dans votre journée.
- ◆ Au-delà du temps que vous y passez et de la quantité de lecture, la lecture rapide présente d'autres avantages tels que l'avancement professionnel et le développement des compétences.
- ◆ La lecture rapide combat les styles de lecture traditionnels inefficaces et réfute l'hypothèse selon laquelle une lecture plus lente est plus ciblée et plus efficace.
- ◆ La lecture rapide favorise la concentration car elle exige et facilite un effort concerté pour assimiler et retenir les informations aussi rapidement et précisément que possible.
- ◆ La lecture rapide sollicite le cerveau et le renforce, et, de la même manière qu'un exercice musculaire, elle soutient et renforce également d'autres parties du cerveau.
- ◆ La lecture rapide vous permettra d'apprécier la lecture et de vous améliorer.
- ◆ La lecture rapide permet d'acquérir de nouvelles compétences à un rythme plus rapide.

Le chapitre suivant réfutera les mythes que l'on vous a peut-être enseignés sur la lecture rapide. En s'appuyant sur des preuves, le deuxième chapitre dissipera vos doutes et vos idées fausses sur la lecture rapide grâce à des recherches approfondies.

3 mythes que l'on vous a enseignés sur la lecture rapide

S'il existe de nombreuses idées fausses sur la lecture rapide, certaines dépassent le cadre du mythe. Ce chapitre va réfuter 3 mythes populaires sur la lecture rapide afin de vous convaincre que la lecture rapide est réelle, efficace et qu'elle peut vous apporter des bénéfices considérables. Ils exagèrent ce qu'est la lecture rapide, ce à quoi elle ressemble et ce qu'elle fait pour vous. Sans plus attendre, voici les 3 plus grands mythes sur la lecture rapide.

Mythe n° 1 : vous pouvez lire 10 000 mots par minute

Plaçons cela dans une perspective mathématique. 10 000 mots avec une police Times New Roman de taille 11, identique à ce texte, avec un espacement simple, représentent 20 pages, et avec un espacement double, 40 pages. Chaque page contient respectivement 500 et 250 mots. Par ailleurs, 10 000 mots par minute correspondent à 166 ⅓ mots par seconde, soit environ une page ou une demi-page par seconde. Des études scientifiques montrent que le cerveau traite généralement les images, et non les mots, en 100 millisecondes environ. Dans une étude réalisée en 2014 par le Massachusetts Institute of Technology (MIT), les neuroscientifiques ont découvert que l'œil n'a besoin que de 13 millisecondes pour traiter les concepts présentés dans les images. En appliquant ces deux calculs, on obtient 16 ⅓ mots par 100 millisecondes et 2⅙ mots par 13 millisecondes. Ces vitesses sont littéralement fulgurantes et franchement inatteignables, surtout si l'on considère la difficulté de choisir des mots dans une phrase, un paragraphe ou une page.

Pensez-y de la manière suivante. Ce livre compte environ 30 000 mots. Pensez-vous pouvoir lire un tiers de ce livre en une minute ? C'est absurde. Ce n'est pas le but de la lecture rapide.

Ces processus, contrairement au traitement des images présenté dans l'étude du MIT, nécessitent le mouvement et le recentrage de l'œil, ce qui allonge considérablement le temps nécessaire à la lecture et à la compréhension de l'information. L'affirmation selon laquelle le cerveau humain peut lire 10 000 mots est très imagée dans les films ou à la télévision. Des super-héros comme Superman, Flash et Quicksilver pourraient en être capables. Mais il y a une raison pour laquelle il s'agit, pour l'essentiel, de fiction. Seuls les surhommes possèdent cette capacité. 10 000 mots par minute, c'est tout simplement impossible. Comme le dit si bien Calvin de *Calvin et Hobbes*, « la lecture est facile si l'on ne se préoccupe pas de la compréhension ».

Mythe n° 2 : la subvocalisation nuit à la lecture rapide

Pour ceux qui ne le savent pas, la subvocalisation est la voix que vous entendez dans votre tête pendant que vous lisez. Certains experts en lecture rapide affirment que l'élimination de la subvocalisation est la clé de la lecture rapide. Scott Young admet toutefois que si cette méthode permet d'améliorer votre capacité à traiter les mots plus rapidement, elle a pour contrepartie une nette diminution de la compréhension. Dès lors, comment peut-on espérer lire plus vite si l'on n'élimine pas la subvocalisation ? La subvocalisation étant essentielle à la compréhension de la lecture, les lecteurs les plus rapides sont tout simplement meilleurs en la matière. Pour témoigner de l'efficacité de cette pratique, la NASA a mis au point un système permettant d'enregistrer ces impulsions afin de naviguer sur le web ou de contrôler un vaisseau spatial. De la même manière que la subvocalisation vous aide à apprendre une nouvelle langue, elle facilite votre compréhension de la lecture.

Mythe n° 3 : le fait de lire correspond à la même chose que le fait de pratiquer la lecture rapide

On pourrait penser que le simple fait de lire nous permet de lire plus vite. Cependant, comme toute pratique, si nous n'appliquons pas correctement les techniques ou les méthodes prévues, nous prenons de mauvaises habitudes que nous ne reconnaissons souvent pas. Au nom de la pleine compréhension, nous pouvons relire des phrases ou des paragraphes, ou nous arrêter sur des mots ou des expressions qui ne nous sont pas familiers. En outre, à moins que vous augmentiez activement votre vitesse de lecture normale, vous ne pratiquez pas la lecture rapide.

Mais attendez, me direz-vous, les romans à succès que je lis ne sont pas de cet avis ! Votre argument serait valable si vous teniez compte du fait que ces livres sont destinés à être lus rapidement. Ils s'appuient sur des concepts simples, sur la compréhension et sur des images vivantes pour faire avancer l'intrigue et les thèmes abordés. De plus, combien de fois lisez-vous un tel livre, ou tout autre d'ailleurs, et vous souvenez-vous de tout son contenu ? La pratique de la lecture rapide exige un petit sacrifice de rétention au début. Une pratique continue et attentive améliorera avec le temps votre rétention, mais il est peut-être trop optimiste de s'attendre à ce que la vitesse et la compréhension s'améliorent simultanément. Par conséquent, lorsque vous lisez, faites-le pour le plaisir. Consacrez un temps particulier pour améliorer la vitesse à laquelle vous lisez.

Résumé du chapitre

- ♦ En raison de sa nature quelque peu mystérieuse et apparemment inaccessible, il existe des mythes sur la lecture rapide qui tendent à la mystifier davantage ou à la rendre encore plus inaccessible.
- ♦ Ces mythes existent parce que la lecture rapide semble trop belle pour être vraie.
- ♦ Le premier mythe est une hyperbole selon laquelle les gens peuvent lire jusqu'à 10 000 mots par minute.
- ♦ Le deuxième mythe est que vous devez éliminer la subvocalisation, la voix intérieure dans votre tête lorsque vous lisez, afin d'atteindre des niveaux réalistes de lecture rapide.
- ♦ Enfin, on n'améliore pas naturellement sa vitesse de lecture en lisant normalement.

Maintenant que nous avons établi les avantages de la lecture rapide et discrédité les faussetés à son sujet, commençons à parler de vos attentes concernant votre propre lecture et la lecture rapide. Vous vous imaginez peut-être en train de lire à toute vitesse toutes sortes de textes. Cependant, nous devons d'abord trouver une base de référence. Le prochain chapitre vous permettra de savoir où vous en êtes dans votre lecture rapide.

CHAPITRE TROIS

Acceptez votre niveau de lecture

Comme pour toute autre compétence, l'apprentissage de la lecture rapide nécessite de faire preuve d'honnêteté quant à ses capacités actuelles. Vous n'entreriez jamais dans une salle de sport ou un cours d'haltérophilie en essayant de soulever des poids de 100 kg ou plus dès le premier essai. Si vous étiez un acteur ou une actrice en herbe, vous n'iriez jamais sur le plateau de tournage d'un film pour lequel vous n'auriez pas répété votre texte. Si vous étiez un artiste, vous ne trouveriez jamais votre premier tableau dans un musée à côté d'un Picasso. Vous voyez ce que je veux dire.

De la même manière, vous devez reconnaître et accepter le fait que vous êtes peut-être un lecteur rapide débutant. Vous aurez sans aucun doute des objectifs à atteindre dès le premier jour, mais vous devez abandonner l'idée d'exceller dès les premières heures. Si, comme vous le faites actuellement, vous lisez à une vitesse d'environ 200 mots par minute, il vous faudra plus que la quantité de travail que vous pouvez fournir en une journée pour atteindre et maintenir une vitesse de lecture de 1 500 mots par minute. Nous avons tous commencé quelque part, et où que ce soit, ce n'est pas grave, d'autant plus qu'en achetant ce livre, vous avez choisi de vous améliorer. Néanmoins, comme pour toute autre chose dans la vie, pour savoir où l'on va, il faut savoir où l'on commence. Fixez-vous des objectifs ou des attentes élevés, mais comprenez que ce n'est pas facile et que cela ne se fera peut-être pas aussi vite que vous le souhaiteriez. Dans ce cas, ne soyez pas dur avec vous-même, continuez simplement à travailler.

Analysons un peu plus votre situation actuelle. Comment vous décririez-vous en tant que lecteur ? Quelles sont les choses que vous aimez le plus lire ? Quelles sont les choses que vous ne supportez pas de lire ? Quelles sont les choses que vous aimeriez lire davantage ? Y a-t-il des choses que vous aimeriez lire plus rapidement ? Y a-t-il des choses que vous aimeriez mieux comprendre lorsque vous les lisez ? Plus important encore, mais pas aussi évident, examinez les explications de vos réponses. Pourquoi dites-vous ou faites-vous ces choses ?

Saviez-vous que la lecture n'est pas une fonction biologique naturelle de l'être humain ? En effet, contrairement aux choses que nous associons souvent à la lecture, comme la vue, l'ouïe, la sensibilité ou même le langage, notre cerveau ne sait pas naturellement comment lire. C'est plutôt l'homme qui a acquis la lecture en tant que compétence et l'a développée culturellement. Dans son livre *Sapiens : Une brève histoire de l'humanité*, Yuval Noah Harari explique l'évolution de la lecture et de l'écriture à partir de leur origine, à savoir la comptabilité des stocks et des achats de céréales. En cooptant d'autres stratégies cognitives développées, telles que la reconnaissance d'images et l'analyse linguistique, le langage a d'abord incorporé des choses que l'on pouvait toucher, voir, entendre, sentir ou goûter. Ces idées concrètes ont finalement permis de communiquer des idées abstraites, telles que les religions, les mythes, les fantasmes ou les légendes. Cela a créé une forte juxtaposition entre la réalité physique que nous partageons tous et la réalité imaginée que nous habitons de manière singulière.

Il a fallu plusieurs milliers d'années, jusqu'à la révolution agricole environ, pour que l'écriture soit inventée et, avec elle, la lecture. Un processus que nous utilisons quotidiennement et que nous considérons comme allant de soi a en fait une histoire longue et complexe. La lecture et l'écriture sont difficiles et quelque peu contre nature pour les humains. Sinon, les taux d'alphabétisation dans le monde seraient plus élevés que les 86,31 % cités par la Banque mondiale. En regardant ce pourcentage, on pourrait se dire que ce n'est pas si mal. Ce qui est le cas. Les taux d'alphabétisation sont meilleurs qu'il ne l'ont jamais été dans l'histoire. Il n'en reste pas moins qu'il démontre un fait essentiel : la lecture n'est pas une compétence innée, instinctive.

Au-delà de la perspective ésotérique et métahistorique, il existe des contraintes plus tangibles à l'amélioration de votre vitesse de lecture. N'hésitez pas à blâmer l'un ou plusieurs d'entre eux si vous vous sentez frustré. D'une manière générale, le fait de ne pas connaître le sujet peut avoir le plus grand effet sur votre capacité à lire rapidement. Les sujets abstraits et difficiles à comprendre ralentiront presque à coup sûr votre rythme pendant que vous vous débattrez avec le contenu en question. Deuxièmement, le fait de ne pas connaître les mots vous ralentira également. Plus vous ignorez de mots, plus vous devrez vous gratter la tête pour en comprendre le sens avant que votre entêtement ne vous pousse à consulter un dictionnaire. Enfin, le fait de ne pas connaître les sons entravera vos progrès en lecture. Cette situation n'est pas particulièrement fréquente dans votre langue maternelle, mais elle se produit de temps à autre. Les emprunts de mots à d'autres langues peuvent vous bloquer dans votre lecture, de la même manière que l'apprentissage d'autres langues puisse vous bloquer également. Inversement, plus vous en savez sur le sujet, les mots et les sons, plus votre vitesse de lecture augmentera.

Résumé du chapitre

- ♦ Comme pour l'acquisition de toute nouvelle compétence, avant de pouvoir accéder à l'endroit où vous voulez aller, vous devez savoir où vous vous trouvez actuellement.
- ♦ Pensez à vous en tant que lecteur. C'est la meilleure façon de déterminer votre point de départ lorsque vous souhaitez améliorer votre lecture rapide.
- ♦ Comprenez que la lecture n'est pas quelque chose que vous devez considérer comme allant de soi et qu'elle est en fait étrangère aux paramètres biologiques par défaut de l'homme. Vos ancêtres l'ont développée au cours d'un processus complexe il y a des millénaires.
- ♦ De manière plus pertinente, votre lecture est soumise à des contraintes. Ne pas connaître le sujet, les mots ou les sons de la lecture peut entraver vos progrès.
- ♦ En revanche, une meilleure connaissance du sujet, des mots et des sons facilitera la lecture.

Nous avons maintenant établi une sorte de base abstraite, fondée sur les descriptions que vous faites de vous-même en tant que lecteur et sur l'idée que la lecture est difficile et compliquée. Dans le prochain chapitre, vous procéderez à une évaluation plus quantitative de vos compétences fondamentales en tant que lecteur en calculant votre vitesse de lecture. Vous transformerez ainsi votre objectif abstrait de vouloir lire généralement plus vite en un objectif identifiable de vitesse de lecture exacte par rapport à votre vitesse de lecture actuelle.

CHAPITRE QUATRE

Comment calculer votre vitesse de lecture

Si vous essayez d'augmenter votre vitesse de lecture, vous devez la surveiller de près. Ce calcul a été mis au point pour les étudiants qui passent le *Law School Admission Test* (LSAT), un test standardisé destiné à ceux qui souhaitent entrer dans une école de droit, principalement aux États-Unis, au Canada et en Australie. Suivez les instructions pour obtenir une bonne estimation de votre vitesse de lecture effective.

La formule

Estimez le nombre de mots sur une page en comptant le nombre de mots sur deux lignes et en divisant par deux. Ainsi, s'il y a 37 mots sur deux lignes, le nombre de mots par ligne est alors de 18,5.

Comptez le nombre de lignes sur la page. Multipliez le par le nombre de mots par ligne. Ainsi, s'il y a 50 lignes sur une page, 50 x 18,5 = 925 mots sur une page.

Si vous voulez être encore plus précis, vous pouvez simplement utiliser un logiciel pour vérifier le nombre de mots sur une page particulière d'un livre électronique.

Lisez une page. Comptez le temps que cela prend en secondes.

Divisez le nombre de mots par page par le nombre de secondes qu'il vous a fallu pour lire la page. Multipliez par 60 pour obtenir le nombre de mots par minute. Pour les besoins de cet exercice, disons qu'il vous a fallu quatre minutes et 30 secondes pour lire la page. Cela représente 270 secondes. 925 divisé par 270 est égal à 3,425. Ce chiffre multiplié par 60 correspond à environ 205 mots par minute.

Reprenons cette formule et simplifions-la. Déterminez le nombre de mots par ligne (MPL). Déterminez ensuite le nombre de lignes par page (LPP). Multipliez MPL par LPP pour obtenir le nombre de mots par page (MPP). Prenez maintenant votre chronomètre. Mettez-le en marche. Lisez la page. Convertissez le temps en secondes. Divisez le nombre de mots par page par le nombre de secondes. Multipliez par 60 pour obtenir le nombre de mots par minute (MPM).

Une fois de plus, la formule est la suivante :

$$MPM = MPP \ (LPP \ x \ MPL) \ / \ Secondes \ x \ 60$$

Vous pouvez maintenant calculer votre propre nombre de mots par page (vitesse de lecture), mais avant de le faire, prenez quelques mesures pour vous assurer que vous êtes concentré :

- ◆ Trouver un endroit calme pour lire seul.
- ◆ Éliminer les distractions (télévisions, téléphones portables, onglets de navigation, etc.).
- ◆ Assurez-vous d'être à l'aise.

- Préparez votre chronomètre et votre livre.

Vous avez compris ? Maintenant, calculez votre propre vitesse de lecture et notez le nombre quelque part afin de pouvoir suivre vos progrès pendant que vous lisez ce livre.

Mesurez périodiquement la vitesse à laquelle vous lisez. L'idéal est d'utiliser le même livre, ou au moins le même auteur, afin de standardiser le test. Sinon, vous obtiendrez une estimation inexacte de votre vitesse de lecture. Le fait de lire le même livre permet de s'assurer que vous ne lisez pas plus vite ou plus lentement en raison de la difficulté du livre à lire. Il peut également s'agir d'un livre que vous avez déjà lu. En fait, cela peut être mieux qu'un livre que vous n'avez pas lu car, au moins en théorie, vous devriez connaître tous les mots du livre.

Après avoir effectué le test et calculé votre propre vitesse de lecture, voyez où vous vous situez ci-dessous. Ces données proviennent d'une étude commanditée par Staples pour la commercialisation d'un livre électronique et ont été cités dans un article du magazine Forbes. Utilisez ces informations uniquement comme point de repère pour évaluer votre situation. Ne vous découragez pas si le résultat n'est pas à la hauteur de vos espérances, car en atteignant ce stade du livre, vous avez déjà fait preuve d'une bonne volonté d'améliorer votre vitesse de lecture. Avec le temps et la pratique, votre vitesse devrait augmenter considérablement.

- La vitesse de lecture moyenne d'un adulte est de 300 mots par minute.
- Un élève typique de CE2 lit à un rythme de 150 mpm (mots par minute).
- Les élèves de 4ème peuvent généralement atteindre une vitesse de 250 mpm.
- Un étudiant universitaire moyen atteint environ 450 mots par minute.
- Un cadre supérieur moyen absorbe environ 575 mots par minute pour son travail très important au sein de l'entreprise.
- Compte tenu du haut niveau d'éducation requis pour son poste (généralement un doctorat), un professeur d'université moyen lit à une vitesse de 675 mpm afin de pouvoir traiter toutes les quantités incommensurables de travail produites par ses étudiants tout en respectant les délais de notation.
- Les lecteurs rapides peuvent atteindre des limites de 1 500 mpm ou plus, en particulier avec l'aide de livres de lecture rapide comme celui-ci.
- Nous l'avons déjà mentionnée, mais Anne Jones vaut la peine d'être mentionnée à nouveau. Championne du monde de lecture rapide, elle atteint la vitesse stupéfiante de 4 700 mots par minute.

Résumé du chapitre

- Calculer votre vitesse de lecture est facile. En suivant la formule, vous pouvez déterminer votre vitesse de lecture en moins de cinq minutes.
- Estimez le nombre de mots par page en comptant les mots sur deux lignes et en divisant le résultat par deux.
- Comptez le nombre de lignes par page, puis multipliez le par le nombre de mots par ligne.
- Les personnes qui lisent des livres électroniques peuvent également surligner tout le texte de la page et vérifier le nombre de mots à l'aide de leur lecteur électronique, ou copier-coller les mots dans un compteur de mots.
- Lisez une page et comptez le nombre de secondes que cela prend.
- Divisez le nombre de mots par page par le nombre de secondes nécessaires pour obtenir le nombre de mots par seconde.

- Multipliez par 60 pour obtenir le nombre de mots par minute.
- Cette formule peut être représentée comme suit : MPM = MPP (LPP x MPL) / Secondes x 60
- Répétez régulièrement l'exercice pour enregistrer vos progrès, en utilisant idéalement le même livre.
- Utilisez les informations ci-dessus comme référence pour votre niveau de lecture rapide et comme point de départ pour comparer vos progrès une fois que vous aurez pratiqué pendant un certain temps.

Félicitations ! Vous savez maintenant exactement où vous en êtes en tant que lecteur rapide. À ce stade du livre, vous avez beaucoup entendu parler des avantages de la lecture rapide et de certains mythes qui y sont associés. Vous vous êtes fait une idée de qui vous êtes en tant que lecteur et vous avez calculé votre nombre de mots par minute. Vous vous demandez peut-être quand est-ce que vous passerez aux choses sérieuses, à savoir, comment véritablement améliorer votre vitesse de lecture. Heureusement, le prochain chapitre sera le premier à vous donner des conseils et des astuces pour y parvenir.

CHAPITRE CINQ

Comment lire plus vite

Ayez un objectif

La première étape de la lecture rapide a lieu avant même que vous ne commenciez à lire un livre, un article, un essai ou toute autre chose. Il s'agit de fixer un objectif pour ce que vous lisez. En d'autres termes, que voulez-vous tirer de ce que vous vous apprêtez à lire ? Voulez-vous connaître les derniers événements de l'actualité dans un article de journal ? Ou peut-être acquérir une nouvelle compétence, comme vous le faites actuellement ? Peut-être avez-vous choisi le dernier best-seller dont tout le monde parle et vous voulez le découvrir par vous-même. La raison ou l'objectif exact n'a pas autant d'importance que le fait de s'en fixer un. Le fait d'avoir un objectif en tête lorsque vous lisez vous aide énormément. Il vous permet de vous concentrer sur la raison pour laquelle vous lisez. Il vous aide à traquer des connaissances particulières pendant que vous lisez et vous avertit lorsque vous devez ralentir et vous concentrer sur certains passages cruciaux, maximisant ainsi votre compréhension.

Faites quelque chose pendant que vous lisez

Comment faire du multitâche ? Devrais-je essayer de faire des tâches ménagères alors que j'ai un livre entre les mains ? Non, ce n'est pas ce que je suggère. Une grande partie des difficultés associées à la lecture en général et à la lecture rapide provient d'une approche passive. Je veux dire par là que vous ne faites rien d'autre que de déplacer vos yeux sur les mots et d'essayer de les comprendre. Dans son livre *Breakthrough Rapid Reading*, Peter Kump met l'accent sur cette passivité et y remédie en prescrivant une participation active à ce que vous faites, en l'occurrence la lecture. Cela maximise votre concentration consciente et renforce votre compréhension de ce que vous lisez. Citant le psychologue William James, il estime que l'amélioration de la mémoire passe par l'amélioration des habitudes que nous utilisons pour enregistrer des faits. Kump en déduit que la lecture active et l'organisation tout au long de la lecture améliorent la façon dont vous enregistrez ou recevez les informations. Mais cela ne suffit pas. Selon Kump, pour s'approprier l'information, il faut l'utiliser et l'appliquer d'une manière ou d'une autre. Qu'il s'agisse de la répéter ou de la synthétiser en conjonction avec quelque chose d'autre, vous ne vous l'approprierez que lorsque vous ferez cela. Ce chapitre vous montrera comment appliquer ce raisonnement à vos lectures afin de profiter des avantages de la lecture active.

La magie de l'écrémage

La modulation de la vitesse de lecture permet au lecteur de tirer le meilleur parti de sa lecture tout en augmentant la vitesse à laquelle il lit. Cette technique s'appelle l'écrémage. En lisant de manière sélective les informations que vous jugez les plus importantes et en faisant abstraction des éléments inutiles, l'écrémage peut s'avérer extrêmement efficace une fois que nous avons déterminé les informations que nous souhaitons obtenir à partir d'un texte donné. L'écrémage peut également avoir une autre utilité. En lisant rapidement le texte avant de l'examiner de plus près, vous aidez votre œil et votre cerveau à repérer les informations qui vous intéressent le plus. Cela vous permet de vous familiariser avec le texte en général avant de vous engager dans une lecture approfondie. Une étude a montré que cette pratique améliore sensiblement la compréhension.

Pensez à la dernière fois que vous avez étudié pour un examen. Je me rends compte que pour certains, c'était il y a longtemps, mais permettez-moi néanmoins de développer mon propos. Lorsque vous préparez un examen ou une présentation importante, si vous préférez, votre temps est limité. Il est donc naturel de sauter les informations qui ne sont pas utiles et de commencer par les plus importantes. Nous avons rapidement parcouru les épreuves de l'examen pour en comprendre la structure, le type de questions et les parties qui valent le plus de points. À partir de là, nous avons pu manœuvrer l'examen plus rapidement et plus efficacement, car nous savions où se situaient les gains et les pertes les plus importants. Par exemple, si une question de rédaction vaut autant que les parties à choix multiples et à réponse courte combinées, nous pouvons commencer par la rédaction avant de passer aux parties qui valent moins de points par question. Lorsqu'on lit quelque chose, on trouve généralement les informations les plus importantes dans l'introduction et la conclusion. En adoptant cette stratégie, lire ces parties tout en survolant ce qui se trouve entre les deux nous servirait au mieux en termes d'informations retenues.

Envisagez des substituts à la subvocalisation

C'est ici qu'une modulation de la subvocalisation peut s'avérer très utile. Lorsque nous procédons à l'écrémage, nous sacrifions déjà la rétention au profit de la rapidité parce que l'information n'est pas aussi importante pour nous. Comme nous l'avons déjà accepté, nous pouvons cesser de subvocaliser autant pour nous aider à parcourir ces sections plus rapidement. Dans des cas comme celui-ci, la subvocalisation est de loin le principal facteur de ralentissement de notre lecture. Elle réduit notre vitesse de lecture à environ 300 mots par minute. La vitesse d'un escargot, soit environ un cinquième de notre potentiel ! Vos yeux et votre cerveau peuvent traiter les informations à un rythme beaucoup plus rapide. En empêchant le narrateur dans votre tête de vous ralentir, vous pouvez doubler votre vitesse de lecture effective assez rapidement.

Attendez une seconde, me direz-vous, c'est beaucoup plus facile à dire qu'à faire. C'est vrai, il peut être difficile d'arrêter de subvocaliser, surtout si vous avez l'impression que vous devez subvocaliser pour lire efficacement. C'est un véritable tour de force, et il m'a fallu un certain temps pour me débarrasser de cette habitude. D'un point de vue psychologique, il est incroyablement difficile de se débarrasser de ses habitudes. En revanche, il est assez facile de remplacer une habitude par une autre. Plutôt que de grincer des dents et d'essayer d'arrêter de subvocaliser, distrayez-vous d'une manière ou d'une autre. Utilisez votre doigt ou un crayon pour suivre les mots, écoutez de la musique ou votre podcast préféré, ou mâchez du chewing-gum pendant que vous lisez.

Apprenez à grouper les mots en lisant

Une autre habitude difficile à surmonter consiste à lire chaque mot un par un. On nous a appris à l'école que pour comprendre une phrase entière, il faut comprendre le sens de chaque mot. Même si la dernière fois que nous avons entendu une telle leçon remonte potentiellement à très longtemps, nous la considérons toujours comme vraie. Mais combien de fois lisez-vous une phrase dont vous ne connaissez pas plus d'un ou deux mots ? Dans ce cas, vous pouvez généralement comprendre le sens de ces mots inconnus grâce à des indices contextuels. En utilisant la même technique qui consiste à lire quelques mots autour d'un seul pour en comprendre le sens, vous pouvez lire quelques mots à la fois pour augmenter votre vitesse de lecture.

Vous pouvez le faire parce que votre vision s'étend sur environ 2,5 centimètres, ce qui est plus que suffisant pour lire cinq mots, voire trois ou quatre s'ils sont plus courts. Plus vous vous améliorez, plus vous pouvez augmenter cette portée jusqu'à neuf mots, ce qui fait des merveilles pour votre vitesse de lecture. Encore une fois, cela peut sembler plus facile à dire qu'à faire, mais si vous vous concentrez sur un mot sur cinq environ, les résultats pourraient vous surprendre. Il faut un peu d'entraînement avant de pouvoir tirer pleinement parti de cette compétence. Comme toute chose, le temps et la pratique permettent de l'améliorer. Je vous déconseillerais cependant de l'utiliser pour quelque chose d'important, comme un manuel, avant de vous sentir pleinement à l'aise.

L'article que j'ai mentionné précédemment, *So Much to Read, So Little Time*, aborde directement ce phénomène. Il explique en détail comment une acuité importante limite la vision et contraint le processus de lecture, en empêchant la rétention au-delà de la fovéa, le point central de la vision et l'endroit où se produit la fixation. Cette zone constitue jusqu'à 1 degré dans n'importe quelle direction de l'angle de vision qui s'en éloigne et fournit l'acuité la plus élevée par rapport à la parafovéa située entre 1 et 5 degrés du centre de la vision. Le reste du champ de vision est la périphérie et a peu d'acuité. Bien que l'article affirme que l'acuité diminue à mesure que l'on s'éloigne du centre de la vision, une certaine rétention est encore possible, comme l'illustre l'image suivante. Bien que les mots soient plus flous vers la fin des phrases, ils restent lisibles et, dans le cadre de la lecture rapide, peuvent encore être retenus pour obtenir des taux de lecture plus élevés. Il est scientifiquement vrai que la reconnaissance des mots s'effectue le plus souvent et le plus efficacement dans la fovéa, mais une partie s'effectue en dehors de celle-ci. Pour une analyse plus approfondie de ce phénomène, reportez-vous à l'article qui décrit le fonctionnement des bâtonnets et des cônes dans l'œil. Malheureusement, nous n'avons pas le temps de nous y attarder ici.

Dans le cadre de sa série Backpack, Steven Frank a écrit un livre intitulé *Speed Reading Secrets*. J'en recommande vivement la lecture, même si ce livre en représente une version actualisée et plus complète. En ce qui concerne la lecture de cinq mots ou plus à la fois, il propose un excellent exercice pour développer cette méthode. En plaçant trois colonnes de mots sur la page, il invite son lecteur à ne suivre que les mots en gras du milieu et à voir combien d'autres mots il peut assimiler, bien que les yeux du lecteur soient naturellement attirés par les mots en gras.

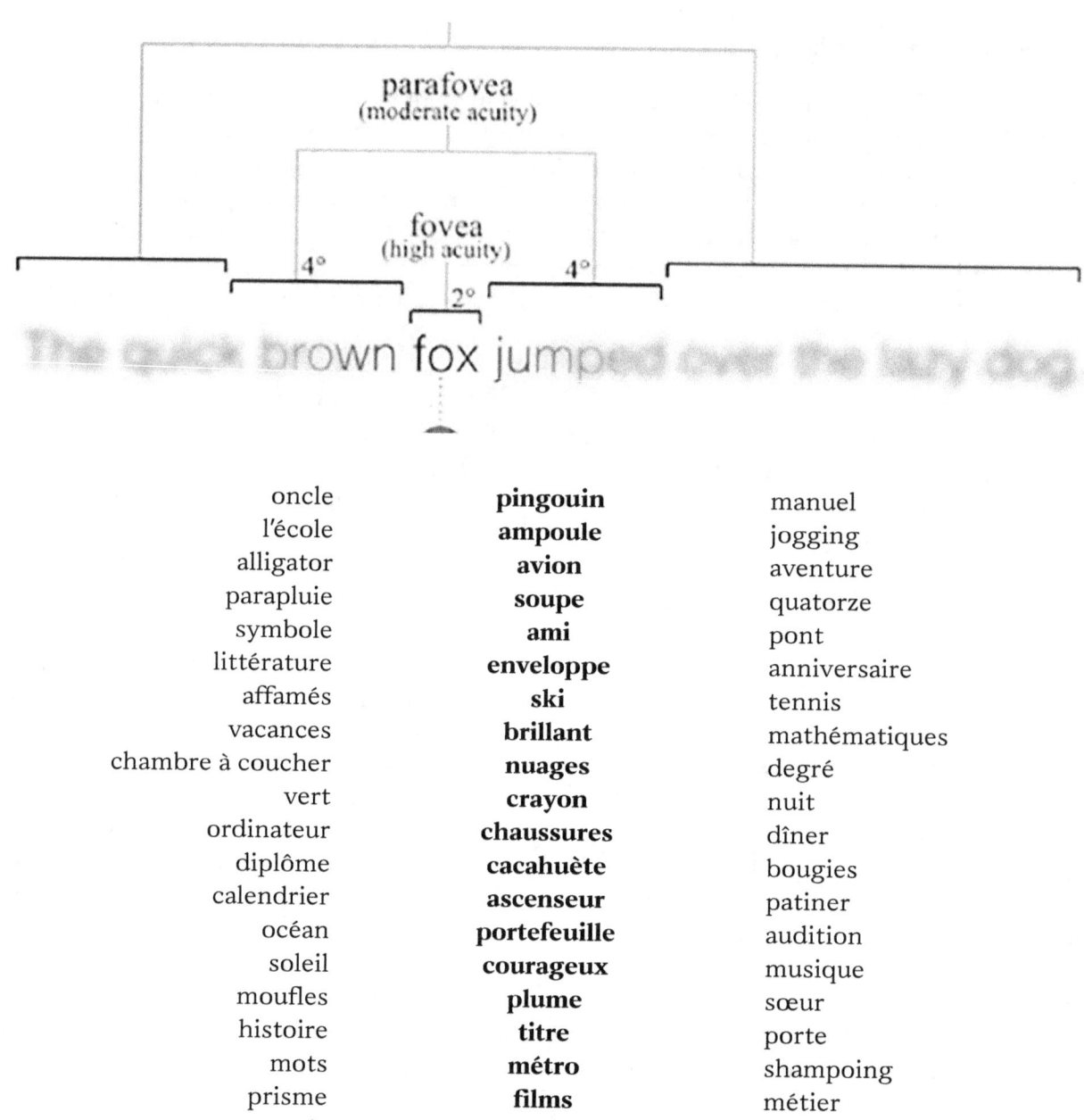

oncle	**pingouin**	manuel
l'école	**ampoule**	jogging
alligator	**avion**	aventure
parapluie	**soupe**	quatorze
symbole	**ami**	pont
littérature	**enveloppe**	anniversaire
affamés	**ski**	tennis
vacances	**brillant**	mathématiques
chambre à coucher	**nuages**	degré
vert	**crayon**	nuit
ordinateur	**chaussures**	dîner
diplôme	**cacahuète**	bougies
calendrier	**ascenseur**	patiner
océan	**portefeuille**	audition
soleil	**courageux**	musique
moufles	**plume**	sœur
histoire	**titre**	porte
mots	**métro**	shampoing
prisme	**films**	métier
trottoir	**estomac**	princesse

Il demande ensuite à son lecteur d'essayer à nouveau sans les mots en gras, en suivant simplement la colonne centrale vers le bas. L'objectif est de se concentrer sur la partie centrale et de voir combien de mots le lecteur peut retenir. Sans le mot en gras qui détourne l'attention, le cerveau traitera plus de mots à mesure que l'œil se promène de haut en bas.

bonheur	base de données	freins
affranchissement	capital	Décembre
quantité	téléphone	montre-bracelet
Boston	liberté	agrafeuse
panthère	pizza	motif
tremblement de terre	chaussettes	journal
érable	combinaison	courge
médicaments	chausse-pied	antenne
inflation	marteau	vêtements
Espagnol	détective	spectacle
nœud	fauteuil	balustrade
carte postale	température	modem
autocollant	catalogue	avocat
librairie	lunettes de protection	île
blanchisserie	téléphone	alarme
lundi	ascenseur	service
village	badge	garantie
chute d'eau	note	soirée
photographie	concert	plombier
billet	locomotive	bulle
sirène	pieuvre	professeur

Cet exercice relativement simple montre à quel point cette tactique peut être facile à mettre en œuvre. Frank souligne que cette technique s'applique encore mieux aux phrases entières, car elles cherchent à transmettre une idée complète et les mots s'enchaînent beaucoup mieux sous cette forme. Il n'est pas nécessaire de lire chaque mot pour saisir l'idée de la phrase. Enfin, il ajoute une troisième colonne de mots.

Une fois	vous	train
votre	œil	à
lire	cette	nouveau
manière	vous	trouver
que	il	est
pas	donc	difficile
à	faire	

Frank souligne qu'il est parfois possible de diviser les phrases en clauses qui s'accordent bien et peuvent être utilisées pour la lecture en groupe. Par exemple, « avant de prendre son petit-déjeuner, il a fait du jogging ». Cependant, toutes les phrases ne sont pas aussi bien découpées et les clauses varient en longueur. Certaines phrases sont incohérentes en raison de la variation de la longueur des mots. La division des mots et des phrases sur la page reste toutefois possible, à condition de faire preuve d'assiduité et d'une certaine créativité. En utilisant le « discours de Gettysburg » comme texte d'exemple, il montre comment vous pouvez le diviser en colonnes qui fonctionnent mieux, avec trois ou quatre mots par colonne.

Quatre points et	il y a sept ans	nos pères ont donné naissance à la Liberté,
sur ce continent	une nouvelle nation,	que tous les hommes
dévoués	à la proposition	
sont égaux.		

Nous sommes maintenant impliqués	dans une grande guerre civile,	testant si cette nation, et ainsi de suite,
ou toute autre nation	ainsi conçue	sur un grand champ de bataille
peut durer longtemps.	Nous sommes réunis	pour dédier une partie
de cette guerre.	Nous sommes venus	pour ceux qui sont ici
sur ce champ,	comme lieu de repos final	pourrait vivre.
ont donné leur vie	que cette nation	que nous devrions
Il est tout à fait approprié	adapté et adéquat	

faire ceci.

Ron Cole préconise également ce style de lecture, en regroupant deux, trois, quatre et cinq mots pour développer et pratiquer cette compétence. Dans son livre *SuperReading for Success*, il décrit une méthode de lecture innovante et unique qu'il appelle le *Eye-Hop*. Il affirme que le simple fait d'utiliser davantage cette méthode se traduira par une augmentation du score d'efficacité de lecture des sujets. Ses méthodes sont similaires à l'exemple tiré du livre de Steven Frank, mais diffèrent en ce sens que Cole se concentre davantage sur les mots eux-mêmes que sur les colonnes dans lesquelles ils se trouvent. Il ne construit que deux colonnes de mots dans son livre, et la première ne comporte que des paires de mots. Un bref extrait sur l'astronomie fondamentale prépare le cerveau du lecteur à ce qui suit peu après. Le saut de trois mots détaille les explorations d'Ernest Shackleton et d'autres explorateurs célèbres au pôle Sud. Le saut de quatre mots raconte l'histoire de l'Optimiste et incite le cerveau à regrouper les mots. À ce stade, Cole prédit que la plupart de ses lecteurs feront l'expérience de « la percée », sans prononciation, sans saisir le sens complet de la phrase. Si cela ne se produit pas au niveau des quatre mots, Cole garantit que ce sera le cas au niveau des cinq mots, étant donné le défi logistique que représente la prononciation de chacun des cinq mots en une demi-seconde. C'est là que se trouve l'objectif du « Ron Cole eye-hop ». En plus d'assurer le traitement de cinq mots à la fois, Ron Cole prévoit un taux de mémorisation de 75 % du contenu d'une manière générale, sans nécessairement le reproduire mot à mot. Il encourage à lire le plus rapidement possible tout en conservant au moins ce niveau de compréhension.

Suivez le texte avec un guide

Si cette longue digression et ce sujet ne vous conviennent pas, j'ai une bonne nouvelle à vous annoncer : il existe une autre méthode utile. Le méta-guidage existe depuis un certain temps et peut vous aider à atteindre l'objectif de lire cinq mots ou plus à la fois. Il s'agit de donner un rythme à votre œil en le guidant vers certains mots à l'aide d'un stylo, d'un crayon ou de votre doigt. En suivant votre œil et en standardisant le temps que vous passez sur chaque mot, vous pouvez faire en sorte que votre œil se déplace le long de la page. Ce n'est pas pour rien que les enfants utilisent cette technique lorsqu'ils apprennent à lire. Elle permet de passer d'un mot à l'autre tout en augmentant la vitesse de lecture et la mémorisation. Bien qu'à des fins différentes, les adultes peuvent également en bénéficier. La différence est que les adultes l'utilisent beaucoup plus rapidement, et c'est là que réside l'astuce. Plus vous progressez, plus vous déplacez rapidement votre doigt sur la page et la suivez des yeux, et plus vous lisez vite. Le doigt agit comme un traceur pour vos yeux, il leur donne le rythme et vous aide à vous concentrer d'un mot à l'autre.

Jordan Harry, remarquable entrepreneur de StudyFast, parle précisément de ce problème et explique que si vous vous fixez trop souvent sur chaque ligne, non seulement vous ralentirez votre lecture, mais vous fatiguerez également vos yeux. La familiarité atténue ce phénomène, dit-il, en augmentant l'efficacité des mouvements oculaires et en permettant une augmentation de la vitesse de lecture. Cette amélioration de l'efficacité dépend en partie de votre capacité à utiliser votre vision périphérique pour lire. Selon Harry, cela permet de réduire le nombre de fixations nécessaires par ligne à environ trois. Le fait de traiter plus d'informations en même temps devrait améliorer la qualité de l'image globale de l'information sans sacrifier la compréhension. Un travail régulier sur ces points devrait vous permettre de lire plus vite. Harry est peut-être l'enfant-vedette de la lecture rapide, puisqu'il n'a que 26 ans et qu'il a étendu StudyFast à 15 000 personnes dans 147 pays. Après avoir surmonté un trouble de l'élocution, il se targue aujourd'hui d'une vitesse de lecture de 1 500 mots par minute, soit la même vitesse que celle promise par ce livre. Il propose tout, des cours en ligne aux ateliers, en passant par les événements et les conférences. C'est vraiment impressionnant, compte tenu de son âge et de son enfance.

Jim Kwik préconise également le méta-guidage pour des raisons biologiques et développementales. Il explique que les enfants le font d'eux-mêmes jusqu'à ce qu'on leur apprenne à ne pas s'y fier. Vous le faites inconsciemment lorsque vous comptez des choses ou que vous avez besoin de vous concentrer sur ce que vous lisez. D'un point de vue évolutif, les yeux sont réglés pour percevoir le mouvement, ce qui est essentiel pour les techniques de chasse et de survie développées par nos ancêtres. Le rythme visuel améliore la concentration en attirant notre attention sur l'ensemble de l'information plutôt qu'en la segmentant. Il souligne également le lien inhérent entre la vue et le toucher, similaire à celui qui existe entre l'odorat et le goût. L'odorat est un élément important du goût, comme en témoigne le fait de manger n'importe quoi lorsqu'on est enrhumé. Votre nourriture n'a tout simplement pas le même goût. Il cite de nombreuses personnes qui disent qu'elles se sentent plus à l'écoute de leur lecture lorsqu'elles utilisent un guide visuel. L'élément le plus important de ce lien est peut-être le développement du braille, une lecture conçue pour les personnes aveugles. Leur sens du toucher devient en fait leur sens de la vue et tout le mécanisme par lequel ils lisent.

Pour ceux qui recherchent une technique simple de méta-guidage, contentez-vous de tracer chaque ligne avec un stylo, un crayon ou votre doigt. Si, en revanche, vous cherchez quelque chose de plus avancé que cela, voici un aperçu des attractions à venir. Dans le chapitre dix, intitulé *Apprendre plus vite grâce à des techniques d'apprentissage avancées*, vous trouverez les mouvements compliqués des mains mis au point par Evelyn Wood et publiés avec son guide révolutionnaire de lecture rapide en 1959. Considérée comme l'une des premières spécialistes documentées de la lecture rapide, elle décrit plusieurs mouvements uniques que l'on peut adopter pour lire plus vite, lesquels aident les yeux à assimiler plus rapidement les mots sur la page. Restez avec moi et lisez jusqu'à la fin, ne serait-ce que par curiosité.

Tirez parti des applications pour améliorer votre lecture

La présentation visuelle rapide en série (RSVP) est souvent utilisée par les applications qui aident à accélérer la lecture. En affichant des mots isolés sur l'écran devant vous, cette méthode évite à vos yeux de bouger. Cela réduit considérablement le temps nécessaire au traitement de l'information, à l'instar de l'expérience de traitement d'images du MIT. Au fur et à mesure que vous vous habituerez au système, l'application augmentera naturellement la vitesse à laquelle elle affiche les mots, ce qui, en théorie, augmentera votre vitesse de lecture. La vitesse à laquelle les mots apparaissent peut vous surprendre, au point que vous ne vous rendez pas compte que vous les comprenez. Cependant, le revers de la médaille est qu'étant donné la quantité de mots que vous voyez, votre mémoire de travail est surchargée. Les mots arrivent plus vite que vous ne pouvez les traiter, et vous en sautez certains ou ne les traitez tout simplement pas.

Si vous décidez d'opter pour des applications, BookRiot propose une liste d'applications qui permettent de réduire votre liste de lecture. Elles sont les suivantes : *Spreeder, Reedy, Read Me!, Speed Reading, Speed Reader, Quick Reader, Focus-Speed Reader, Seven Speed Reading App, Outread* et *Acereader iPad*. Les systèmes d'exploitation compatibles varient. Certaines ne fonctionnent qu'avec iOS, d'autres qu'avec Android, et quelques-unes sont pour les ordinateurs et les navigateurs. Certaines sont gratuites, tandis que d'autres sont payantes dans leur boutique d'applications respective. L'éventail est très large et je suis prêt à parier qu'il existe une application pour répondre à vos besoins, quelles que soient vos exigences. Si l'une d'entre elles vous convient, téléchargez-la et commencez à l'utiliser pour lire ! N'oubliez pas que de nouvelles applications sont développées chaque jour et que d'anciennes applications quittent le marché ; il se peut donc que certaines de ces applications aient disparu ou aient été remplacées au moment où vous lirez ces lignes.

Une autre application que BookRiot ne mentionne pas mais qu'un article de MindTools mentionne est *Spritz*. Utilisant un RSVP similaire, elle a été lancée avec beaucoup d'enthousiasme en 2014, et a même fait l'objet d'un article dans CNN Business qui détaillait les réactions des gens à son sujet, certains étant impressionnés, d'autres nauséeux. Sans vouloir faire de procès d'intention, *Spritz* compte quelques sceptiques, tout comme de nombreuses applications de RSVP sur le marché, y compris à l'époque *Velocity*. Une différence mineure, la présence d'un caractère rouge comme point focal, conduit à affirmer que Spritz capitalise plus efficacement sur le RSVP tout en maintenant la rétention parce que la lettre unicolore fait qu'il est plus facile de suivre. Selon le Medical Daily, cette affirmation est scientifiquement fondée, car le cerveau consacre 80 % de son temps à trouver le point de reconnaissance optimal d'un mot donné et 20 % à le lire réellement. Cela dit, l'expert en lecture rapide Scott Young juge cette affirmation improbable, étant donné que le cerveau ne peut saisir qu'un bout d'information de 3 à 5 mots à la fois. Selon lui, notre mémoire vive ne peut tout simplement pas supporter les niveaux de stimulation utilisés par *Spritz*. Il reproche également à *Spritz* de prétendre que des recherches soutiennent l'application, mais il n'a pas pu trouver de recherches crédibles, indépendantes et évaluées par des pairs pour étayer ses affirmations. Toutes ces applications ont un point commun. Vous pouvez prétendument lire à 1 000 mots par minute, mais vous risquez de perdre en compréhension et d'avoir la nausée. Le verdict : La technologie RSVP n'est pas ce qu'elle prétend être.

Un document de conférence publié en 2000 par l'université de Manchester, en Angleterre, a conclu à ce même compromis. Il admet la valeur de cette technique pour faciliter la navigation et la recherche d'informations, mais elle implique une baisse de la compréhension. Le système de traitement de l'information visuelle humaine limite son utilisation et, à l'époque, le document ajoutait qu'il restait encore beaucoup à comprendre avant de pouvoir l'utiliser largement et solidement dans des applications pratiques.

Évitez la régression grâce à une meilleure concentration

Toutes ces pratiques, en particulier celles qui sont efficaces, supposent que vous ne fassiez pas de pause ou que vous ne régressiez pas au cours de votre lecture. Le fait d'arriver à la fin d'une page ou à la moitié d'un article et de réaliser que vous n'avez pas assimilé ce que vous avez lu vous oblige généralement à revenir en arrière et à relire. De même, le fait de rencontrer un mot dont vous ne vous souvenez pas vous oblige à vous arrêter et à revenir à la technique que vous utilisiez lorsque vous étiez enfant. Il faut le relire pour le replacer dans son contexte et essayer d'en comprendre le sens. Dans le cas de lectures plus difficiles, ce phénomène est plus fréquent.

Jordan Harry, l'entrepreneur susmentionné et champion de l'efficacité de la lecture rapide, incrimine un manque de concentration plutôt qu'un manque de compréhension. Les distractions en sont la cause principale, même lorsque nous pensons avoir lu avec assiduité. Qu'il s'agisse d'un commentaire d'une personne assise dans la même pièce, d'un message sur votre téléphone ou d'une pensée errante, nous nous laissons distraire beaucoup plus facilement et fréquemment que nous ne voulons l'admettre.

Comment changer cela ? Vous pouvez commencer par raviver votre intérêt pour ce que vous lisez. « Lorsque notre cerveau s'égare, c'est parce que nous sommes devenus passifs. Nous devons être curieux », explique Harry. Faites preuve d'une curiosité active, puisez dans votre enfant intérieur, celui qui demande : « Mais qu'est-ce que ça veut dire ? » et « Qui est-ce ? ». Harry recommande également de se poser les questions suivantes : « Qu'est-ce que je cherche ? » et « Quels sont les mots clés et les chiffres que je dois trouver ? » Vous pouvez également vérifier à quelques minutes d'intervalle et vous demander simplement : « Qu'ai-je appris jusqu'à présent ? ».

Ne faites pas de fixation

Outre la régression, l'autre mauvaise habitude à éviter est la fixation. Elle se produit lorsque nos yeux s'accrochent à un mot ou à une phrase que nous lisons sur une page. Souvent associée à la régression, la fixation nous fait nous attarder sur des points aléatoires, ce qui ralentit notre vitesse de lecture. Plutôt que de revenir en arrière et de relire, la fixation nous fige pendant que nous réfléchissons à la signification d'un mot ou d'une phrase. Harry renvoie tous ceux qui veulent bien l'écouter au méta-guidage. Il s'agit d'un outil que nous utilisons pendant que nous lisons et qui nous aide à maintenir notre vitesse de lecture. Souvent, nous ne nous rendons pas compte que nous lisons trop vite ou trop lentement avant qu'il ne soit trop tard et que nous ayons perdu de la mémoire ou de la vitesse. Harry fait également l'éloge du méta-guidage, qui force nos yeux à lire plus vite.

Une autre mauvaise habitude à laquelle il faut faire attention lorsque l'on lit plus vite est la lecture incontrôlée. Qu'est-ce que cela signifie ? La lecture incontrôlée consiste à ne pas lire délibérément à une certaine vitesse. Cela peut s'appliquer aussi bien à la lecture rapide qu'à la lecture lente. Lorsque vous vous laissez emporter par un livre et que vous tournez les pages de plus en plus vite parce que vous êtes captivé par le texte, il s'agit d'une lecture incontrôlée. Lorsque votre lecture s'arrête brutalement et que vous vous acharnez sur chaque phrase pour essayer de tout comprendre, il s'agit également d'une lecture incontrôlée. Ce phénomène est en partie naturel, car certains textes se lisent naturellement plus vite ou plus lentement. L'astuce consiste à essayer de modérer la vitesse de lecture, en maintenant un équilibre entre vitesse et modération lorsque le texte l'exige. Un article publié sur le site web *Develop Good Habits* réfute l'idée fausse selon laquelle la vitesse est l'élément central de la lecture rapide et encourage à mettre l'accent sur le contrôle. L'aspect de la vitesse contrôle une partie de la façon dont nous lisons et constitue une capacité supplémentaire, et non l'essence même de la lecture rapide.

Ne tenez pas compte des mots sans importance

Ce même article, intitulé *How to Read Faster : 9 Steps to Increase your Speed in 2020* (*Comment lire plus vite : 9 étapes pour augmenter votre vitesse en 2020*), offre la plupart des conseils que nous avons déjà vus : réduire la subvocalisation, établir une base de référence, méta-guider, minimiser le mouvement des yeux, écrémer et repérer, et s'engager à pratiquer et à évaluer sa vitesse. Cependant, il offre un conseil intéressant et apparemment négligé. Il s'agit de sauter les petits mots sans importance. Partant du principe que gagner trente secondes de plus par page équivaut à une heure et demie à long terme, l'article suggère de négliger les petits mots tels que les articles et les prépositions. Vous savez, des mots qui vous seraient bien plus utiles dans une partie de Scrabble. La logique est que leur contribution à l'ensemble du texte est au mieux minime. Dans les rares cas où ils sont nécessaires, le contexte de la phrase remplit généralement le vide pour vous. Par exemple, prenez cette dernière phrase et supprimez les petits mots : dans, les, le, de, la, le, pour. Une diminution de 19 à 12 mots ne semble pas très importante, mais lorsque chaque phrase est réduite presque de moitié, alors cela a de l'importance. Vous pouvez parcourir chaque phrase deux fois plus vite et conserver l'essentiel de ce qu'elle transmet.

Si, pour une raison ou pour une autre, cette façon de penser ne vous convient pas, inversez-la. Plutôt que d'éliminer les mots les moins utiles, concentrez-vous sur la recherche des mots clés d'une lecture. Pour en revenir à la grammaire de base, trouvez le sujet et le verbe de la phrase. Il y a presque toujours plus que ces éléments dans une phrase, sauf si l'on prend, par exemple, la phrase simple « j'ai couru ». L'identification de ces éléments vous donnera cependant des indices importants. La lecture d'une phrase commençant par « l'auteur a démontré » aidera vos yeux à chercher la troisième partie cruciale d'une phrase, l'objet. Qu'est-ce que l'auteur démontre ? Reconnaître les trois éléments constitutifs d'une phrase vous aidera à traiter la phrase plus rapidement et vous permettra de vous concentrer sur son contenu. Si vous le souhaitez, une analyse grammaticale plus poussée peut vous aider à distinguer les clauses dépendantes des clauses indépendantes, ce qui vous permettra d'aller plus rapidement à l'essentiel d'une phrase.

Même sans connaissances grammaticales ni évaluation d'une phrase, vous pouvez faire comme Abby Marks Beale et vous contenter d'observer les mots qui ne servent pas uniquement à structurer la phrase. Elle donne un paragraphe à ses lecteurs et leur demande de le lire comme d'habitude. Elle leur demande ensuite de ne lire que les mots en gras. Votre œil se focalisera naturellement sur eux, mais pas au détriment des autres mots, moins importants. Vous les voyez toujours, dit-elle, mais vous ne les lisez pas, ce qui déclenche le processus d'élargissement de votre vision périphérique. Voici le paragraphe que j'ai mentionné, pour votre propre intérêt.

« La **meilleure façon d'y parvenir** est de **lire les mots** et/ou les **phrases clés**. Les **mots clés** sont les **mots les plus grands et les plus importants** d'une **phrase**, **tout comme** les **titres** d'un **journal fournissent** l'**essentiel** du **contenu**. **Apprendre** à **arrêter** vos **yeux** sur les **mots** qui ont **généralement trois lettres** ou **plus** et sur ceux qui **ont** le **plus de sens** dans une **phrase**. »

Beale propose également une alternative. Plutôt que de choisir des mots, elle suggère de choisir des groupes de mots qui forment une pensée. Elle fournit un autre paragraphe qui contient deux phrases avec des barres obliques divisant les pensées. Elle invite son lecteur à parcourir le paragraphe en ignorant les barres obliques la première fois et en les utilisant la seconde. Cette méthode et celles mentionnées ci-dessus constituent des méthodes de lecture active qui exigent que le lecteur se concentre sur ce qu'il lit et sur la façon dont ses yeux se déplacent sur une page donnée. Voici le deuxième exemple, toujours pour votre propre intérêt.

« En outre, les phrases contiennent des groupes de mots/ qui forment une pensée./ La recherche de ces groupes de pensées/ favorise une plus grande portée visuelle/ tout en permettant une meilleure compréhension/ du support. »

Comme pour toute chose, l'apprentissage de ces techniques prend du temps. Cependant, avec un peu de dévouement et de pratique, vous pouvez les adopter et les utiliser pour vous-même assez rapidement. Il s'agit de conditionner vos yeux et votre cerveau à agir d'une certaine manière et à répondre à certains stimuli.

Résumé du chapitre

♦ Avant de commencer à lire, fixez-vous un objectif et gardez-le à l'esprit tout au long de votre lecture. Cela vous rappellera pourquoi vous lisez et vous aidera à rechercher des mots et des phrases qui vous permettront d'atteindre votre objectif.

♦ L'écrémage facilite cette pratique, car il peut vous aider à faire abstraction des sections moins importantes. Il peut également vous donner un aperçu de ce que vous lisez.

♦ Lors de l'écrémage, la subvocalisation devient un obstacle à une lecture plus rapide. Mais plutôt que de chercher à l'arrêter, essayez de prendre une nouvelle habitude pour la remplacer.

♦ Lisez des groupes de mots plutôt que des mots isolés. En lisant trois, quatre, cinq, ou n'importe quel nombre de mots à la fois, vous pouvez réduire le temps passé sur chaque mot.

♦ Il existe plusieurs tactiques pour vous aider à développer cette compétence. Steven Frank met en place des colonnes simplistes pour que vous entraîniez vos yeux à ne suivre que la colonne du milieu, tout en étant capable de lire les colonnes de gauche et de droite.

♦ Ron Cole a atteint un objectif similaire avec sa marque de fabrique « eye-hop », qui consiste à passer du premier mot au deuxième, puis au troisième, au quatrième et au cinquième. Il affirme que ses lecteurs feront l'expérience d'une percée au quatrième ou au cinquième *eye-hop*, car dans la demi-seconde que prend votre œil pour passer du premier au dernier mot, votre cerveau ne peut tout simplement pas prononcer tous les mots entre les deux. Néanmoins, vous comprenez toujours l'essentiel du groupe de mots.

♦ Le méta-guidage suit le mouvement de vos yeux sur la page et modère votre lecture en normalisant le rythme. Utilisez votre doigt, un stylo, un crayon ou autre chose pour guider votre regard.

♦ Les experts adorent cette technique, en particulier le jeune phénomène Jordan Harry, qui, à l'âge de 26 ans, est devenu entrepreneur et a développé StudyFast, une société basée au Royaume-Uni, dont il est le directeur général. StudyFast reprend les principes de base de la lecture rapide et les adapte pour que ses quelque 15 000 clients répartis dans 147 pays puissent étudier plus vite.

♦ Le méta-guidage peut également compter sur Jim Kwik, qui en annonce l'efficacité parce qu'il s'agit d'une chose naturelle. Les enfants le font, vous le faites sans vous en rendre compte, et c'est un instinct biologique qui nous pousse à nous concentrer sur le mouvement depuis l'époque où nous étions chasseurs et proies. Il souligne également le lien inhérent entre la vue et le toucher, similaire au goût et à l'odorat, et utilise le système de lecture en braille comme exemple. En vous faisant prendre conscience de tout ce qui entre en jeu dans la lecture, il énumère également les mesures à prendre pour vous aider, à commencer par l'examen de vos yeux et le port de vos éventuelles lunettes de lecture. Parmi les autres recommandations, gardez votre environnement froid pour aiguiser votre concentration, gardez-le positif avec des ancres pour encourager votre subconscient, lisez à la lumière naturelle lorsque c'est possible, écoutez de la musique à la vitesse d'un rythme cardiaque naturel de 60 battements par minute, adoptez une bonne posture, avec votre corps et le livre, restez hydraté et utilisez l'ensemble de votre cerveau.

♦ La présentation visuelle rapide en série (RSVP) est généralement fournie avec le dernier logiciel ou la dernière application de lecture rapide. En plaçant les mots un par un à un endroit de l'écran, elle évite à vos yeux de se déplacer sur la page et peut accélérer votre vitesse de lecture. Elle peut toutefois entraîner une surcharge de la mémoire de travail et nuire à la mémorisation.

♦ La technologie RSVP est l'une de ces tendances qui ont pris de l'ampleur à différents moments dans les années 2010, et il en existe des dizaines, toutes un peu différentes, qui prétendent être la solution miracle à la lecture rapide. Il en existe des dizaines, toutes un peu différentes, qui prétendent être la solution miracle pour la lecture rapide. Elles sont les suivantes : *Spreeder, Reedy, Read Me!, Speed Reading, Speed Reader, Quick Reader, Focus-Speed Reader, Seven Speed Reading App, Outread* et *Acereader iPad*. Elles peuvent vous aider à lire plus vite, mais c'est un peu de la triche, car il ne s'agit pas d'un texte pratique et vous ne voyez qu'un seul mot à la fois.

♦ Comme dans tout guide pratique, il y a des choses à éviter. La régression est le fait de revenir en arrière et de relire ce que l'on aurait dû lire, ce qui ralentit considérablement la lecture. Selon Jordan Harry, ce phénomène est dû à un manque de concentration. Son remède ? Renouvelez votre intérêt pour ce que vous lisez. Piquer votre curiosité permet d'atténuer les distractions et d'éviter la lecture passive.

♦ La fixation peut également interrompre votre lecture, car vos yeux s'arrêtent sur certains mots ou certaines phrases. Harry recommande le méta-guidage pour garder les yeux en mouvement.

♦ Concentrez-vous sur le contrôle de votre vitesse, en évitant d'aller trop vite ou de trop ralentir. La vitesse moyenne est essentielle à la lecture rapide. Il ne sert à rien de lire certaines sections à une vitesse de 1 000 mots par minute lorsque la suivante tombe à 200 mots par minute. Votre vitesse moyenne tombe alors à 600 mots par minute, ce qui constitue une vitesse de lecture rapide, mais ne correspond pas à l'objectif que vous avez pu vous fixer.

♦ Sautez les mots sans importance pour vous aider à lire rapidement les phrases. Certains mots sont techniquement nécessaires mais n'apportent pas grand-chose à une phrase, surtout lorsque le contexte suffit amplement. Les petits mots comme si, est, donc, le, à et autres ne font qu'entraver vos efforts pour gagner du temps. Il s'agit d'une compétence différente qui prend du temps à développer, mais qui peut vous aider à atteindre votre objectif de lire plus vite.

♦ À l'inverse, concentrez-vous sur les mots clés pour faciliter votre compréhension. Souvent, il est plus facile de faire quelque chose de positif que d'éliminer quelque chose de négatif.

♦ En outre, vous pouvez regrouper des parties de phrases en pensées afin de diviser la phrase en moins de parties à comprendre, en utilisant la capacité de votre œil à assimiler plusieurs mots à la fois.

♦ Si vous détestez la grammaire, Abby Marks Beale propose une méthode pour retenir les mots importants. Concentrez-vous sur la lecture de mots de trois lettres ou plus et passez de l'un à l'autre aussi rapidement que possible. Elle suggère également de regrouper les mots en pensées singulières. Ces groupes de quatre, cinq ou autant de mots peuvent être traités comme un tout et vont naturellement ensemble, ce qui, selon elle, facilite la compréhension des phrases en plus petites parties.

Ces conseils vous aideront à améliorer votre vitesse de lecture. Le chapitre suivant vous apportera des compétences complémentaires pour mieux vous aider dans la compréhension de la lecture. Car à quoi bon lire rapidement si l'on ne comprend pas ? N'importe qui peut feuilleter des pages rapidement. En plus de cela, un véritable maître comprendra presque complètement ce qu'il lit.

CHAPITRE SIX

Compréhension de la lecture

Vous est-il déjà arrivé de feuilleter sans réfléchir les pages d'un livre que vous n'avez vraiment pas envie de lire ? Il s'agit peut-être d'un manuel ou d'une lecture obligatoire ? C'est en fait ce que vous faites lorsque vous essayez de lire rapidement sans vous concentrer sur la compréhension. Il y a une différence considérable entre lire à grande vitesse mécaniquement sans raison particulière et comprendre ce que vous lisez. De même, il y a une différence entre lire un texte et le comprendre. Lorsque vous lisez à grande vitesse, votre objectif ne doit pas être d'aller le plus vite possible, en particulier si vous apprenez une nouvelle compétence. Il est important que vous compreniez le texte que vous consommez, en particulier si vous vous efforcez d'acquérir des connaissances.

Cela peut sembler étrange ou contre-intuitif, mais une tactique qui aide à la compréhension de la lecture consiste à ne pas se contenter de lire les mots sur la page. Visualisez ce que vous lisez. Il existe une notion de visualisation et de compréhension dynamique, ce qui signifie qu'en lisant, vous formez des images visuelles, au lieu de répéter les mots dans votre tête ou de vous « écouter » mentalement. Si vous y parvenez, votre lecture sera plus efficace. Si vous lisez une histoire, vous avez l'impression d'être « à l'intérieur » de l'histoire. Si vous absorbez des faits, par exemple à propos d'un nouvel appareil mécanique, votre lecture vous permettra en fait de visualiser le fonctionnement de cet appareil. La visualisation est à la base de la condition humaine. La vue est donc une fonction et un outil essentiels que nous devons utiliser à notre avantage.

D'autre part, nous apprenons à utiliser la langue comme un outil, ce qui la rend quelque peu artificielle dans le développement humain. Il faut un effort conscient et délibéré pour intégrer le langage dans notre éventail de compétences en tant qu'êtres humains. Différents groupes de personnes provenant de différents endroits du monde ont développé le langage comme une série de signes et de symboles pour communiquer ou constater. Ces signes, symboles et sons ont une relation arbitraire avec leur signification, ce qui explique pourquoi il existe tant de langues différentes. C'est cette nature arbitraire qui rend les langues difficiles à apprendre, même si nous avons une capacité innée à les apprendre comme un impératif de communication. Nous traduisons constamment pour comprendre le langage.

Afin de comprendre efficacement tout en lisant rapidement, vous devez « traduire » le langage des mots en langage de l'esprit, à savoir la visualisation. Si vous pouvez adapter ce processus quelque peu abstrait à vos pratiques de lecture, vous constaterez que votre compréhension de la lecture peut augmenter de 30 % ou plus. Ainsi, en rapprochant l'aspect mécanique de la lecture de celui de l'esprit humain, vous pouvez maximiser à la fois la lecture et la compréhension. Vous triplerez facilement votre vitesse de lecture et vous vous souviendrez efficacement de tout ce que vous lisez.

Cet objectif semble particulièrement ambitieux. Pouvez-vous vraiment en arriver à lire plus de 900 mots par minute et à tous les retenir ? Ne vous laissez pas décourager par le fait d'essayer de tout retenir. Si vous essayez de mémoriser tout le livre, vous n'y parviendrez probablement pas. Si certaines personnes poussent la lecture rapide à l'extrême, d'autres essaient de pousser la mémorisation à l'extrême. À moins d'avoir une mémoire eidétique, également connue sous le nom de mémoire photographique, vous échouerez, même si c'est de justesse. Le plus souvent, vous serez frustré et envisagerez d'abandonner parce que vous n'aurez pas tiré le meilleur parti de votre temps et de vos lectures. Plutôt que de chercher à obtenir une image complète de ce que vous lisez, lorsque vous lisez pour acquérir des connaissances, vous le faites pour former des modèles mentaux dans votre esprit. Un modèle mental est essentiellement la vision que quelqu'un a d'un certain concept, qu'il fonctionne et s'aligne ou non sur la réalité physique. Ainsi, lorsque vous lisez, vous développez votre compréhension d'un nouveau concept ou vous corrigez votre compréhension d'un ancien concept, ce qui rend votre perspective antérieure plus nuancée et plus compliquée. Au fur et à mesure que vous lirez, vous remarquerez que les auteurs sont souvent redondants. En fait, plusieurs livres contiennent les mêmes informations qui se recoupent. Les auteurs d'une même catégorie font souvent référence les uns aux autres ou se citent mutuellement. Toute cette redondance vous permettra d'assimiler les informations et résoudra automatiquement vos problèmes de rétention. Concentrez-vous donc sur la lecture d'un plus grand nombre de livres et ne vous arrêtez jamais.

Ne pas connaître la signification d'un mot peut ralentir votre lecture et rendre encore plus difficiles vos efforts pour lire rapidement. L'un des secrets pour surmonter ce problème peut sembler évident, mais nécessite un effort concerté. L'enrichissement du vocabulaire permet d'élargir la gamme des mots que vous pouvez comprendre facilement, mais il faut faire preuve de diligence pour intégrer les nouveaux mots dans l'usage quotidien. Plus votre vocabulaire est riche, moins vous devrez vous arrêter pour chercher le sens des mots inconnus. Apprenez le sens des nouveaux mots lorsque vous avez du temps libre. Cela renforcera à la fois vos compétences en lecture et votre intelligence générale. De la même manière que vous vous êtes fixé un objectif pour votre lecture rapide, vous pouvez vous fixer pour objectif d'apprendre un certain nombre de mots par jour ou par semaine. Très vite, si vous ajoutez trois nouveaux mots par jour à votre vocabulaire, par exemple, vous verrez que votre répertoire de mots s'élargit considérablement. Il existe de nombreuses méthodes excellentes pour apprendre un nouveau mot par jour. J'utilise, par exemple, le courrier électronique quotidien *Word Genius Word of the Day* (le mot du jour). Si vous en trouvez deux, trois ou autant que vous voulez, utilisez-les pour compléter et enrichir votre vocabulaire au fil des jours. Parallèlement, vous trouverez de moins en moins de mots que vous ne reconnaîtrez pas dans vos lectures, ce qui augmentera automatiquement votre vitesse de lecture.

Une astuce moins destinée à améliorer votre vitesse de lecture globale qu'à renforcer votre capacité de rétention lorsque vous lisez, consiste à jouer au jeu du « rappel ». À la fin de chaque page d'un livre ou de quelques paragraphes d'un article, faites une pause et rappelez-vous ce que vous venez de lire. Écrivez quelques mots clés dans la marge pour résumer ce que vous venez de lire. Cela vous sera utile pour plusieurs raisons. Tout d'abord, vous assimilez à nouveau les informations contenues dans la page. Cet acte conscient de rétention améliorera votre compréhension presque automatiquement. Deuxièmement, le fait de formuler les informations avec vos propres mots démontre que vous les comprenez et que vous les maîtrisez dans une certaine mesure. Chacune de ces techniques constitue un aspect de la lecture active. En vous remémorant, en faisant des pauses ou en prenant des notes plutôt qu'en absorbant passivement des informations, vous restez impliqué dans ce que vous lisez.

L'environnement dans lequel vous essayez de lire est peut-être le facteur le plus important pour la compréhension de la lecture. Êtes-vous dans un endroit calme où vous pouvez vous concentrer ? Ou êtes-vous dans un endroit bruyant, avec plus de distractions que vous ne pouvez en supporter ? Ce n'est pas pour rien que les bibliothèques sont si calmes et que les bibliothécaires font respecter ce silence avec tant d'acharnement. Il est tout simplement plus facile de rester concentré et de ne pas se laisser distraire lorsqu'il ne se passe pas grand-chose autour de soi. Je dois cependant faire une concession : dans un environnement silencieux, chaque bruit et chaque distraction sont amplifiés. Un éternuement ou un choc contre une étagère, quelle qu'en soit la source, peut être entendu par tout le monde et provoquer le regard de la honte de la part de tous ceux qui peuvent vous voir. Néanmoins, il est plus facile d'ignorer les distractions quand elles sont moins nombreuses. Comparée à un café ou à votre trajet matinal en train ou en bus, une bibliothèque est un sanctuaire de silence. Cela ne veut pas dire qu'il est impossible de se concentrer dans un tel environnement, mais c'est nettement plus difficile. Vous devez faire preuve de beaucoup plus de discipline et d'entraînement pour ne pas vous laisser distraire. Soyez attentif à l'endroit où vous vous trouvez et au type de personne que vous êtes lorsqu'il s'agit de vous concentrer. Trouvez l'environnement qui vous convient le mieux et lisez-y autant que possible.

Tout comme vous limitez les distractions externes que vous ne pouvez pas nécessairement contrôler, éliminez celles sur lesquelles vous avez un contrôle total. Certaines personnes aiment lire avec un bruit de fond, comme de la musique ou un bruit ambiant. Cela peut sans aucun doute vous aider, en vous donnant quelque chose à bloquer intentionnellement, si c'est ainsi que vous choisissez de voir les choses. Si cela vous convient, je vous encourage à l'essayer ou à l'adopter. Cependant, soyez conscient de l'impact de l'appareil qui émet ce bruit sur votre productivité. Nos appareils électroniques tels que nos téléphones portables, nos tablettes ou encore nos ordinateurs, ont tellement de fonctionnalités à notre époque. Il y a fort à parier que l'appareil que vous utilisez pour mettre de la musique ou diffuser un bruit ambiant émettra une notification ou une sonnerie pour solliciter votre attention. Je comprends qu'il faille parfois être connecté pour obtenir des mises à jour importantes, mais autant que possible, essayez de faire taire ou d'ignorer ces petites interruptions gênantes. Consacrez du temps uniquement à la lecture et bloquez les bruits de notre monde numériquement interconnecté pendant un certain temps. Non seulement cela vous aidera à vous concentrer, mais cela vous procurera un temps de méditation, car vous apaiserez votre cerveau des stimulations constantes. Vous vous surprendrez peut-être à lire dans ce but autant que pour le plaisir de lire. Vous remarquerez également que vous comprenez mieux lorsque vous faites un effort concerté pour vous concentrer sur votre lecture.

Plus que toute autre chose, le fait de mettre à l'épreuve votre compréhension de la lecture la renforce, tout comme n'importe quel exercice conçu pour tester et développer un certain muscle. Cela vaut aussi bien pour la vitesse de lecture que pour la compréhension. Vous pouvez tout à fait lire à vitesse réduite si vous voulez vous attaquer à une lecture difficile ou nouvelle. En fait, je vous encourage à le faire de temps en temps. Ainsi, lorsque vous lirez plus rapidement un texte similaire ou apparenté, vous pourrez le faire en sacrifiant moins de rétention. Mettre à l'épreuve votre compréhension de la lecture n'aidera pas directement votre lecture rapide, mais cela améliorera votre lecture globale et votre capacité à vous souvenir des informations lorsque vous appliquerez les techniques de lecture rapide.

Résumé du chapitre

♦ Il y a une différence entre lire rapidement pour accélérer la lecture d'un texte et lire rapidement tout en se concentrant sur la rétention des informations.
♦ La visualisation peut aider à la rétention en construisant une perspective plus large de l'information et en s'adaptant à notre nature visuelle.
♦ N'essayez pas de tout retenir. Même les meilleurs lecteurs rapides, ou les lecteurs en général, ne peuvent pas se souvenir de la totalité de ce qu'ils lisent. Ils n'en retiennent qu'un pourcentage, com-

pris entre 60 et 85 % pour les lecteurs rapides les plus compétents. Au lieu de cela, ils forment des modèles mentaux fonctionnels qui amélioreront leur compréhension antérieure ou en développeront de nouvelles.

♦ Enrichissez votre vocabulaire afin de réduire le nombre de mots que vous ne connaissez pas lorsque vous lisez.

♦ Jouez au jeu du « rappel ». De temps en temps, dans un texte, faites une pause et souvenez-vous de ce que vous venez de lire. Si vous le souhaitez, laissez une note dans la marge. Une lecture active de ce type favorise une meilleure compréhension de ce que vous lisez, car vous traitez l'information plusieurs fois.

♦ L'endroit où vous lisez a une grande importance. Pensez à vous et à votre capacité d'attention. Essayez de lire dans un environnement qui correspond à vos caractéristiques et à vos objectifs de lecture.

♦ Mettez votre compréhension de la lecture à l'épreuve lorsque vous le pouvez, à la fois à des vitesses élevées et à des vitesses normales. Lire avec l'intention d'en tirer le meilleur parti vous aidera à lire plus vite, même si cela n'augmentera pas nécessairement votre vitesse de lecture. Le développement de votre compréhension de base de la lecture facilite la rétention lors de la lecture rapide.

Ce chapitre devrait vous aider à améliorer votre compréhension de la lecture. Dans le chapitre suivant, vous apprendrez pourquoi vous devriez consacrer une partie de votre temps libre à la lecture, en particulier si vous trouvez cela laborieux. Après tout, plus vous lisez, plus vous vous améliorez, surtout si vous lisez activement et en pleine conscience. C'est d'autant plus vrai si vous vous efforcez d'augmenter votre vitesse de lecture.

Chapitre sept

Lire plus pendant son temps libre afin de lire plus vite

Certaines personnes ont plus de facilité que d'autres à faire les choses. Si ce n'était pas le cas, nous ferions tous partie d'équipes sportives professionnelles ou d'orchestres symphoniques, ou encore nous serions tous de grands écrivains. En réalité, certaines personnes sont naturellement plus douées que d'autres pour certaines choses. C'est pourquoi vous ne me verrez jamais essayer d'affronter Lebron James lorsqu'il se fraye un chemin vers le panier. Il me faudrait déployer des efforts considérables pour avoir l'air un tant soit peu moins impuissant dans ce scénario. De la même manière, si vous trouvez que la lecture demande un effort, vous voudrez naturellement en faire moins. Cependant, si vous voulez lire davantage, vous devez passer plus de temps à lire des livres que vous aimez et que vous trouvez intéressants. Mais ce n'est pas tout. En choisissant des ouvrages faciles à comprendre, vous évitez de vous épuiser rapidement. C'est en tout cas par là qu'il faut commencer. Rappelez-vous que le fait de mettre à l'épreuve votre propre compréhension peut améliorer votre rétention lors de la lecture rapide. Néanmoins, ce n'est pas pour rien que l'on conseille de lire des livres destinés aux enfants pour apprendre une nouvelle langue. Ils se lisent rapidement, demandent peu d'efforts pour les suivre et contiennent des mots que vous connaissez probablement déjà, même s'ils sont écrits dans une autre langue. Pour les mêmes raisons, sans la traduction, vous pouvez commencer par des lectures rapides comme Harry Potter pour renforcer votre confiance et votre plaisir de lire.

Stephen Krashen, pionnier des méthodes d'acquisition des langues secondes, a mené des recherches approfondies en tant que linguiste sur les différentes formes d'apprentissage des langues. Il a été le fer de lance dans l'évolution des anciennes approches centrées sur les règles vers des approches centrées sur le sens, en particulier l'enseignement communicatif des langues, qui est aujourd'hui l'approche la plus largement acceptée. En outre, il a développé une hypothèse controversée, mais bien connue, concernant l'apprentissage des langues. Cette hypothèse soutient que, lors de l'apprentissage d'une nouvelle langue, il est nécessaire d'accepter des volumes élevés d'informations (input) à un niveau compréhensible. L'application à la lecture régulière, plutôt qu'à l'acquisition de nouvelles compétences linguistiques, réside dans le fait que si vous comprenez moins de 95 % du texte, il vous sera trop difficile de maintenir votre motivation pour continuer à lire. À bien y réfléchir, c'est tout à fait logique. La difficulté à comprendre quelque chose vous empêche d'apprécier la lecture et peut vous frustrer ou vous dissuader de continuer. Si vous avez besoin d'un exemple concret, rappelez-vous un livre particulièrement alambiqué que vous avez lu en cours de français et les thèmes, les motifs et le développement des personnages que votre professeur avait intelligemment mis en évidence et que vous n'aviez tout simplement pas saisi. Ou peut-être avez-vous lu un article dans une publication de haut niveau et vous êtes-vous perdu dans les nuances d'un sujet particulier que vous ne connaissez que très peu.

Là encore, cela semble beaucoup plus facile à dire qu'à faire. Reconnaissez que l'intention et l'action sont deux choses très différentes et que l'une ne constitue pas l'autre. Il arrive que l'intention ne se transforme pas en action. Parfois, c'est par manque de motivation, d'autres fois par manque de savoir-faire. Je ne peux pas faire grand-chose dans le premier cas, mais pour aider dans le second, voici quelques suggestions pour lire davantage.

Concentrez-vous sur l'acquisition de cette habitude. La lecture est une compétence. Les compétences prennent du temps à se développer et n'apparaissent pas du jour au lendemain. Lorsque vous débutez, vous devez avant tout vous efforcer de prendre l'habitude de lire. Gardez des attentes réalistes et évitez de vous faire trop d'illusions. Basez vos attentes sur votre situation actuelle, pas nécessairement sur celle que vous espérez, et fixez des objectifs sans les rendre irréalisables. Si vous vous fixez des objectifs irréalistes, vous allez vous planter. Si vous n'atteignez pas votre objectif, vous vous découragerez et risquerez de perdre l'habitude avant de l'avoir vraiment prise. Concentrez-vous donc d'abord sur la création de l'habitude. Dites-vous que vous allez lire une heure par jour, quoi qu'il arrive. Ou si cela vous semble trop ambitieux, commencez par quinze minutes par jour. Quoi qu'il en soit, progressez jusqu'à votre objectif de temps de lecture. Atteindre un plus grand nombre de petits objectifs plutôt qu'un plus petit nombre de grands objectifs ne vous apportera peut-être pas autant de satisfaction momentanée, mais vous permettra d'accroître lentement mais sûrement votre confiance en vous et vos capacités. Une fois que vous aurez pris de l'élan, vous vous apercevrez que vous devenez plus rapide.

Réduisez la barrière à l'entrée. En tant qu'êtres humains, nous sommes passés maîtres dans l'art de la procrastination, ce qui peut sembler étrange puisque la procrastination consiste à ne rien faire et à remettre à plus tard ce que l'on devrait faire. Nous trouvons toutes sortes de raisons pour éviter de faire quelque chose, même si nous savons qu'il vaudrait mieux s'y mettre. Pour lutter contre ce phénomène, nous devons éliminer les résistances. L'un des moyens d'y parvenir est de faciliter le démarrage de l'activité. Rendez la lecture si facile qu'elle devient presque inévitable. Développez des routines qui vous amènent à lire. Vous pouvez lire pendant un certain temps lorsque vous rentrez chez vous à la fin de la journée, car la lecture peut détendre votre cerveau. Encouragez votre lecture d'une manière ou d'une autre. Y a-t-il une activité particulière que vous aimez faire ou une chose que vous aimez avoir à un moment donné de la journée ? Peut-être aimez-vous regarder la télévision le soir ou manger un dessert après le dîner ? Le fait de lire au préalable pourrait vous apporter une satisfaction supplémentaire, ce qui les rapprocherait encore plus de la lecture. De plus, si vous avez l'impression que regarder la télévision vous empêche de lire, le fait de le faire avant réduirait considérablement votre culpabilité à regarder la télévision plutôt qu'à lire. Si la routine ou l'incitation ne vous conviennent pas, vous pouvez laisser un livre ou une liseuse Kindle dans votre salle de bain ou ailleurs, ce qui transformera les périodes d'inactivité en temps de lecture potentiel. De cette manière, vous pouvez vous accorder au moins 5 à 10 minutes de lecture chaque matin. Une autre astuce consiste à laisser le livre que vous voulez lire sur le canapé, ouvert à la page en cours. Il faudrait que vous choisissiez activement de ne pas lire, en prenant le livre et en le déplaçant, alors qu'il suffirait simplement de le saisir pour commencer la lecture. S'il existe une plus petite barrière à l'entrée que celle-ci, je ne la vois pas.

Ceci s'applique à condition que le livre que vous choisissiez de prendre soit un livre que vous lisez pour le plaisir. Ayez des livres que vous avez vraiment envie de lire, ce qui vous encouragera à consacrer du temps à leur lecture. Réfléchissez à ce qui vous intéresse le plus. Il y a peut-être des personnes que vous admirez ou que vous suivez dans le domaine public. Choisir leur autobiographie, s'ils en ont une, pourrait vous inciter à la lire. Un livre sur leur vie pourrait vous inciter à tourner les pages pour en savoir plus sur leur enfance, leur éducation, leur formation et peut-être un ou deux secrets de leur réussite. Y a-t-il des choses que vous vous êtes toujours demandées mais que vous n'avez jamais vraiment examinées ? Je vous garantis qu'il existe, si vous cherchez bien, un livre sur le sujet. Utilisez vos lectures comme un moyen d'assouvir votre curiosité, et faites-en une activité agréable.

Si vous vous retrouvez au milieu d'un livre que vous n'aimez pas, changez de livre s'il le faut. N'ayez pas peur de laisser un livre inachevé et de changer de livre en cours de lecture. Vous n'êtes pas obligé de vous engager à terminer tous les livres que vous lisez. Après tout, la vie est trop courte pour finir un mauvais livre et, heureusement, c'est vous qui décidez de la qualité d'un livre. Si vous avez tendance à vous lasser d'un livre ou d'un autre, vous pouvez en avoir entre 3 et 5 dans votre pile active de livres que vous êtes en train de lire. Il n'existe pas de règle universelle stipulant que vous devez lire un livre à la fois, du début à la fin. Vous pouvez avoir un livre pour n'importe quel nombre d'humeurs ou d'états d'esprit dans lesquels vous vous trouvez. Si vous avez du mal à terminer un livre difficile, passez à un autre que vous appréciez davantage, ce qui peut vous conduire à des livres plus importants à mesure que vous vous entraînez à lire.

Avant de vous lancer à corps perdu dans la lecture de livres particulièrement difficiles, préparez-vous progressivement. Si vous voulez lire un livre vraiment difficile, commencez par lire des commentaires plus accessibles ou des livres connexes qui vous familiariseront avec le sujet, les idées et le vocabulaire. Faites des recherches sur le livre et l'auteur pour essayer de vous faire une idée du type de langage qu'il ou elle utilise lorsqu'il ou elle écrit. Cela vous permettra d'acquérir des connaissances de base qui faciliteront la lecture d'un livre plus difficile. La connaissance du contenu est un élément important pour une lecture plus fluide et plus efficace, donc si vous avez du mal à lire un livre, cela peut simplement signifier que vous avez besoin de plus de connaissances de base pour le traiter correctement. Lorsque vous choisissez les livres que vous voulez lire, le plus important est qu'ils soient au bon niveau pour vous. À l'école, on considérait peut-être que c'était de la triche, mais lorsque vous lisez pour vous-même, il n'y a absolument rien de mal à consulter les notes de *Sparknotes* ou tout autre résumé ou synopsis pour vous aider à suivre ce que vous lisez. De cette façon, vous vous lancez dans la lecture avec une idée et une attente de ce que vous allez lire.

Commencez par construire votre base. Si vous avez du mal à lire un livre, prenez le temps de chercher tous les mots que vous ne comprenez pas, de rechercher les concepts sur Wikipedia ou de chercher sur Google les histoires qui se cachent derrière les noms et les personnages que vous ne reconnaissez pas. Au début, cela vous prendra plus de temps, mais cela vous aidera à lire le reste du livre beaucoup plus rapidement.

Résumé du chapitre

- La lecture est plus naturelle pour certaines personnes, mais cela ne signifie pas que tout le monde ne peut pas la pratiquer. Plus on fait quelque chose, plus on s'améliore, et il en va de même pour la lecture.
- L'hypothèse de Krashen stipule que si vous comprenez moins de 95 % d'un texte donné, il vous sera plus difficile de continuer à le lire. Choisissez des livres ou des lectures faciles à comprendre.
- Commencez modestement et concentrez-vous sur l'acquisition d'une habitude avant de vous fixer des objectifs ambitieux.
- Réduisez la barrière à l'entrée en facilitant l'accès à la lecture. Placez les livres dans des endroits où vous ne pouvez pas les ignorer ou lisez des choses qui vous intéressent vraiment.
- En lisant pour le plaisir, vous aurez l'impression que la lecture est moins un choix et plus une activité que vous aimez. Choisissez des sujets ou des auteurs que vous aimez. Il ne s'agit pas d'un cours de français au lycée où vous devez lire un livre qui vous est assigné. Vous avez le pouvoir de choisir en la matière.
- Vous n'êtes pas obligé de lire chaque livre d'un bout à l'autre. Vous pouvez passer de l'un à l'autre ou arrêter de les lire quand vous le souhaitez.

◆ Commencez petit et construisez grand. Vous ne devriez pas commencer par des livres difficiles. Commencez par ceux que vous pouvez lire à la vitesse et à la compréhension voulues, puis essayez des livres un peu plus difficiles, avant d'arriver au livre le plus difficile que vous voulez lire.

◆ Construisez votre base en faisant quelques recherches avant de commencer à lire. Qu'il s'agisse des principaux points de l'intrigue ou d'une vue d'ensemble d'un article. Un peu de travail préparatoire avant de commencer vous aidera à long terme.

Le fait de lire davantage présente toutefois un petit inconvénient. Il vous sera difficile de suivre vos lectures, car vous aurez naturellement plus de choses à suivre. Le chapitre suivant vous donnera un aperçu de la manière dont vous pouvez le faire efficacement. Il propose plusieurs tactiques et stratégies pour y parvenir, et vous pourrez choisir celle qui vous convient le mieux. En adaptant l'une d'entre elles, vous poursuivrez votre objectif de lire plus vite et vous vous assurerez que vous continuerez à le faire activement.

CHAPITRE HUIT

Suivre ses progrès en lecture

Lire davantage renforcera certainement votre confiance en vous. Comme je l'ai dit précédemment, cependant, cela n'aura qu'un effet limité sur votre vitesse de lecture si vous ne suivez pas activement vos progrès et n'essayez pas de vous améliorer. Afin d'augmenter réellement votre vitesse de lecture comme je l'ai promis, vous devez être sérieux et assidu dans votre pratique de la lecture rapide. Cela implique de se fixer des objectifs et de suivre ses progrès.

Essayez de lire régulièrement des sections comportant le même nombre de mots et chronométrez vos résultats. Calculez votre vitesse de lecture à l'aide de la formule présentée au chapitre quatre. Poussez-vous lentement à devenir plus rapide. Commencez par vous fixer un objectif concernant le nombre de pages ou de mots que vous souhaitez lire par minute, et travaillez jusqu'à ce que vous atteigniez cet objectif. Le développement des compétences en lecture est la clé de l'épanouissement mental et professionnel. Mais n'oubliez pas de ne pas vous priver du plaisir d'apprendre. La réussite et l'épanouissement doivent aussi être un plaisir. Si l'on retire le plaisir de l'apprentissage, le ressentiment s'installe, mais le fait de s'amuser permet d'apprendre plus vite. Les études montrent régulièrement que nous apprenons davantage et progressons plus rapidement lorsque nous aimons ce que nous faisons. Voici donc quelques moyens de suivre vos progrès en lecture et de maintenir votre implication.

Babelio

Profitez de la bibliothèque numérique Babelio. Si vous aimez lire et que vous n'avez pas de compte Babelio, remédiez-y.. Dès maintenant ! Babelio est un réseau social dédié aux livres et aux lecteurs. Vous pouvez découvrir de nouveaux livres, suivre ce que vous lisez, ce que vous avez déjà lu, et vous pouvez interagir avec d'autres personnes par le biais de critiques de livres, de commentaires, de groupes, et plus encore. Je passe beaucoup plus de temps que je ne le devrais sur Babelio, et c'est mon moyen préféré de garder une trace de tout ce que j'ai lu ou de tout ce que je veux lire.

Babelio assure le suivi de vos lectures chaque année. Vous pouvez vous fixer un objectif et, chaque fois que vous marquez un livre comme lu au cours de l'année, Babelio met à jour votre progression, ce qui vous permet de savoir en permanence où vous en êtes par rapport à votre objectif de lecture. Babelio publie également un rapport de lecture chaque année, ce qui vous permet de voir un graphique intéressant sur votre parcours de lecture.

Trello

Créez un tableau Trello consacré à la lecture. Trello est un outil de productivité qui peut être utilisé pour de nombreuses choses, de l'école au travail en passant par la vie en général. Il peut être utilisé pour suivre des projets de voyage, organiser des idées, coordonner des listes de tâches ménagères et, bien sûr, suivre vos lectures. Si vous souhaitez essayer Trello, sachez que cet outil en ligne est entièrement gratuit et très polyvalent.

Pinterest

Utilisez Pinterest pour des objectifs similaires. Sans avoir la même fonctionnalité que Trello, Pinterest offre un objectif similaire à celui de Babelio, mais dans un format plus proche de Trello, avec un tableau d'images, d'idées et de pensées. En intégrant l'aspect des réseaux sociaux, vous pouvez consulter les tableaux que d'autres personnes affichent pour trouver de l'inspiration et enregistrer ce que vous avez lu ou ce que vous espérez lire à l'aide d'images. Il y a des personnes intéressantes et célèbres sur Pinterest. Inspirez-vous de leurs comptes ou de leurs livres lorsque vous en avez besoin.

Les tableurs

Créez un tableur personnalisé pour enregistrer vos lectures. Que vous choisissiez de conserver votre tableur en ligne (à l'aide d'un outil comme Google Sheets) ou hors ligne dans Microsoft Excel, les tableurs sont un excellent moyen de suivre vos objectifs de lecture et tous les livres que vous avez lus. En utilisant Google Sheets, vous pouvez également partager votre tableur avec votre famille afin que tout le monde puisse suivre ses lectures au même endroit. Ils sont un excellent moyen de visualiser vos objectifs de lecture. Vous pouvez utiliser un tableur pour suivre ce que vous lisez chaque année, ce que vous achetez et comment vous vous en sortez pour chaque défi. En voyant la liste s'allonger, vous aurez davantage confiance en vos lectures, surtout si vous l'utilisez dans le cadre d'une compétition amicale entre amis ou en famille. En outre, elle vous aidera à déterminer les livres que vous aimez, ceux que vous n'aimez pas, le temps qu'il vous faut pour les lire et, si vous êtes particulièrement doué pour les tableurs, la liste vous aidera à créer des diagrammes, des graphiques et des tableaux sur vos lectures. Les carnets de lecture sur papier seraient tout aussi utiles, mais pas aussi instructifs.

Un stylo et du papier

Si vous avez une aversion pour la technologie, tout cela peut être accompli avec un stylo et du papier, que ce soit dans un agenda ou sur des feuilles volantes. Les agendas offrent généralement des pages supplémentaires au dos, ainsi que de l'espace supplémentaire sur chaque page de calendrier, ce qui signifie qu'il existe de nombreuses options pour le suivi de vos lectures.

Ou, si vous avez du mal avec l'un de ces éléments, ou si vous avez besoin de quelque chose de plus physique dans votre vie, faites de votre table de chevet votre liste de lecture. Gardez sur votre table de chevet les cinq livres, ou plus, que vous êtes en train de lire ou que vous voulez lire. Il peut être difficile de suivre une liste de lecture, surtout s'il s'agit d'une liste mentale. Même les listes physiques sur papier ou sur écran peuvent être difficiles à suivre.

Bien sûr, tout cela n'a pas beaucoup d'importance si vous ne gardez pas vos objectifs à l'esprit. Pendant que vous lisez, assurez-vous de noter votre rythme. Enregistrez les progrès que vous faites par rapport à votre objectif de nombre de mots par minute.

Résumé du chapitre

- ♦ Il existe de nombreuses façons de suivre vos progrès en lecture. Ce qui compte, c'est moins la méthode que vous choisissez que le fait que vous le fassiez.
- ♦ Certaines personnes sont tout simplement très intelligentes et peuvent suivre leurs lectures dans leur tête. Ce n'est pas réaliste pour tout le monde.
- ♦ Babelio est un excellent moyen de suivre vos lectures, car il s'agit d'un réseau social dédié aux livres et à la lecture. Il offre tous les avantages d'un club de lecture, sans les réunions intermittentes, les membres potentiellement ennuyeux et l'obligation de lire des livres choisis pour vous. Il vous permet de consigner les livres que vous avez lus, de les évaluer pour savoir si vous les avez aimés ou non, et vous offre la possibilité d'interagir avec vos amis. Il donne même des recommandations.
- ♦ Trello peut également être un outil utile. Cette application gratuite et polyvalente peut être utilisée pour vos lectures ainsi que pour tout ce qui nécessite une organisation dans votre vie.
- ♦ La création d'un tableur pour enregistrer vos lectures peut favoriser une compétition amicale entre ceux avec qui vous la partagez et vous aider à mieux visualiser l'ensemble de vos lectures. De plus, si vous êtes doué, vous pouvez créer de véritables représentations visuelles de vos lectures sous la forme de diagrammes, de graphiques et de tableaux.
- ♦ Il n'y a rien de mal à utiliser le bon vieux papier. Procurez-vous un agenda ou trouvez de l'espace dans celui que vous avez actuellement pour y inscrire vos lectures ou vos notes.
- ♦ Si tout le reste échoue, utilisez la pile de livres que vous avez quelque part comme liste de lecture. Vous aurez ainsi un moyen plus concret de suivre vos progrès. Lorsqu'elle se réduit, vous êtes encouragé, peut-être à aller chercher d'autres livres à la librairie ou à la bibliothèque municipale.

À ce stade du livre, vous avez été initié à toutes les bases de la lecture rapide. Cela vous donnera un bon point de départ pour augmenter votre vitesse de lecture. Le chapitre neuf approfondit les techniques utilisées par la plupart des experts en lecture rapide. L'écrémage et le repérage sont les deux méthodes qui vous permettent d'augmenter le plus rapidement et le plus facilement votre vitesse de lecture.

CHAPITRE NEUF

Écrémage ou repérage

Nous avons déjà abordé brièvement la question de l'écrémage et du repérage. Néanmoins, il s'agit d'un outil tellement utile qu'il mérite un chapitre à part entière. Malheureusement, l'écrémage a mauvaise réputation. Peu de gens reconnaissent qu'il s'agit d'une aptitude à la lecture et considèrent plutôt qu'il s'agit du contraire de la lecture. Beaucoup considèrent l'écrémage et le repérage comme des outils permettant d'éviter la lecture, ou simplement comme des moyens de déterminer si un texte vaut la peine d'être lu en entier. C'est tout simplement faux. L'écrémage et le repérage sont loin d'être aussi passifs. En fait, comme vous le découvrirez dans ce chapitre, il s'agit dans les deux cas d'actes difficiles et intentionnels qui nécessitent leur propre niveau de maîtrise pour être réalisés correctement.

L'écrémage est un processus de lecture rapide qui consiste à parcourir visuellement les phrases d'une page à la recherche d'indices sur l'idée principale. Il peut s'agir de lire le début et la fin pour obtenir des informations sommaires, puis éventuellement la première phrase de chaque paragraphe pour déterminer rapidement s'il faut chercher plus de détails, en fonction des questions ou de l'objectif de la lecture. Ces sections sont les plus importantes car ce sont elles qui vous donneront le plus d'informations sur ce que vous avez lu. L'introduction vous donne un aperçu des attractions à venir, quelle que soit la lecture, vous permettant de voir de quoi il s'agit et de vous préparer à ce qu'elle va vous dire. Tout comme l'introduction d'un passage, la première phrase d'un paragraphe vous indique généralement de quoi il s'agit. Elle pose les bases des principaux points qui suivent ou vous donne une idée de ce à quoi vous pouvez vous attendre. La conclusion, à condition que l'auteur sache la rédiger convenablement, résumera la lecture de manière nette et précise. Elle doit récapituler les points principaux de manière succincte. Une conclusion bien rédigée vous dira pourquoi vous avez bien utilisé votre temps en lisant tout ce qui a précédé. Enfin, la conclusion vous laissera avec quelque chose, une résonance pleine d'espoir, que la lecture vous aura apporté.

Deux techniques qui consistent à ne rechercher que les éléments d'information les plus pertinents en premier lieu vous prépareront à ce qui va suivre. Comme vous êtes déjà familiarisé avec les principales parties du texte, vous ne serez pas ralenti par les parties déroutantes ou surprenantes lorsque vous les rencontrerez au cours de votre lecture. Gardez à l'esprit que si l'écrémage et le repérage sont plus efficaces pour la non-fiction, ils peuvent également s'appliquer à la fiction. Dans un roman, parcourez le chapitre pour y trouver le développement des personnages, les points clés du dialogue et les principaux éléments de l'intrigue. Lisez ensuite le chapitre à un rythme plus rapide que d'habitude. Même si vous le lisez deux fois, vous le lisez plus vite, car vous aurez retenu les éléments les plus importants lors de la première lecture. Puis, lors de la deuxième lecture, vous saisissez des détails plus infimes qui vous ont échappé lors de l'aperçu initial. Ces deux lectures devraient suffire pour analyser toutes les informations pertinentes, mais si vous vous sentez ambitieux, une troisième lecture serait justifiée, en particulier pour les livres plus difficiles.

D'accord, c'est très bien ! dites-vous. Mais comment faire ? Voici une méthode étape par étape pour apprendre à parcourir un texte. L'écrémage, qui consiste à tirer l'essentiel d'un texte sans en lire tous les mots, se résume à savoir quelles parties lire et quelles parties ignorer. Voici quelques conseils et techniques pour reconnaître ce qu'il est important de lire lors de l'écrémage.

Sachez ce que vous voulez

Avant de commencer à parcourir le texte, demandez-vous ce que vous voulez en tirer. Pensez à deux ou trois termes qui décrivent ce que vous voulez savoir et, pendant que vous écumez le texte, gardez un œil sur ces deux ou trois termes. En les recherchant activement, vous les trouverez plus facilement que si vous vous contentiez de lire passivement le texte. Le fait de parcourir le texte sans but précis est généralement infructueux et ennuyeux. Le fait de ne pas se concentrer sur un objet conduit à l'inattention Je suis sûr que ce sentiment vous est familier. L'écrémage n'est pas la même chose que la lecture passive, c'est même le contraire. Donnez un but à votre lecture et à votre écrémage en recherchant des mots-clés. Commencez votre lecture armé de quelques questions. Non seulement elles vous aideront à déterminer ce que vous voulez tirer de la lecture, mais si elles restent sans réponse à la fin, vous aurez de la matière pour d'autres lectures à l'avenir.

Lisez verticalement

Lors de l'écrémage, vous déplacez vos yeux verticalement autant que vous les déplacez horizontalement. En d'autres termes, vous déplacez vos yeux vers le bas de la page autant que vous les déplacez d'un côté à l'autre. L'écrémage est un peu comme la descente d'un escalier. Certes, il faut faire un pas à la fois, et descendre les escaliers en courant est imprudent, mais on arrive aussi plus vite en courant. Et que se passe-t-il lorsque vous ne marchez que latéralement dans les escaliers ? Rien du tout. Néanmoins, il s'agit toujours de lecture, et non de descente d'escalier. Par conséquent, pour trouver ce que vous cherchez, vous devez de temps en temps déplacer vos yeux de gauche à droite, ainsi que de haut en bas. Il s'agit à la fois d'une mise en garde contre une lecture trop verticale et d'un rappel à se déplacer verticalement autant que possible. Si vous descendez trop rapidement le long de la page, vous comprendrez moins bien chaque ligne. Si vous ne descendez pas assez vite, vous ralentirez votre vitesse de lecture. Il s'agit d'un équilibre délicat.

Mettez-vous à la place de l'auteur

Chaque article, chaque livre, chaque page internet est écrit dans le but de faire valoir un point de vue quelconque. Qu'il s'agisse d'un article académique visant à présenter une certaine hypothèse ou d'un roman véhiculant un message, tout a une raison d'être. Sinon, cela ne vaudrait pas la peine d'être lu. Si vous parvenez à détecter les stratégies utilisées par l'auteur pour faire valoir son point de vue, vous pourrez séparer le contenu important de celui qui ne l'est pas. Pour détecter les tendances de l'auteur, vous devez vous mettre à sa place. En plus de remarquer le contenu de la page, observez la façon dont l'auteur présente ce contenu. Voyez si vous pouvez reconnaître la façon dont l'auteur positionne le contenu de base, les arguments secondaires, les informations divergentes et les simples fioritures. Ces dernières viennent-elles avant l'essentiel ou l'inverse ? L'auteur s'exprime-t-il clairement ou vous laisse-t-il, dans une certaine mesure, le soin de comprendre ses propos par vous-même ?

Un autre élément essentiel est de saisir le sous-texte que l'auteur peut avoir inséré, véhiculant des idées qui ne sont pas explicitement énoncées. Certains auteurs comptent sur leurs lecteurs pour faire des déductions et des hypothèses sur la lecture, en particulier dans le domaine de la littérature ou de l'écriture créative. Ces déductions sont souvent tout aussi importantes que le texte lui-même. Nombreux sont ceux qui pensent qu'une attention particulière et aiguisée aux détails ne permet de déceler que les sous-texte, mais ce n'est pas vrai. Le sous-texte peut se présenter sous de nombreuses formes et selon de nombreuses techniques. Le plus important est d'y prêter attention et d'être capable de l'interpréter comme l'auteur le souhaite. En outre, certains pensent que l'interprétation du ton général du texte peut être perdue lors d'une lecture trop rapide. Là encore, ce n'est pas vrai. Votre cerveau capte toujours la ponctuation à grande vitesse, et ceci est la clé pour comprendre l'intonation avec laquelle l'auteur écrit. Enfin, soyez conscient du sujet traité par l'auteur autant que possible et lisez en gardant à l'esprit la vue d'ensemble que l'auteur veut vous donner. Cela améliorera considérablement la compréhension de la lecture. Déterminer le style d'écriture de cette manière peut vous aider à identifier ce qui est important.

La pré-lecture

Si vous recourez à l'écrémage dans le but d'acquérir des connaissances, pré-lisez avant de vous lancer dans ce processus. Par exemple, si vous lisez un article, examinez-le avant de le lire. En pré-lisant un article avant de procéder à l'écrémage, vous pouvez repérer les parties de l'article qui requièrent toute votre attention et celles que vous pouvez ignorer. Cela peut sembler contre-intuitif puisque vous le lisez deux fois, mais le fait de sauter les sections qui n'ont pas grand-chose à voir avec votre objectif de lecture vous permet de gagner un temps considérable. Le *Speed Reading Lounge* propose quatre stratégies pour vous aider à écrémer et à repérer le texte. Prévisualisez les phrases clés pour vous concentrer sur une idée, peut-être l'idée clé, puis entraînez-vous à vous concentrer sur les parties les plus intéressantes. Parcourez ensuite les noms et les chiffres pour obtenir une description détaillée des personnes, des lieux et des concepts. Identifiez les mots déclencheurs pour repérer les phrases et les mots-clés importants. Utilisez le crayon que vous avez peut-être utilisé pour le méta-guidage pour les noter. Cela vous aidera à vous assurer que vous obtenez de la lecture ce que vous voulez et ce dont vous avez besoin. Enfin, lisez le titre et les sous-titres. Dans le monde actuel de l'optimisation des moteurs de recherche, le titre contient souvent des termes clés à rechercher tout au long de la lecture, tandis que les sous-titres peuvent vous donner une idée de la structure ou des points d'ancrage du texte. Prenons l'exemple de ce livre même, *Techniques éprouvées de lecture rapide : lisez plus de 300 pages en 1 heure - Un guide pour débutants sur comment lire plus vite tout en comprenant (inclut des exercices d'apprentissage avancés)*. Le titre indique ce que vous allez lire et ce que vous allez en tirer : des techniques éprouvées de lecture rapide pour lire 300 pages en 60 minutes. Le sous-titre décrit la structure du livre, qui vous fait passer du statut de débutant à celui de lecteur rapide, tout en maintenant votre compréhension. Enfin, et plus accessoirement, il comprend des exercices d'apprentissage avancés.

Une telle pré-lecture vous aidera, comme l'indique l'article, à différencier le type de lecture que vous ferez, en décidant d'utiliser les modes de lecture rapide ou de compréhension totale. À travers une analogie utile, l'auteur Mark Ways fait la distinction entre la lecture au micro-ondes et la lecture au four. La lecture au micro-ondes fait référence à des contenus qui contiennent des informations techniques, des explications détaillées, des lignes directrices ou des instructions. Dans ce cas, vous vous souciez moins de la manière dont le texte est rédigé que des informations qu'il contient et que vous pouvez appliquer concrètement dans votre vie. Dans cette analogie, la lecture au four se rapproche de la cuisson et nécessite plus de temps qu'au micro-ondes pour chauffer et cuire. Ways utilise l'exemple des biographies, des histoires de réussite ou des expériences de vie comme autant d'éléments qu'il convient d'assimiler pleinement pour mieux les comprendre. L'écrémage et le repérage vous donneront les idées principales, mais c'est la profondeur et l'assiduité qui vous permettront de tirer le meilleur parti de ce type de lecture. Identifier les livres que vous pouvez parcourir rapidement vous aidera à concentrer votre lecture et à utiliser votre temps plus judicieusement. L'écrémage ou le repérage d'un livre qui ne se prête pas à ces techniques se traduira le plus souvent par de la frustration, ce qui entravera vos progrès en matière de lecture.

Vous vous direz peut-être que la pré-lecture ressemble beaucoup à de l'écrémage, et vous vous demanderez en quoi ils sont différents. En fait, la pré-lecture consiste à comprendre les grandes lignes et la construction d'un texte avant de le lire. Par exemple, vous pouvez jeter un coup d'œil sur le texte sans vous plonger dans les paragraphes proprement dits. Vous remarquerez les titres des chapitres, les sous-titres et les résumés à chaque fin de chapitre. Vous ne vous engagez pas dans cette voie dans le cadre d'une pré-lecture. C'est là que l'écrémage entre en jeu. Les différents types de lecture que Mark Ways a identifiés et qui sont mentionnés ci-dessus ne peuvent être déterminés qu'après une prélecture approfondie. L'objectif est de se faire une idée du texte avant de se lancer dans l'écrémage et le repérage.

Lisez la première phrase de chaque paragraphe

La phrase d'introduction de chaque paragraphe décrit généralement ce qui suit dans le paragraphe. Lorsque vous parcourez un texte, lisez la première phrase de chaque paragraphe et décidez ensuite si le reste du paragraphe mérite d'être lu. Si ce n'est pas le cas, passez à autre chose. Cette méthode est beaucoup plus efficace pour les écrits non fictionnels, car les paragraphes de fiction ne suivent pas la même construction et peuvent contenir des détails importants pour l'intrigue ou l'enrichissement de l'histoire. Il serait également utile de lire la dernière phrase du paragraphe, car elle résume souvent succinctement le paragraphe et permet de passer au paragraphe suivant. La première et la dernière phrase d'un paragraphe sont souvent les plus importantes. Parfois, vous constaterez qu'il n'est pas nécessaire de lire ce qui se trouve entre les deux.

Un article paru dans le *Journal of Experimental Psychology* a testé l'efficacité de l'écrémage en cours de lecture. Pour ce faire, les auteurs ont mené trois expériences en utilisant des textes expositifs et en ne laissant aux lecteurs que le temps nécessaire pour parcourir la moitié de chaque texte. La première expérience a montré que l'écrémage permettait aux lecteurs d'extraire les idées importantes de chaque document au détriment des détails moins importants. Elle a également montré que les lecteurs n'étaient pas parvenus à tirer des conclusions des informations contenues dans le texte. La deuxième expérience a permis de déterminer que l'écrémage et la lecture de la première ou de la deuxième moitié des paragraphes permettent de retenir le même nombre d'informations. Cela confirme ce que dit le paragraphe ci-dessus, à savoir que l'écrémage et la lecture de la première phrase environ sont deux méthodes aussi efficaces l'une que l'autre pour la lecture rapide. L'étude a également révélé qu'en raison de la présentation des textes fournis aux lecteurs, semblable à celle d'un site web, l'écrémage s'appuie sur la façon dont les pages sont reliées entre elles, ce qui indique que la navigation dans le document est aisée. Plus intéressant encore, une analyse des temps de lecture basée sur la page et le suivi oculaire a indiqué que le texte au début des paragraphes, vers le début d'une page et au début du document, recevait plus d'attention de la part des lecteurs. Selon les auteurs de l'étude, cela confirme une fois de plus que l'écrémage est suffisant pour lire un document sous la pression du temps.

Ne lisez pas nécessairement des phrases complètes

L'intérêt de l'écrémage est qu'il n'est pas nécessaire de lire chaque mot de la page. Si le début d'une phrase ne promet pas de vous donner l'information que vous souhaitez, passez à la phrase suivante. Lisez les débuts de phrase en vous demandant s'ils vous apporteront des informations utiles. Par exemple, vous n'avez pas besoin de lire **cette** phrase en entier, ni même les quelques phrases suivantes, parce qu'il s'agit simplement d'un discours inutile sur le fait que si vous aviez sauté le reste de la phrase, vous auriez économisé beaucoup de temps et d'efforts. Ce n'était pas du tout nécessaire, et lorsque vous prenez la phrase à sa valeur nominale dans les premiers mots, vous ne vous sentez pas frustré, surtout lorsque les phrases deviennent longues et alambiquées et que vous commencez à remettre en question leur exactitude grammaticale ; et puis ils commencent à ajouter des choses, comme des points-virgules, qui vous obligent à vous replonger dans vos cours de français pour savoir s'ils sont utilisés correctement ou non - ce qui, avant même que vous le sachiez, fait que la phrase ne vaut pas la peine que vous y consacriez du temps. À titre d'exemple, « Par exemple, vous n'avez pas besoin de lire cette phrase en entier » m'a pris moins d'une seconde à lire. Il m'a fallu environ 11 secondes pour lire le reste de la phrase. Dans ce cas, la phrase vous dit littéralement que vous n'avez pas besoin de continuer à lire, mais il n'y en aura pas beaucoup qui le feront dans votre lecture générale. Un meilleur exemple pourrait être le suivant : « L'âge de pierre a été défini par une innovation en matière d'outils, les premiers hommes ayant commencé à incorporer des éléments du monde qui les entourait afin de développer de nouvelles façons d'accomplir leurs tâches. » La première partie de la phrase, la clause indépendante, indique le sens de la phrase. La deuxième partie ne sert qu'à fournir des informations supplémentaires sous la forme d'un exemple. Lire la première partie mais pas la seconde vous permet d'aller à peu près aussi loin que de lire les deux.

Sautez certains exemples

Il y a des choses qu'il n'est pas nécessaire de lire, comme l'exemple que je viens de donner. Les auteurs présentent souvent des exemples pour démontrer quelque chose, mais si vous pensez que cette démonstration n'est pas nécessaire, vous pouvez alors l'ignorer. Je pourrais donner un exemple ici, mais après ce long exposé, vous le sauteriez probablement de toute façon.

Lors du processus d'écrémage, n'hésitez pas à prendre quelques secondes de plus et à relire ce que vous venez de lire pour vous assurer que vous l'avez bien compris. Vous gagnez déjà du temps en survolant plutôt qu'en lisant en profondeur, vous en gagnerez donc encore un peu plus en revenant un peu en arrière. Vous pouvez également faire une lecture préliminaire, afin de savoir un peu à quoi vous attendre dans ce qui suit.

Résumé du chapitre

- ◆ Contrairement aux idées reçues, l'écrémage et le repérage sont des compétences actives qui ne reposent pas sur l'obtention d'informations par osmose. En d'autres termes, il s'agit d'un processus actif qui ne se produit pas tout seul.
- ◆ L'écrémage donne la priorité à certaines informations au détriment d'autres. Repérer un texte avant de le lire vous aidera à identifier les informations qui vous seront utiles et celles qui ne le seront pas.
- ◆ Aussi improductif que cela puisse paraître, le fait de lire deux fois un texte de cette manière, en jetant un coup d'œil puis en lisant rapidement les parties qui vous ont semblé intéressantes, réduira votre temps de lecture car les détails ne vous encombreront pas.
- ◆ Cela fonctionne aussi bien pour la fiction que pour la non-fiction. Vous devez cependant identifier des éléments différents lors de votre premier passage. Alors que la non-fiction est basée sur des exemples utiles à l'argumentation, la fiction se compose d'éléments de l'intrigue, de dialogues, de thèmes ou de développement de personnages. Vous pouvez ignorer des éléments tels que les descriptions, en particulier celles qui seraient trop longues.

- Sachez à l'avance ce que vous voulez lire, à partir d'un titre ou d'un élément connexe que vous avez déjà lu. Il peut être utile de penser à des termes que vous voulez apprendre ou à des concepts que vous voulez mieux comprendre. Savoir ce que l'on cherche aide toujours à le trouver.

- Lisez verticalement. En d'autres termes, ne bougez pas trop vos yeux d'un côté à l'autre. La lecture de mots groupés vous y aidera. Veillez à ne pas vous déplacer trop loin ou trop vite verticalement, car vous risqueriez de manquer des informations que vous voulez lire et que vous avez déjà identifiées, je l'espère.

- Pensez comme l'auteur. C'est beaucoup plus facile dans les écrits non fictionnels lorsqu'il y a une thèse que vous pouvez identifier, mais c'est aussi pratique dans les œuvres de fiction. Trouvez alors l'argument que l'auteur veut démontrer. Il y en a toujours au moins un. Qui plus est, essayez de comprendre comment il le présente. Où se trouvent les preuves relatives à l'argument ?

- Prélisez. Évaluez le texte. De grands ou de petits paragraphes ? Les phrases sont-elles longues ou très courtes ? Identifiez ce que vous pensez être les mots et les phrases clés. Formulez des objectifs ou des questions que vous espérez atteindre à la fin de la lecture.

- Lisez la première phrase de chaque paragraphe. En particulier dans les textes académiques, elle peut vous dire tout ce que vous avez besoin de savoir sur la démonstration faite par l'auteur dans le paragraphe. Lisez également la dernière phrase, elle vous dira souvent ce que le paragraphe a énoncé et vous conduira au suivant.

- Ne lisez les phrases complètes que lorsque l'information vous est utile. Si les informations du début attirent votre curiosité et vous donnent envie d'en lire davantage, faites-le. Mais ne continuez pas à lire des phrases qui ne vous donnent pas beaucoup d'informations, elles ne servent qu'à vous enliser et à vous empêcher de passer à celles qui répondent réellement à l'objectif que vous vous êtes fixé.

- Sautez certains exemples. En particulier lorsqu'ils utilisent des expressions telles que, « par exemple », « comme preuve », « pour démontrer ceci », ou toute autre expression qui peut signifier une information qui ne fait qu'appuyer l'argument. Ils sont parfois plus difficiles à identifier que cela. Il se peut que vous deviez vous fier à votre instinct ou à votre intuition et sauter le reste des paragraphes au risque de manquer quelque chose d'important. Il y a cependant de fortes chances que vous ne manquiez pas grand-chose. Par exemple, si vous n'aviez lu que « sautez certains exemples », vous auriez probablement obtenu tout autant de ce paragraphe sans lire mes divagations intentionnelles. Cela devrait cependant vous montrer à quoi ressemble un exemple caché et sournois. J'espère que cette petite parenthèse vous a plu. Je vous en prie !

Félicitations ! La lecture rapide de base touche à sa fin. Vous pouvez maintenant vous lancer dans le monde de la lecture rapide intermédiaire et essayer ces conseils et astuces par vous-même si vous le souhaitez. Vous voulez savoir à quoi servent les autres pages de ce livre ? Puisque vous l'avez demandé, elles sont réservées aux audacieux. Le chapitre dix contient des techniques plus secrètes et plus avancées qui vous aideront à lire plus vite. D'accord, elles ne sont pas si secrètes, mais elles sont avancées. Lisez la suite pour savoir de quoi il s'agit. Vous n'avez jamais été aussi proche de devenir un expert !

CHAPITRE DIX

Apprendre plus vite grâce à des techniques avancées

Je vous remercie d'avoir lu jusqu'ici. Vous avez ainsi démontré votre volonté de tirer le meilleur parti de ce livre. Certaines personnes voient un titre de chapitre comme *Apprendre plus vite grâce à des techniques avancées* et abandonnent parce qu'elles se demandent si cela vaut la peine de consacrer du temps à un tel chapitre, ou parce qu'elles pensent qu'elles ne seront pas à la hauteur. Ou peut-être ont-elles déjà obtenu du livre ce qu'elles souhaitaient, ce qui est très bien.

Voici l'occasion de prendre de l'avance sur les autres. Acquérir davantage de connaissances a toujours été important pour réussir. Mais le rythme de la vie moderne est devenu si rapide qu'au moment où vous apprenez de nouveaux faits, ils commencent déjà à devenir obsolètes. Nous devons donc apprendre plus vite. Le moyen le plus efficace d'y parvenir est d'améliorer votre vitesse de lecture et votre compréhension.

La métacognition

Ces techniques avancées nécessitent un examen attentif de vos tendances de lecture, en les analysant autant que possible pour les améliorer. La métacognition, aussi inaccessible qu'elle puisse paraître, est le premier pas dans cette direction. En réalité, le simple fait de réfléchir à votre façon de penser vous aidera à comprendre les sujets que vous ne comprenez pas. Cette prise de conscience de vos lacunes vous permet de prendre du recul et de chercher des moyens de les améliorer. L'amélioration de vos compétences linguistiques se traduira également par une amélioration de votre lecture. En effet, plus vous serez capable d'appliquer vous-même la langue, plus vous serez à même de lire et d'identifier les autres applications que les gens utilisent dans le même but. Par exemple, pour comprendre le point-virgule et savoir comment l'utiliser, il faut savoir ce qu'est une clause indépendante. Améliorer votre grammaire de cette manière renforce votre compréhension de la lecture et vous évite d'être désorienté lorsque les auteurs vous proposent des structures grammaticales bizarres. Elle renforcera également votre confiance en vous, ce qui fera de vous un meilleur écrivain, un meilleur interlocuteur ou un meilleur orateur. Grâce à de meilleures compétences linguistiques, les premières impressions que vous donnerez seront également plus solides.

Voici 6 exercices pour améliorer votre vitesse de lecture et votre compréhension par d'autres moyens. Certains d'entre eux sont une révision de techniques antérieures, d'autres sont nouveaux.

Déterminez l'ampleur de la tâche

Évaluez le travail que vous vous apprêtez à faire. Parcourez d'abord le texte et repérez les points importants. Repérez les titres et les sous-titres ; lisez le premier et le dernier paragraphe de plusieurs chapitres ; habituez-vous au style d'écriture propre à chaque auteur. Saisissez la forêt avant de vous concentrer sur les arbres. Non seulement vous garderez une vue d'ensemble, mais vous devriez être en mesure d'identifier les idées principales après un survol rapide.

Posez-vous des questions

En lisant le texte, posez des questions auxquelles vous souhaitez trouver des réponses. Anticipez ensuite les réponses à vos questions. Concentrez-vous sur vos intérêts et sur ce que vous voulez tirer de la lecture. Oubliez les informations non pertinentes. Il est impossible de se souvenir de tout ce que vous lisez, alors apprenez à en extraire ce qui est pertinent pour vous. Vous savez exactement ce que vous devez retenir de la lecture. À la fin de la lecture, vous aurez soit répondu à des questions et en aurez tiré quelque chose, soit vous aurez d'autres questions, et donc davantage de lecture.

Diminuez la subvocalisation

Comme nous l'avons vu plus tôt dans le livre, si la subvocalisation peut aider à la compréhension, elle ralentit considérablement la vitesse de lecture. Lorsque les enfants apprennent à lire pour la première fois, ils chuchotent les mots ou les prononcent doucement. Au niveau suivant, ils lisent silencieusement tout en bougeant les lèvres comme s'ils prononçaient chaque mot. En tant qu'adultes, nous prononçons les mots dans notre tête, c'est ce qu'on appelle la subvocalisation. Cependant, la subvocalisation ne nous permet pas de lire plus vite, car nous ne pouvons pas aller plus vite que nous ne parlons. La vitesse moyenne d'élocution est d'environ 150 mots par minute, alors que la vitesse moyenne de lecture est d'environ 200 à 300 mots par minute. Pour lire plus vite, il faut donc faire taire cette voix intérieure. Comment ? Écouter de la musique en lisant est utile. Au début, cela affectera votre compréhension. Mais rapidement, vous remarquerez que votre concentration augmentera. Paradoxalement, la musique qui vous distrayait auparavant vous aidera à vous concentrer et à apprendre plus vite. Pensez aux moments où vous mettez de la musique en bruit de fond, lorsque vous faites des tâches ménagères, ou quand vous vous trouvez à une fête. En général, vous la remarquez au début, mais elle s'estompe ensuite dans le paysage. Vous ne le remarquez qu'une fois de temps en temps. Il en va de même lorsque vous lisez en écoutant de la musique.

Lisez des groupes de mots

J'ai mentionné plus haut qu'il fallait lire des groupes de mots et non des mots. Voici comment mettre cela en pratique. Les enfants apprennent à lire en commençant par joindre les syllabes. Plus tard, ils joignent les mots pour comprendre les phrases. Nous nous arrêtons souvent là. Mais il existe un autre niveau : l'absorption de groupes de mots en une seule fois. Vous vous souvenez des colonnes du chapitre 5 ? Prenez un crayon et divisez la page en trois colonnes, de façon à ce que chacune d'entre elles contienne 2 à 4 mots à la suite. Essayez de les lire ensemble en sautant d'une colonne à l'autre. C'est plus facile que vous ne le pensez. Une fois que vous aurez pris le coup de main, vous n'aurez plus besoin des colonnes. Nous appliquons simplement la même règle que pour la compréhension des mots. Nous ne lisons pas chaque lettre, mais nous reconnaissons le mot dans son ensemble. Maintenant, au lieu de lire des mots séparés, vous en lisez des groupes en même temps.

Testez-vous

Posez-vous les questions suivantes : « Qu'est-ce que l'auteur essaie de dire ? En quoi cela diffère-t-il des autres choses que j'ai lues ? Quel est le lien avec d'autres documents que je connais ? » Lorsque vous comprenez quelque chose, vous commencez à l'apprendre. Utilisez cette méthode lorsque vous vous arrêtez en cours de lecture, plutôt que de relire une section. Résumez ce que vous venez de lire comme si vous aviez été interpellé par un professeur en classe et qu'il vous avait interrogé. Si cela vous semble correct, continuez à lire.

Ne vous contentez pas de consommer, créez

La connaissance n'est pas seulement quelque chose que l'on absorbe, mais plutôt quelque chose que l'on crée en tant qu'apprenant. Vous développez de nouvelles significations, de nouvelles connexions neuronales et de nouveaux modèles d'interactions électrochimiques en vous. L'apprentissage se produit lorsque vous intégrez vos nouvelles connaissances, puis les appliquez d'une manière ou d'une autre pour mettre en œuvre un nouveau processus de travail ou créer quelque chose de nouveau. L'application pratique de vos nouvelles connaissances est un excellent moyen d'exercer une nouvelle compétence.

Prenez des notes et écrivez. Ne tapez pas à l'ordinateur. S'il est bon de taper ses notes sur l'ordinateur pour la postérité, écrire à la main stimule les idées de manière plus efficace. Le simple fait de tenir et d'utiliser un stylo ou un crayon peut sembler démodé à notre époque, mais il suffit de penser à tous les visionnaires pour qui cela a fonctionné au fil des ans. De plus, même si la dactylographie est plus rapide que l'écriture manuscrite, la multifonctionnalité d'un ordinateur portable se prête bien plus aux distractions que l'écriture manuscrite. Même s'il facilite la prise de notes sur de grandes quantités d'informations, il suffit d'une notification, d'un son ou d'une pensée errante pour que, quelques clics plus tard, vous tombiez dans le piège de la distraction. Un article de la *National Public Radio* (NPR) cite une étude publiée par *Psychological Science*, selon laquelle les notes manuscrites obligent les personnes qui les prennent à sélectionner plus soigneusement les éléments qu'elles notent. Ainsi, s'il est possible que les utilisateurs d'ordinateurs portables saisissent davantage de notes, il y a fort à parier que les personnes qui écrivent à la main prennent de meilleures notes parce qu'elles identifient les informations les plus importantes tout en ignorant les points qui le sont moins. L'étude a testé cette hypothèse en montrant aux élèves des exposés TED sur divers sujets avant de leur poser des questions sur des faits, ce que les deux groupes ont réussi à faire de manière égale. Les questions basées sur des concepts ont toutefois nettement favorisé les notes manuscrites. La tentation d'écrire les choses mot pour mot était tout simplement trop forte pour être surmontée lorsqu'on utilisait un ordinateur portable.

Il ne s'agit là que de l'une des hypothèses testées pour déterminer si le fait de prendre des notes à la main ou à l'ordinateur a une incidence sur la mémoire et la rétention. La deuxième hypothèse a permis aux étudiants de revoir les notes qu'ils avaient prises entre le cours et l'examen. Les notes manuscrites ont encore donné de meilleurs résultats. La conclusion est que la prise de notes à la main exige un effort mental de la part du cerveau, ce qui favorise la compréhension et la rétention. La dactylographie des notes induit une approche plus irréfléchie, où l'on s'occupe de tout pendant qu'on le peut. Cette étude a éliminé la variable de la distraction en déconnectant internet sur chaque ordinateur portable. Même les étudiants les plus assidus peuvent se laisser distraire, et la plupart d'entre eux perdent 40 % du temps passé en classe à faire des choses qui n'ont rien à voir avec le cours ou leur travail. Une étude menée auprès d'étudiants en droit a montré que près de 90 % de ceux qui disposaient d'un ordinateur portable l'utilisaient pendant au moins cinq minutes pour des activités sans rapport avec leurs cours. Plus choquant encore, 60 % d'entre eux ont passé la moitié du cours à se distraire. En résumé, il est largement prouvé que les bons vieux papier et crayon sont bénéfiques pour la mémorisation.

Les mouvements d'écrémage recommandées par Evelyn Wood

Par ailleurs, d'autres experts proposent des stratégies et des techniques qui permettent d'améliorer la vitesse de lecture sans sacrifier la mémorisation. Beaucoup considèrent Evelyn Wood comme la pionnière qui a popularisé la lecture rapide avec son *programme d'apprentissage et de lecture rapide en sept jours*. Comme dans ce livre, elle promet de doubler la vitesse de lecture actuelle, d'améliorer la compréhension et la mémorisation de la lecture, d'aiguiser la concentration et, surtout, puisqu'elle destine son livre aux étudiants, de respecter les délais. Elle demande aux lecteurs d'utiliser une série de mouvements de main peu usuels pour garder leurs yeux engagés et en mouvement pendant qu'ils parcourent les informations sur la page.

Mouvement 1 : le méta-guidage altéré

La paume sur la page, les doigts joints mais détendus, le tout à plat, vous déplacez votre main le long de la page comme vous le feriez avec un métaguidage classique. Utilisez votre main pour donner le rythme à vos yeux. La différence majeure entre ses conseils et le méta-guidage dont nous avons parlé dans les chapitres précédents réside dans la façon dont vous passez d'une ligne à l'autre. Mme Wood recommande de lever les doigts au-dessus de la page, de 0,25 à 0,50 cm, ni plus ni moins, et d'amener la main en diagonale à l'endroit où commence la ligne suivante, en répétant ce mouvement jusqu'en bas de la page.

Mouvement 2 : forme en S

Le deuxième mouvement qu'elle décrit est un mouvement en S vers le bas de la page, se déplaçant de manière fluide d'un bout à l'autre de la page sans précipitation et en sautant une ligne ou deux au cours du processus. Les mouvements qu'elle décrit semblent augmenter en difficulté.

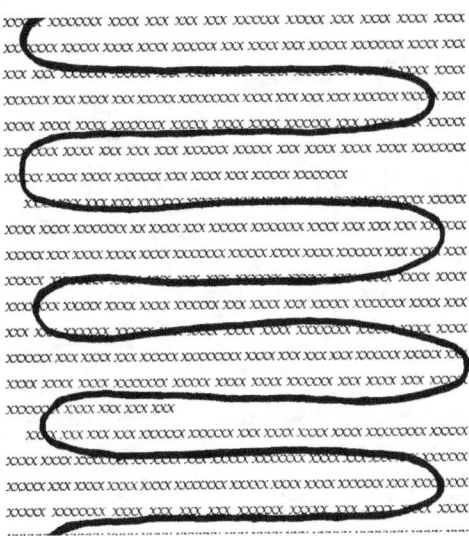

Mouvement 3 : forme en point d'interrogation

Le troisième mouvement est similaire au premier, mais au lieu de tracer des lignes, vous tracez une ligne en forme de point d'interrogation.

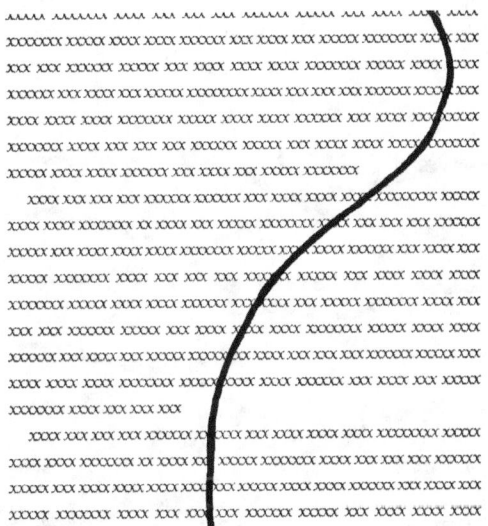

Mouvement 4 : forme en X

Pour le quatrième mouvement, Woods suggère d'utiliser une forme en X, en commençant en haut à gauche de la page et en se déplaçant en diagonale d'environ cinq lignes vers la marge droite. Une fois que vous avez atteint la marge droite, déplacez votre doigt vers le haut sur deux lignes de texte et répétez le premier mouvement dans la direction opposée (vers la marge gauche de la page). Là encore, vous montez de deux à trois lignes et descendez en diagonale de cinq lignes. Vous répétez ces mouvements en zig-zag, en « X » jusqu'à ce que vous atteigniez le bas de la page.

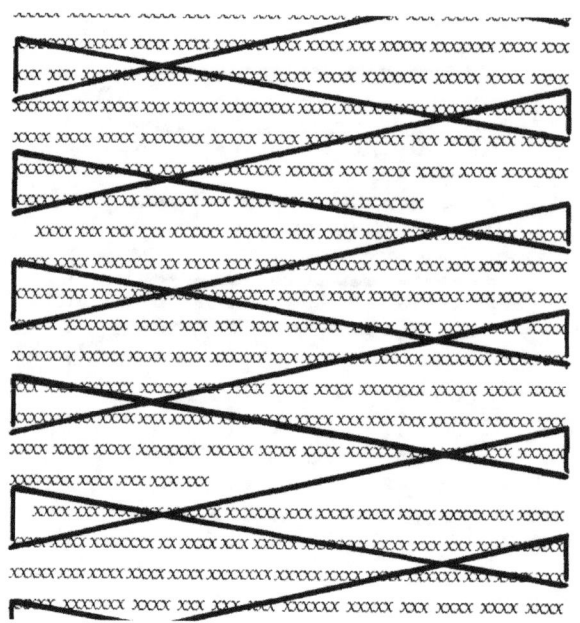

Mouvement 5 : la boucle

Le cinquième mouvement fait une boucle et suit une trajectoire similaire à celle du X, mais les mouvements sont plus doux, plus fluides. Imaginez que vous fassiez un 8. Créez ces boucles en descendant de cinq lignes et en remontant de deux (de gauche à droite puis de droite à gauche) jusqu'à ce que vous atteigniez le bas de la page.

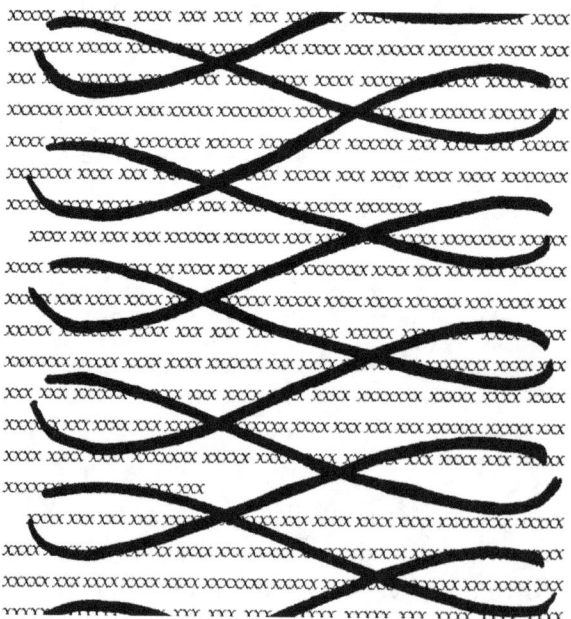

Mouvement 6 : forme en L

Le dernier mouvement qu'elle suggère est le mouvement en L, qui dérouterait toute personne ne sachant pas écrire en cursive. Comme pour le mouvement en boucle, vous vous déplacez vers le bas de la page en faisant des boucles. Cependant, au lieu de se déplacer vers la marge droite en diagonale, on lit tout droit sur une ligne avant de faire une boucle et de se déplacer de cinq lignes vers le bas en diagonale et dans le sens inverse de la lecture (vers la marge gauche). Pour ceux que cela intéresse, elle en propose quatre autres : le fer à cheval, le U, le pinceau et la demi-lune.

Une autre technique de méta-guidage similaire, beaucoup plus simple que les mouvements de main élaborés utilisés par Evelyn Wood, consiste à utiliser une fiche bristol blanche vierge. C'est logique. La fiche bristol permet de focaliser vos yeux sur les mots qui défilent sur la page. Cette meilleure concentration s'accompagne d'une meilleure rétention. Cependant, vous devez faire attention à ne pas régresser par inadvertance. Pour ce faire, vous pouvez suivre les conseils de l'article de *Fast Company*. Placez la fiche bristol au-dessus de la ligne que vous voulez lire. Non seulement cela empêche vos yeux de remonter la page, mais cela les encourage, voire les oblige, à continuer à descendre. Cela ajoute une barrière à la régression, car vous devez consciencieusement retirer la fiche du texte qui précède pour revoir les informations que vous avez déjà passées. Il y a cependant un petit inconvénient. Cette technique de la fiche bristol au-dessus de la ligne ne fonctionne pas très bien pour la lecture sur un ordinateur, car il faut tendre le bras pendant de longues périodes. Même si la fiche ne pèse presque rien, votre bras se fatiguera rapidement et vous empêchera d'utiliser cette technique. Mieux vaut ne pas le faire du tout et s'épargner la frustration. De plus, c'est un peu ridicule. De toute façon, si vous lisez pour gagner en rapidité, il vaut mieux que vous lisiez sur papier, car le texte à l'écran ralentit votre lecture d'environ 25 %.

Autres techniques de méta-guidage

En restant sur le thème de l'utilisation d'un méta-guide visuel, Kwik propose neuf autres astuces pour lire plus vite et maîtriser la surcharge d'informations dans un article pour *Alive.com* datant de 2017.

Tout d'abord, il suggère de consulter un optométriste pour faire contrôler vos yeux, si vous ne l'avez pas fait récemment. Si ce n'est pas le cas, assurez-vous que votre vue est au maximum de son potentiel. Utilisez vos lunettes de vue ou de lecture.

Ensuite, il insiste sur l'importance de trouver un lieu de lecture approprié. Il s'agit souvent de trouver un équilibre entre un confort propice au sommeil et un niveau de vigilance distrayant. Vous pourriez choisir de vous allonger avec des couvertures et des oreillers, mais vous vous endormiriez probablement avant d'aller plus loin. D'un autre côté, vous pourriez faire tourner la climatisation à plein régime, mais trop de froid vous déconcentrerait. Il est préférable d'être à l'aise, mais vigilant. Gardez la pièce froide, ce qui favorise la vigilance, mais pas au point de vous déconcentrer. Utilisez un oreiller si nécessaire, mais ne vous inclinez pas et ne vous allongez pas, car trop de détente entraîne la somnolence.

Kwik insiste également sur la nécessité de trouver des points d'ancrage positifs qui peuvent influencer votre lecture, car ils peuvent renforcer les bonnes images que vous avez de vous-même en tant que lecteur et discréditer les mauvaises que vous avez pu développer en cours de route. La positivité calme vos nerfs et vous détend, ce qui est essentiel à l'assimilation d'informations. Nombre de ces points d'ancrage positifs sont liés à la relaxation et au confort, mais ils contribuent également à maintenir l'attention. Essayez par exemple d'utiliser la lumière naturelle. Vous vous fatiguez les yeux lorsque vous lisez dans une lumière faible ou fluorescente. Éteignez les lumières, installez-vous près d'une fenêtre, ouvrez les rideaux et laissez la lumière du soleil s'installer sur les pages. À défaut, certaines ampoules peuvent imiter la lumière naturelle. Une musique proche d'un rythme cardiaque régulier, environ 60 battements par minute, peut également détendre votre corps et favoriser un état d'apprentissage plus intense. La meilleure méthode de relaxation consiste sans doute à s'asseoir bien droit, en adoptant une bonne posture pour éviter les tensions musculaires, et à respirer longuement et profondément. Essayez d'utiliser la technique de respiration 3-2-4, en inspirant par le nez pendant trois secondes, en retenant votre souffle pendant deux secondes et en expirant pendant quatre secondes. Cette technique permet à votre cerveau d'être bien alimenté et de fonctionner au maximum de ses capacités. De même, le fait de tenir votre livre droit vous évitera de vous pencher en avant et vous permettra de regarder la page en face. Rester hydraté aidera également votre cerveau, car il fonctionne moins bien lorsqu'il est déshydraté. De plus, votre estomac essaiera de vous inciter à manger, alors qu'en réalité, vous avez simplement soif. En gardant de l'eau à portée de main, vous éviterez de vous rendre à la cuisine pour grignoter et vous resterez concentré sur la tâche à accomplir.

Les distinctions entre cerveau droit et cerveau gauche

Le dernier point de Kwik, en ce qui concerne le rythme visuel : utilisez l'ensemble de votre cerveau. Méta-guidez votre lecture avec votre main gauche pour engager votre cerveau droit, équilibrer votre fonction neuronale et enrichir votre expérience de lecture. Toute personne familiarisée avec la science du cerveau gauche par rapport au cerveau droit vous dira que c'est logique. Les enfants, en particulier ceux qui ont reçu un diagnostic de dyslexie, ont du mal à apprendre à lire parce que les méthodes d'enseignement élémentaires s'adressent davantage aux processus du cerveau gauche. Plutôt que d'apprendre à lire un mot en abordant chaque partie et en arrivant au tout, les élèves au cerveau droit font l'inverse. Ils apprennent en voyant le mot dans son ensemble, puis en le disséquant en ses différentes parties. Selon la méthode dite « gloable », cela signifie qu'ils apprennent le mot en se basant sur son apparence plutôt que sur sa sonorité. La phonétique n'est pas d'un grand secours pour ces enfants, puisqu'il s'agit d'identifier des parties de mots qui sont ou qui sonnent de la même façon ou différemment. À plus grande échelle, les processus du cerveau droit s'appuient sur le contexte plutôt que sur la séquence. Les élèves au cerveau gauche lisent généralement chaque mot de manière systématique et ordonnée, développant progressivement une compréhension du passage au fur et à mesure qu'ils assemblent les mots pour construire un sens basé sur chaque mot en tant que partie de l'ensemble. Les enfants au cerveau droit, en revanche, prennent plusieurs mots et phrases avant de les traiter comme un tout, puis recherchent des indices contextuels et développent une image mentale de la signification de chaque mot et de chaque phrase. D'un point de vue plutôt pratique que pédagogique, cela signifie que les exercices progressifs comme la phonétique ennuient les enfants au cerveau droit, car il n'y a pas d'unités plus petites à diviser. Ils préfèrent apprendre à l'aide de livres réels et significatifs. Pour emprunter une analogie, les élèves au cerveau gauche pourraient être plus enclins à vouloir apprendre les mouvements et les techniques exacts de la natation avant même de se mouiller. Les enfants au cerveau droit, en revanche, seraient plus enclins à plonger dans la piscine et à s'intéresser aux détails plus tard.

En sollicitant votre cerveau droit autant, sinon plus, que votre cerveau gauche, vous tirerez parti de votre tendance à lire d'un point de vue global, en examinant l'ensemble de ce que vous lisez afin d'en déterminer le contexte général. Comme un enfant au cerveau droit, il omettra des détails, sautera des mots, passera rapidement sur les mots et ne voudra pas s'arrêter pour les écouter. Après avoir obtenu suffisamment d'informations de la lecture pour se faire une idée globale des messages, des thèmes et des points véhiculés, l'enfant au cerveau droit passe à autre chose, laissant de côté les détails non essentiels et ne perdant pas de temps à s'y attarder. Les processus du cerveau droit impliquent la formation d'indices visuels et tendent à adhérer à la lecture silencieuse, même s'il leur arrive de lire à haute voix pour eux-mêmes, ce qui rend d'autant plus importante la remarque de Kwik sur l'environnement de lecture. Bonne nouvelle, donc, pour les personnes au cerveau droit : vos tendances neuronales peuvent être un facteur déterminant de votre capacité à lire rapidement. Les gauchers n'ont rien à craindre. Bien que nous ayons tendance à classer les gens en deux catégories (cerveau gauche ou cerveau droit), tout le monde a la capacité d'utiliser les deux côtés du cerveau. Le fait que vous privilégiez le côté qui ne fait pas naturellement toutes ces choses ne signifie pas que vous en êtes incapable. Il vous faudra peut-être un peu plus de pratique et de travail, mais vous pourrez, vous aussi, maîtriser l'efficacité de la lecture rapide, car le côté du cerveau vers lequel vous penchez ne détermine pas la limite de vos capacités.

Vous vous demandez alors comment débloquer les capacités de ce cerveau droit magique. Le côté droit du cerveau attend l'arrivée des informations textuelles via le corps calleux, explique David Butler dans son livre *Speed Reading with the Right Brain* (*La lecture rapide avec le cerveau droit*). Même si la plupart des écrits sur le fonctionnement du cerveau en général s'adressent au cerveau gauche, le cerveau droit contrôle une compréhension efficace. Pour comprendre ce que cela signifie exactement, les concepts et les images visuelles se forment grâce à l'activité du cerveau droit. Dans l'ensemble, comme le montre l'explication précédente sur la manière dont les enfants apprennent, le cerveau droit examine des images ou des idées dans leur ensemble et déchiffre les schémas et les connexions au sein de l'information. Comprenant un traitement cognitif d'ordre supérieur, le côté droit interprète les informations à des vitesses plus élevées et avec une attention plus holistique à la vue d'ensemble. C'est ce qui explique le monopole du cerveau droit sur l'imagination, l'intuition, la reconnaissance des visages et l'art. Le cerveau droit traite simplement les données plus rapidement et à un volume plus élevé que le cerveau gauche, ce qui signifie que lire avec le cerveau gauche est à peu près aussi utile, comme le note Butler, que de faire passer des informations à travers une paille.

Mais ce n'est pas tout. Une fois que le traitement a eu lieu dans les deux parties du cerveau et entre les parties droite et gauche, le cortex préfrontal prend le relais. C'est là que réside la conscience, qui régule les informations, module les impulsions et coordonne les données provenant des autres parties du cerveau. C'est à cet endroit central que les projets sont formulés, les décisions prises, les erreurs repérées et les habitudes rompues. Plus important encore pour l'exercice de la lecture, la mémoire de travail fonctionne dans le cortex préfrontal. Ce système n'est pas parfait, car les émotions peuvent affecter cette zone du cerveau. La dopamine, le neurotransmetteur qui transmet la joie et le plaisir dans le cerveau, sert d'amorce à l'action et renforce en fait ses signaux d'information, ce que Butler souligne à dessein dans le livre. Des informations répétées, rythmées, structurées et facilement visualisables aident le cortex préfrontal à se souvenir plus facilement des informations.

Pour mobiliser votre cerveau droit, Martha Beck propose donc quelques exercices destinés à réveiller cette partie du cerveau qui est quelque peu négligée dans notre monde hyperrationnel. Tout d'abord, elle recommande de signer son nom de toutes les façons possibles et imaginables. De droite à gauche, à l'endroit et à l'envers, toutes les directions doivent être explorées au mieux. Deuxièmement, ayez une conversation avec deux personnes différentes en écrivant une question avec votre main droite, puis en y répondant avec votre main gauche et avec tout ce qui vous vient à l'esprit, quelle que soit votre main dominante. Votre main non dominante écrira certainement de façon tremblante, mais ne vous inquiétez pas, ce n'est pas la question. Ce qui est important, c'est de remarquer que votre main gauche a sa propre personnalité. Cela peut paraître étrange, et ça l'est en quelque sorte, mais ce qui l'est encore plus, c'est que votre cerveau droit sait des choses que vous ne savez pas que vous savez. Il évalue vos sensations physiques et mentales et propose souvent des solutions.

Apprendre de nouveaux mouvements aidera votre cerveau droit à s'activer puisque les mouvements ne lui sont pas familiers. Vous avez du mal à penser à quelque chose ? Beck prend l'exemple de la marche. Au lieu de balancer les bras à l'opposé des jambes, balance-les du même côté. Essayez différentes variantes, en reculant, en fermant les yeux, tout ce qui vous semble difficile mais réalisable. Ensuite, mettez le paquet et surpassez-vous. Dans ce cas, une fois que vous aurez activé votre cerveau droit, commencez à lire à un rythme effréné, plus rapidement que vous ne l'auriez cru possible auparavant. Dans d'autres applications, vous pouvez essayer de vous attaquer à un problème qui vous tracasse. Au lieu de ruminer ce problème, lorsque votre cerveau droit est activé, lisez plusieurs choses différentes, détendez-vous, faites des tâches ménagères, ou tout autre chose que de ruminer le problème. Cependant, engagez le cerveau droit par intermittence avant de le laisser tomber et de continuer à faire autre chose. Selon Beck, cela provoque des révélations, semblables aux moments d'eurêka. En sollicitant davantage d'idées par le biais d'activités, votre cerveau trouve les premières solutions potentielles qui ne sont peut-être pas bonnes. Encourager le cerveau à produire des solutions permet d'en trouver de plus en plus, en particulier lorsque le cerveau droit prend le relais. L'activation du cerveau droit pour la lecture rapide n'est pas une fin en soi, mais vous permet de déposer davantage d'informations dans cette partie de votre cerveau. Lorsque vous l'activerez à nouveau pour résoudre un problème, les informations obtenues en lecture rapide avec le côté droit de votre cerveau devraient s'y trouver et devenir un facteur important pour accroître l'efficacité de votre lecture rapide.

La lecture basée sur le triage

Abby Marks Beale estime que le choix du texte et des combats à mener est peut-être le facteur le plus important pour l'efficacité de la lecture rapide. Compte tenu du temps limité dont vous disposez, quelles que soient vos prouesses en matière de lecture rapide, vous devez choisir ce que vous avez le temps de lire et ce que vous n'avez pas le temps de lire. Comme dans un service d'urgences, certaines choses, comme une crise cardiaque, ont la priorité sur d'autres, comme une indigestion, pour rester dans l'exemple qu'elle utilise. En d'autres termes, vous devez effectuer un tri sur votre liste de lecture. Dans votre grande pile de livres et d'articles à lire, vous avez quelques crises cardiaques et quelques cas d'indigestion. L'identification des crises cardiaques vous permet d'avancer dans votre lecture, contrairement aux cas d'indigestion. Cela ne veut pas dire qu'il ne faut pas lire les livres qui ne sont pas importants. Les cas d'indigestion doivent également être résolus. Ils sont simplement moins prioritaires.

Définition de l'objectif

Non seulement vous devez avoir une idée précise de la lecture qui est la plus importante, mais Beale vous recommande également de savoir exactement ce que vous voulez tirer de la lecture en ayant à portée de main des questions qui comprendront votre objectif de lecture. Ces questions guideront votre lecture et vous inciteront à y participer activement en cherchant les réponses. Elle appelle cela la définition de l'objectif et écrit 8 à 10 questions sur une fiche ou un carnet avant d'ouvrir le livre. Elle va encore plus loin en affirmant que la lecture seule ne suffit pas. Selon elle, il faut appliquer ce que l'on lit pour mieux le retenir. Mon professeur d'anglais au lycée nous donnait le mot du jour avant chaque cours. Chaque jour, sans exception, elle nous disait que nous devions l'utiliser trois fois avant de nous l'approprier et de pouvoir l'utiliser pour nous-mêmes. De même, la connaissance sans l'application ne vous mène pas loin. Pour tirer pleinement parti de vos lectures, vous devez les manifester dans le monde réel d'une manière ou d'une autre. Beale propose un test décisif : être capable d'ajouter trois tâches à sa liste de choses à faire ou de projets qui reflètent ce que l'on a appris de la lecture. La révision de la liste pour réfléchir à la manière dont vous avez adapté la lecture à votre vie doit faire le lien avec l'étape de définition de l'objectif et démontrer une nouvelle compétence ou un nouvel élément de connaissance.

L'évaluation de vos progrès, que ce soit de manière abstraite comme le fait Beale, ou dans le cadre d'un processus plus tangible comme le projet PX, une expérience cognitive unique d'une durée de trois heures, est nécessaire à votre expérience globale. Si vous ne savez pas où vous aboutissez, vous ne comprenez pas vraiment votre progression, qui peut se traduire par une augmentation de la vitesse de lecture allant jusqu'à 386 %, comme dans le cas de Tim Ferriss. Les résultats du projet PX sont stupéfiants, presque trop beaux pour être vrais. Pour démontrer l'efficacité du projet, il a été réalisé avec des locuteurs de cinq langues différentes et des dyslexiques. Chacun d'entre eux a été soumis à un conditionnement qui a permis d'atteindre une vitesse de lecture de documents hautement techniques de 3 000 mots par minute, soit 10 pages par minute, 1 page toutes les six secondes. Le projet PX fonde ses méthodes sur une compréhension de base du système visuel humain, éliminant les inefficacités tout en augmentant la vitesse, sans le coût de la rétention. Dans un article paru dans le Huffington Post, Ferriss présente le mécanisme du projet sous la forme d'une série d'exercices. Les domaines ciblés, la minimisation des fixations, l'élimination de la régression et du retour en arrière, l'utilisation d'exercices de conditionnement pour maximiser l'étendue de la vision périphérique horizontale et les mots que vous enregistrez dans chaque fixation, vous seront familiers grâce aux pages précédentes de ce livre.

La première technique consiste à lire deux lignes en une seconde avec l'aide d'une règle, sans tenir compte de la compréhension, au fil de la page. La deuxième technique élargit votre perception en commençant par un mot à partir du premier mot de chaque ligne et en terminant par un mot à partir du dernier, toujours sans tenir compte de la compréhension. Ferriss invite le lecteur à répéter cette tâche deux fois de plus, une fois en utilisant le deuxième mot au début et à la fin de chaque ligne, et l'autre en utilisant le troisième mot à la fin de chaque ligne, une fois de plus sans tenir compte de la compréhension. Il demande ensuite au lecteur de calculer sa vitesse de lecture en nouveaux mots par minute. Il précise que même si vous pouvez lire jusqu'à trois fois plus vite que précédemment, vous ne devez pas utiliser cette capacité pour lire trois choses. Au lieu de cela, lisez la même chose trois fois et améliorez votre compréhension.

Wade Cutler promet de *tripler votre vitesse de lecture* dans son livre ainsi nommé, consacrant les trente premières pages environ à vos compétences actuelles en matière de lecture et aux obstacles qui vous empêchent d'atteindre des vitesses de lecture plus élevées. Il identifie un grand nombre de points communs avec ce livre : le fait de ne pas parvenir à prévisualiser le contenu devant soi, les mouvements oculaires et les régressions inutiles, une mauvaise vision, la vocalisation et la subvocalisation. La vocalisation générale n'est pas un sujet dont nous avons beaucoup parlé, mais elle comprend les mouvements des lèvres, de la langue, de la mâchoire, de la pomme d'Adam et du diaphragme, diverses manifestations inaudibles au moment de la lecture. Il ajoute d'autres faiblesses diverses, telles que le pointage/marquage, le repérage manuel et la lenteur à tourner les pages. Si Cutler consacre beaucoup de temps aux obstacles à la lecture rapide, il propose tout autant d'exercices pour augmenter votre vitesse de lecture. En suivant le milieu de trois colonnes de lettres tout en lisant de gauche à droite, puis des variations progressivement plus compliquées, il suit des théories similaires à celles de Cole et Frank sur l'augmentation de l'amplitude oculaire. Il élargit la gamme des lettres et les mélange en groupes de trois et quatre. Les colonnes peuvent aller jusqu'à sept, tandis que les colonnes intérieures deviennent de plus en plus compliquées. Il propose ensuite au lecteur des exercices sur le même modèle pour apprendre à lire en rythme et en bloc. En passant à une colonne fine de type journal, Cutler propose une application plus pratique des compétences. L'objectif est d'obtenir une fixation par ligne. Il augmente ensuite la difficulté à une fixation par deux lignes.

Dans la partie suivante du livre, Cutler présente ce qu'il appelle la méthode des deux arrêts, qui ressemble à un S ou à un Z. En répétant la tendance à l'élargissement des colonnes, il fait d'abord rebondir les yeux entre deux colonnes larges. Ils se rapprochent lentement au fur et à mesure que les colonnes s'élargissent. La modulation qui s'ensuit a pour but d'exercer vos yeux et de les aider à suivre de manière cohérente les différentes colonnes. Elle ressemble beaucoup à la méthode Eye-Hop mise au point par Ron Cole. En guise de test, Cutler fournit des extraits de lectures pour illustrer son propos, afin que vous puissiez appliquer instantanément vos nouvelles compétences et les tester pour voir si vous les avez bien assimilées. Il ajoute un poème d'Edgar Allan Poe, le célèbre *La Barrique d'amontillado* un chapitre de *L'île au trésor* et de *L'étrange cas du Dr Jekyll et de Mr Hyde* de Robert Louis Stevenson et un autre de *La machine à explorer le temps de H. G. Wells*, . Chaque chapitre est plus ou moins long et plus ou moins difficile, et les tests imitent les interrogations de compréhension de lecture d'une classe de lycée. Il attribue des caractéristiques de longueur de livre pour donner au lecteur une liste à suivre et d'autres tests pour déterminer leur capacité de lecture.

Résumé du chapitre

- Pour suivre la création accélérée d'informations, la lecture peut être votre arme dans la course aux armements de la connaissance, et le fait d'avoir lu jusqu'ici vous a permis de faire un pas de plus. Voici six autres conseils pour améliorer votre vitesse de lecture.

- Mesurez votre tâche avant de vous y atteler. Ne vous lancez pas à l'aveuglette. Examinez attentivement le texte que vous allez lire et prenez des notes mentales sur ce qui vous attend.

- Posez des questions pendant votre lecture. Il y a de fortes chances que l'auteur ait voulu éveiller votre curiosité afin de pouvoir la satisfaire plus tard dans le texte. De plus, cela vous aidera à suivre les grandes idées et à peut-être vous poser des questions qui vous inciteront à poursuivre votre lecture.

- Diminuer la subvocalisation. Votre vitesse de lecture est beaucoup plus rapide que votre vitesse d'élocution. Lorsque vous prononcez les mots, même de manière cognitive, vous limitez votre potentiel. Faire taire cette voix peut augmenter votre vitesse de lecture. Ne vous préoccupez pas de la compréhension, car à ce stade, vous utilisez d'autres tactiques pour compenser ce que vous perdez.

- Lisez des groupes de mots. Divisez chaque page en trois ou quatre colonnes à l'aide d'un crayon et entraînez-vous à les parcourir dans l'ordre séquentiel, ligne par ligne. N'utilisez pas cette méthode sur un livre que vous ne pouvez pas annoter.

- Interrogez-vous au fur et à mesure pour garder la mémoire fraîche. Posez des questions et faites des liens avec autant de points de la lecture que possible.

- Sur ce thème, créez au fur et à mesure. Référez-vous à des lectures connexes et développez de nouvelles associations que votre cerveau pourra suivre. La connaissance n'est pas seulement absorbée, elle est créée. La lecture active facilite ce processus.

- Prenez des notes à la main. Des études montrent que cette méthode favorise la rétention de la mémoire bien plus que le fait de taper sur un clavier. Si vous êtes encore sceptique, pensez aux innombrables personnes qui écrivaient à la main avant l'invention de l'ordinateur ou de la machine à écrire. Vous trouverez des gens très intelligents.

- Dans son livre *How to Fly with Your Hands*, Evelyn Wood a publié en 1959 l'un des premiers guides de lecture rapide en faisant des mouvements de main intéressants. Elle les a conçus pour déplacer l'œil et le suivre sur la page de différentes manières. L'objectif est le même que celui du méta-guidage, à savoir rythmer le regard sur la page et uniformiser la vitesse de lecture.

- Essayez de placer une fiche bristol sur la page comme méta-guide. Une méthode acceptable consiste à placer la fiche sous la ligne que vous êtes en train de lire, mais veillez à ne pas revenir sur les informations que vous venez de lire au-dessus de cette ligne. Une tactique plus efficace consisterait à placer la fiche bristol sur la ligne au-dessus de celle que vous essayez de lire, afin de réduire considérablement, voire d'éliminer, les régressions. De plus, cela obligera vos yeux à continuer à avancer vers le bas de la page, ce qui augmentera vos progrès par rapport au placement alternatif. Le seul hic, c'est que la fiche bristol ne fonctionne pas bien avec un écran d'ordinateur, car vous devez la tenir avec votre bras tendu. Cela peut vous fatiguer rapidement, mais ce n'est pas grave, car lire sur du papier plutôt que sur un écran vous évite de perdre 25 % de votre vitesse.

- Jim Kwik, que j'ai mentionné plus tôt dans le chapitre 5, a quelques informations intéressantes qui vont au-delà de l'acte de lecture. L'environnement dans lequel vous lisez affecte votre lecture autant que n'importe quoi d'autre. Il en va de même de votre posture et d'un élément aussi fondamental que la façon dont vous tenez le livre. Le fait de rester hydraté a également un effet. Le point le plus perspicace est peut-être la manière dont il suggère d'utiliser votre cerveau, c'est-à-dire de le solliciter pleinement. La lecture est souvent associée au cerveau gauche en raison de la logique sur laquelle elle repose. Cependant, en analysant la manière dont les enfants au cerveau droit apprennent, et plus particulièrement apprennent à lire, on constate que les mêmes choses que vous cherchez à faire pour la lecture rapide apparaissent. Se concentrer sur l'image conceptuelle globale, omettre des détails mineurs, sauter des mots et, surtout, passer à autre chose en laissant de côté les détails inessentiels, voilà qui ressemble aux meilleures pratiques de la lecture rapide.

♦ Mobilisez votre cerveau droit lorsque vous lisez. Kwik suggère d'utiliser la main gauche pour méta-guider, ce qui peut être une méthode efficace pour réveiller ce côté du cerveau. Cependant, vous pouvez faire un effort encore plus important pour activer votre cerveau gauche en signant votre nom de toutes les manières possibles, en ayant des conversations avec deux personnes à la fois, en apprenant de nouveaux mouvements, puis en vous surpassant et en mettant le paquet, comme le conseille Martha Beck. L'activation du cerveau droit n'accélérera pas nécessairement votre lecture. C'est un choix plus conscient que vous faites. Le sous-produit, cependant, se révélera être une meilleure compréhension de ce que vous lisez rapidement, puisque les activités de lecture rapide s'alignent sur celles du cerveau droit, comme nous l'avons mentionné précédemment.

♦ Abby Marks Beale vous encourage à choisir vos batailles et à donner la priorité aux lectures les plus importantes que vous voulez faire, un peu comme un service d'urgences traite d'abord les cas les plus importants. Elle recommande de se poser 8 à 10 questions avant de lire, afin de se fixer un objectif et de se guider vers le but à atteindre en lisant ce que vous avez sous les yeux. Ensuite, utilisez réellement ce que vous avez appris en lisant, car l'application stimule considérablement la rétention. Comme mon professeur d'anglais avait l'habitude de le dire, utilisez-le trois fois et vous vous l'approprierez. Elle se référait aux mots du jour, mais le principe reste le même. Mme Beale ajoute trois tâches à sa liste de choses à faire ou de projets qui reflètent ses lectures. En examinant la liste, vous réfléchissez à ce que vous avez ajouté à votre vie en lisant ce texte.

♦ Tim Ferriss proclame les bienfaits du projet PX, se vantant d'une augmentation de 386 % de sa vitesse de lecture après une leçon de trois heures. En incorporant le méta-guidage, l'expansion de la perception visuelle et le regroupement des mots, il propose des techniques qui, lorsqu'elles sont répétées suffisamment souvent, entraînent des augmentations stupéfiantes de la vitesse de lecture. Grâce à une compréhension approfondie du système visuel humain, le projet PX élimine les inefficacités afin d'augmenter la vitesse et de maintenir la rétention.

♦ Wade Cutler prétend pouvoir tripler votre vitesse de lecture grâce à une série de techniques qui ressemblent aux colonnes proposées par Steven Frank dans son livre. Cependant, Cutler les fait varier en fonction de la largeur, du nombre de lettres et de la difficulté, allant de trois colonnes de lettres simples à des passages de romans. En consacrant beaucoup de temps à l'élimination des obstacles à la lecture rapide, Cutler aborde un domaine qu'aucun autre expert n'aborde : la vocalisation. Similaire en principe à la subvocalisation, elle implique des tics ou des habitudes que les lecteurs ont et qui imitent la parole. Il identifie les mouvements des lèvres, de la langue, de la mâchoire, de la pomme d'Adam et même du diaphragme. Ces mouvements ont le même effet que la subvocalisation et ralentissent la lecture dans certaines circonstances.

CONCLUSION

Faites une pause. Repensez à l'état d'esprit dans lequel vous vous trouviez lorsque vous avez ouvert ce livre. Vous avez fait beaucoup de progrès. Il est fort possible que vous ayez commencé ce voyage vers les prouesses de la lecture rapide avec une vague idée de ce qu'elle impliquait. Après avoir lu, vous avez pris connaissance des avantages que la lecture rapide peut vous apporter. L'éventail est très large, allant de la simple capacité à assimiler davantage d'informations à l'amélioration de la confiance en soi, en passant par l'avancement professionnel ou l'amélioration des pratiques de méditation, que vous le sachiez ou non. Je vous ai donné un aperçu préliminaire de ce que vous pouvez attendre de ce livre et des bénéfices que vous pourrez en tirer à ce stade, ici, à la fin. Vous êtes le seul à savoir ce qu'il en est. J'espère que vous êtes resté impliqué, que vous avez appliqué les techniques et que vous avez suivi vos progrès. Au début, vous avez peut-être entretenu certains mythes sur la lecture rapide, que nous avons immédiatement réfutés dans le deuxième chapitre. Ces mythes étaient les suivants : vous pouvez lire 10 000 mots par minute, la subvocalisation vous empêche de lire plus vite (c'est le cas, mais vous ne devez pas vous soucier de l'éliminer avant d'avoir atteint un stade d'apprentissage avancé), et vous vous entraînez automatiquement à lire plus vite lorsque vous lisez normalement.

Je vous ai encouragé à accepter votre capacité de lecture, quelle qu'elle soit, avant de vous plonger dans ce livre. La compréhension et l'évaluation de soi permettent d'analyser les points à améliorer et les domaines sur lesquels il faut se concentrer. Être honnête avec soi-même peut être un défi, tout comme la lecture, d'autant plus qu'il ne s'agit pas d'un paramètre par défaut de la condition humaine. Sur cette base abstraite, le chapitre quatre vous en a donné une plus concrète en calculant votre vitesse de lecture. Il vous a également fourni un point de repère en indiquant les vitesses pour différents niveaux de lecture.

Le chapitre cinq a entamé le processus de transformation qui fera de vous un lecteur rapide. Il vous a donné toutes sortes de techniques à essayer lorsque vous pratiquez votre lecture rapide, de la fixation d'un objectif, jusqu'à l'écrémage, la réduction de la subvocalisation, la lecture de groupes de mots, le méta-guidage, la visualisation rapide en série, l'évitement de la régression et la limitation des fixations. Il se peut qu'à l'origine, ces méthodes aient considérablement augmenté votre vitesse de lecture, mais vous avez peut-être constaté une baisse de la compréhension.

Le chapitre six a remédié à cette situation en vous donnant des solutions pour remédier à une baisse de la rétention. Il s'agit notamment de la visualisation, de la suppression de certains mots et de certaines phrases parce qu'ils sont trop compliqués, de l'enrichissement du vocabulaire et du jeu du rappel.

Ces conseils et astuces ne suffisent cependant pas, comme l'explique le chapitre sept. L'un des meilleurs moyens d'améliorer sa lecture est de la pratiquer davantage. La seule réserve est qu'il faut lire en pleine conscience. Les livres faciles à lire constituent un bon point de départ, car l'hypothèse de l'*input* développée par Stephen Krashen suggère que les textes dont les mots ne dépassent pas un seuil de connaissance de 95 % rendent encore plus difficile l'engagement de poursuivre la lecture. Ce chapitre a présenté quelques méthodes utiles pour mettre en place une routine de lecture, comme se concentrer sur les éléments constitutifs de l'habitude, faciliter le démarrage, lire des livres parce qu'ils vous plaisent, garder vos options ouvertes en changeant de livre et passer à des livres plus difficiles en élargissant d'abord vos bases par la recherche.

Le suivi de vos lectures est peut-être le plus important, surtout si vous avez besoin d'un renforcement positif pour conserver votre habitude. Il existe de nombreuses façons de procéder, la première étant de chronométrer régulièrement vos lectures afin de vérifier où vous en êtes. Un bon vieux journal de lecture dans un agenda ou un carnet de notes ne manquera jamais de vous maintenir sur la bonne voie, à condition que vous ne vous en écartiez pas. À l'ère du numérique, de plus en plus de fonctionnalités peuvent être transférées en ligne, où Babelio, Google Spreadsheets, Trello et Pinterest peuvent documenter vos lectures, vous mettre en relation avec d'autres lecteurs ou vous exposer à davantage de contenu. En cas de doute, pour compléter ou remplacer l'un de ces outils, une véritable pile de livres peut constituer une liste de lecture adéquate, surtout si vous aimez jongler avec plusieurs livres et en garder un ou deux à portée de main.

La meilleure façon d'y parvenir, et une tactique que de nombreuses personnes utilisent probablement déjà, est d'écrémer et de repérer votre lecture tout en retenant les informations importantes. Il est important de dissiper les idées fausses. L'écrémage et le repérage ne consistent pas à jeter un coup d'œil rapide sur les pages et à les tourner, en espérant que l'information s'écoule facilement et sans effort. Il existe un compromis inhérent entre la vitesse et la rétention, mais l'écrémage et le repérage en tiennent compte. Il ne s'agit pas d'une solution temporaire, ni d'une atteinte au ton de l'auteur ou d'un manque de respect à l'égard du choix minutieux des mots. Au contraire, ces méthodes requièrent une approche dédiée et attentive à toute lecture. On commence par quelque chose de simple, en sachant ce que l'on veut en tirer, par le biais d'une pré-lecture ou de sa propre évaluation. Ensuite, vous lisez verticalement autant, sinon plus, qu'horizontalement, tout en vous mettant à la place de l'auteur pour comprendre les stratégies et les raisons qui sous-tendent le texte. Soyez sélectif dans ce que vous choisissez de lire, par exemple, lisez la première phrase d'un paragraphe, mais pas nécessairement toutes les phrases complètes ou tous les exemples.

Enfin, le chapitre dix devrait vous avoir laissé des méthodes plus avancées pour la lecture rapide. Pour garder une longueur d'avance dans un monde numérique compétitif, il faut évaluer ses tâches, poser des questions, réduire la subvocalisation, lire des groupes de mots, se tester, appliquer sa lecture en créant des connaissances après avoir lu, et prendre des notes à la main et non avec un ordinateur. L'une des principales stratégies énumérées dans ce chapitre, et non mentionnée dans le chapitre cinq, consiste à faire appel à votre cerveau droit, ce qui peut potentiellement améliorer votre compréhension. Cette stratégie permet à l'information d'être traitée par les deux côtés du cerveau. Le côté gauche contribue aux fonctions logiques et facilite vos efforts pour déposer les connaissances dans votre mémoire à long terme. Le côté droit du cerveau traite les informations à un rythme nettement plus rapide. Il est donc judicieux et efficace de lui transmettre autant d'informations que possible, en particulier lorsque vous lisez pour gagner en rapidité. Des témoignages d'experts étayent ce chapitre et vous présentent des méthodes uniques et constructives, qui s'appuient sur certaines des méthodes présentées plus haut dans le chapitre ou qui refont surface depuis le chapitre cinq.

Comme vous l'avez peut-être remarqué, ces conseils se renforcent les uns les autres. Certaines techniques simples introduites dans l'exposé du livre reviennent plus tard sous des formes différentes et plus compliquées. Ne les confondez pas, par exemple, le méta-guidage à l'aide d'un stylo est différent du méta-guidage à l'aide d'une fiche bristol, qui est différent de l'utilisation de la main gauche, ou de l'utilisation des mouvements de main en apparence ridicules, comme le suggère Evelyn Wood. Si vous utilisez ces conseils conjointement, vous lirez plus vite et retiendrez plus de choses sans essayer activement de le faire (bien que ce ne soit pas le sujet, vous devriez certainement essayer activement d'améliorer votre rythme de lecture). Je ne peux pas vous garantir que vous serez capable, comme par magie, de lire n'importe quel ouvrage à un rythme de 1 500 mots par minute. Ce n'est pas en claquant des doigts que l'on se retrouve le lendemain matin à se lever, à prendre un livre et à le lire comme le ferait un super-héros. Nous avons déjà dissipé ces idées fantaisistes. C'est à vous de prendre en charge votre propre lecture et d'intégrer les méthodes, techniques, conseils et astuces que je vous ai proposés de la manière qui vous convient le mieux. Considérez ces solutions à votre problème, tel un manuel d'instruction pour votre projet, si vous voulez. Mais il s'agit d'un projet à réaliser soi-même, et je ne peux pas le faire à votre place. Développez vos propres routines, rituels, habitudes ou tendances. Quoi qu'il en soit, prenez note de chacun de ces conseils et astuces, et progressez jusqu'à la lecture de 1 500 mots par minute. Vous avez les outils et les instructions. Maintenant, construisez votre chemin jusqu'à cet objectif. Vous avez toute ma confiance.

Beck, M. (s.d.). Creativity Boost : How to Tap into Right-Brain Thinking. [Stimulation de la créativité : comment exploiter la pensée cérébrale droite]. Consulté le 23 décembre 2019 sur https://www.oprah.com/spirit/how-to-tap-into-the-right-side-of-your-brain-martha-beck-advice/all

Booth, A. (2014). 10 Reasons Why You Should Learn Speed Reading. [10 raisons pour lesquelles vous devriez apprendre la lecture rapide]. Consulté le 22 décembre 2019 sur https://www.lifehack.org/articles/lifestyle/10-reasons-why-you-should-learn-speed-reading.html

Burke, S. (2014). The Spritz app lets you read at 1,000 wpm - but at what cost? [L'application Spritz vous permet de lire à 1 000 wpm - mais à quel prix ?] Consulté le 22 décembre 2019 sur https://money.cnn.com/2014/03/13/technology/innovation/spritz/

Butler, D. (2017). Speed Reading with the Right Brain: Learn to Read Ideas Instead of Just Words. [La lecture rapide avec le cerveau droit : apprendre à lire des idées plutôt que des mots]. CreateSpace Independent Publishing Platform.

Capuano, R. (2019). Right-Brained Reading. [Lire avec le cerveau droit]. Consulté le 23 décembre 2019 sur https://www.thehomeschoolmom.com/right-brained-reading/

Cole, R. (2012). SuperReading for Success: The Groundbreaking, Brain-Based Program to Improve Your Speed, Enhance Your Memory, and Increase Your Success. [La super lecture pour le succès : le programme révolutionnaire basé sur le cerveau pour améliorer votre vitesse, renforcer votre mémoire et augmenter votre succès.]. New York: Penguin Publishing Group.

Cutler, W. E. (1993). Triple Your Reading Speed. [Triplez votre vitesse de lecture]. New York : Prentice Hall.

de Bruijn, O. et Spence, R. (2000). Rapid Serial Visual Presentation: A space-time trade-off in information presentation. [La présentation visuelle en série rapide : Un compromis espace-temps dans la présentation de l'information]. Consulté sur https://www.researchgate.net/profile/Oscar_Bruijn2/publication/220944929_Rapid_Serial_Visual_Presentation_A_space-timed_trade-off_in_information_presentation/links/09e415112db90c75ed000000.pdf

DeRusha, B. (2019). 10 Speed Reading Apps to Help You Tackle Your TBR. [10 applications de lecture rapide pour vous aider à vous attaquer à votre liste de lecture]. Consulté le 22 décembre 2019 sur https://bookriot.com/2018/10/19/best-speed-reading-apps/

Doubek, J. (2016). Attention, Students: Put Your Laptops Away. [À l'attention des étudiants : rangez vos ordinateurs portables]. Consulté le 23 décembre 2019 sur https://choice.npr.org/index.html?origin=https://www.npr.org/2016/04/17/474525392/attention-students-put-your-laptops-away

Duggan, G. et Payne, S. (2009). Text skimming: The process and effectiveness of foraging through text under time pressure. [L'écrémage de texte : le processus et l'efficacité de la recherche de texte sous la pression du temps]. Journal of Experimental Psychology : Applied, 15(3), 228-242. Consulté sur https://doi.org/10.1037/a0016995

Ferriss, T. (2014). How I Learned to Read 300 Percent Faster in 20 Minutes. [Comment j'ai appris à lire 300 % plus vite en 20 minutes]. Consulté le 23 décembre 2019 sur https://www.huffpost.com/entry/speed-reading_b_5317784

Frank, S. (1998). Backpack Series-Speed Reading Secrets (The Backpack Study Series). Holbrook, Massachusetts : Adams Media.

Frank, S. D. (1994). The Evelyn Wood Seven-Day Speed Reading and Learning Program. [Le programme de lecture rapide et d'apprentissage en sept jours d'Evelyn Wood]. Fall River, MA : Fall River Press.

Grothaus, M. (2018). How to train yourself to become a speed reader. [Comment s'entraîner à devenir un lecteur rapide]. Consulté le 22 décembre 2019 sur https://www.fastcompany.com/40574769/how-to-train-yourself-to-become-a-speed-reader

Halton, M. (2019). A speed reader shares 3 tricks to help anyone read faster. [Un lecteur rapide partage 3 astuces pour aider n'importe qui à lire plus vite]. Consulté le 22 décembre 2019 sur https://ideas.ted.com/a-speed-reader-shares-3-tricks-to-help-anyone-read-faster/

Hammond, B. (2018). What is the Strengths Perspective? Speed Reading Study Explained Better Than Ever. [Qu'est-ce que la perspective des forces ? L'étude de la lecture rapide expliquée mieux que jamais]. Consulté le 1er janvier 2020 sur https://www.isogostrong.com/strengthsfinder-speed-reading/

Harari, Y. N. (2015). Sapiens : une brève histoire de l'humanité. New York : Harper.

Harry, J. (2018). 5 Things Holding Your Reading Speed Back. [5 choses qui freinent votre vitesse de lecture]. Consulté le 22 décembre 2019 sur https://medium.com/@studyfast/5-things-holding-your-reading-speed-back-aac6405fc5c0.

Kaufman, J. (n.d.). 10 Days to Faster Reading - Abby Marks-Beale. [10 jours pour une lecture plus rapide - Abby Marks-Beale]. Consulté le 22 décembre 2019 sur https://joshkaufman.net/10-days-to-faster-reading/

Kraushaar, J. et Novak, D. (2010). Examining the Affects of Student Multitasking with Laptops during the Lecture. [Examiner les effets du multitasking des étudiants avec des ordinateurs portables pendant les cours]. Journal of Information Systems Education, 21(2), 241-251. Consulté sur https://eric.ed.gov/?id=EJ893903

Kump, P. (1998). Breakthrough Rapid Reading (éd. révisée). New York : Prentice Hall Press.

Kwik, J. (n.d.). Kwik Brain 007: How to Read Faster. [Kwik Brain 007 : Comment lire plus vite]. Consulté le 22 décembre 2019 sur https://jimkwik.com/kwik-brain-007/

Kwik, J. (2017). 10 Tricks for Speed-Reading (That Will Save You So Much Time). [10 astuces pour lire vite (qui vous feront gagner beaucoup de temps)]. Consulté le 22 décembre 2019 sur https://www.alive.com/lifestyle/speed-read-like-a-boss/

Larsen, L. (n.d.). Does Speed Reading Improve College Student's Retention Level and Comprehension? [La lecture rapide améliore-t-elle le niveau de rétention et de compréhension des étudiants ?]. Consulté sur http://leannlarsen.com/Portfolio/Speed%20Reading%20Research.pdf

Macalister, J. (2010). Speed reading courses and their effect on reading authentic texts: A preliminary investigation. [Les cours de lecture rapide et leur effet sur la lecture de textes authentiques : une étude préliminaire]. Reading in a Foreign Language, 22(1), 104-116. Consulté sur http://nflrc.lll.hawaii.edu/rfl/April2010/articles/macalister.pdf

May, C. (2014). A Learning Secret: Don't Take Notes with a Laptop. [Un secret d'apprentissage : ne prenez pas de notes avec un ordinateur portable]. Consulté le 23 décembre 2019 sur https://www.scientificamerican.com/article/a-learning-secret-don-t-take-notes-with-a-laptop/

Montgomery, C. (2018). How to Improve Reading Comprehension: 8 Expert Tips. [Comment améliorer la compréhension de la lecture : 8 conseils d'experts]. Consulté le 22 décembre 2019 sur https://blog.prepscholar.com/how-to-improve-reading-comprehension

Nation, P. (2005). Reading Faster. [Lire plus vite]. PASAA, 36, 21-37.

National Research Council [Conseil national de la recherche]. (2012). Improving Adult Literacy Instruction: Developing Reading and Writing. [Améliorer l'enseignement de l'alphabétisation des adultes : développer la lecture et l'écriture]. Consulté sur https://doi.org/10.17226/13468

Nelson, B. (2012). Do You Read Fast Enough To Be Successful? [Lisez-vous assez vite pour réussir ?] Consulté le 1er janvier 2020 sur https://www.forbes.com/sites/brettnelson/2012/06/04/do-you-read-fast-enough-to-be-successful/#2db68dab462e

Olson, S. (2015). The Science of Speed Reading; Benefits And Consequences Of Reading 1,000 Pages In 10 Hours. [La science de la lecture rapide ; les avantages et les conséquences de la lecture de 1 000 pages en 10 heures]. Consulté le 22 décembre 2019 sur https://www.medicaldaily.com/science-speed-reading-benefits-and-consequences-reading-1000-pages-10-hours-316828

Peterson, D. (2019). How to Read Faster and Have More Study Time. [Comment lire plus vite et avoir plus de temps pour étudier]. Consulté le 23 décembre 2019 sur https://www.thoughtco.com/how-to-read-faster-31624

Rayner, K., Schotter, E. R., Masson, M. E. J., Potter, M. C. et Treiman, R. (2016). So Much to Read, So Little Time. [Tant de choses à lire, si peu de temps]. Psychological Science in the Public Interest, 17(1), 4-34. Consulté sur https://doi.org/10.1177/1529100615623267

Rodrigues, J. (2019). 5 Reasons Why Speed Reading Is Good For Your Brain. [5 raisons pour lesquelles la lecture rapide est bonne pour votre cerveau]. Consulté le 23 décembre 2019 sur https://www.irisreading.com/5-reasons-why-speed-reading-is-good-for-your-brain/

Scott, S. J. (2019). How to Read Faster: 9 Steps to Increase Your Speed in 2020. [Comment lire plus vite : 9 étapes pour augmenter votre vitesse en 2020]. Consulté le 22 décembre 2019 sur https://www.developgoodhabits.com/how-to-read-faster/

Super-Speed Reading. (n.d.). Consulté le 10 décembre 2019 sur https://tvtropes.org/pmwiki/pmwiki.php/Main/SuperSpeedReading

The Mind Tools Content Team. (n.d.). Speed Reading – How to Absorb Information Quickly and Effectively. [La lecture rapide - comment absorber l'information rapidement et efficacement]. Consulté le 22 décembre 2019 sur https://www.mindtools.com/speedrd.html

Thielen, J., Grochowski, P., Perpich, D. et Samuel, S. (2016). Speed Reading and Reading Retention Workshop - Poster and Active Learning Exercises. [Atelier sur la lecture rapide et la rétention de la lecture - poster et exercices d'apprentissage actif]. Ann Arbor, MI : Bibliothèque de l'Université du Michigan.

Trafton, A. (2014). In the blink of an eye. [En un clin d'œil]. MIT News. Consulté sur http://news.mit.edu/2014/in-the-blink-of-an-eye-0116

Ways, M. (2019). Reading Comprehension Strategies. [Stratégies de compréhension de la lecture]. Consulté le 22 décembre 2019 sur https://www.speedreadinglounge.com/reading-comprehension-strategies

Ways, M. (2019). Skimming and Scanning – 4 Strategies. [Écrémage et repérage - 4 stratégies]. Consulté le 22 décembre 2019 sur https://www.speedreadinglounge.com/skimming-and-scanning

Young, S. (2019). I Was Wrong About Speed Reading: Here are the Facts. [Je me suis trompé sur la lecture rapide : voici les faits]. Consulté le 22 décembre 2019 sur https://www.scotthyoung.com/blog/2015/01/19/speed-reading-redo/

L'APPRENTISSAGE
ACCÉLÉRÉ
DÉCRYPTÉ

 **40+** **TECHNIQUES D'EXPERT**
POUR ACQUÉRIR DES COMPÉTENCES
ET AMÉLIORER SA MÉMOIRE

Le guide détaillé des débutants pour réduire
votre temps d'étude de tout nouveau sujet

TABLE OF CONTENTS

INTRODUCTION

Si vous vous êtes déjà retrouvé dans une impasse alors que vous tentiez d'apprendre quelque chose de nouveau, vous êtes tombé sur le bon livre. Apprendre quelque chose de nouveau peut sembler être une tâche intimidante, surtout si l'on considère l'éventail de ressources qui existent sur le sujet. Avec la richesse des informations disponibles aujourd'hui, vous avez plus que jamais la possibilité de découvrir presque tout. Vous pouvez vous ruer sur votre ordinateur ou choisir un livre et apprendre tout ce que vous voulez. L'esprit humain dispose d'un potentiel illimité. Il y a cependant un hic : connaître les bonnes techniques qui vous aideront à accéder aux parties de votre cerveau qui travaillent en votre faveur plutôt que contre vous.

L'objectif de ce livre est d'aller au cœur même de l'apprentissage accéléré et de l'amélioration de la mémoire. Ce guide vous préparera à une nouvelle aventure d'apprentissage. Chaque chapitre s'appuie sur des principes éprouvés qui vous aideront à apprendre aussi rapidement et efficacement que possible. Il vous fournira une base solide pour vous lancer dans votre voyage d'apprentissage, vous permettant de comprendre le « pourquoi » de la théorie afin de mieux réussir. Il s'agit d'une feuille de route pour une action pratique et immédiate qui vous permettra d'obtenir des résultats concrets. En fin de compte, ce texte offre un certain équilibre. Il vise à combiner la théorie et la pratique de manière à vous donner la compréhension nécessaire pour atteindre les résultats que vous recherchez.

Ces mots vous aideront à stimuler vos pensées, à susciter des discussions et à vous conduire vers des actions positives. Comme pour de nombreux sujets, ce livre couvre les principes fondamentaux. Si vous souhaitez approfondir un chapitre, sachez qu'il existe de nombreux ouvrages qui vous permettront d'aller plus loin. Ce livre a pour but d'approfondir uniquement les aspects qui sont immédiatement pratiques pour vous en tant qu'apprenant. Il est toutefois libérateur de savoir qu'aucun d'entre nous (et certainement aucun livre) ne sera jamais en mesure d'expliquer ou d'enseigner tout le potentiel d'apprentissage que nous possédons en tant qu'êtres humains. Il y a tant de possibilités créatives pour l'apprentissage et pour la vie ; l'essentiel est que tout commence par ce premier pas décisif ! Plus vous attendrez pour faire ce premier pas, plus il vous faudra de temps pour enfin atteindre ce que vous avez toujours rêvé d'accomplir.

J'espère que vous vous engagerez à lire, et que vous prendrez cet engagement envers vous-même : concentrez-vous sur un chapitre à la fois. Cela vous permettra d'atteindre les objectifs que vous vous êtes toujours fixés, mais que vous n'aviez jamais pensé pouvoir réaliser. Je vous garantis que vous en êtes capable. Avec les outils, la concentration et l'éthique de travail appropriés, vous y arriverez, et je vous montrerai comment. J'espère que ce livre vous aidera à vous lancer, non seulement dans l'apprentissage d'une nouvelle compétence spécifique, mais aussi dans un voyage fascinant et sans limite, celui de l'apprentissage tout au long de la vie.

CHAPITRE UN

Démystifier cinq idées reçues sur l'apprentissage

Vous avez parcouru tout ce chemin, dans la vie et dans votre carrière. D'une certaine manière, vous pensez peut-être en savoir assez. Vous pensez peut-être que vous savez déjà ce qui fonctionne pour vous lorsqu'il s'agit d'acquérir de nouvelles compétences et de retenir des informations. C'est vrai, du moins en partie. Vous avez des méthodes qui fonctionnent et qui vous ont permis d'arriver là où vous êtes dans la vie. Vous disposez d'une base d'apprentissage qui vous a bien servi. Cependant, il y a de fortes chances que vous soyez ici parce qu'il y a davantage de choses à connaître, à apprendre, et que vous souhaitez trouver une façon encore meilleure de le faire.

Indépendamment de ce que vous savez - ou de ce que vous pensez savoir - il existe également certaines idées fausses sur l'enseignement et l'apprentissage auxquelles la plupart d'entre nous ont été exposés et que nous portons, à certains égards, avec nous tout au long de notre vie . En ce sens, ce que vous avez construit au fil du temps comme étant votre compréhension de la manière dont vous apprenez peut être complètement erroné, ou, à tout le moins, incomplet.

Les recherches récentes sur l'apprentissage et la mémoire ont démontré que nos croyances et nos intuitions sur la manière dont nous apprenons sont le plus souvent absolument erronées. Les essais et les erreurs sont apparemment moins utiles d'un point de vue scientifique pour les formes d'apprentissage plus complexes, même s'ils ont pu l'être autrefois pour les techniques de survie de nos premiers ancêtres. En tant qu'êtres humains, nous sommes notoirement mauvais pour évaluer (ou prédire) nos propres performances. Nous avons tendance à penser que nous en savons plus qu'en réalité ! La compréhension réelle, pierre angulaire du véritable apprentissage, est plus souvent remplacée par notre impression de savoir quelque chose, fondée sur un sentiment de familiarité ou de facilité dans la manière dont l'information nous est présentée.

Les êtres humains naissent avec une incroyable capacité d'apprentissage et, le plus souvent, nous n'exploitons que très peu notre potentiel. Nous avons une capacité incroyable à apprendre une variété de sujets différents et à approfondir des domaines spécifiques.

Dans ce premier chapitre, je passerai en revue cinq des idées reçues les plus populaires sur l'apprentissage qui menacent de vous induire en erreur lorsque vous vous lancez dans votre nouvelle aventure d'apprentissage. En comprenant mieux ces idées reçues, vous serez en mesure d'analyser les erreurs que vous avez pu commettre dans le passé et les moyens de vous corriger tout au long de votre parcours d'apprentissage. Pour chaque idée reçue, je vous présenterai des méthodes d'apprentissage nouvelles et améliorées qui fonctionneront réellement et qui vous permettront de remplacer celles du passé.

Idée reçue n° 1 : les styles d'apprentissage sont essentiels à l'apprentissage

Vous avez peut-être entendu parler des styles d'apprentissage comme d'une méthode d'enseignement et d'apprentissage de nouvelles choses. De nombreuses personnes, y compris des éducateurs, pensent que les styles d'apprentissage sont propres à chaque apprenant et qu'ils peuvent être utilisés comme un outil pour la carrière académique et professionnelle d'une personne.

Le concept de styles d'apprentissage a fini par englober un grand nombre de contenus commerciaux et de ressources éducatives, en théorie pour aider principalement les enseignants dans la salle de classe. Il existe de légères variations dans les modèles et les schémas, et plus de soixante-dix d'entre eux au total. Chacun d'entre eux classe les apprenants dans une catégorie et fournit aux enseignants des outils pour évaluer les élèves et adapter les cours à chacun des styles désignés. L'influence de cette conception est considérable dans le domaine de l'éducation, de la maternelle aux études supérieures. De plus, ce concept nourrit une industrie prospère qui fournit des tests et des cahiers d'exercices aux écoles et aux organisations de développement professionnel.

Une étude récente indique que plus de 90 % du grand public pense qu'il apprendrait mieux si leur instruction se faisait à travers l'un des styles d'apprentissage désignés. Toutefois, cette opinion repose davantage sur ce qui a été qualifié d' « essentialiste » et de mode de pensée automatique que sur la preuve que ce type d'instruction produirait effectivement les résultats souhaités. Les partisans de cette approche affirment que l'apprentissage sera moins efficace (voire inefficace) si les apprenants ne reçoivent pas un enseignement qui tienne compte de leur style d'apprentissage. En d'autres termes, ils pensent que les styles d'apprentissage favoriseront de meilleurs résultats d'apprentissage. Au cours des dernières années, les chercheurs ont sérieusement remis en question le postulat selon lequel la méthode des styles d'apprentissage a des implications pratiques dans les contextes éducatifs. Dans une large mesure, les études suggèrent que les applications des styles d'apprentissage sont très peu valables et qu'il y a trop peu de preuves empiriques de leurs avantages.

D'un point de vue fondamental, les recherches actuelles ne permettent pas de justifier que les styles d'apprentissage constituent la meilleure façon d'enseigner et d'assimiler de nouvelles informations.. Les études qui disposent d'une méthodologie appropriée pour les tester (ce qui est rare) ont même montré que l'utilisation de cette technique peut avoir des résultats négatifs. En bref, les styles d'apprentissage sont largement reconnus, mais ne sont malheureusement pas encore étayés par des études scientifiques parce qu'ils ne donnent pas les résultats qu'ils promettent ; le modèle des styles d'apprentissage peut en fait nuire à l'éducation et à l'acquisition de nouvelles compétences.

Pensez-y de la manière suivante : si vous consacrez du temps et de l'argent à adapter votre apprentissage à une méthode particulière, vous négligez les autres méthodes d'apprentissage qui pourraient enrichir votre base de connaissances de manière plus holistique. Vous n'êtes pas seulement un apprenant visuel et rien d'autre. Comme pour beaucoup de choses, il peut s'agir d'un défaut vers lequel vous êtes attiré dans certains scénarios ou contextes, mais ce serait une limitation pour vous et votre capacité à apprendre de nouveaux sujets si vous deviez vous définir comme un apprenant uniquement visuel.

Que faire à la place ?

Les chercheurs ont mis en évidence des stratégies d'apprentissage davantage basées sur l'action, qui impliquent une approche personnalisée pour aborder de nouvelles compétences et de nouveaux sujets. Lorsque vous apprenez quelque chose de nouveau, il est préférable d'identifier l'approche optimale propre à chaque type de sujet et véritablement basée sur le sujet en particulier. Par exemple, si vous êtes professeur d'anglais et que vous devez élaborer un cours d'expression écrite, vous devrez mettre l'accent sur votre expression orale, tandis que la méthode la plus efficace pour enseigner la géométrie nécessitera des supports liés à des techniques d'apprentissage visuelles et spatiales. Différentes personnes apprendront toujours de différentes manières ; c'est peut-être la principale leçon que nous pouvons tirer du modèle des styles d'apprentissage. Ce qui vous sera le plus utile pour progresser dans votre apprentissage, c'est la manière dont vous appliquerez les différentes méthodes d'apprentissage aux différentes compétences que vous souhaitez acquérir. Si vous apprenez la musique, vous devez faire appel à votre style d'apprentissage auditif. Si vous voulez apprendre la peinture, vous choisirez votre style d'apprentissage visuel, et ainsi de suite. Plus vous serez agile en tant qu'apprenant, plus vous aurez de chances de réussir.

Considérez l'apprentissage comme une boîte à outils. Vous voulez avoir autant d'outils (styles d'apprentissage) que possible dans votre boîte afin de pouvoir choisir celui qui convient le mieux à une situation donnée. Pour reprendre l'exemple ci-dessus, il serait beaucoup plus judicieux d'accepter que vous êtes principalement attiré par l'apprentissage visuel, puis de renforcer votre capacité d'apprentissage auditif et kinesthésique (et ainsi de suite), afin que vous puissiez mieux vous positionner pour apprendre en fonction du contenu et du contexte, plutôt qu'en fonction d'une préférence habituelle. Vous pourrez ainsi mieux vous positionner pour apprendre en fonction du contenu et du contexte plutôt qu'en fonction d'une préférence habituelle. Ceci renforcera votre plasticité neuronale et vous permettra de vous adapter plus facilement à l'apprentissage de nouvelles choses. Retenez bien que le contenu est la clé de l'apprentissage.

Pour apprendre de nouvelles compétences, je suggère de travailler à rebours. Commencez par adapter votre stratégie d'apprentissage au contenu que vous étudiez au lieu de la baser sur le style. Si vous essayez d'améliorer vos compétences en lecture, la première étape consiste simplement à lire davantage, et à lire correctement. Prenez le temps de bien comprendre les mots que vous lisez, la syntaxe, la structure des phrases, la totalité du texte. Cela peut sembler fastidieux, mais le véritable apprentissage est basé sur le contenu que vous étudiez, et non sur une pratique standard dénuée de fondement. Vous visez un résultat, ce qui signifie que vous devez d'abord savoir où vous souhaitez aller, puis commencer à vous en approcher progressivement.

Des études ont également montré que l'utilisation de vos connaissances antérieures vous aidera à apprendre de nouvelles choses. Ce que vous savez déjà aura un effet important sur votre capacité à retenir de nouvelles informations. Lorsque nous établissons un lien entre des informations nouvelles et anciennes, une partie du cerveau associée à l'apprentissage est activée. Cela signifie que les apprenants peuvent construire des tremplins entre ce qu'ils savent et ce qu'ils ne savent pas encore, ce qui améliorera et accélérera leur capacité à assimiler de nouvelles informations. Si vous voulez vous améliorer en lecture, choisissez un sujet que vous connaissez assez bien ou qui vous intéresse. Pratiquiez-vous un sport à l'école ? Aimez-vous vous familiariser avec différentes géographies ? Choisissez un livre dont vous savez qu'il sera « plus facile » à lire afin de vous motiver à poursuivre votre apprentissage.

Rester motivé vous aidera à vous concentrer et à vous engager dans un nouvel apprentissage. L'apprentissage basé sur ce qui vous intéresse est utile parce qu'il s'appuie sur ce que vous voulez faire. C'est une façon de vous convaincre que vous aimez vraiment ce que vous apprenez. Comme pour toute chose, plus on s'amuse en la faisant, plus on a de chances de continuer à la faire.

Idée reçue n° 2 : la relecture et le surlignage t'aideront à apprendre

Imaginons que vous ayez une réunion importante à venir. Est-ce que la première chose que vous faites est de vous rafraîchir la mémoire sur les points à aborder ou de relire vos documents ? Avez-vous une liste d'éléments énumérés ? Ou peut-être mémorisez-vous les éléments à partager avec le groupe ? Quelle que soit votre approche, vous serez peut-être surpris d'entendre les statistiques sur ce qui fonctionne et ce qui ne fonctionne pas.

Le surlignage et le soulignage, en particulier, se sont révélés être des stratégies d'apprentissage assez inefficaces. Les recherches indiquent que cette approche est, en fait, une manière passive d'apprendre et qu'elle ne donnera probablement pas les résultats escomptés. Lire passivement le même texte encore et encore n'améliorera en rien votre compréhension ou votre mémorisation, à moins que cette lecture ne soit espacée dans le temps. Bien que ces pratiques soient courantes, elles n'offrent que très peu d'avantages au-delà de ce que permet la lecture du texte. Vous devez vous impliquer activement dans le document.

Certaines recherches ont même suggéré que le surlignage peut interférer avec l'apprentissage parce qu'il empêche le lecteur de synthétiser, de faire des liens et d'acquérir une compréhension globale. Il attire plutôt l'attention sur des faits individuels. Le surlignage ou le soulignage peuvent également être préjudiciables si les informations sélectionnées ne sont pas les bonnes. La relecture s'est également révélée au mieux inefficace, au pire distrayante et chronophage. Selon le niveau de compétence relatif de chacun, résumer ou écrire ses idées au fur et à mesure de la lecture s'est avéré plus utile que surligner ou souligner. Dans l'ensemble, tous ces exercices ont été jugés moins utiles à l'apprentissage par la communauté scientifique.

Pourtant, dans une étude menée par Ulrich Boser, auteur de *Learn Better : Mastering the Skills for Success in Life, Business, and School, or How to Become an Expert In Just About Anything*, plus de 80 % des personnes interrogées estiment que la relecture est une méthode d'apprentissage très efficace. À l'instar des croyances générales sur les styles d'apprentissage, l'opinion publique sur la relecture, le surlignage et le soulignage en tant que moyens d'apprentissage est davantage ancrée dans la pratique courante que dans les preuves empiriques.

Il est facile de penser que nous fonctionnons comme des ordinateurs, car notre cerveau sert en quelque sorte de disque dur pour notre fonctionnement mental. Cependant, nous sommes bien plus qu'une base de données qui recueille les différentes informations qui nous parviennent. En tant qu'êtres humains, ce n'est pas ainsi que fonctionne notre apprentissage. Boser constate plutôt que l'apprentissage est souvent une « forme d'action mentale » et soutient des méthodes d'apprentissage plus actives et engagées. Nous devons donner un sens au contenu que nous cherchons à apprendre, afin qu'il puisse s'intégrer dans nos systèmes mentaux en tant que compréhension plus large.

Que faire à la place ?

Contrairement aux pratiques plus familières telles que le surlignage et la relecture, les stratégies d'apprentissage actif sont les plus pertinentes et bénéficient d'un plus grand soutien, même si elles ne sont pas aussi connues. Par exemple, la pratique de l'étude distribuée est une tactique qui consiste à étaler les séances d'étude plutôt que de se lancer dans un seul marathon, communément appelé « bachotage ». Ce dernier peut vous aider à venir à bout d'une réunion ou à réussir un examen, mais vous n'en tirerez pas un apprentissage durable. Il est plus efficace d'étaler votre apprentissage à intervalles réguliers, ce qui vous permet d'assimiler le contenu. Des intervalles plus longs sont synonymes d'un apprentissage plus durable.

À plus court terme, au lieu de relire, de surligner ou de souligner les informations importantes, vous pouvez les transformer en un petit quiz. Cette stratégie plus active vous permettra de traiter et d'intégrer ce que vous apprenez. Vous pouvez le faire en vous demandant ce que l'auteur vous dit à la fin de chaque paragraphe, avec vos propres mots. Résumez sur le moment, puis comparez avec ce que vous savez déjà. En quoi cela ressemble-t-il à ce que vous avez lu auparavant ? En quoi est-ce différent ? Quel est le rapport avec d'autres documents que vous avez rencontrés sur ce sujet ? En commençant à donner un sens à ce que vous lisez, vous approfondirez votre potentiel d'apprentissage.

Idée reçue n° 3 : se concentrer sur un seul sujet à la fois

En règle générale, on nous a souvent dit qu'il était bon de pratiquer une compétence à la fois. Par exemple, si vous êtes un pianiste débutant, on vous dira peut-être de répéter les gammes avant les accords et d'en maîtriser un avant d'essayer d'en apprendre un autre. Si vous pratiquez un nouveau sport, on vous dira peut-être de décomposer l'apprentissage à raison d'un mouvement à la fois. Dans le domaine de la recherche, cela s'appelle le blocage et est considéré comme une pratique de bon sens et facile à suivre. C'est également la pratique d'enseignement dominante dans les écoles, ou encore dans les programmes de formation professionnelle.

En particulier lorsqu'il s'agit d'apprendre un sujet difficile, les gens croient généralement qu'il faut pratiquer une chose à la fois. Si vous apprenez à utiliser une nouvelle suite logicielle, ces personnes vous suggéreront de vous entraîner sur un programme par jour et sur un autre le lendemain, de manière à ce que vous puissiez vous concentrer sur la compréhension complète de chacun d'entre eux avant de passer à quelque chose de nouveau. Cependant, les recherches montrent que vous risquez davantage de confondre des informations similaires si vous étudiez une grande partie du même sujet en une seule journée. Le blocage en tant que technique d'apprentissage vous empêche de faire la distinction entre deux concepts similaires.

Réfléchissez-y. Lorsque vous rencontrez un ensemble de concepts (ou de termes ou de principes) qui sont similaires, vous avez plus de chances de les confondre. Vous pouvez confondre un mot avec un autre mot dont l'orthographe est similaire, ou choisir la mauvaise stratégie pour un problème de mathématiques parce que vous connaissez deux équations semblables. Vous commettrez plus fréquemment des erreurs si vous ne vous exposez qu'à un seul concept principal à la fois.

Que faire à la place ?

Une autre approche consiste à s'exposer à différents concepts en les imbriquant (ou en les mélangeant), de sorte qu'un concept soit suivi d'un autre. L'apprentissage parallèle de compétences ou de concepts connexes s'est avéré être un moyen étonnamment efficace d'entraîner votre cerveau. Il est plus efficace d'étudier plusieurs matières que d'en approfondir une ou deux chaque jour (surtout si vous bachotez). En mélangeant les matières, vous donnez à votre cerveau plus de temps pour consolider les nouveaux apprentissages. Communément appelé « effet d'entrelacement », ceci vous donne la possibilité de voir l'idée centrale ou d'avoir une vue d'ensemble car, en changeant de concept, vous avez une meilleure compréhension de la signification de chacun d'entre eux.

Ainsi, au lieu qu'un pianiste débutant ne pratique que les gammes, puis les accords et enfin les arpèges (comme dans le cas du blocage), l'entrelacement impliquerait d'alterner la pratique de tous ces éléments au cours d'une même journée. Des études ont montré que cette méthode mixte d'apprentissage a tendance à être plus performante que le blocage dans une variété de sujets, allant du sport à l'apprentissage catégoriel (comme les mathématiques). Plus récemment, une étude a même montré que l'entrelacement est bénéfique pour la pensée critique, car les étudiants formés à cette technique ont fait des évaluations plus précises que ceux qui utilisaient des techniques de blocage dans des scénarios d'apprentissage complexes.

L'effet d'entrelacement s'est également avéré avoir des effets durables sur l'apprentissage, car il renforce les connexions neuronales entre les différentes tâches et les réponses correctes, ce qui améliore l'apprentissage au fil du temps. L'apprentissage peut souvent sembler lent et difficile au début, mais cela signifie qu'il peut générer de meilleurs résultats à long terme. Vous avez moins de chances d'oublier ce que vous apprenez, car l'effet d'entrelacement améliore la capacité du cerveau à distinguer les concepts grâce à des séries d'exercices différentes les unes des autres. De cette manière, les réponses automatiques ne sont pas applicables, comme dans le cas du blocage où une fois que vous savez quelle solution convient, ou quel mouvement fonctionne, l'apprentissage est terminé et votre cerveau se désengage. L'entrelacement permet à votre cerveau de se concentrer consciemment sur la recherche de la bonne solution en fonction du contexte du problème. Ce processus peut vous aider à améliorer votre capacité à apprendre les caractéristiques essentielles de nouvelles compétences et de nouveaux concepts, afin que vous puissiez sélectionner et mettre en œuvre des réponses plus appropriées.

Idée reçue n° 4 : la règle des 10 000 heures

Le journaliste et auteur Malcolm Gladwell a popularisé l'idée de la « règle des 10 000 heures », selon laquelle il faut 10 000 heures de pratique délibérée pour devenir un expert mondial dans le domaine de son choix. Des recherches récentes vont à l'encontre de cette tendance, en suggérant que la quantité de pratique accumulée au fil du temps ne semble pas jouer un rôle majeur dans l'explication des différences individuelles de performance dans tous les domaines d'apprentissage, y compris la musique, le sport et l'enseignement professionnel (ou pour adultes). Bien que la pratique soit certainement essentielle lorsque vous apprenez une nouvelle compétence ou étudiez un nouveau sujet, il n'existe pas de nombre magique d'heures qui vous transformeront en expert ou vous amèneront au niveau de compétence d'un athlète ou d'un musicien professionnel.

En réalité, la pratique seule ne permet pas d'atteindre la perfection. Ce que l'on a appelé la « pratique délibérée » s'est avérée avoir moins d'influence sur le développement de l'expertise qu'on ne le pensait auparavant. Les chercheurs ont étudié la pratique délibérée afin de comprendre si les experts étaient « nés » ou « fabriqués », ou peut-être un peu des deux.

Dans l'ensemble, les études ont montré que la pratique délibérée est importante, mais pas autant que le prétendent ses défenseurs. Il existe une relation positive entre la pratique et la performance, ce qui signifie que plus les gens ont pratiqué, plus leur niveau de performance dans un domaine donné est élevé. La différence réside dans l'efficacité de la pratique. La pratique délibérée est très efficace pour des jeux comme le Scrabble ou les échecs, mais elle l'est moins pour le sport, la psychologie et d'autres sujets connexes.

Que faire à la place ?

La question importante à se poser pour aller de l'avant est la suivante : qu'est-ce qui compte en plus de la pratique ? Des chercheurs de l'université de Princeton soulignent que l'âge auquel une personne commence une activité, ainsi que des différences individuelles en termes d'aptitudes et d'implication dans l'apprentissage, expliquent les différences de performances entre les êtres humains.

Tandis que les chercheurs s'efforcent de déterminer pourquoi la pratique délibérée n'est pas la solution, vous pouvez concentrer votre attention sur le fait de ne pas vous convaincre qu'il existe un chiffre magique pour votre réussite. Ne vous culpabilisez pas en essayant d'atteindre un chiffre arbitraire qui pourrait ou non vous aider à atteindre votre objectif, et qui ne le fera probablement pas. Vous ne deviendrez pas un expert de cette façon, et vous vous épuiserez dans le processus.

Ce qui fonctionne le mieux n'est pas seulement une question de temps, c'est aussi la recherche de conseils et d'avis extérieurs. Ce type de retour d'information sera essentiel à votre apprentissage et vous aidera à vous responsabiliser. C'est pourquoi l'embauche de coachs ou de tuteurs peut s'avérer très bénéfique pour votre réussite.

Idée reçue n° 5 : vous avez une dominance cérébrale soit droite soit gauche

L'idée selon laquelle certaines personnes sont dotées d'un cerveau droit et d'autres d'un cerveau gauche existe depuis un certain temps déjà. Selon cette théorie, les personnes au cerveau gauche sont plus logiques, analytiques et méthodiques, tandis que les personnes au cerveau droit sont plus créatives et artistiques. Cette théorie est à la base d'une myriade de tests de personnalité, de livres de développement personnel et de quiz pseudo-psychologiques, mais une fois encore, elle n'est étayée par aucune science réelle. En réalité, il existe des connexions entre toutes les régions du cerveau qui permettent à l'homme d'avoir une pensée à la fois créative et analytique ; ces choses ne sont pas confinées d'un côté ou de l'autre.

Une étude récente de l'université de l'Utah a effectivement démenti cette idée reçue en analysant plus d'un millier de cerveaux. L'étude suggère que les gens ne préfèrent généralement pas utiliser le côté droit ou le côté gauche de leur cerveau. Au contraire, ils utilisent l'ensemble de leur cerveau de manière égale pendant toute la durée de l'expérience. Il est vrai que nous préférons un côté ou l'autre, là encore en fonction du contexte. Les scientifiques appellent ce phénomène la « latéralisation », c'est-à-dire le fait d'utiliser une région du cerveau plutôt qu'une autre selon la fonction spécifique requise. Par exemple, la parole provient du côté gauche du cerveau pour la plupart des droitiers, mais cela ne signifie pas que les grands écrivains ou orateurs utilisent le côté gauche du cerveau plus que le droit, ou qu'un côté est plus grand ou plus riche en activité neuronale.

Que faire à la place ?

Ne vous enfermez pas dans l'une de ces catégories trompeuses. Comprenez que nous utilisons tous l'ensemble de notre cerveau de la même manière et que le fait que notre cerveau soit connecté nous permet de penser de manière créative et analytique, en fonction de ce que nous apprenons. Concentrez-vous sur la manière dont vous pouvez acquérir les compétences ou l'expertise que vous souhaitez conquérir. Même si vous avez tendance à être plus analytique que créatif, ou vice versa, ce n'est pas parce que vous dépendez trop (ou pas assez) d'une région spécifique de votre cerveau. Vous ne vous aidez pas en essayant d'entrer dans une catégorie existante (et incorrecte) d'apprenant ou de penseur. Ce que vous voulez, c'est améliorer votre apprentissage de manière à renforcer votre capacité à être flexible et à assimiler de nouvelles informations de manière plus durable.

Résumé du chapitre

Les idées reçues sur l'apprentissage sont, telles qu'elles se sont infiltrées dans la pratique de la majorité, extrêmement nuisibles. La substance qui sous-tend ces croyances manque et nous induit en erreur lorsque nous abordons l'apprentissage de nouvelles compétences et de nouveaux sujets. Indépendamment de ce que vous essayez d'apprendre, vous devrez trouver une stratégie qui vous convienne. Vous vous autorégulez, ce qui signifie que vous devez établir vos propres règles d'étude. Vous êtes responsable de votre propre apprentissage, vous devez donc surveiller votre cognition, votre motivation, votre comportement et votre environnement d'apprentissage afin de rester organisé et concentré. Ce processus commence par la connaissance de ce qu'il ne faut pas faire, ce que je viens d'aborder. Dans le chapitre suivant, vous apprendrez les principes clés qui vous permettront d'établir des priorités et d'accélérer votre apprentissage.

CHAPITRE DEUX

Sept principes clés pour optimiser le processus d'apprentissage

Apprendre quelque chose de nouveau peut sembler difficile à première vue, et peut, effectivement, l'être. La bonne nouvelle, c'est que vous pouvez y remédier. Vous pouvez améliorer votre capacité d'apprentissage en développant une bonne stratégie qui vous conviendra et en suivant quelques règles de base qui vous aideront à accélérer votre processus d'apprentissage.

L'apprentissage accéléré n'est pas un concept nouveau et est utilisé par les éducateurs depuis des décennies comme moyen d'accélérer le rythme d'apprentissage des élèves. Pour obtenir les résultats d'apprentissage souhaités dans un délai plus court (par rapport aux pratiques d'enseignement conventionnelles), nous devons d'abord comprendre qu'il s'agit d'une approche holistique de l'apprentissage. Elle intègre un mélange de pédagogies d'enseignement et de théories psychologiques pour améliorer et accélérer l'apprentissage. Le plus important est peut-être la façon dont elle utilise l'état émotionnel et intellectuel de l'apprenant comme base de l'apprentissage. Elle s'appuie sur la motivation intrinsèque pour faire avancer l'apprentissage en se concentrant sur les besoins de l'apprenant, ses objectifs, ses conditions de vie, et ainsi de suite, de sorte qu'elle offre véritablement une approche pratique de l'apprentissage centrée sur l'être humain.

L'un des principaux experts de cette méthodologie est Dave Meier, qui a écrit *The Accelerated Learning Handbook : A Creative Guide to Designing and Delivering Faster, More Effective Training Programs*. Meier décrit l'apprentissage accéléré comme l'utilisation de la musique, des couleurs, de l'émotion, du jeu et de la créativité d'une manière qui implique l'ensemble de la personne dans son apprentissage afin de vivifier l'ensemble de l'expérience. Les principes présentés dans ce chapitre sont directement issus de son guide détaillé sur l'apprentissage plus rapide de nouvelles choses.

Je me concentrerai sur les sept grands principes qui résument les points forts du manuel de Meier, afin que vous puissiez comprendre comment votre esprit peut acquérir les connaissances que vous souhaitez. Chaque principe est issu d'études détaillées sur l'esprit humain et sur les principales méthodologies d'apprentissage. Vous pouvez utiliser ces principes pour développer des pratiques d'apprentissage plus substantielles qui mobiliseront l'ensemble de votre cerveau et optimiseront votre processus d'apprentissage. Une fois que vous aurez compris ces principes de base de l'apprentissage accéléré, vous serez en mesure de les intégrer correctement dans vos techniques d'apprentissage.

Mobilisez l'ensemble du corps et de l'esprit

L'apprentissage n'est pas seulement dans l'esprit ; c'est une combinaison de votre corps et de votre esprit, et le lien entre les deux. Cela signifie que vous devez utiliser tout votre être pour apprendre : votre esprit, votre corps, vos émotions et tous vos sens. La science nous a montré que l'utilisation de l'ensemble de notre cerveau est essentielle pour rendre notre apprentissage plus rapide, plus intéressant et plus durable. Le cerveau et le corps sont indissociablement liés. Bouger son corps, par exemple, peut améliorer de manière significative le fonctionnement du cerveau, et certains états cérébraux peuvent avoir un effet profond sur le corps.

Votre pensée, votre apprentissage et votre mémoire ne se trouvent pas uniquement dans votre tête, mais sont répartis dans tout votre corps. Dans son livre *The Molecules of Emotion*, Candice Pert explique qu'une grande partie de notre réflexion, de notre apprentissage et de notre prise de décision s'effectue en fait au niveau cellulaire et moléculaire. Il est donc troublant de constater que l'on nous enseigne presque toujours à séparer notre corps de notre esprit. L'apprentissage traditionnel se concentre sur des processus plus conscients ou rationnels, sur le cerveau gauche, ou sur des processus strictement verbaux. Il tend à ignorer les autres sens en créant des environnements d'apprentissage qui ne font pas appel au corps, ce qui inclut nos sentiments et nos sens. Dans un contexte d'apprentissage, le fait de bouger notre corps contribue à stimuler les substances chimiques essentielles à l'activation du réseau neuronal de notre cerveau. Cette forme d'apprentissage est appelée « l'apprentissage somatique » et désigne l'apprentissage tactile, kinesthésique ou pratique.

Les apprenants somatiques ont tendance à être désavantagés dans la culture occidentale parce que nos traditions éducatives tendent à ignorer le corps comme élément central de l'apprentissage. Nous avons toujours dit aux enfants de rester assis et d'écouter attentivement en classe, au lieu d'encourager l'exploration, le mouvement et l'apprentissage par l'activité. Il existe de nombreuses façons d'impliquer son corps dans l'apprentissage ; il n'est pas nécessaire que l'apprentissage soit uniquement, ni même principalement, physique. Il est toutefois important d'intégrer une certaine forme de mouvement corporel dans votre apprentissage de manière à alterner l'apprentissage physiquement actif et l'apprentissage physiquement passif.

Ne vous contentez pas de consommer : créez !

Meier écrit que la connaissance n'est pas seulement quelque chose que l'on absorbe, mais plutôt ce que l'on crée en tant qu'apprenant. L'apprentissage se produit lorsque vous intégrez pleinement de nouvelles connaissances en les appliquant d'une manière qui leur donne un sens particulier pour vous. Vous pouvez donner plus de sens à un contenu de base en lui conférant une nouvelle signification qui le rende pertinent pour vous. Cela se produit lorsque vous créez en vous de nouvelles connexions de réseau neuronal et de nouveaux modèles d'interaction au niveau moléculaire, en reliant différents concepts entre eux. Cela vous aidera à mettre en œuvre un nouveau processus de travail ou à créer une application plus pratique des connaissances nouvellement acquises.

Lorsque vous vous préparez à apprendre, vous devez veiller à adopter un état d'émerveillement naturel, proche de celui d'un enfant, afin d'exploiter votre capacité innée à apprendre. Cet état se caractérise par l'ouverture, la liberté, l'intrépidité, la joie et la curiosité. Lorsque vous éveillez votre sens de la curiosité, vous vous ouvrez à de nouvelles possibilités et à de nouveaux liens ; en fait, vous vous préparez pleinement à absorber et à traiter de nouvelles informations. L'apprentissage, tout comme la vie elle-même, stagnera s'il n'y a plus rien qui suscite la curiosité ou l'engagement. Stimulez votre curiosité en posant des questions sur le contenu que vous voulez apprendre et vous vous apercevrez que vous apprendrez et évoluerez d'une manière que vous n'auriez jamais imaginée. Si vous abordez votre apprentissage comme un problème ou une énigme, vous éveillerez votre curiosité et trouverez plus de motivation pour apprendre.

Vous pouvez également accéder à votre sens de la curiosité et le développer en utilisant le jeu comme moyen de s'engager dans un contenu d'apprentissage. Lorsque nous avons le sens du jeu, nous libérons des endorphines positives qui nous procurent de bonnes sensations et aident notre corps et notre esprit à s'engager dans ce que nous essayons de faire. En termes d'apprentissage, cela signifie que nous développons une intelligence créative qui stimule notre capacité à apprendre et à grandir.

Collaborez avec les autres

L'apprentissage traditionnel a créé une tendance à la compétition et à l'apprentissage individualiste empreint d'isolement. Les pédagogies d'enseignement et les universités ont historiquement embrassé l'individualisme et la lutte pour gagner et progresser, par opposition à une approche plus collective et collaborative de l'apprentissage et de l'interaction avec les autres. L'éducation a eu tendance à mettre l'accent sur la réussite individuelle par le biais d'une notation individuelle strictement basée sur les résultats des élèves, chacun étant en compétition pour obtenir les meilleures notes. En théorie, cela devait créer des individus autonomes qui travaillent de manière indépendante et en compétition les uns avec les autres, un facteur de motivation dont les éducateurs espéraient qu'il mènerait à une plus grande réussite individuelle. Toutefois, cette trop grande importance accordée à l'individualisme dans l'éducation empêche l'ensemble collectif d'être utilisé à son plein potentiel, ce qui signifie également que les apprenants individuels en pâtissent. L'isolement crée souvent un environnement de stress et tend à réduire la vitesse et la qualité de l'apprentissage. L'approche compétitive crée des cloisonnements entre les apprenants au lieu de créer des ponts à partir desquels il est plus facile d'obtenir des informations ainsi que des retours d'information informés et concrets.

La collaboration entre les apprenants améliore l'apprentissage. Travailler avec d'autres personnes nous engage dans un processus d'interaction qui crée une base sociale et un réseau de soutien. Cette base sociale favorise l'apprentissage car, en tant qu'êtres humains, nous sommes des apprenants sociaux. La collaboration entre apprenants, telle que l'apprentissage par le biais d'une communauté d'apprentissage, crée un espace permettant aux individus d'interagir réellement les uns avec les autres et avec le contenu, sans être distraits par la hiérarchie. La compétition indique qu'il y a un gagnant et un perdant, alors que la collaboration crée un environnement stimulant et compréhensif où l'apprentissage peut avoir lieu en toute sécurité et ouvertement. Il n'y a plus de compétition entre les apprenants plus lents et les apprenants plus rapides, ce qui crée inévitablement des voies de coopération qui contribuent à accélérer l'acquisition de compétences. Les apprenants peuvent ainsi réveiller leur intelligence sociale lorsqu'ils collaborent, ce qui, d'après les chercheurs, améliore considérablement l'apprentissage.

Trouver une communauté d'apprentissage authentique et collaborative, où chacun peut partager son expérience particulière ou les connaissances uniques qu'il a acquises, peut s'avérer un meilleur outil d'apprentissage que l'apprentissage isolé. Si vous avez essayé d'apprendre de manière isolée et que vous vous sentez épuisé, fatigué ou que vous avez l'impression d'obtenir des résultats mitigés, essayez de collaborer avec d'autres personnes qui s'intéressent également à votre domaine d'étude et voyez ce qui se passe.

L'apprentissage se fait à plusieurs niveaux et simultanément

L'apprentissage accéléré tente de remédier à la linéarité de l'apprentissage qui découle des méthodes d'enseignement traditionnelles et des fondements de la psychologie. Le béhaviorisme, en tant que science, cherche à expliquer le comportement humain de manière systématique, mais il a également introduit une vision du monde de l'apprentissage comme étant plus mécaniste et dissociée qu'inclusive et interconnectée. L'éducation formelle moderne est basée sur des apprenants séparés et déconnectés, ce qui crée une fragmentation du processus d'apprentissage. L'apprentissage est divisé en sujets distincts, les individus sont des apprenants distincts et, en tant qu'apprenants, on nous apprend à apprendre une seule chose à la fois.

Les chercheurs nous ont toutefois montré que l'apprentissage n'est pas linéaire, mais qu'il implique plutôt l'absorption de plusieurs choses à la fois. Un apprentissage efficace vous engage à plusieurs niveaux simultanément : consciemment, mentalement et physiquement. Les gens assimilent les connaissances avec tous leurs sens et avec tout leur être. Nous apprenons à plusieurs niveaux en même temps. Notre capacité d'apprentissage est tellement plus grande que ce que nos méthodes d'éducation formelle ont reconnu jusqu'à aujourd'hui. La conscience rationnelle de notre esprit n'est qu'une partie de notre capacité mentale ; nous utilisons d'autres fonctions cognitives telles que le traitement verbal, l'imagination créative et la stimulation visuelle pour faciliter notre apprentissage. Le cerveau ne fonctionne pas en séquence ; il traite les informations en parallèle et s'épanouit lorsqu'on le met au défi de faire plusieurs choses à la fois.

Lorsque vous utilisez plusieurs méthodes pour apprendre quelque chose, vous finissez par utiliser plus de régions de votre cerveau pour stocker des informations sur ce sujet. Les informations sont ainsi plus interconnectées et mieux ancrées dans votre cerveau, ce qui signifie que vous créez une redondance de connaissances dans votre esprit et ce qui vous permet d'apprendre réellement les informations plutôt que de les mémoriser.

Souvenez-vous des styles d'apprentissage présentés au chapitre un ? Essayez de mélanger différents types de styles d'apprentissage afin d'assimiler l'information de différentes manières. Pour ce faire, vous pouvez utiliser différents types de supports pour stimuler différentes parties du cerveau. Par exemple, vous pouvez lire des notes, lire un manuel, regarder une vidéo et écouter un podcast (ou un fichier audio) sur un sujet donné. Plus vous utiliserez de ressources variées, plus vous apprendrez rapidement.

Réalisez le travail avec un retour d'information

Nous savons, sans équivoque, que les gens apprennent mieux lorsque le contenu est ancré dans des contextes réels. L'apprentissage contextuel est non linéaire, expérimental, multicouche et fait appel à l'ensemble du cerveau. Notre cerveau est conçu pour assimiler des contextes entiers, et non une chose isolée à la fois. L'apprentissage non contextuel se fait pièce par pièce, de manière fragmentée et rappelle la pensée mécaniste du passé. Il nous apprend à réagir de manière robotique dans un cadre d'apprentissage étroit, mais nous laisse le plus souvent un sentiment d'insatisfaction et un manque de capacité à penser de manière critique.

L'apprentissage durable provient de la réalisation du travail lui-même, accompagné d'un retour d'information. Les informations applicables sont bien meilleures que les constructions hypothétiques ou les concepts abstraits. Les faits ou les compétences appris isolément sont plus difficiles à assimiler et s'évaporent plus rapidement de la mémoire. C'est en faisant le travail lui-même que l'on trouve les voies les plus riches pour apprendre dans un processus continu d'immersion, de retour d'information, de réflexion, d'évaluation et de ré-immersion. Nous apprendrons à chanter en chantant, à nager en nageant et ainsi de suite. En tant qu'apprenants, nous devons nous immerger totalement dans un sujet et l'axer sur des activités. Essayez de le rendre aussi authentique et basé sur le contexte du monde réel que possible, car l'expérience est le meilleur retour d'information. Cela vous permettra d'apprendre à plusieurs niveaux, d'impliquer l'ensemble de votre cerveau (et de votre corps) et d'inclure les sens dans votre apprentissage.

Réfléchissez à la manière dont vous pouvez créer un contenu significatif en rapport avec le sujet que vous voulez apprendre, puis traitez le nouveau matériel d'apprentissage d'une manière qui vous permettra de l'intégrer à vos connaissances, à votre ensemble de compétences et à votre sens de l'action existants. Si vous en avez le temps et les moyens, appliquez ce que vous avez appris. Trouvez des moyens d'obtenir un retour d'information de qualité de la part de personnes de confiance, réfléchissez à ce retour d'information et replongez-vous dans votre apprentissage.

Une petite mise en garde contre l'utilisation excessive de l'ordinateur : les ordinateurs ont tendance à être des machines d'apprentissage isolantes, bien qu'ils soient, dans une certaine mesure, utiles. Dans l'ensemble, ce sont des dispositifs d'isolement social qui nous séparent des autres et nous éloignent de l'apprentissage collaboratif. Et encore une fois, en tant que créatures sociales, les gens apprennent mieux non pas dans l'isolement, mais plutôt en interagissant avec d'autres dans un contexte réel.

Soyez positif

Des études ont montré les effets de la positivité, de la musique et du jeu comme moyens d'aider les gens à apprendre plus rapidement et plus efficacement. Le pouvoir des affirmations positives et des environnements favorables, en particulier, ne peut être sous-estimé. Nos émotions, comme l'ont montré des recherches approfondies, ont un effet profond sur la qualité de ce que nous apprenons et sur la manière dont nous le faisons. Repensez à certaines de vos expériences d'apprentissage antérieures et vous serez probablement en mesure de trouver des exemples de la façon dont cela s'est produit pour vous. Les sentiments positifs sont un catalyseur de l'apprentissage ; le fait de se sentir joyeux en apprenant un nouveau contenu accélère l'apprentissage. En revanche, les sentiments négatifs retardent l'apprentissage, voire l'interrompent complètement. Lorsque vos sentiments sont positifs et que vous êtes dans un état de détente et d'ouverture, vous êtes en mesure d'accéder aux niveaux supérieurs de votre cerveau. Lorsque vos sentiments sont négatifs et que vous êtes stressé, vous aurez tendance à utiliser les parties les plus superficielles et les plus reptiliennes de votre cerveau, qui sont davantage dédiées à la survie qu'à un traitement cognitif complexe. Il est très difficile d'apprendre dans cet état d'esprit.

Malheureusement, de nombreuses personnes ont des sentiments négatifs à l'égard de l'apprentissage. Elles associent peut-être l'apprentissage à des souvenirs impliquant de la douleur, du stress, des humiliations ou d'autres expériences négatives. Cependant, ces affirmations négatives (ou suppositions) doivent être confrontées à des affirmations positives, faute de quoi l'apprentissage sera entravé. Les suppositions, en général, ont tendance à colorer (voire à créer) notre expérience. En règle générale, les suppositions négatives conduisent à des expériences négatives et vice versa.

À l'approche de l'apprentissage de nouvelles compétences ou de nouveaux sujets, il est extrêmement important que vous vous concentriez sur un sentiment positif. Il ne s'agit pas d'avoir une confiance en soi facile, superficielle ou frivole. Un véritable discours positif est essentiel et s'enracine dans une attitude honnête et réaliste. Dites-vous ce qui est bien dans ce que vous faites et pourquoi. Qu'est-ce qui est précieux dans ce que vous essayez d'apprendre ? Que pourrez-vous accomplir une fois que vous l'aurez appris ? Soyez ouvert et honnête sur vos points forts et sur la manière dont ils vous aideront à atteindre vos objectifs d'apprentissage. Comme le dit Meier, « un sentiment positif à l'égard de l'expérience d'apprentissage est la première étape nécessaire de l'apprentissage ». Si vous vous sentez frustré, stressé, peu intéressé ou ennuyé, il est préférable pour votre apprentissage que vous fassiez une pause et que vous y reveniez lorsque vous vous sentirez plus motivé et plus positif.

Il est également important de tenir compte de l'environnement dans lequel vous apprenez. Tout comme votre environnement mental (ou attitude) et votre environnement social (ou scénario d'apprentissage collaboratif), votre environnement d'apprentissage physique joue un rôle dans la qualité de votre apprentissage, et chacun de ces facteurs s'alimente l'un l'autre. Pensez aux différentes salles de classe que vous avez fréquentées. Vous ont-elles donné envie d'y être ? Vous ont-elles donné envie d'apprendre et de progresser ? Les salles de classe traditionnelles ont toujours été, au mieux, décevantes. Si votre environnement physique d'apprentissage vous inspire des sentiments négatifs, cela peut avoir un impact sur votre attitude, laquelle affectera ensuite votre capacité à intégrer de nouvelles informations. Essayez, si vous le pouvez, de créer un espace d'apprentissage que vous aurez envie d'occuper. Cet espace doit susciter des sentiments de curiosité, d'inspiration et d'exaltation. Cela vous aidera à vous détendre et à vous donner de l'énergie pour votre apprentissage.

Le cerveau aime les contenus visuels

Ce que Meier appelle « le cerveau de l'image » fait référence à la manière dont notre cerveau préfère les stimulations visuelles parce qu'il absorbe les informations visuelles instantanément et automatiquement. Les images sont immédiatement mémorisables. La stimulation visuelle est plus facile à retenir parce qu'elle est concrète, alors que la stimulation auditive et verbale a tendance à être plus abstraite. En y réfléchissant, vous pouvez probablement vous rappeler, par l'image, de milliers de vos expériences préférées (et moins préférées). Si vous vous en souvenez si bien, ce n'est pas parce que vous vous êtes préoccupé de les mémoriser au moment où elles se produisaient ; votre cerveau de l'image l'a fait pour vous, dans l'instant, automatiquement et à plusieurs niveaux en même temps.

Des études ont montré que les cours qui intègrent l'imagerie dans l'apprentissage en classe tendent à produire des étudiants qui se souviennent mieux et retiennent mieux à long terme que les cours qui ne l'intègrent pas. Les taux de mémorisation et de rétention étaient encore plus élevés dans les classes qui utilisaient l'apprentissage collaboratif en plus de l'imagerie pour enseigner du contenu scientifique. Cette imagerie peut prendre diverses formes : graphiques et autres illustrations, moyens mnémotechniques ou histoires. En outre, vous pouvez toujours trouver votre propre méthode créative qui vous convient le mieux.

L'intégration d'images dans votre apprentissage est un moyen naturel d'apprendre quelque chose plus rapidement et avec une meilleure qualité. Si vous pouvez traduire des abstractions verbales ou auditives en images concrètes, vous aurez plus de chances de retenir ces informations et il vous sera plus facile de vous en souvenir par la suite. Les mots sont importants pour nous et font partie intégrante de l'enseignement. Toutefois, si vous pouvez associer des mots à des images, cela aura un effet beaucoup plus positif sur votre apprentissage.

Résumé du chapitre

Rappelez-vous que l'apprentissage se produit lorsque vous intégrez pleinement de nouvelles connaissances en les appliquant d'une manière qui leur donne un sens particulier pour vous. En tant qu'apprenants, nous devons exercer pleinement les parties de notre cerveau qui nous relient émotionnellement à un nouveau sujet pour obtenir des résultats optimaux. Cela signifie que vous devez faire preuve d'esprit critique lorsque vous naviguez dans de nouvelles informations, décider de la manière dont vous voulez aborder votre apprentissage et utiliser votre imagination pour vous engager dans l'acquisition de ces nouvelles compétences. Vous devez donc :

- Mobiliser l'ensemble de votre corps et de votre esprit.
- Créer plutôt que consommer.
- Collaborer avec d'autres personnes.
- Comprendre que l'apprentissage se fait à plusieurs niveaux.
- Réaliser le travail et demander un retour d'information.
- Avoir une attitude positive.

- Donner la priorité aux contenus d'apprentissage visuels.
- En définitive, ces principes vous aideront à tirer davantage de valeur de l'ensemble de l'expérience d'apprentissage. Maintenant que vous connaissez les principes dont vous aurez besoin pour envisager votre parcours d'apprentissage, le prochain chapitre se concentrera sur la manière dont vous pouvez structurer votre pratique d'apprentissage afin d'acquérir plus rapidement les compétences que vous souhaitez.

Chapitre trois

Acquérir de nouvelles compétences rapidement (et sans douleur)

Lorsque vous apprenez une nouvelle compétence, le chemin qui mène à sa maîtrise peut vous sembler long et semé d'embûches. Vous pouvez parfois vous sentir impuissant, comme s'il était inutile de continuer d'essayer. La bonne nouvelle, c'est que ce n'est vrai que dans la mesure où vous le permettez. Il existe un moyen d'apprendre une nouvelle compétence rapidement et efficacement. Votre cerveau a tendance à vouloir que vous maîtrisiez les nouvelles choses le plus rapidement possible, ce qui peut entraîner de la frustration car vous pourriez vouloir sauter les étapes nécessaires à leur maîtrise réelle.

La rapidité avec laquelle vous pouvez développer une nouvelle compétence dépend avant tout de votre compréhension des étapes du processus d'acquisition de compétences. Si vous en comprenez les trois étapes, vous serez en mesure de progresser plus rapidement, car vous saurez où vous en êtes dans votre parcours d'apprentissage. Au fur et à mesure que vous progresserez, vous serez en mesure d'évaluer vos progrès avec plus de précision. Tout le monde passe par ces étapes, et le fait de savoir à quelle étape vous vous trouvez contribuera, en fin de compte, à accélérer votre apprentissage. Vous économiserez ainsi beaucoup d'énergie, de frustration et de désespoir. Les trois stades d'acquisition de compétences se situent sur un continuum d'apprentissage des compétences et vous font passer du stade de novice à celui d'expert. Il y a d'abord le stade cognitif, puis le stade associatif et enfin le stade autonome.

Le stade cognitif

Le stade cognitif est généralement caractérisé par des erreurs fréquentes car c'est le moment où l'apprenant doit réfléchir à la compétence et à la manière de l'exécuter. En tant qu'apprenant, vous êtes absorbé par les processus mentaux associés à la manière dont vous allez acquérir cette nouvelle compétence. Si vous êtes athlète, vous réfléchirez à la position de votre corps, aux muscles à mobiliser et à la forme que devrait prendre chaque étape du mouvement que vous souhaitez acquérir. À chaque étape, l'apprenant sera entièrement concentré sur l'exécution, ce qui se traduit généralement par des mouvements hachés et incomplets. Imaginez un enfant qui essaie d'apprendre un nouveau mouvement moteur. Cette situation est similaire à celle des apprenants adultes qui tentent d'améliorer une nouvelle compétence motrice : il y a beaucoup d'observation, de tentatives de mimétisme et probablement de la frustration face à leurs erreurs au fur et à mesure qu'ils en commettent. Il s'agit donc d'une étape critique au cours de laquelle l'apprenant bénéficiera d'un retour d'information fréquent. Un instructeur ou un coach devra fournir ce retour d'information ainsi que des démonstrations au cours de la phase cognitive de l'acquisition de compétences. Si vous apprenez par vous-même, vous devrez rechercher des vidéos ou d'autres éléments visuels qui vous montreront à quoi ressemble la compétence lorsqu'elle est bien réalisée. Décomposez-la en plusieurs sections de compétences que vous pourrez assembler progressivement au fur et à mesure de votre apprentissage.

Le stade associatif

Le stade associatif de l'acquisition de compétences est le moment où l'apprenant passe de la réflexion sur ce qu'il fait à la réflexion sur la manière dont il le fait. Cela signifie que vous ne pensez plus à la position de votre corps et à vos muscles, mais plutôt à l'endroit où vous dirigez votre mouvement. Où faites-vous la passe ? Quel est l'objectif final de votre mouvement ? Vous ne vous concentrerez plus sur la question de savoir si vous parvenez à faire le mouvement que vous voulez, mais plutôt sur ce que vous voulez accomplir en le faisant. Au cours de cette étape, le mouvement devient plus fluide et plus aisé car l'apprenant fournit son propre retour d'information au lieu de compter uniquement sur une aide extérieure. La plupart des apprenants commettront encore des erreurs au fur et à mesure qu'ils avancent dans le continuum d'acquisition de compétences. Toutefois, ces erreurs ne seront pas aussi importantes ou aussi fréquentes qu'au cours du stade cognitif de l'acquisition de compétences. Au fur et à mesure que vous progressez dans cette phase, vous continuerez à bénéficier d'un retour d'information immédiat sur votre performance et votre technique de la part d'une source bien informée. Cela vous aidera à faire des ajustements cruciaux et à commencer à augmenter la complexité du contexte dans lequel la compétence est exécutée. Par exemple, au lieu de frapper une balle de tennis depuis une position stable, vous pouvez demander à un partenaire de vous renvoyer des cibles mobiles, de manière à exploiter la totalité du terrain. À partir de là, vous aurez besoin d'une pratique fréquente et importante pour passer au stade autonome.

Le stade autonome

Le dernier stade, le stade autonome de l'acquisition de compétences, est celui où l'apprenant ne pense plus du tout à la compétence. À ce stade, le mouvement est naturel, fluide et intuitif. Vous pouvez maintenant vous concentrer sur d'autres aspects du mouvement, comme la personne à qui passer le ballon, l'endroit où vous vous déplacez après la passe, ou l'anticipation par rapport aux actions en cours. Un athlète autonome sait à quoi ressemble le mouvement et peut fournir son propre retour d'information de manière cohérente. Comme pour l'étape précédente, un retour d'information externe sur l'exécution de la compétence sera toujours bénéfique. L'entraînement d'un apprenant autonome se concentre généralement sur l'exécution de la compétence et avec plusieurs processus cognitifs accomplis simultanément. Cette étape de l'acquisition de compétences est celle de la maîtrise, au cours de laquelle les apprenants présentent des caractéristiques telles que le sens kinesthésique, une bonne anticipation, une constance dans la performance et une bonne technique. Vous serez capable de corriger vos propres mouvements, même en cours de route, lorsque vous vous adapterez à des mouvements opposés ou à certaines interférences environnementales. Vous serez en mesure d'exécuter la compétence de manière cohérente et en ne commettant que très peu d'erreurs.

Maintenant que vous en savez un peu plus sur les trois étapes du processus d'acquisition de compétences, pensez à quelque chose que vous avez l'intention d'apprendre telle qu'une nouvelle compétence ou un nouveau talent. Peut-être y a-t-il des objets éparpillés dans votre maison, qu'il s'agisse d'un manuel ou d'une guitare dont vous voulez apprendre à jouer. Ces objets vous rappellent peut-être un projet potentiel abandonné qui vous enthousiasmait tellement qu'aujourd'hui vous ressentez une véritable douleur en vous rappelant que vous avez abandonné l'idée de l'acquérir. Vous avez peut-être même réessayé, pour échouer une nouvelle fois.

Lorsque vous envisagez les étapes du processus d'acquisition de compétences ci-dessus, vous devez comprendre que vous n'avez jamais franchi les étapes les plus douloureuses : les étapes cognitive et associative. Vous êtes encore un débutant, vous êtes donc resté bloqué en commettant des erreurs et, par conséquent, vous avez abandonné. Votre cerveau est en fait conçu pour vous protéger de la douleur au cours des deux premières étapes. Il veut passer tout de suite à l'étape autonome où vous avez déjà maîtrisé la compétence, ou du moins où vos compétences ont atteint un plateau. N'oubliez pas qu'il s'agit de quitter votre zone de confort. Vous devez vous surpasser au-delà de ce à quoi vous êtes habitué, alors tenez bon. Vous en êtes encore aux premiers stades de l'apprentissage et vous pouvez éviter certaines des difficultés liées à la croissance.

Le temps est une ressource précieuse pour chacun d'entre nous, c'est pourquoi j'ai inclus certaines des principales recherches sur l'acquisition rapide de compétences. Josh Kaufman a défini des principes clés pour y parvenir dans son livre *The First 20 Hours* (nous reviendrons sur ce concept dans le prochain chapitre). Les six recommandations suivantes vous aideront à apprendre les bases de n'importe quel domaine en moins de temps. Voici comment y parvenir.

Choisissez un projet passion

Réfléchissez à ce qui vous passionne le plus. Qu'est-ce qui vous donne un sens ? Est-ce la conception pour l'accessibilité ? Devenir un grand leader ? Où trouvez-vous du plaisir ? Est-ce que c'est faire vivre à vos clients une expérience formidable ? Fournir d'excellents produits ? Acquérir rapidement des compétences consiste à trouver et à développer de nouveaux points forts en quittant sa zone de confort. Ainsi, si vous essayez d'acquérir une nouvelle compétence, vous devez quitter votre zone de confort. Cela signifie que vous abandonnez vos anciens points forts pour vous concentrer sur le développement de nouveaux. Lorsque vous choisissez un projet qui vous passionne, demandez-vous ce qui donne du sens à votre vie et quelles activités vous procurent du plaisir. Élaborez un schéma visuel qui vous aidera à identifier ces ingrédients nécessaires. Vous pouvez même dresser un bilan de vos points forts actuels afin d'avoir une idée précise de ce que vous aimeriez développer.

Lorsque nous choisissons quelque chose qui nous intéresse, nous avons la discipline nécessaire pour franchir les étapes cognitives et associatives du processus d'acquisition de compétences, pour consacrer le temps et les efforts nécessaires à l'acquisition de ces compétences et pour atteindre la ligne d'arrivée. Une fois que vous savez pourquoi vous êtes passionné par ce projet que vous aimez, vous pouvez planifier en fonction de celui-ci. Fixez des objectifs pour votre réussite. Recherchez et acquérez l'équipement et les ressources dont vous aurez besoin pour votre apprentissage. Ensuite, planifiez votre emploi du temps en fonction de la voie que vous avez choisie. Organisez-vous et préparez-vous au chemin qui vous attend.

Concentrez vos efforts sur une compétence à la fois

Vous ne disposez que d'un nombre limité d'heures chaque jour, et l'apprentissage d'une nouvelle compétence peut s'avérer difficile. Si vous essayez de répartir votre temps limité et vos ressources cognitives entre l'apprentissage de diverses compétences, vous risquez de vous épuiser. Malheureusement, les personnes qui s'épuisent n'apprennent pas très vite. Lorsque le monde évoluait à un rythme plus lent, le multitâche était une compétence précieuse à faire valoir. Aujourd'hui, cependant, il est prouvé qu'il fait de vous un individu moins efficace et un apprenant moins performant. Si vous essayez d'accomplir deux tâches ou plus en même temps, votre productivité diminuera de 40 %. Rappelez-vous que, tout comme vous devez éviter le multitâche au travail, vous devez absolument l'éviter lorsque vous vous consacrez à l'apprentissage d'une nouvelle compétence. Vous devez vous immerger dans votre processus d'acquisition de compétences afin d'atteindre votre potentiel de compétences.

Il est probable que vous souhaitiez acquérir de nombreuses compétences différentes, mais la première étape importante d'une acquisition rapide de compétences consiste à choisir celle sur laquelle vous allez vous concentrer en premier. Commencez par dresser une liste de toutes les compétences qui vous intéressent, puis choisissez celle qui vous intéresse le plus en ce moment. Cette passion vous aidera à rester motivé tout au long de votre entraînement. Bien qu'il puisse être tentant d'essayer de se plonger dans plusieurs compétences en même temps, vous devriez concentrer toute votre énergie sur l'apprentissage d'une seule compétence à la fois. Par exemple, vous avez peut-être été tenté de combiner l'apprentissage du codage Python avec l'apprentissage de l'espagnol ou encore du marketing par moteur de recherche avec du montage vidéo. Des études ont montré que ce n'est pas ainsi que vous acquerrez le plus rapidement une nouvelle compétence. Vous devez utiliser votre temps à bon escient lorsque vous essayez d'apprendre quelque chose de nouveau, car vous n'avez peut-être qu'une heure par jour à y consacrer. N'essayez pas d'apprendre plusieurs choses à la fois, car vous progresserez beaucoup plus lentement, ce qui ne vous motivera pas à continuer.

Déterminez votre niveau de performance cible

Quel niveau de compétence voulez-vous vraiment atteindre ? Une fois que vous avez décidé que vous êtes obsédé par l'apprentissage de cette nouvelle compétence, vous devez désormais décider à quel point il est important pour vous d'être excellent dans ce domaine, et à quel point vous voulez l'être. Voulez-vous être un expert de haut niveau ou voulez-vous simplement être suffisamment bon ? Pour les compétiteurs acharnés, la réponse sera toujours « je veux être le meilleur » Toutefois, il est tout à fait possible de connaître les bases et de vous en contenter si ce n'est qu'un loisir pour vous. Si vous voulez jouer au football principalement pour socialiser et que vous savez que vous pouvez vous débrouiller sur le terrain, c'est parfait. Ce principe dépend entièrement de vos préférences et de la place que vous souhaitez occuper.

Décomposez vos compétences en sous-compétences

Commencez par définir et maîtriser des sous-compétences sur lesquelles vous pourrez vous appuyer. Cela vous aidera à visualiser votre réussite en matière d'apprentissage. La planification est essentielle à cet égard, car si vous n'avez pas de plan ou de vision de ce que sera votre réussite, vous resterez bloqué dans les principes préliminaires en vous demandant quand vous y parviendrez. Une nouvelle compétence est rarement une chose unique à réaliser. Il y a des tactiques que vous pouvez utiliser pour décomposer et déconstruire en parties distinctes la compétence que vous essayez d'apprendre. Vous pouvez ensuite ordonner ces parties d'une manière qui vous permettra d'atteindre votre objectif de performance aussi rapidement que possible.

Munissez-vous des outils adéquats pour optimiser vos compétences

Parfois, lorsque nous apprenons quelque chose de nouveau, nous nous jetons à l'eau sans faire les recherches nécessaires. Si vous voulez apprendre une nouvelle langue, il y a de fortes chances que vous ne trouviez pas gratuitement les meilleures ressources pour vous aider à le faire. Si vous voulez vraiment apprendre à jouer de la guitare, vous aurez certainement besoin d'une guitare et, très probablement, de cours de guitare. Cela signifie que vous devez vous assurer de budgéter votre processus, comme vous le feriez pour toute autre décision importante de votre vie. Vous voulez être sûr d'avoir les bons outils pour réussir. De quoi aurez-vous besoin à chaque étape pour y parvenir ? Par ailleurs, qu'est-ce qui vous empêchera d'avancer ou constituera un obstacle à votre apprentissage ? Identifiez les ressources nécessaires et les obstacles potentiels que vous pourriez rencontrer.

La quantité au détriment de la qualité

À mon avis, il s'agit du principe le plus important pour acquérir de nouvelles compétences le plus rapidement possible. On nous a dit à maintes reprises de privilégier la qualité à la quantité, ce qui peut être vrai dans certaines circonstances, par exemple lorsqu'il s'agit de se faire des amis ou d'acheter moins d'objets. En ce qui concerne l'acquisition rapide de compétences, c'est exactement le contraire. Avant d'entamer chaque session d'apprentissage, vous devez comprendre que vous n'êtes pas un expert et que vous ne le serez pas avant un certain temps. Vous devrez vous efforcer d'être moins critique à l'égard de vos performances d'une session à l'autre. Vous devez vous rendre compte que vous progressez lentement. Entraînez-vous autant que vous le pouvez, en bénéficiant d'un retour d'information régulier. Restez motivé et impliqué. Planifiez votre programme d'entraînement de manière à consacrer du temps à ce que vous avez à faire. Cela vous obligera à consacrer les heures nécessaires pour atteindre vos objectifs de performance. Essayez également de vous entraîner à la même heure pour plus de cohérence, ce qui vous aidera à persévérer.

Résumé du chapitre

Vous connaissez maintenant les trois étapes du processus d'acquisition de compétences (cognitive, associative et autonome) ainsi que mes principales recommandations sur la manière d'apprendre les bases de toute nouvelle chose en moins de temps. Ces recommandations sont les suivantes :

- Choisir un projet qui vous passionne pour vous donner plus de discipline et de motivation.
- Concentrer vos efforts sur une seule compétence à la fois pour atteindre votre plein potentiel d'apprentissage.
- Déterminer votre performance cible pour avoir des attentes réalistes en matière d'apprentissage.
- Décomposer votre compétence en sous-compétences pour qu'elle soit plus facile à atteindre.
- Identifier les outils appropriés pour votre réussite et les obstacles qui s'y opposent.
- Pratiquer autant que vous le pouvez avec un retour d'information constant.

Si vous donnez la priorité à l'apprentissage d'une nouvelle compétence en vous inspirant de ces points, vous serez sur la voie de la réussite. Dans le prochain chapitre, vous apprendrez comment aborder au mieux les vingt premières heures de votre apprentissage, lesquelles sont aussi les plus importantes.

CHAPITRE QUATRE

Les vingt premières heures

Comme mentionné précédemment, Josh Kaufman est un expert reconnu en matière d'apprentissage rapide qui a proposé vingt heures comme chiffre magique pour l'apprentissage d'une nouvelle compétence. Les six principes que je viens de présenter sont essentiels pour un nouvel apprenant et doivent être pris en compte tout au long de ce parcours d'apprentissage de vingt heures. Selon Kaufman, tout le monde se heurte à un mur au début de la phase d'apprentissage rapide. En s'engageant au préalable à consacrer vingt heures à l'apprentissage, les nouveaux apprenants disposeront d'un moyen sûr de franchir ce mur et d'acquérir une nouvelle compétence. Cela ne signifie pas nécessairement que vous deviendrez instantanément un maître dans une nouvelle compétence, mais plutôt que vous atteindrez un niveau de compétence plus élevé plus rapidement et plus sûrement.

Les premières heures d'apprentissage sont toujours les plus difficiles, et c'est là que la plupart des gens abandonnent. Il est toutefois essentiel d'aller au bout des vingt premières heures de pratique, quelles que soient les difficultés rencontrées. Une fois que vous aurez passé le cap des vingt premières heures, vous aurez acquis une bonne dose de pratique, de sorte que la pratique suivante ne sera pas aussi difficile. Voici mes recommandations sur la manière d'aborder les vingt premières heures de pratique d'une nouvelle compétence.

Commencez par fixer votre objectif

Tout d'abord, déterminez le niveau de compétence que vous souhaitez atteindre. J'ai brièvement parlé de la définition de votre niveau de performance cible dans le dernier chapitre. Maintenant, réfléchissez vraiment au niveau que vous souhaitez atteindre et à la manière dont vous voulez y parvenir. L'une des idées clés des 20 premières heures est de commencer par déterminer le niveau de compétence que vous souhaitez atteindre. Une fois que vous avez une idée, vous le décomposerez en étapes plus petites pour y parvenir.

Par exemple, supposons que vous souhaitiez devenir un bon rédacteur en marketing parce que vous devez rédiger un courriel pour conclure un marché avec un client potentiel important. Vous n'avez pas besoin d'étudier la rédaction en profondeur et dans son intégralité. Vous pouvez plutôt vous pencher sur les meilleures pratiques en matière de rédaction d'e-mails de vente. Vous pouvez déterminer les étapes et les éléments dont vous aurez besoin pour rédiger l'e-mail parfait dans le cadre de ce scénario. Élaborez un plan. Commencez par étudier comment rédiger des lignes d'objet, puis comment personnaliser correctement vos courriels, et enfin le ton et la voix appropriés. Vous pouvez peut-être même étudier des suggestions sur la façon d'éviter d'atterrir dans les courriers indésirables ainsi que quelques principes d'influence pour vous assurer que votre courriel convertisse ce client potentiel. Vous pouvez également rechercher différents modèles que vous pourrez ensuite adapter à votre usage.

Gardez à l'esprit qu'en vous fixant un bon objectif, vous avez plus de chances de réussir à acquérir la compétence que vous vous êtes fixée. Le fait de partager votre objectif avec un ami peut vous aider à vous responsabiliser. Le fait que votre apprentissage ait une implication sociale vous aidera à rester motivé tout au long du chemin qui vous mènera à la réalisation de votre objectif. L'apprentissage en groupe présente également d'énormes avantages. Vous souvenez-vous de l'apprentissage collaboratif ? Lorsque vous apprenez en groupe, non seulement vous pouvez apprendre des autres, mais vous êtes également encouragé à progresser ensemble. Qu'il s'agisse d'un club d'échecs, d'un groupe de réflexion ou d'un groupe de rencontre en ligne, essayez d'entrer en contact avec d'autres personnes partageant les mêmes idées, ne serait-ce que pour bénéficier d'un retour d'information et d'un soutien.

Déterminez les ressources dont vous avez besoin

Puisqu'il s'agit d'apprendre une nouvelle compétence en vingt heures, il est important de déterminer ce dont vous aurez besoin pour commencer. Comment rester concentré ? Vous devrez vous efforcer de limiter les distractions et vous assurer que vous disposez des outils dont vous avez besoin pour apprendre et réussir dans la compétence que vous souhaitez acquérir. Bien que cette étape puisse sembler simple, il est extrêmement important que vous la réalisiez avec soin et correctement. Commencez par déterminer quels types de matériel et d'environnement - voire d'outils ou d'applications - pourront vous aider à acquérir cette nouvelle compétence. Peut-être avez-vous simplement besoin d'un stylo, de papier et d'un surligneur pour marquer des passages dans des manuels. Peut-être préférez-vous automatiser vos sessions d'apprentissage en rassemblant des références en ligne et en les lisant sur votre tablette. Par ailleurs, vous préférez peut-être apprendre dans de grands espaces, en plein air ou dans un parc, ou encore dans le confort de votre propre maison, en écoutant de la musique ou près de votre fenêtre préférée.

Tout en veillant à ce que l'environnement dans lequel vous vous trouvez soit propice à vos progrès en matière d'apprentissage accéléré, vous devez prendre soin d'abandonner les réseaux sociaux et les distractions connexes, y compris la tentation de consulter vos messages ou vos courriels. Comme le dit le proverbe, « loin des yeux, loin du cœur ». Avant de vous installer pour vous entraîner ou étudier, assurez-vous que toutes les distractions potentielles sont loin de votre vue. Vous pouvez planifier à l'avance un endroit spécifique pour l'apprentissage, sans télévision, sans amis bavards ou autres tentations. Le fait de prendre le contrôle de votre environnement ne signifie pas nécessairement que vous devez toujours travailler seul. Parfois, travailler avec des amis dans des groupes d'étude peut être un moyen utile d'influencer votre environnement.

Une fois que vous avez défini votre environnement idéal, vous pouvez passer à l'identification des obstacles potentiels ou des barrières qui peuvent interférer avec votre processus d'apprentissage et travailler à les éliminer. Vous devez créer un environnement sans distraction afin de pouvoir vous concentrer sur votre apprentissage. N'oubliez pas que votre cerveau cherche des raccourcis et des excuses pour ne pas s'exercer. Il essaiera de faire marche arrière devant n'importe quel obstacle parce que vous en êtes aux premiers stades de l'apprentissage, ce qui peut être douloureux. Vous devez vous efforcer d'éliminer ces obstacles. Si vous apprenez à jouer de la guitare, laissez-la au milieu de votre chambre pour que vous la voyiez constamment et que cela vous rappelle votre engagement à vous entraîner. Il faut que ce rappel soit aussi évident que possible pour que vous ne puissiez pas l'éviter.

Vous devez également essayer d'anticiper les obstacles émotionnels. Par exemple, vous commencez peut-être à vous sentir dépassé ou anxieux. Rappelez-vous qu'une attitude positive favorise votre processus d'apprentissage. Faites une pause si vous avez du mal à vous sentir optimiste et détendu, puis reprenez lorsque vous êtes à nouveau motivé pour apprendre. Ce n'est pas la même chose que l'engagement. Selon cette théorie, vous devez vous forcer à tenir le coup pendant les vingt premières heures, afin d'avoir plus de chances d'acquérir votre nouvelle compétence. Parfois, cela signifie s'engager à faire la plus petite quantité de travail possible, quand bien même votre motivation ferait défaut.

Pratiquez, pratiquez, pratiquez

Lorsque vous planifiez votre processus d'acquisition de compétences, vous devez vous assurer de consacrer du temps à la pratique. Pour devenir un expert, il n'y a pas de substitut. Il faut du dévouement, de la discipline et de la concentration, ainsi qu'un désir sincère et authentique de faire le travail. Si vous n'êtes pas passionné par quelque chose, vous ne deviendrez pas un expert dans ce domaine. Vous devez faire preuve de constance, sinon vous ferez marche arrière. Idéalement, vous vous entraînerez ou étudierez tous les jours à la même heure. Si vous avez du mal à trouver du temps pour cela, commencez par supprimer toute autre activité qui n'est pas directement nécessaire à l'apprentissage de cette nouvelle compétence. Dédiez alors ce temps à la pratique.

Il est évident que vous ne pouvez pas vous libérer complètement de votre emploi du temps de cette manière ; vous avez des responsabilités d'adulte à assumer et des urgences qui se présentent au jour le jour et d'une semaine à l'autre. Toutefois, si vous souhaitez réellement acquérir une nouvelle compétence, éliminez la plupart des éléments superflus de votre emploi du temps et consacrez-lui le temps alors libéré. Votre objectif est de libérer soixante à quatre-vingt-dix minutes par jour pour les réserver à la pratique. N'oubliez pas de recevoir un retour d'information sur vos progrès afin de savoir si vous vous êtes trompé quelque part ou si vous devriez aborder votre apprentissage d'une manière différente. Le retour d'information est essentiel aux premiers stades de l'acquisition des compétences. Vous pouvez même faire appel à un coach pour vous aider dans cette tâche. Les coachs peuvent vous guider et vous donner un retour d'information tout au long du processus, d'une manière qu'il vous serait difficile de faire vous-même. Dans certains cas, vous pouvez suivre votre propre apprentissage. Par exemple, si vous apprenez une nouvelle langue, vous pouvez essayer d'utiliser un enregistreur vocal pour vous écouter parler. Il vous sera ainsi plus facile de repérer les erreurs de prononciation ou de grammaire.

Il peut être facile de se perdre dans la lecture et la collecte d'informations sur la manière de faire quelque chose sans jamais la mettre véritablement en pratique. N'oubliez pas que la meilleure façon d'apprendre à faire quelque chose est de le faire réellement. Même si vous ne vous sentez pas prêt, assurez-vous d'être toujours physiquement ou activement impliqué. Faites alterner la recherche et la pratique, avec beaucoup de pratique entre les périodes de recherche.

Pratiquez sur des courtes durées

Si vous êtes comme moi, vous redoutez la fin du week-end. La semaine de travail se profile le dimanche soir, promettant une infinité de nouvelles tâches à accomplir. Si vous apprenez une nouvelle tâche, cela peut être encore plus décourageant. La bonne nouvelle, c'est qu'il existe une meilleure façon d'aborder ces longues périodes de travail sans se sentir dépassé. Apprendre quelque chose de nouveau et de difficile, ou même travailler sur des activités pendant de longues périodes, est épuisant et souvent inefficace. Des recherches ont montré qu'il est en fait préférable de travailler par courtes périodes avec des pauses fréquentes et planifiées. C'est ce que l'on appelle communément la technique Pomodoro.

La technique Pomodoro nous invite à faire une pause de cinq minutes toutes les vingt-cinq minutes de travail. Fixez des objectifs de session afin de réaliser trois à cinq de ces sessions de travail tout au long de la journée. Une fois que vous aurez adopté cette technique, vous serez étonné de la rapidité avec laquelle vous progresserez. En donnant la priorité à la quantité et à la rapidité, vous risquez beaucoup moins d'être frustré, et donc démotivé, au cours des premières étapes de votre pratique. Lorsque vous commencez à apprendre quelque chose de nouveau, les heures de pratique nécessaires pour commencer à progresser peuvent vous sembler une éternité. Vous pouvez même penser que vous avez passé plus de temps à travailler sur quelque chose au début de l'apprentissage d'une nouvelle compétence, simplement en raison de la difficulté de la tâche d'apprentissage elle-même. L'utilisation de la technique Pomodoro vous aidera à éviter les frustrations au début de votre processus d'apprentissage. Elle vous aidera à rester concentré et motivé, car vous serez en mesure de suivre votre temps de travail.

Lorsque vous travaillez sur une tâche sans faire de pause, vous êtes plus susceptible de vous déconcentrer et, par conséquent, de vous détourner du travail réel. En revanche, lorsque vous faites une pause, vous vous obligez à prendre quelques secondes pour réévaluer votre travail ou y réfléchir. Vous vous donnez l'espace nécessaire pour que votre attention puisse se reposer avant de reprendre votre travail. Il se peut que vous découvriez que vous devez ajuster ce sur quoi vous travaillez ou apporter quelques changements nécessaires. Cela améliorera la qualité de votre travail ainsi que la rapidité avec laquelle vous pouvez l'accomplir. Lorsque vient l'heure de la pause, il est important que vous la preniez au sérieux et que vous passiez réellement à une nouvelle activité. Vous pouvez les considérer comme une récompense pour votre dur labeur en marchant un peu, en faisant quelques étirements, en prenant une tasse de café ou en faisant quelque chose qui vous détend (comme la méditation). Vous pouvez expérimenter la durée de travail que vous préférez avant de faire une pause, bien que les recherches tendent à suggérer qu'une durée comprise entre vingt-cinq et trente-cinq minutes est la meilleure. Gardez à l'esprit que des périodes de travail plus longues peuvent conduire à l'épuisement, ce qui est particulièrement préjudiciable à votre motivation si vous essayez d'acquérir de nouvelles compétences.

Kaufman suggère également que vous pratiquiez votre nouvelle compétence dans les quatre heures qui précèdent votre coucher. Selon lui, la pratique réalisée dans ce délai permet au cerveau d'intégrer plus rapidement l'apprentissage dans les voies neuronales, car la mémoire et la mécanique motrice nécessaires sont ancrées plus rapidement. Vous pouvez également aider votre cerveau en célébrant les petites victoires qui jalonnent votre parcours. Les endorphines et la sérotonine seront ainsi libérées en plus grande quantité, ce qui vous encouragera à continuer. Prenez un morceau de chocolat ou regardez l'un de vos clips musicaux préférés pour vous faire plaisir et continuer à vous amuser. L'apprentissage d'une nouvelle compétence doit être passionnant et vous devez être impatient de vous y exercer chaque jour. Gardez votre bonne attitude et votre motivation !

Résumé du chapitre

Inspiré par Josh Kaufman, expert en apprentissage, ce chapitre explique comment structurer vos vingt premières heures d'apprentissage d'une nouvelle compétence. N'oubliez pas qu'en vous engageant au préalable à consacrer vingt heures à votre apprentissage, vous disposerez d'un moyen de franchir le mur de l'apprentissage auquel tout le monde est confronté et d'atteindre vos objectifs d'apprentissage. Mes quatre recommandations clés sur la manière d'aborder les vingt premières heures de votre apprentissage sont les suivantes :

- ◆ Commencez par fixer votre objectif.
- ◆ Déterminez les ressources dont vous avez besoin pour réussir.
- ◆ Pratiquez régulièrement et demandez un retour d'information dès le début.
- ◆ Divisez vos périodes de pratique en intervalles assimilables afin de ne pas perdre votre motivation.

Tous ces éléments se conjuguent pour améliorer la qualité et l'efficacité de votre apprentissage. Dans le prochain chapitre, vous découvrirez mon principe d'apprentissage préféré et comment il peut vous servir dans votre parcours d'apprentissage.

CHAPITRE CINQ

Le principe de Pareto qui change la vie

Vous n'avez peut-être jamais entendu parler du principe de Pareto, mais vous avez très probablement entendu parler de la règle des 80/20 ou de la loi des « quelques éléments essentiels »s. Le principe de Pareto suggère que, pour la plupart des choses, environ 80 % des effets proviennent de 20 % des causes. Ce principe a été appliqué à tous les domaines, de la propriété foncière à la fiscalité, en passant par les mathématiques. Cette règle est basée sur une distribution de loi de puissance et s'est avérée vraie dans les affaires, dans les relations et, surtout, dans la façon dont nous apprenons. En termes d'apprentissage, cela signifie que vous voulez identifier les 20 % de travail (ou causes) qui vous donneront les 80 % de résultats que vous souhaitez (les effets). Le concept principal consiste à identifier les quelques stratégies et supports d'apprentissage les plus efficaces qui vous permettront de devenir rapidement compétent dans le domaine choisi.

Par exemple, si vous apprenez une langue, il ne faut pas longtemps pour se rendre compte qu'il y a quelques mots clés qui reviennent souvent. Vous pouvez faire une recherche rapide sur « les mots anglais les plus utilisés » ou « les phrases anglaises typiques » pour commencer à apprendre à parler anglais avant d'entrer dans les détails plus techniques ou grammaticaux. Appliqué à l'entraînement sportif, le principe de Pareto consiste à pratiquer environ 20 % des exercices et habitudes clés pour une compétence particulière afin d'obtenir 80 % de l'impact. L'apprenant ne doit pas se focaliser sur une formation variée ou sur l'apprentissage d'aspects très techniques d'une compétence. Il s'agit essentiellement de vous dire par quoi commencer en premier, sans pour autant négliger les quatre-vingts autres pour cent. Par exemple, avoir une alimentation saine et aller régulièrement à la salle de sport sont toujours importants pour l'entraînement sportif, mais ils ne sont pas aussi significatifs que les activités (ou 20 %) clés.

Le principe de Pareto va changer votre façon d'apprendre. Selon la compétence que vous avez choisie, la quantité de ressources pour étudier peut être immense. Vous aurez besoin d'une stratégie pour choisir le contenu le plus efficace qui vous aidera à atteindre votre objectif, ainsi que pour l'exploiter dans le bon ordre. L'application de ce principe à votre apprentissage peut se faire de différentes manières. Vous pouvez l'utiliser pour choisir la méthode d'étude la plus efficace dont vous disposez. Au-delà des méthodes d'étude, la règle des 80/20 peut s'avérer extrêmement utile pour choisir les bons supports d'apprentissage. J'ai rassemblé quelques conseils utiles à prendre en compte lorsque vous utilisez cette approche pour acquérir rapidement une nouvelle compétence.

Pour commencer, identifiez la compétence que vous essayez actuellement d'acquérir. Peu importe qu'il s'agisse d'un sport, d'une langue, d'une compétence motrice (comme jouer de la guitare ou d'un autre instrument) ou de l'apprentissage d'un nouveau jeu (comme les échecs). Quel que soit le domaine, la compétence ou l'expertise, choisissez simplement quelque chose que vous essayez d'améliorer. Il peut même s'agir d'une nouvelle tâche qui vous a été confiée récemment par votre patron ou un professeur. Il peut s'agir d'une nouvelle spécialisation ou d'un nouveau passe-temps. Identifiez les sujets d'apprentissage dans votre vie et soyez ouvert à en découvrir plusieurs simultanément. Dresser cette liste vous aidera à vous organiser dans votre processus d'apprentissage.

Dressez maintenant une liste des cinq à dix ressources que vous utilisez dans votre processus d'apprentissage. Pour chacun des sujets ou des compétences auxquels vous avez pensé, vous devez maintenant réfléchir à cinq choses ou plus que vous faites en ce moment dans le cadre de votre apprentissage ou que vous vous efforcez activement d'améliorer. Par exemple, si l'une des compétences que vous essayez d'acquérir est de savoir jouer de la guitare, énumérez cinq actions ou plus que vous entreprenez pour faciliter cet apprentissage. Il peut également s'agir de ressources que vous utilisez et qui vous aident à progresser.

Une fois que vous avez fait cela, vous pouvez choisir un ou deux éléments qui vous donnent les meilleurs résultats. Choisissez avec soin et de manière aussi impartiale que possible. Même s'il s'agit d'une activité que vous trouvez difficile ou qui vous donne du fil à retordre, si elle vous aide à apprendre, elle doit figurer sur la liste. N'oubliez pas que l'objectif à ce stade n'est pas d'atteindre la maîtrise, mais plutôt d'atteindre vos 80 % le plus rapidement possible. L'enthousiasme et la motivation vous aideront à aller de l'avant. En outre, vous serez désormais plus familier avec le sujet et serez en mesure de prendre des décisions plus éclairées à l'avenir. Après avoir choisi les deux éléments qui vous permettront d'acquérir plus rapidement une certaine aisance, vous serez en bien meilleure position pour apprendre progressivement plus et plus vite. Si aucun élément de votre liste ne correspond à cette description, retournez au début de votre liste de ressources et ajoutez-en de nouvelles. Il vous faudra peut-être procéder par tâtonnements au début, mais ne vous inquiétez pas ! Demandez l'avis d'un ami de confiance ou d'un mentor, ou faites une recherche rapide sur Google si nécessaire. Nous vivons à l'ère de l'information. Tout ce dont vous avez besoin est à portée de main.

La dernière étape de l'application du principe de Pareto consiste à mettre en pratique les deux éléments que vous avez choisis comme étant les plus efficaces et les plus performants pour vous permettre d'obtenir des résultats au cours des deux prochaines semaines. Vous avez procédé à l'élimination, il est maintenant temps de pratiquer. Vous verrez, au cours de cette séance d'entraînement, à quel point vous avez progressé par rapport à vos attentes initiales. Vous pouvez également appliquer la technique Pomodoro et garder à l'esprit les étapes du processus d'acquisition de compétences tout au long de cette phase. Tous ces principes se conjuguent de manière à approfondir et à accélérer votre apprentissage.

Au-delà de l'apprentissage, vous pouvez utiliser le principe de Pareto dans tous les domaines de votre vie où vous estimez qu'il peut y avoir un déséquilibre des effets. Ce principe ne s'applique peut-être pas à tous les domaines, mais de nombreuses situations peuvent être déséquilibrées (par exemple, sur les plans financier, de la santé, conjugal, social ou professionnel). Vous pouvez penser aux 10 à 20 % d'efforts les plus importants que vous faites dans votre vie pour obtenir 80 % de ce que vous attendez de la vie. Peut-être découvrirez-vous que vous appréciez les relations plus que vous ne le pensiez ; peut-être cela améliorera-t-il un aspect de votre vie professionnelle.

Vous pouvez ensuite trouver des moyens de mettre l'accent sur le pourcentage clé qui vous apporte ces 80 % de joie ou de satisfaction. Décidez de consacrer plus de temps à ces activités et placez-les en priorité dans votre emploi du temps. Peut-être rencontrez-vous un plus grand nombre de vos principaux amis ou réinstaurez les soirées en amoureux dans votre couple. Vous pouvez aussi investir davantage d'argent dans les expériences que vous souhaitez vivre. Vous devrez également trouver des moyens de minimiser ou d'éliminer les autres activités qui ne vous apportent pas les mêmes bénéfices. Cela peut signifier que vous éliminez certaines personnes toxiques de votre vie, ou que vous réorientez votre argent vers des investissements plus intelligents ou de meilleure qualité, qui donnent de meilleurs résultats et vous permettent d'avoir une meilleure qualité de vie. Quoi qu'il en soit, la règle des 80/20 peut vous servir de guide pour créer un meilleur équilibre dans votre vie quotidienne.

Résumé du chapitre

Le principe de Pareto est mon principe d'apprentissage préféré. Il vous aide à identifier les 20 % du travail qui vous permettront d'obtenir 80 % des résultats souhaités. Apprendre ce principe change vraiment la vie. Il vous aidera à hiérarchiser les stratégies et les supports d'apprentissage les plus efficaces qui vous permettront d'atteindre vos objectifs d'apprentissage. Vous pouvez utiliser cet outil extraordinaire dans d'autres domaines de votre vie afin de trouver un meilleur équilibre général. Dans le prochain chapitre, je vous donnerai un aperçu des points clés à prendre en compte dans l'art de la prise de notes efficace.

CHAPITRE SIX

L'art de la prise de notes efficace

Les recherches sur la mémoire ont montré que nous nous souvenons facilement des idées ou des informations sur lesquelles nous portons souvent notre attention, et, qu'à l'inverse, nous pouvons rapidement oublier les idées ou les informations que nous ne touchons mentalement qu'une ou deux fois. Ce phénomène est intentionnel et s'est développé au fur et à mesure de l'évolution de l'homme. Il s'agit d'un oubli naturel des informations, car notre cerveau filtre les données dont nous lui disons qu'elles ne sont pas importantes. C'est simple : moins nous nous exposons à quelque chose, moins nous le retiendrons dans notre esprit. Nous indiquons à notre esprit ce qu'il est important de conserver en l'introduisant et en le réintroduisant dans nos journées par la pratique et l'étude. Plus nous pratiquons, plus l'information est stockée en permanence dans notre esprit.

Lorsque nous essayons d'apprendre quelque chose de nouveau, notre mémoire est plus forte dès le départ. Imaginez que vous étudiez du vocabulaire en classe et que l'on vous présente vingt nouveaux termes. Si vous étiez testé immédiatement, vous auriez probablement un taux de mémorisation proche de 100 %. Un jour plus tard, votre mémoire aurait baissé de 40 %. En tant qu'apprenants, si nous ne revenons pas sur le nouveau support d'apprentissage dans les vingt-quatre premières heures, nous aurons perdu 40 % des informations qu'il contient. Un jour plus tard, nous perdrons encore 20 % de notre capacité de mémorisation. En deux jours, nous aurons donc oublié 60 % de nos nouvelles connaissances. Cet effet est appelé « la courbe de l'oubli » et a été mis au point par Hermann Ebbinghaus en 1895, alors qu'il menait ses premières recherches sur la mémoire et l'oubli.

En bref, notre mémoire temporaire peut être trompeuse. Nous entendons quelque chose et nous pensons que, parce que nous pouvons immédiatement y penser et le répéter, nous nous en souviendrons également plus tard. Il faut voir les choses ainsi. Notre cerveau a attaché une goutte de colle à une pensée (en tant que souvenir temporaire). Peu à peu, la colle perd de sa qualité et, comme il ne s'agissait que d'une goutte, le lien se disperse et nous ne nous souvenons plus de la pensée. Cependant, si nous revenons constamment à cette pensée et que nous appliquons d'autres gouttes de colle à la goutte initiale, l'adhésif se renforce avec le temps. L'information finit par s'inscrire dans une mémoire plus permanente.

Les informations se perdant rapidement avec le temps, les apprenants doivent développer une stratégie efficace pour en retenir de nouvelles. La prise de notes est un bon outil pour y parvenir, mais la simple prise de notes ne suffit pas. Une prise de notes efficace est conçue pour vous aider à vous souvenir de ce que vous avez appris et à bien retenir ces informations au fil du temps. Si nous prenons des notes de manière efficace, nous pouvons retenir et récupérer presque 100 % de ce que nous avons appris.

Comment prendre des notes

Un bon point de départ consiste à toujours rédiger ses notes à la main. Bien que l'on puisse penser que taper ses notes sur un ordinateur portable pendant une conférence ou un cours serait plus approfondi (et pourrait même vous aider à apprendre plus vite), c'est en fait le contraire qui est vrai. Il est préférable pour votre apprentissage de prendre des notes à l'aide d'un stylo et d'une feuille de papier. Cela accélèrera votre apprentissage et vous aidera à le retenir. Des recherches ont montré que les apprenants qui tapent leurs notes de cours traitent et retiennent les informations à un niveau inférieur. En revanche, ceux qui prennent des notes à la main finissent par apprendre davantage.

Bien que la prise de notes à la main soit plus lente et plus fastidieuse que taper à l'ordinateur, l'acte d'écrire l'information favorise des niveaux de compréhension et de rétention plus élevés. Le fait de reformuler les informations avec vos propres mots vous aide à les retenir plus longtemps, ce qui signifie que vous vous en souviendrez mieux et que vous obtiendrez de meilleurs résultats lors d'examens. Cela s'explique par le fait que le traitement cognitif associé à la prise de notes à la main diffère de celui associé à la prise de note à l'ordinateur. En tapant à l'ordinateur, les apprenants peuvent facilement produire une trace écrite du cours sans nécessairement en assimiler le sens. Des vitesses de frappe plus rapides permettent aux étudiants de transcrire un cours mot à mot sans vraiment réfléchir au contenu ou à la signification profonde de ce qui a été dit. Comme les apprenants ne peuvent pas écrire tout ce qu'ils entendent à la main, ils doivent choisir ce qu'ils veulent privilégier et ce sur quoi ils veulent se concentrer. Vous devrez plutôt écouter, assimiler et résumer ce que vous entendez afin de pouvoir saisir succinctement l'essence de l'information. Prendre des notes à l'ancienne oblige le cerveau à effectuer un travail mental plus important que si vous tapiez à l'ordinateur, et ces efforts se traduisent par des taux d'apprentissage plus élevés et plus durables.

Des études sur la prise de notes ont montré qu'elle est plus efficace lorsqu'elle est organisée et transformée d'une manière ou d'une autre, ou lorsqu'un enseignant donne des exemples sur la manière de prendre de bonnes notes sur le support donné. Quoi qu'il en soit, cela demande un effort, et la moitié de la bataille consiste à comprendre les raisons pour lesquelles il est nécessaire de prendre des notes et d'interagir avec elles. Les techniques de prise de notes les plus efficaces impliquent un apprentissage actif plutôt que passif, ce qui signifie que la responsabilité de l'apprentissage incombe à l'apprenant. La recherche a montré que l'implication active et l'engagement des étudiants dans le processus d'apprentissage sont essentiels pour un apprentissage durable. Malgré ces résultats, les salles de classe traditionnelles ont tendance à se concentrer sur l'écoute de présentations formelles plutôt que sur la lecture, l'écriture, la discussion, la résolution de problèmes ou toute autre forme d'engagement avec le matériel pédagogique. Il est important de noter que cette forme d'apprentissage implique des tâches de réflexion de haut niveau telles que l'analyse, la synthèse et l'évaluation.

Ces stratégies d'apprentissage favorisent l'apprentissage actif parce qu'elles impliquent l'apprenant dans l'apprentissage des choses et dans la réflexion active sur ce qu'il fait au moment même où il le fait. C'est ce que l'on appelle communément la réflexion sur la réflexion ou la métacognition. Pendant que les apprenants s'impliquent dans leur contenu, ils devraient également réfléchir à la manière dont ils l'apprennent, à ce qui fonctionne, à ce qui est source de confusion et à la manière dont la réflexion évolue en fonction du sujet de l'apprentissage. Cela vous aidera, en tant qu'apprenant, à découvrir ce qui fonctionne bien pour vous et les ajustements que vous devriez faire la prochaine fois. Cela vous aidera à apprendre de vos erreurs plus rapidement et plus efficacement. Les pratiques métacognitives augmenteront également votre capacité globale à transférer et à adapter votre apprentissage à de nouveaux contextes et à de nouvelles tâches.

En ce qui concerne la prise de notes, ces concepts ont plusieurs implications. Il s'agit d'un processus interactif qui implique d'utiliser les notes originales à plusieurs reprises afin de construire une mémoire du contenu, contrairement à l'idée selon laquelle la prise de notes est une activité de copie unique. L'une des principales stratégies de prise de notes est la méthode Cornell, qui fournit un guide pour la prise de notes qui vous aidera à organiser vos notes en résumés plus faciles à assimiler. Cette méthode décrit les quatre étapes d'une bonne prise de notes.

#1 La prise de notes

Pour commencer, vous devez préparer une page pour prendre des notes et procéder de la même manière à chaque fois. Inscrivez en haut de la page une question essentielle en rapport avec le sujet d'étude, afin de vous concentrer sur un objectif d'apprentissage clé dont vous devriez pouvoir discuter après votre session d'étude. Vous pouvez ensuite diviser la page en colonnes. L'une d'entre elles occupera environ un tiers de la page et sera laissée en blanc pour les questions et les notes connexes qui pourront être ajoutées ultérieurement lorsque les notes seront revues. L'autre côté est réservé aux notes prises lors d'une conférence, d'un cours ou d'une session d'apprentissage (il peut également s'agir de notes tirées d'un manuel, d'une vidéo, d'un podcast ou d'une source connexe).

Tout au long de la session d'apprentissage, vous devez écouter et prendre des notes avec vos propres mots plutôt que d'écrire mot pour mot ce que vous entendez ou voyez. Paraphrasez ce que vous entendez pour que cela ait du sens pour vous. Vous pouvez laisser des espaces dans votre carnet entre les idées principales afin de pouvoir y revenir plus tard et ajouter des informations. Pendant que vous écoutez, veillez à écrire des groupes de mots plutôt que des phrases complètes (en utilisant des listes d'éléments énumérés si possible), et développez votre propre style d'abréviations ou de symboles pour gagner du temps. Au fur et à mesure que vous vous imprégnez du contenu d'apprentissage, vous apprendrez à mieux écouter les informations importantes par rapport aux informations insignifiantes. Cela vous aidera à prendre des repères auprès de l'instructeur ou de la source. S'il est dit que ceci est essentiel ou qu'il s'agit d'un thème clé, c'est le signe que vous devez prêter une attention particulière à ce qui suit. Enfin, vous pouvez utiliser des surligneurs, des stylos ou des crayons de couleur pendant que vous prenez des notes pour indiquer les changements clés dans les idées, les concepts ou les liens entre les informations. En faisant preuve de créativité, vous vous concentrerez davantage sur votre tâche, car vous trouverez des moyens de rester intéressé et impliqué dans le contenu.

#2 L'élaboration de notes

Revenez maintenant à vos notes et révisez le contenu. Relisez ce que vous avez écrit et voyez s'il y a quelque chose que vous devez modifier ou ajuster pour plus de précision ou de clarté. Dans la colonne que vous avez laissée vide, écrivez les questions qui correspondent à la réponse (vos notes originales). Utilisez des surligneurs ou des symboles pour relier des éléments d'information clés de manière cohérente. C'est également le bon moment pour demander un retour d'information. Vous pouvez échanger des idées et collaborer avec d'autres apprenants ou, mieux encore, avec un formateur ou un coach, afin de vérifier votre compréhension et d'évaluer l'exhaustivité et l'exactitude de vos notes.

#3 L'interaction avec les notes

Une fois que vous avez remodelé vos notes, vous voulez maintenant relier tout votre apprentissage en rédigeant un résumé qui aborde la question essentielle et qui répond aux questions que vous avez écrites dans la colonne au cours de votre prise de notes. Rappelez-vous qu'un résumé est une vue d'ensemble du contenu que vous apprenez, ce qui est différent d'une réflexion qui se concentre plutôt sur votre réponse à la tâche ou au contenu d'apprentissage. Vous pouvez tirer des enseignements de vos notes pour chaque sujet d'étude en prévoyant des moments réguliers pour les réviser. Lorsque vous reviendrez les étudier plus tard, vous pourrez utiliser les questions et les réponses pour vous évaluer.

#4 La réflexion sur les notes

La dernière étape de la prise de notes est la réflexion sur le contenu que vous avez noté. Vous devriez demander à un pair, à un tuteur ou à un instructeur de vous faire part de ses commentaires par écrit afin de vérifier votre compréhension et votre exactitude, car il s'agit encore de la phase d'apprentissage initiale. Vous devez ensuite répondre à ces commentaires en vous concentrant sur un problème que vous rencontrez dans votre apprentissage et qui est lié à ce contenu, ainsi que sur toutes les questions qui en découlent. Cela vous aidera à approfondir votre compréhension globale du contenu à long terme. En tant qu'outil d'apprentissage, il est utile de réfléchir régulièrement tout au long du processus d'apprentissage, en particulier avant les examens importants, les présentations ou d'autres évaluations de performance.

Autres conseils d'étude

Comme pour beaucoup de choses, la prise de notes n'est que la première étape de votre processus d'étude, c'est pourquoi je souhaite conclure ce chapitre avec quelques conseils supplémentaires utiles que vous pouvez utiliser une fois que vous avez vos notes seront prêtes. D'une manière générale, gardez à l'esprit que plus vous touchez à une nouvelle information, moins vous l'oublierez.

1. **Étudiez sous forme de questions/réponses.** Que vous lisiez un chapitre de manuel ou que vous relisiez vos notes de cours, essayez de toujours chercher une réponse à une question importante que vous avez créée pour concentrer votre attention sur l'approfondissement de votre compréhension du

contenu. Souvent, les examens sont sous forme de questions/réponses, ce qui vous permet de vous préparer à des repères importants sur votre performance. Vous apprendrez les informations de la manière dont un test vous les demandera probablement.

2. **Utilisez des flashcards lorsque c'est possible.** Utilisez vos notes comme guide, puis inscrivez toutes les informations possibles sur des flashcards : un terme ou encore une question au recto de la carte, et la définition ou la réponse au verso. N'oubliez pas : une seule idée, un seul terme ou une seule question par carte. C'est une autre façon d'utiliser le format des questions/réponses. Les flashcards sont également très faciles à transporter. Vous pouvez les emporter partout avec vous et utiliser les cinq à dix minutes de temps libre que vous avez ici et là chaque jour pour vous tester.

3. **Étudier par petits bouts.** La meilleure façon d'apprendre quelque chose est de l'intégrer progressivement dans votre esprit, par petits intervalles, sur une période donnée. C'est le contraire du bachotage, qui consiste à essayer d'absorber de grandes quantités d'informations en une ou deux longues sessions. Le bachotage est la méthode d'étude la moins efficace pour la rétention à long terme ; cependant, comme je l'expliquerai plus loin, il a sa place dans l'acquisition rapide de compétences. En général, vous retiendrez mieux les informations si vous divisez votre session d'étude en quatre ou cinq périodes de dix minutes. Si vous procédez ainsi chaque jour jusqu'à un examen de performance, vous obtiendrez d'excellents résultats.

4. **Établissez un emploi du temps.** Il est utile d'avoir un plan d'étude et d'étudier en fonction de vos priorités. Vous devez décider comment répartir vos sessions d'étude et organiser votre temps. Il peut être utile de tenir un calendrier des examens et des devoirs (qu'ils vous soient assignés ou que vous fassiez vous-même). Étudiez et planifiez vos périodes d'apprentissage au moment où vous êtes le plus alerte. Si votre vie vous le permet, accordez-vous des pauses entre le moment où vous apprenez un nouveau contenu et le moment où vous allez travailler ou passez à une autre activité. Ces pauses vous permettront de revoir ce que vous venez d'apprendre et même éventuellement de prévoir ce que vous allez faire ou apprendre ensuite (le cas échéant).

5. **Répartissez et modifiez votre pratique.** Les recherches ont montré qu'il est préférable d'utiliser de courtes sessions d'étude pour apprendre un sujet sur une certaine période. Cela favorise un apprentissage significatif et durable. Plus vous espacerez vos séances d'entraînement, plus elles seront efficaces au fil du temps. Cela vous aidera à retenir les informations et à rester motivé pour continuer d'apprendre. En outre, le fait d'apporter de légères modifications au cours de ces séances d'entraînement répétées vous aidera à maîtriser une compétence plus rapidement que si vous le faisiez de la même manière à chaque fois. Cela ne fonctionne que si les modifications que vous apportez sont minimes. Des changements importants dans la pratique d'une nouvelle compétence n'auront pas le même effet.

Résumé du chapitre

Lorsque vous prenez des notes, il est important de donner la priorité à quelques points simples. Prenez des notes à la main, car le fait d'écrire l'information favorise un meilleur niveau de compréhension et de rétention. Le fait de reformuler les informations avec vos propres mots vous aidera également à les retenir plus longtemps, ce qui signifie que vous vous en souviendrez mieux et que vous obtiendrez de meilleurs résultats aux examens. La prise de notes est également un processus interactif qui implique d'utiliser les notes originales à plusieurs reprises en suivant la méthode Cornell (prise de notes, élaboration de notes, interaction avec les notes et réflexion sur les notes). Outre la méthode Cornell, je vous ai également donné quelques conseils d'étude supplémentaires à prendre en compte pour structurer vos sessions d'apprentissage. Les conseils sont les suivants :

- ♦ Étudiez sous forme de questions/réponses.
- ♦ Utilisez des flashcards.
- ♦ Étudier par petits morceaux.
- ♦ Établissez un emploi du temps.
- ♦ Distribuez et modifiez votre pratique.

Dans le chapitre suivant, vous apprendrez comment aller plus loin dans votre apprentissage et comment accélérer votre expertise.

CHAPITRE SEPT

Comment accélérer votre expertise

Lorsque vous apprenez quelque chose pour la première fois, il peut être difficile de passer d'un niveau de compétence modéré à un niveau d'expert. Vous êtes parti d'un niveau de base et, selon l'ampleur de la courbe d'apprentissage pour le sujet en question, il vous faudra peut-être un peu de temps pour arriver à vos fins. Pour commencer, vous devez vous mettre dans de bonnes dispositions mentales. Préparez-vous mentalement et adoptez une bonne attitude. Ce sera un défi, mais avec l'aide appropriée, vous pouvez y arriver rapidement et sûrement.

Avec l'incroyable essor de la technologie de nos jours, l'apprentissage rapide est une réalité plus répandue que nous ne le pensons. Cette génération d'apprenants vit à l'ère de la connaissance et de l'information. Pensez-y : grâce à internet, nous pouvons accéder à toutes sortes de connaissances et répondre à presque toutes les questions que nous pouvons nous poser. Qui plus est, la notion de génie ou de savant naturel est constamment remise en question et remplacée par des recherches qui suggèrent que nous sommes bien plus naturellement programmés pour apprendre. Tout ce dont nous avons besoin, c'est d'être bien guidés pour découvrir notre propre code d'apprentissage. Les recommandations suivantes vous aideront à le découvrir et à rester sur la bonne voie pour rapidement devenir un expert dans votre domaine de prédilection.

Trouvez un mentor

N'oubliez pas que le succès laisse des traces. Le meilleur raccourci pour devenir un expert est de trouver un expert qui fait déjà ce que vous voulez réaliser, puis de nouer une relation avec lui afin d'apprendre de son histoire. Cela concerne autant les échecs que les réussites. Vous devez essayer de ne pas commettre les mêmes erreurs que votre mentor sur la voie de la réussite. En apprenant de l'expert ce qu'il ne faut pas faire, vous accélérerez votre apprentissage d'une nouvelle compétence. Le fait que cette personne vous guide de manière plus personnelle dans ce qu'il faut faire est une énorme victoire.

De nombreuses personnes ne savent pas comment aborder la recherche d'un mentor. Il se peut que vous souhaitiez en avoir un, mais que vous ne compreniez pas très bien ce que cela signifie. Vous devez faire des recherches approfondies et sélectionner quelques candidats que vous aimeriez avoir comme mentor. Prenez le temps de réfléchir à quelques points avant de les contacter. Il y a de fortes chances que cette personne soit un leader que vous admirez, et la manière dont vous l'abordez pourrait être déterminante pour qu'elle accepte ou non votre invitation. La dernière chose que vous voulez faire est de mettre quelqu'un dans une position délicate où il pourrait se sentir mal d'avoir dit non ou de s'être senti obligé de dire oui.

Rappelez-vous avant tout que le mentorat ne se résume pas à vous. La personne que vous souhaitez avoir comme mentor ne vous cherchera probablement pas non plus, c'est pourquoi vous devez adopter une attitude active dans votre démarche. Réfléchissez vraiment à ce que vous attendez de cette personne. Elle doit être quelqu'un à qui vous voulez ressembler, et pas seulement quelqu'un qui a un travail que vous voulez. Cette personne doit posséder un ensemble de points forts et de compétences similaires que vous souhaitez adopter et dont vous voulez vous inspirer. Il n'est pas inutile d'avoir plusieurs candidats avant de décider de s'engager avec l'un d'entre eux (ou deux, en fonction de vos disponibilités). Une fois que vous avez choisi la personne que vous aimeriez avoir comme mentor, apprenez à la connaître. Lisez les articles qu'elle a écrits, suivez son blog, etc. Plus vous en saurez sur cette personne et sur sa personnalité publique, plus vous serez en mesure de définir vos attentes de manière réaliste.

Maintenant que vous avez fait vos recherches, vous êtes prêt à faire la demande. Essayez de ne pas prononcer le mot « mentor » d'emblée. C'est un peu fort pour une première rencontre. Demandez plutôt une première rencontre et personnalisez votre message en y ajoutant ce qui vous a attiré vers lui au départ. Ne cherchez pas la flatterie, mais soyez honnête et perspicace. Peut-être avez-vous lu l'un de ses articles ou l'une de ses citations, ou êtes-vous un fan de l'organisation pour laquelle il travaille. Choisissez ensuite un endroit informel, comme un café, et limitez la durée de la première rencontre à moins d'une heure. Préparez des questions ou des sujets de conversation que vous souhaitez aborder et qui, selon vous, rendront la réunion plus agréable. L'essentiel est de laisser la conversation se dérouler de manière relationnelle. Ne manquez pas de le remercier pour le temps qu'il vous a consacré ; c'est un professionnel très occupé, comme vous aspirez à l'être.

Dans son livre *Comment se faire des amis et influencer les autres*, Dale Carnegie explique comment vous pouvez amener des personnes influentes à vous rencontrer. Vous devez faire abstraction de votre insécurité et, en même temps, faire preuve d'humilité. Il écrit qu'il faut montrer un véritable intérêt pour la personne, se souvenir de son nom, l'écouter vraiment, être sincère et sourire. En d'autres termes, vous devez aborder la réunion comme si vous vouliez vous faire un ami. C'est quelque chose que tout le monde peut faire.

Après la rencontre, vous pouvez décider si vous voulez ou non passer à l'étape suivante. La personne vous a-t-elle rendu la pareille sur le plan relationnel ? A-t-elle donné trop de conseils non sollicités ou vous a-t-elle parlé de manière condescendante ? Vous a-t-elle posé des questions et a-t-elle semblé sincère ? Avez-vous quitté la réunion en vous sentant inspiré, intéressé et impliqué ? En d'autres termes, avez-vous eu l'impression qu'une véritable connexion s'est établie ? Si ce n'est pas le cas, considérez qu'il s'agit d'une tentative et rien de plus. Redirigez alors vos efforts vers quelqu'un d'autre. Vous ne voulez pas perdre votre temps à forcer quelque chose qui ne sera bon pour aucun d'entre vous à long terme. En revanche, si la réunion s'est bien déroulée, vous devrez immédiatement mettre en place un plan de suivi.

Contrairement aux rencontres amoureuses, il n'y a pas de mal à se montrer ambitieux avec un mentor potentiel. Vous voulez que cette personne sache A) très clairement ce que vous recherchez et B) que vous êtes sérieux et qu'elle ne perdrait pas son temps si elle vous prenait comme mentoré. Il convient donc d'assurer un suivi immédiat et de remercier votre mentor potentiel pour le temps qu'il vous a consacré. Vous pouvez le faire par courriel, par SMS, ou par téléphone si c'est le mode de communication qu'il préfère. À la fin de l'appel ou du message, mentionnez que vous aimeriez le rencontrer à nouveau et, s'il est d'accord, proposez-lui de fixer un rendez-vous. Soyez prêt à proposer quelques jours et heures (en général, trois ou quatre sont la norme). N'oubliez pas qu'à ce stade, vous êtes encore en train de vous évaluer l'un l'autre, et que vous devez donc faire en sorte que la rencontre soit détendue et non artificielle.

C'est peut-être l'étape la plus difficile. Vous devez laisser la relation évoluer organiquement, comme toute autre amitié. Vous ne devez pas placer trop d'attentes sur votre mentor, ni même à l'égard de vous-même. Vous pouvez être tenté d'appeler cela un mentorat, pour lui donner un statut et de l'importance, mais en réalité, il s'agit d'une relation comme une autre. Elle doit évoluer à un rythme sain pour vous deux et se fonder sur le respect et la confiance mutuels. Laissez-lui le temps de grandir comme il faut. La relation peut parfois se révéler difficile, ce qui est tout aussi bien. C'est à ce moment-là que votre mentor peut se sentir suffisamment à l'aise pour commencer à sculpter quelque chose dans vos habitudes ou vos façons de faire qui vous donnera des résultats durables. Vous serez peut-être tenté de vous rebiffer, ce qui est un réflexe normal. N'oubliez pas que votre réaction à cela est cruciale pour votre croissance ; c'est pour cela que vous vous êtes engagé. Relevez le défi et développez une certaine résilience. C'est là que les bonnes choses arrivent. Notez également qu'il ne s'agit pas d'une question de bien ou de mal. Vous et votre mentor pouvez avoir des opinions divergentes ; c'est la façon dont vous communiquez à ce sujet qui compte.

Il est important de prendre des initiatives de différentes manières pour orienter la relation. Par exemple, vous pouvez établir un emploi du temps régulier, vous adapter aux heures ou lieux de rencontre préférés de votre mentor et vous présenter à chaque réunion avec des points de discussion et des questions que vous aimeriez aborder. Vous serez ainsi sûr d'utiliser au mieux votre temps. Il vous sera également utile d'apprendre à anticiper les problèmes et à proposer des solutions (le cas échéant) à votre mentor, comme vous le feriez pour toute autre personne dont vous êtes proche. Vous voulez comprendre ses priorités professionnelles et personnelles de la même manière que vous aimeriez qu'il le fasse avec vous. Vous pouvez demander plus à votre mentor sans l'exiger ; cela ne le dérangera pas, bien au contraire. Il se sentira honoré et apprécié pour son expertise. Trouver des moyens de consolider le lien que vous avez créé ne fera que renforcer la relation.

Veillez à demander régulièrement à votre mentor de vous faire part de ses commentaires. La pilule est parfois difficile à avaler, mais c'est aussi une bonne chose pour vous. Ce sera la première façon de progresser au fil du temps et ce sera un moment fort pour vous deux. Demander un retour d'information peut sembler bizarre au début, mais à terme, cela deviendra presque une seconde nature, et vous vous retrouverez à avoir soif de mots que vous aviez l'habitude de craindre. Un bon mentor traitera également ces moments avec beaucoup d'attention et de sensibilité. Gardez à l'esprit que l'ensemble de ce processus nécessitera un engagement continu de votre part. Ce n'est pas comme un stage d'été ; le mentorat demande plus de temps et d'énergie.

Ce n'est que lorsque vous vous consacrerez corps et âme au processus que vous serez en mesure de comprendre ce que signifie être un étudiant sur la voie de l'expertise.

Connaissez les «««pointures » de votre secteur d'activité

À l'instar de la phase de recherche d'un mentor, vous devez, de manière plus générale, comprendre qui mène la danse dans votre domaine. Si vous voulez être repéré et apprendre les choses que vous devez absolument savoir, le mieux est d'apprendre des professionnels qui sont dans ce secteur. Il sera assez facile de les repérer, car ce sont les personnes les plus référencées ou les plus actives sur la scène publique. Si ce n'est pas le cas, vous pouvez facilement rechercher les mots clés de votre secteur sur Google et consulter les blogs, les articles ou les auteurs de livres les mieux classés. Trouver ces professionnels n'est qu'un début. Les suivre et être reconnu par eux constituent les étapes suivantes, et beaucoup plus difficiles.

Vous devez tout d'abord suivre ces personnes parce qu'elles sont importantes (au moins dans votre secteur). Bien sûr, vous pouvez radoter tant que vous voulez sur divers espaces à travers internet que vous avez des idées qui méritent d'être entendues , mais si personne ne vous connaît, personne ne s'en soucie, et donc tout cela est plutôt inutile. Au lieu de cela, vous pouvez suivre ces personnes et apprendre de leurs méthodes. La façon dont ils font les choses est la norme dans votre domaine. Si vous voulez progresser, vous devez soit atteindre leur qualité, soit dépasser leurs compétences. Bien entendu, il n'est pas facile de se faire reconnaître par ces personnes, car pourquoi auraient-elles besoin de vous reconnaître ? Que leur offrez-vous ? Essayez de construire quelque chose de valable en créant votre propre réseau. Déterminez votre valeur et montrez-la.

Leur opinion compte, tout comme leur cercle social. Il ne suffit pas de s'attarder sur leurs blogs. Vous devez toujours vous rappeler de laisser une trace. Commentez, participez à tout ce qui se passe en ligne (comme un webinaire ou des commentaires sur des vidéos ou quelque chose de similaire) et, mieux encore, correspondez avec des auteurs ou des blogueurs de renom. Il est fort probable qu'ils soient trop occupés pour vous répondre, mais au moins vous essayez de les contacter et de créer une voie de connexion. Vous pouvez vous aider en rédigeant des messages sensés et qui méritent une réponse. Bien que cela soit plus difficile que de se rencontrer en personne, vous pouvez aborder cette question de la même manière que vous le feriez avec un mentor. Si votre secteur est du genre à organiser des événements en personne, vous voudrez également assister au plus grand nombre possible d'entre eux. Qu'il s'agisse de rencontres, de conférences, de groupes d'amis ou de tout autre type d'événement de réseautage social, faites-vous un devoir d'y participer autant que possible. Il y a fort à parier que c'est là que se trouvent les experts et les têtes de liste, ce qui signifie que vous avez tout intérêt à y être aussi.

Cela signifie également que vous devez suivre rigoureusement les tendances dans votre secteur. Tous les domaines évoluent, certains plus rapidement que d'autres. Les experts sont ceux qui restent toujours à l'avant-garde de ce qui se passe. Ils explorent les nouvelles tendances pour comprendre l'évolution de leur secteur. Cela vous permet d'être à la fois prévoyant et perspicace. Alors que les autres ne sont pas conscients des vagues changeantes du progrès, les experts peuvent plus facilement et plus rapidement tirer les conclusions qui s'imposent afin de tirer profit du changement à venir. Vous pouvez vous tenir au courant des tendances en créant des alertes Google spécifiques pour les tendances que vous suivez, ou en vous abonnant à des blogs et à des sites web tels que TrendHunter. Une autre chose importante que vous pouvez faire est de vous engager à lire davantage. Recherchez et lisez les rapports d'analystes qui tentent de prédire les tendances du secteur pour les dix prochaines années. Il n'est pas inutile de notifier votre réseau si vous observez une nouvelle tendance, pour savoir ce qu'il en pense.

Définissez (et redéfinissez) votre réseau

Faire du réseautage est un élément important de l'enrichissement de votre vie personnelle et professionnelle. C'est peut-être la clé qui vous permettra de décrocher l'emploi de vos rêves. Cependant, même les personnes les plus extraverties ont du mal à établir un réseau de manière efficace. L'idée de nouer des liens avec des inconnus peut être intimidante, et il peut être difficile de savoir par où commencer. Malgré ces difficultés, la mise en place d'un réseau qui fonctionne réellement pour vous sera inestimable, car vous vous consacrerez à l'apprentissage de nouvelles connaissances et deviendrez un expert reconnu dans le domaine.

Commençons par définir ce que c'est. Votre réseau professionnel est un groupe de personnes qui se sont mis en relation autour d'un thème commun en rapport avec votre travail. Vous vous réunissez tous pour des raisons professionnelles ou de carrière, à la recherche de possibilités de connexion professionnelle. Il peut s'agir d'un moyen pour vous de découvrir des pistes d'emploi, mais en réalité, s'il est bien fait, c'est bien plus que cela. En plus d'être un lieu où vous pouvez résoudre des problèmes liés au travail, trouver des recommandations pour des vendeurs ou des fournisseurs et être exposé à des informations sur des employeurs, des employés et des clients potentiels, votre réseau est l'endroit auquel vous vous référez pour apprendre. Les membres de votre réseau sont ceux à qui vous vous adressez pour poser des questions et faire part de vos préoccupations et, plus généralement, ceux auprès de qui vous apprenez. Il s'agit d'une communauté d'apprentissage qui vous permet d'échanger des idées et de les intégrer au fur et à mesure que vous découvrez de nouvelles informations et que vous approfondissez vos connaissances dans votre domaine.

Qui devrait donc faire partie de votre réseau ? Ce groupe unique peut être composé de presque toutes les personnes que vous avez rencontrées, à condition qu'elles remplissent certaines conditions. Vous voulez que ces personnes aient une bonne réputation et qu'elles soutiennent vos objectifs d'une manière ou d'une autre. Commencez par chercher dans les endroits les plus évidents : votre ancien et votre lieu de travail actuel. Les anciens et actuels collègues de travail sont des personnes avec lesquelles vous avez déjà un certain lien, c'est donc un moyen facile de commencer. Il y a de fortes chances qu'ils puissent vous présenter quelqu'un d'autre qui a les mêmes intérêts que vous ou qui pourrait être un contact utile au fur et à mesure que vous évoluez dans votre domaine.

En outre, vous devrez rechercher et assister à des conférences et à des événements professionnels qui vous permettront de rencontrer des personnes partageant les mêmes objectifs professionnels que vous. Renseignez-vous sur les associations professionnelles qui existent dans votre région et qui vous mettront en contact avec les participants qui vous intéressent. De nombreuses conférences comportent une liste d'organisations ou d'employeurs qui participent à la conférence à venir ; avec un peu d'assiduité, vous pouvez donc voir à l'avance avec qui vous pourriez vouloir entrer en contact. Avant de participer à une conférence, assurez-vous d'avoir mis à jour vos cartes de visite avec vos coordonnées non professionnelles et apportez-les avec vous. Si vous appréciez particulièrement la conférence, et si vous en avez la possibilité, vous pouvez choisir de devenir un membre actif de l'association ou de l'organisation qui l'a programmée. Vous pourriez faire partie d'un comité ou vous porter volontaire pour la prochaine conférence. Vos collègues auront ainsi l'occasion de vous voir à l'œuvre.

Outre les événements et les conférences, vous pouvez utiliser votre page LinkedIn et/ou Facebook pour nouer des liens avec d'autres personnes, bien que les études montrent que les rencontres en personne sont généralement préférables pour les relations à long terme. Pour commencer, cependant, ces outils peuvent être utiles pour mettre le pied à l'étrier. Tenez votre page LinkedIn à jour, de la même manière que vous le feriez pour votre CV. Publiez des informations sur vos réalisations et sur les développements récents dans votre domaine, et nouez des liens avec d'autres personnes de votre domaine, de votre école ou de vos entreprises préférées.

N'oubliez pas que vos amis et votre famille sont également des éléments précieux de votre réseau. Parlez-leur de vos objectifs de carrière et de vos aspirations. Il y a de fortes chances qu'ils connaissent quelqu'un dans leur propre réseau qui pourrait vous fournir des informations utiles. Vous ne savez jamais qui sera en mesure de vous guider et de vous soutenir, alors parlez-en ! Cette démarche peut également jeter des ponts dans votre vie personnelle, car elle vous aidera à mieux connaître votre famille élargie ou votre belle-famille. Dans le même ordre d'idées, n'oubliez pas vos anciens professeurs de l'université ou même du lycée. Si vous étiez proche d'un professeur ou d'un étudiant mémorable, gardez le contact. Ces personnes peuvent vous mettre en contact avec d'autres personnes ou être des mentors pour vous d'une manière ou d'une autre. Il en va de même pour les anciens camarades de classe. Si votre université organise des rencontres ou des retrouvailles, essayez d'y participer le plus possible et d'entrer en contact avec d'autres étudiants qui étaient dans les mêmes classes ou qui ont obtenu un diplôme similaire au vôtre. Avec l'âge, ces contacts deviendront de plus en plus précieux. Si vous étiez membre d'une association étudiante, vous pouvez également vous tourner de ce côté.

Le bénévolat caritatif est un autre moyen de rencontrer des personnes engagées dans la communauté tout en œuvrant à l'amélioration de sa situation sociale. C'est un excellent moyen d'apprendre à connaître les autres d'un point de vue non professionnel, ce qui peut sembler plus naturel pour certains. Vous pouvez même découvrir quelque chose que vous ignoriez sur vous-même, ou trouver une nouvelle compétence ou un nouveau domaine dans lequel vous souhaitez vous développer. De plus, lorsque vous faites du bénévolat, vous acquérez non seulement de l'expérience et une exposition à d'autres personnes partageant les mêmes idées, mais vous faites aussi une différence pour un groupe de personnes. En plus d'avoir fière allure sur votre CV ou LinkedIn, vous pouvez vous réjouir du bien que vous faites.

Au fur et à mesure que vous définissez et redéfinissez votre réseau, il est important de le maintenir en vie et en bonne santé. Ne le traitez pas comme un vieux livre poussiéreux sur une étagère que vous ne consultez que tous les ans ou presque pour vous référer à une ou deux choses. Considérez-le comme un organisme.

C'est une chose vivante, qui respire et dont il faut s'occuper sous peine de la voir disparaître. La dernière chose que vous voulez, c'est tendre la main à quelqu'un qui ne se souvient pas de vous ou passer à côté d'une excellente occasion parce qu'un de vos contacts est au courant mais ne pense pas à vous. Vous devez prévoir de rester en contact avec les personnes de votre réseau. Si vous avez des personnes qui ne sont pas de votre région, assurez-vous qu'elles savent qu'elles ont une invitation permanente à vous rencontrer si elles se trouvent dans votre ville. Chaque année, envoyez quelques courriels ou notes clés à votre réseau principal pour qu'ils sachent ce que vous faites. Les vacances sont un moment idéal pour le faire, tout comme les périodes de changement, telles que le début d'un nouvel emploi ou un déménagement dans une nouvelle ville.

Alors que vous continuez à développer votre réseau, gardez à l'esprit que les personnes que vous connaissez sont plus importantes que le nombre de personnes que vous connaissez. C'est là que l'expression « qualité plutôt que quantité » prend tout son sens ! Jim Rohn, gourou du développement personnel, affirme que nous sommes la moyenne des cinq personnes avec lesquelles nous passons le plus de temps. Cette idée peut faire peur à certains d'entre nous. Réfléchissez à qui sont ces cinq personnes pour vous. Si vous voulez améliorer votre performance professionnelle, vous devez vous entourer de personnes qui vous élèvent et vous inspirent. Les personnes qui vous entourent ont un impact considérable sur votre vie, il est donc important que vous vous entouriez des bonnes personnes. Il est essentiel que vous trouviez des personnes qui vous inspirent, qui partagent un état d'esprit similaire au vôtre ou qui peuvent vous servir de mentors. Vous avez besoin dans votre vie de personnes qui vous pousseront plutôt que de vous tirer dans des directions néfastes qui pourraient vous faire reculer.

Prenez une minute pour réfléchir aux personnes avec lesquelles vous passez la majeure partie de votre temps. Qui sont vos cinq amis les plus proches ? Comment les soutenez-vous ? Comment vous soutiennent-ils ? Vous inspirent-ils et vous poussent-ils à vous améliorer ? Comment vous sentez-vous en leur présence ? Est-ce qu'ils vous encouragent ? Vous freinent-ils d'une manière ou d'une autre ? Les valeurs des personnes que vous côtoyez s'infiltrent dans votre vie et dans votre système de valeurs, pour le meilleur et pour le pire. C'est pourquoi il est si important que vous soyez en accord avec les personnes que vous côtoyez. Sinon, vous serez insatisfait ou perdrez de vue vos propres objectifs et valeurs. Si vous passez du temps avec des personnes motivées, travailleuses, heureuses, prospères et en bonne santé, vous commencerez à ressentir vous-même certains de ces effets secondaires positifs. Vous vous sentirez inspiré à grandir et à vous développer pour correspondre à ces traits de caractère afin de mieux les imiter vous-même. Plus vous les imitez, plus vous les attirez dans votre vie. Il s'agit d'une rétroaction positive qui consiste à donner et à recevoir de la bonté et de l'inspiration.

Au fur et à mesure que vous développez et élaguez votre réseau, n'oubliez pas d'être sincère et de garder l'esprit ouvert. Vous ne savez jamais qui vous pourriez rencontrer. Soyez audacieux et respectueux. Si vous assistez à un événement auquel participent des responsables du recrutement, demandez à l'un d'entre eux de vous accorder un entretien informel. Entrez en contact avec les professionnels de votre réseau et au-delà. Surtout, ne laissez pas votre timidité vous arrêter. Les personnes qui luttent contre la timidité risquent de ne pas profiter des avantages du réseautage professionnel. Gardez à l'esprit que tout le monde est confronté à ce problème ; il n'est pas facile d'aller vers les autres. Commencez par des ressources telles que LinkedIn et

Facebook, et évoluez progressivement vers des rencontres en personne. Vous pouvez également commencer par rechercher les situations dans lesquelles vous vous sentez le plus à l'aise et profiter de ces occasions pour nouer des liens. Par exemple, si vous participez à une activité qui vous plaît, vous rencontrerez d'autres personnes qui l'apprécient également. De même, le bénévolat vous donnera l'occasion de rencontrer des personnes avec lesquelles vous avez des points communs. Commencez par de petites choses et développez-les ensuite.

Ne cessez jamais d'apprendre

Cette recommandation est primordiale. On pourrait penser qu'à un moment donné, les experts ont appris tout ce qu'ils pouvaient apprendre pour en arriver là. Ce n'est pas le cas : les experts ne cessent jamais d'apprendre. Jamais ! En fait, la plupart des gens, une fois devenus experts, s'engagent à en apprendre davantage. La raison en est simple. Une fois que vous serez devenu un expert et que vous commencerez à profiter de ses avantages, vous voudrez le rester. En plus d'être fiers de leur réussite, les experts ont la volonté de rester compétents et informés. En règle générale, les experts lisent davantage, continuent à se former par le biais de cours et d'ateliers, recueillent régulièrement des connaissances auprès d'autres experts et sont constamment à la recherche de nouvelles façons d'apprendre et de se développer.

Les experts ont tendance à vouloir assimiler de nouvelles informations sur différents sujets aussi souvent que possible. Ils ne veulent jamais cesser d'apprendre. Alors que vous vous engagez à devenir un expert, vous voudrez visiter de nouveaux blogs de temps en temps et essayer quelque chose de nouveau. Cela vous aidera à sortir des sentiers battus. Si vous êtes toujours intéressé par l'apprentissage, pourquoi ne pas aller au-delà de votre secteur et investir du temps dans la compréhension d'un autre secteur connexe ? Essayez le design, le marketing internet ou le codage. Les possibilités sont infinies ! J'ai tellement grandi en essayant de nouvelles choses. Vous n'avez aucune idée de la puissance de l'intégration du *SEO* (« Optimisation pour les moteurs de recherche »), du blogging et du marketing internet tant que vous ne l'avez pas essayé et que vous n'avez pas vu les résultats. Apprendre de nouvelles choses comme cela peut (au sens propre comme au sens figuré) vous ouvrir à de nombreuses opportunités. Il n'y a rien de mieux pour améliorer vos compétences existantes et vous rendre plus compétitif que de combiner plusieurs disciplines en un seul esprit. Les résultats sont incroyables. Ce sera une véritable percée pour vous, tant sur le plan personnel que professionnel. C'est la clé de votre réussite.

Plus vous apprendrez, plus les gens voudront écouter ce que vous avez à dire. Vous pourriez même devenir un leader d'opinion dans votre domaine. Les experts ne se contentent jamais de ce qui existe ou du statu quo. En règle générale, ils sont toujours à la recherche de la prochaine étape ou de l'évolution de leur profession. Ils essaient constamment de nouvelles techniques, améliorent les concepts existants, explorent de nouvelles idées et apportent une valeur ajoutée partout où ils le peuvent. Ils s'efforcent de repousser les limites de leur domaine. Les experts se consacrent à l'avenir de leur profession en faisant preuve d'une véritable vision. Pour en arriver là, vous devez commencer modestement avec une grande vision. Vous pouvez peut-être créer un blog ou faire des mises à jour très spécifiques sur vos chaînes de réseaux sociaux autour de votre domaine d'expertise. Vous pouvez également envisager d'écrire un simple livre numérique, de soumettre un livre blanc à une organisation professionnelle ou de rédiger des articles pour des publications en ligne. Gardez à l'esprit que devenir un leader d'opinion n'est pas un sprint, mais un marathon. Vous y parviendrez en faisant un grand nombre de petites choses correctement.

Au fur et à mesure que vous progressez dans votre apprentissage, vous devez également veiller à partager vos connaissances avec les autres. Les experts prennent de la valeur en partageant leurs compétences et leurs connaissances avec les personnes de leur entourage qui pourraient en bénéficier. Ils veulent toujours rendre service à leur communauté professionnelle. Si vous voulez être considéré comme un expert, mettez votre expertise à la disposition de tous et n'ayez pas peur d'être jugé. Essayez de vous débarrasser de vos peurs et mettez en avant vos pensées et vos idées (basées sur votre expertise). L'une des façons de partager vos connaissances est de former d'autres personnes, par exemple en intervenant lors d'un petit événement ou d'une conférence sectorielle dans votre ville. N'oubliez pas que lorsque vous recherchez ces opportunités, il ne s'agit pas de vous. Pensez à votre public et à la manière dont la diffusion de votre message améliorera le secteur. Vous devez être perçu comme quelqu'un qui partage des informations en toute confiance et qui n'attend rien (dans la limite du raisonnable) en retour. Le partage de vos connaissances vous aide également à mieux absorber l'information et à poursuivre vos études.

Résumé du chapitre

Pour passer d'un niveau de base à un niveau d'expertise, vous devrez donner la priorité à quelques actions clés, et vous y tenir ! Il s'agit de :

- ◆ Trouver un mentor dans votre domaine avec lequel vous pouvez établir une relation de qualité et qui vous met au défi de manière productive.
- ◆ Connaître les personnalités de votre domaine qui sont à l'avant-garde de ce qui se passe et qui comprennent la direction que prend votre secteur.
- ◆ Créer un réseau qui fonctionne vraiment pour vous et votre objectif de devenir un expert reconnu dans votre domaine.
- ◆ Assimiler de nombreuses nouvelles informations sur différents sujets aussi souvent que vous le pouvez afin de ne jamais cesser d'apprendre.

Dans le chapitre suivant, vous découvrirez les mesures que vous pouvez prendre pour améliorer votre mémoire et qui vous aideront tout au long de votre parcours d'apprentissage.

CHAPITRE HUIT

Améliorez votre mémoire

À bien des égards, les souvenirs façonnent notre identité, car ils constituent notre réalité interne. Ce sont des histoires de nous-mêmes et de ce que nous sommes capables d'apprendre grâce à notre capacité à nous rappeler les informations nécessaires au moment opportun. Plusieurs facteurs ont été associés aux raisons de l'amélioration (ou de la dégradation) de la mémoire : des gènes à la nutrition en passant par les pratiques de méditation. En général, il est fortement recommandé de réduire sa consommation de sucre, d'éviter les aliments riches en calories et de faire beaucoup d'exercice pour améliorer le fonctionnement de la mémoire.

Le fait de mener une vie active, tant sur le plan physique que mental, sera déterminant pour votre capacité à conserver vos fonctions cérébrales plus longtemps. En effet, tout comme les autres muscles se renforcent avec l'usage, les exercices mentaux aident à maintenir les compétences mentales et la mémoire. L'exercice est lié à la réduction du stress et à l'amélioration de la positivité, deux aspects qu'il est essentiel de privilégier lorsque vous vous engagez à apprendre quelque chose de nouveau. Certaines sources préconisent même une augmentation de la caféine pour stimuler la mémoire (et les performances), même si ce n'est que dans des contextes à court terme (comme lors d'une séance d'étude, d'un examen ou d'une présentation importante). En outre, les pratiques de base ci-dessous vous aideront à améliorer votre mémoire pendant que vous apprenez une nouvelle compétence.

Dormez plus (et mieux)

Bien qu'elles reconnaissent l'importance du sommeil pour leur santé générale, de nombreuses personnes réduisent leur temps de sommeil à mesure qu'elles deviennent de plus en plus occupées. Il peut être tentant de se convaincre que dormir n'est pas productif et que sacrifier une bonne nuit de sommeil avant une présentation, un examen ou une journée de travail importante donnera des résultats positifs. Nous avons tendance à considérer le sommeil comme un luxe plutôt que comme une nécessité ; cependant, lorsqu'il s'agit d'apprentissage et de mémoire, dormir est en fait l'une des choses les plus importantes que vous puissiez faire.

Des recherches ont montré que les personnes souffrant de troubles du sommeil ont souvent des fonctions de mémoire altérées. Des chercheurs en sciences cognitives de l'université de Washington ont constaté que les personnes qui dorment après avoir traité et stocké un souvenir réalisent leurs intentions beaucoup mieux que celles qui essaient d'exécuter leur projet avant d'avoir dormi. Cela donne un nouveau sens à l'expression « la nuit porte conseil ». Les chercheurs ont montré que le sommeil améliore notre capacité à nous souvenir d'une action future, ce que l'on appelle la mémoire prospective. Notre capacité à réaliser les actions futures que nous avons l'intention de faire ne dépend pas tant de la manière dont ces intentions sont ancrées dans notre mémoire, mais plutôt d'un déclencheur que nous rencontrons plus tard, dans un contexte particulier, et qui déclenche le rappel de ces intentions. La mémoire prospective, ou les choses que nous avons l'intention de faire, comprend des éléments tels que se souvenir de prendre un médicament, se souvenir d'acheter un cadeau à un ami ou de rapporter les bons produits du magasin à la maison. Nous utilisons cette forme de mémoire tous les jours. Les chercheurs pensent que le processus de mémoire prospective se produit pendant le sommeil lent, une phase précoce du cycle de sommeil qui est très propice au renforcement de la mémoire. Ces conclusions soulignent l'importance de veiller à dormir après avoir élaboré des projets ou des listes de choses à faire et avant même de les exécuter. En bref, le sommeil nous aide à renforcer nos associations entre la tâche que nous avons l'intention d'accomplir et le contexte qui déclenche le souvenir de cette tâche.

Le sommeil contribue également à la consolidation de la mémoire et améliore notre capacité à nous souvenir de ce que nous avons appris pendant la journée. Le sommeil profond, ou sommeil non paradoxal, peut renforcer les souvenirs si le sommeil a lieu dans les douze heures suivant l'apprentissage initial. Cela a des conséquences importantes sur la façon dont vous planifiez vos études et votre sommeil. Si votre emploi du temps actuel ne vous permet pas de dormir les sept à huit heures recommandées chaque nuit, vous pouvez donner la priorité au sommeil pendant les week-ends. Les recherches ont montré que le manque de sommeil nuit à la capacité d'attention, à la vigilance et aux temps de réaction, autant d'éléments indispensables à une journée de travail productive. Ce qui est bien, c'est qu'une seule nuit complète de sommeil rétablira votre fonctionnement cognitif à la normale. Ces périodes de récupération ne remplacent pas idéalement un sommeil réparateur tout au long de la semaine, mais elles sont efficaces à condition d'être assez régulières. Par exemple, tous les week-ends pendant au moins neuf ou dix heures.

Des études ont également montré que les souvenirs associés à une récompense sont également renforcés par le sommeil. Le sommeil contribue à renforcer la mémoire et à choisir et conserver les souvenirs qui ont une valeur gratifiante, car les récompenses agissent comme une étiquette mentale qui scelle l'information dans votre esprit au fur et à mesure que vous l'apprenez. Pendant les périodes de sommeil, les informations sont solidifiées, ce qui signifie qu'une courte sieste pendant que vous apprenez peut vous aider à cimenter de nouveaux faits et de nouvelles compétences dans votre mémoire. En d'autres termes, faire une sieste après une période d'apprentissage est bénéfique pour la mémorisation à long terme.

Essayez les moyens mnémotechniques

La mémoire peut être divisée en trois catégories : la mémoire sensorielle, la mémoire à court terme et la mémoire à long terme. La mémoire sensorielle se caractérise par le fait que nos sens nous aident à recevoir, à enregistrer et à se souvenir des informations. La mémoire à court terme est celle qui nous permet de nous souvenir de ce que nous avons vu ou entendu récemment. Par exemple, vous pouvez vous souvenir d'un numéro de téléphone que vous venez de consulter ou du nom d'une personne que vous venez de rencontrer. La mémoire à long terme, en revanche, consiste à transférer les souvenirs à court terme dans une mémoire plus profonde et plus durable, dont la capacité de stockage n'est pas limitée. Les informations sont stockées dans la mémoire à long terme grâce à la répétition ou à la visualisation des informations afin de pouvoir s'en souvenir plus tard, un peu comme dans un classeur. Nous avons souvent besoin d'indices pour nous aider à nous rappeler les informations de notre mémoire à long terme. C'est là que les moyens mnémotechniques entrent en jeu.

Les moyens mnémotechniques sont des techniques que nous pouvons utiliser pour améliorer notre capacité à nous souvenir de quelque chose. Il s'agit d'outils de mémorisation qui aident le cerveau à mieux absorber et à se rappeler les informations importantes. Les moyens mnémotechniques sont des raccourcis simples qui nous permettent d'associer l'information que nous voulons retenir à une image, une phrase ou un mot. Considérez les moyens mnémotechniques comme des façons de donner un coup de pouce à votre cerveau en lui permettant d'effectuer des tâches qu'il peut, de toute façon, faire. Souvent, l'information que vous recherchez se trouve quelque part dans votre cerveau, et tout ce dont vous avez besoin, c'est d'un outil qui vous aide à l'atteindre plus rapidement lorsque c'est important. Avec l'âge, les fonctions de la mémoire diminuent. Cela se traduit par un ralentissement de la pensée, une baisse de la concentration, un traitement plus lent de la mémoire et un besoin accru d'indices de mémoire. Dans ce cas, des moyens mnémotechniques peuvent également être utilisés pour maintenir une mémoire vive. Quoi qu'il en soit, ces techniques de mémorisation nous permettent de nous souvenir plus facilement des faits et peuvent être appliquées à presque tous les sujets.

Les moyens mnémotechniques vous aideront à simplifier, résumer et comprimer les informations pour les rendre plus faciles à apprendre. Ils peuvent être particulièrement utiles pour les étudiants en médecine ou en droit, ou pour les personnes qui étudient une langue étrangère. En fait, si vous devez mémoriser et stocker de grandes quantités d'informations nouvelles, vous pouvez essayer un moyen mnémotechnique et vous constaterez que vous vous souviendrez de ces informations longtemps après avoir passé votre examen. Voici une liste des moyens mnémotechniques les plus populaires que vous pouvez utiliser.

La méthode des loci

Loci est le pluriel de « locus », qui signifie également « emplacement ». Dans la Grèce antique, on utilisait ce moyen mnémotechnique pour faciliter la mémorisation. La méthode des loci implique une stratégie mentale consistant à s'imaginer dans une pièce que l'on connaît bien, puis à prendre note des objets qui s'y trouvent, tels que le canapé, la lampe, le banc de piano, l'album photos, etc. Vous associez ensuite les éléments que vous placez mentalement dans la pièce aux informations que vous essayez d'apprendre, par exemple une liste de choses dont vous devez vous souvenir dans un certain ordre. Vous pouvez vous imaginer en train de traverser la pièce et de ramasser ou de passer devant chaque élément que vous y avez placé, ce qui déclenche le rappel de l'information en question. La méthode des loci s'est avérée très efficace pour l'apprentissage. Des recherches ont démontré qu'elle permettait d'améliorer de manière significative la capacité à se souvenir d'informations dans de nombreux cas, qu'il s'agisse d'étudiants ou d'apprenants adultes. Certaines recherches ont également suggéré que l'utilisation de techniques mnémotechniques telles que la méthode des loci est efficace pour améliorer la capacité d'apprentissage et de mémorisation des informations chez les personnes souffrant de formes légères de déficience cognitive. Cela s'explique probablement par le fait que la méthode des loci fait appel à la répétition élaborative, qui consiste à manipuler l'information en lui donnant un sens et en l'utilisant, plutôt que de se contenter d'étudier une liste et de la répéter.

Acronymes et acrostiches

Les acronymes constituent le type de stratégie mnémotechnique le plus familier, celui que vous connaissez sans doute assez bien. Ils utilisent une formule simple d'une lettre pour représenter chaque mot ou phrase à retenir. Pensez à la NBA, qui signifie National Basketball Association (Association nationale de basket-ball). Alors qu'un acronyme est un mot formé à partir des premières lettres ou groupes de lettres d'un nom ou d'une phrase, un acrostiche est une série de lignes dont certaines lettres (comme les premières lettres de toutes les lignes) forment un mot ou une phrase. Ces acrostiches peuvent ensuite être utilisés comme moyens mnémotechniques en prenant les premières lettres des mots ou des noms à retenir et en créant un acronyme ou un acrostiche. Prenons l'exemple des planètes du système solaire. Si vous devez vous souvenir de l'ordre des huit planètes qui gravitent autour du soleil, de la plus proche à la plus distante, vous pouvez vous souvenir de la phrase suivante : *Marie Viendras-Tu Manger Jeudi Sur Une Nappe ?* La première lettre de chaque mot correspond à une planète : Mercure, Vénus, Terre, Mars, Jupiter, Saturne, Uranus, Neptune. Il en existe des dizaines, à vous de choisir celle qui vous parle le plus. Un acrostiche très célèbre utilisé en cours de grammaire est *Mais où est donc Ornicar ?*, qui énonce les différentes conjonctions de coordination : mais, où, et, donc, or, ni et car.

Rimes et musique

Les rimes peuvent être utilisées comme moyen mnémotechnique pour nous aider à apprendre et à nous rappeler des informations. Une rime est un dicton dont le son terminal est similaire à la fin de chaque ligne. Les rimes sont plus faciles à mémoriser parce qu'elles peuvent être stockées par encodage acoustique dans notre cerveau. La capacité à mémoriser et à se souvenir de ce type de phrases est souvent due en partie à la répétition et en partie à la rime. Pensez aux comptines que vous avez chantées dans votre enfance. Vous pouvez réarranger les mots ou les remplacer par des mots différents ayant la même signification pour les faire rimer. Cette phrase reste dans nos mémoires parce que nous l'avons entendue plusieurs fois (répétition), et aussi à cause des rimes qu'elle contient. Vous pouvez également utiliser la musique pour encoder l'information dans votre cerveau. Vous souvenez-vous de la chanson de l'alphabet que vous avez apprise lorsque vous étiez enfant ? Il est prouvé que la musique nous marque à long terme, alors faites une recherche en ligne et vous verrez qu'il existe de nombreuses chansons qui vous aideront à apprendre certaines informations, des capitales d'état aux pays d'Afrique, et bien plus encore !

Regroupement et organisation

Le regroupement d'informations est une stratégie mnémotechnique qui consiste à organiser les informations en groupes, phrases, mots ou chiffres plus faciles à retenir. Plus simplement, il s'agit d'un moyen de décomposer des informations plus importantes en morceaux plus petits et mieux organisés, plus faciles à gérer. Aux États-Unis, c'est ce que font nos numéros de téléphone, ce qui nous permet de nous en souvenir plus facilement. Si vous devez mémoriser un long numéro de téléphone, 123456789101112 (et il n'est pas si facile à mémoriser parce que les chiffres et nombres sont dans l'ordre), il vous faudra probablement faire un effort pour vous en souvenir. En revanche, si vous le décomposez en éléments plus digestes, tels que 12345 6789 101112, il sera alors plus facile de s'en souvenir. Le regroupement a également été étudié comme un moyen d'aider les personnes aux premiers stades de la maladie d'Alzheimer à améliorer leur mémoire de travail verbale.

Dans le même ordre d'idées, l'organisation des informations en catégories objectives ou subjectives facilite la mémorisation. L'organisation objective consiste à classer les informations dans des catégories logiques et bien connues. Par exemple, les arbres et l'herbe sont des plantes, et un grillon est un insecte. L'organisation subjective, quant à elle, consiste à classer des éléments apparemment sans rapport les uns avec les autres d'une manière qui permet de s'en souvenir plus tard en leur attribuant une signification, par exemple les arbres, l'herbe et les grillons sont des éléments que l'on peut trouver dans une prairie. Cela peut s'avérer utile car cela permet de réduire la quantité d'informations à apprendre. Si vous pouvez diviser une liste d'éléments en un nombre réduit de catégories, vous n'aurez plus qu'à vous souvenir des catégories qui vous serviront de repères de mémoire à l'avenir. Un exemple de cette méthode est l'association de la conduite d'un vélo à l'apprentissage de la conduite d'une voiture.

Mots clés

Si vous étudiez une deuxième, voire une troisième ou une quatrième langue, l'utilisation de la méthode mnémotechnique des mots-clés améliorera considérablement votre apprentissage et votre mémorisation. Un mot-clé mnémotechnique est une stratégie de répétition élaborée qui permet d'encoder les informations plus efficacement, car elle attribue une signification au contenu que vous essayez de mémoriser. Un mot-clé mnémotechnique comporte deux étapes. Vous devez d'abord choisir un mot-clé qui ressemble légèrement au mot que vous essayez d'apprendre, puis vous former une image mentale de ce mot-clé comme étant, d'une manière ou d'une autre, lié au nouvel élément d'information. Des études ont montré que la visualisation et l'association déclenchent le rappel du mot correct. Supposons que vous appreniez l'anglais et que vous souhaitiez mémoriser le mot « to speak ». Chaque fois que vous pensez à ce mot, associez-le à une perle qui sort de votre bouche. En le visualisant de cette façon, lorsque vous verrez *to speak*, vous penserez à la perle dans votre bouche et vous vous souviendrez de la signification de *to speak* en anglais.

Liens et connexions

La méthode de liaison des moyens mnémotechniques consiste à élaborer une histoire ou une image qui relie les éléments d'information dont vous devez vous souvenir. Chaque élément vous amène à vous souvenir de l'élément suivant. Par exemple, vous savez que vous devez apporter vos lunettes, vos clés, votre carnet de notes, votre déjeuner et votre portefeuille au travail tous les jours, vous pouvez donc imaginer une petite histoire qui vous aidera à vous souvenir de tout. Le carnet de Jill a besoin de clés spéciales pour ouvrir ses lunettes, dont elle a besoin pour voir son portefeuille affamé qui contient son déjeuner. Si vous ajoutez de l'humour à l'histoire, vous vous souviendrez encore plus facilement de ce type d'informations. Une stratégie similaire consiste à établir des liens significatifs avec quelque chose qui vous est déjà familier ou que vous connaissez. Ce type de lien est une autre forme de répétition élaborée que j'ai mentionnée plus haut. Par exemple, si vous rencontrez un homme nommé Ned et que vous remarquez qu'il est inhabituellement amical, vous vous souviendrez de son nom. Pour vous aider à vous souvenir de son nom, vous pouvez l'appeler

Ned le voisin ou Ned l'amical, de sorte que la prochaine fois que vous le verrez, vous vous souviendrez plus facilement de son nom.

Plus vous pouvez relier de nouveaux concepts à des idées que vous comprenez déjà, plus vous apprendrez rapidement de nouvelles informations. La mémoire joue un rôle central dans notre capacité à effectuer des tâches cognitives complexes, telles que l'application de connaissances à des problèmes que nous n'avons jamais rencontrés auparavant et l'établissement de conclusions à partir de faits que nous connaissons déjà. En trouvant des moyens d'adapter les nouvelles informations aux connaissances préexistantes, vous découvrirez des couches supplémentaires de sens dans le nouveau matériel. Cela vous aidera à mieux le comprendre fondamentalement et à vous en souvenir plus précisément. Lorsque vous reliez le nouveau à l'ancien, vous vous dotez de crochets mentaux auxquels vous pouvez accrocher les nouvelles connaissances.

Quelle que soit la manière dont vous utilisez les moyens mnémotechniques pour améliorer votre mémoire, gardez à l'esprit que vous devez faire appel à l'imagination, à l'association et à la localisation. Si vous créez des images attrayantes et vivantes, vous aurez plus de chances de vous souvenir de ces informations. De même, votre cerveau veut relier des idées. Il cherche constamment à associer des éléments d'information. Si vous le pouvez, reliez donc des concepts entre eux pour vous souvenir de nouvelles données. La localisation est également un excellent moyen d'intégrer de nouveaux éléments dans votre mémoire, car vous avez déjà beaucoup de connaissances sur les lieux que vous connaissez.

Vous devez également vous souvenir des techniques d'apprentissage dont j'ai parlé dans les chapitres précédents et qui vous aideront à accélérer votre apprentissage et à le retenir plus longtemps. Vous souvenez-vous que les images activent notre apprentissage bien plus que les informations verbales ou écrites ? Nous savons reconnaître les images et nous pouvons facilement en inventer d'autres pour guider notre mémoire. Si vous devez vous souvenir d'une tâche à accomplir dans le futur, essayez de créer une image mentale vivante de ce qui se passera réellement. Lorsque vous rencontrez quelqu'un de nouveau, passez quelques secondes à imaginer quelque chose à son sujet qui pourrait vous rappeler visuellement son nom. Quoi qu'il en soit, l'attribution d'images et de significations vous sera d'une aide précieuse pour vous souvenir. L'utilisation de stratégies mnémotechniques peut donner à votre mémoire le coup de pouce dont nous avons tous besoin et améliorer votre efficacité dans l'apprentissage. Gardez à l'esprit qu'il vous faudra peut-être pratiquer quelques-unes de ces stratégies avant qu'elles ne vous viennent facilement, mais une fois que vous les aurez assimilées, elles devraient vous accompagner à long terme.

Créez des palais de mémoire

Un palais de mémoire porte la méthode des loci à un niveau supérieur. Ce moyen mnémotechnique consiste à penser à un endroit imaginaire dans votre esprit où vous pouvez stocker des images spécifiques et significatives. Le type de palais de mémoire le plus courant consiste à faire un voyage ou un parcours dans un endroit que l'on connaît bien, comme un bâtiment, une ville ou une route. Le long de ce chemin, il y a des endroits spécifiques que vous avez l'habitude de toujours visiter et qui sont également dans le même ordre. Considérez votre palais de mémoire comme un endroit que vous pouvez facilement visualiser et dans lequel vous stockez des informations nouvelles ou importantes. Vous associerez un voyage ou un chemin de mémoire à un voyage ou un chemin réel.

Choisissez d'abord un endroit que vous connaissez bien, comme votre domicile ou votre lieu de travail. Refaites connaissance avec cet endroit si nécessaire. Il se peut que vous deviez en faire le tour plusieurs fois ou encore prendre des photos. Essayez de visualiser l'ensemble du lieu. Il n'est pas nécessaire que ce soit dans les moindres détails, il suffit que vous puissiez vous orienter et vous déplacer dans l'espace dans votre esprit. Visitez l'endroit aussi souvent que nécessaire pour y parvenir mentalement. Une fois que vous l'avez fait, vous pouvez commencer à planifier ou à tracer votre itinéraire. Celui-ci doit avoir un point de départ et un point d'arrivée. Par exemple : le bas des escaliers, le haut des escaliers, le placard, le couloir, les chaussures devant la porte de votre chambre, la salle de bains, la douche, et ainsi de suite, jusqu'à ce que vous trouviez un point final logique. Vous pourrez réviser votre palais de mémoire après l'avoir testé plusieurs fois, alors ne vous inquiétez pas si votre palais n'est pas parfait du premier coup. Si vous avez beaucoup à apprendre, vous ferez plusieurs palais de mémoire différents.

Vous devrez ensuite trouver un endroit différent où vous pourrez vous détendre et visualiser réellement l'endroit que vous avez choisi pour votre itinéraire. Entraînez-vous à suivre votre itinéraire plusieurs fois, d'abord vers l'avant, puis vers l'arrière. N'oubliez pas que vous pouvez toujours le modifier si vous constatez des problèmes à un endroit ou à un autre. Lorsque vous avez établi votre itinéraire, vous devez assigner certaines stations (ou loci) où vous stockerez les nouvelles informations. Chaque locus doit être unique et servir d'image distincte que vous ne voulez pas confondre avec d'autres stations le long de votre itinéraire. Revenez en arrière le long de votre itinéraire et assurez-vous que les endroits que vous avez choisis sont uniques. Encore une fois, entraînez-vous à faire cela en avant et en arrière, afin de bien connaître votre parcours.

Maintenant que vous avez préparé votre palais de mémoire et votre itinéraire, et que vous avez sélectionné vos stations, vous pouvez commencer à y assigner de nouveaux apprentissages. Prenez une liste de ce que vous voulez mémoriser, comme une liste de courses ou des mots de vocabulaire clés que vous voulez apprendre. Prenez un ou deux éléments à la fois et placez-en une image mentale dans chaque locus de votre palais de la mémoire. Essayez d'en faire quelques-uns à la fois et de vous entraîner au fur et à mesure, afin de commencer à associer votre liste à votre itinéraire. Vous pouvez également essayer d'exagérer les images des objets pour les faire interagir avec le lieu. Par exemple, si le premier élément de votre liste à mémoriser est une pomme et que le premier locus de votre palais de mémoire est la porte d'entrée, imaginez une pomme géante franchissant votre porte d'entrée. Parce que nous sommes des apprenants visuels, le fait de donner vie à vos images mnémoniques par le biais de vos sens améliorera votre capacité à les mémoriser. L'exagération des images et l'humour vous aideront toujours à vous en souvenir à l'avenir. Gardez à l'esprit que vous pouvez également utiliser la répétition espacée pour faire entrer ces informations dans votre mémoire à long terme. La répétition espacée, également appelée la pratique d'étude distribuée (dont j'ai parlé plus haut dans ce livre), est une technique d'apprentissage que vous pouvez utiliser et qui consiste à augmenter les intervalles de temps entre les révisions d'une nouvelle matière, afin de renforcer votre capacité de mémorisation.

Une stratégie solide de palais de mémoire est, sans aucun doute, le moyen le plus efficace d'étudier. Leur utilisation est attestée dans l'histoire depuis plus d'un millier d'années, et ils ont même, très probablement, été utilisés à l'époque des chasseurs-cueilleurs. Les palais de mémoire sont utilisés par les athlètes mentaux lors de concours de mémoire (où les participants réalisent des prouesses comme mémoriser un jeu de cartes mélangé et ainsi de suite en seulement quelques minutes), ainsi que pour le travail scolaire et l'apprentissage, même pour mémoriser un livre entier. En tant que technique de mémorisation, elle déverrouille votre mémoire et cartographie spatiales. Plus vous créez et utilisez les palais de mémoire, plus ils déverrouillent de multiples niveaux et couches de mémoire que vous pouvez utiliser pour apprendre plus rapidement. Ces niveaux de mémoire comprennent : la mémoire autobiographique, la mémoire épisodique, la mémoire sémantique, la mémoire procédurale, la mémoire figurative, etc. Chacun de ces niveaux est déverrouillé grâce à cette stratégie de mémorisation qui est consacrée à l'amélioration de votre mémoire au fur et à mesure que vous étudiez. Elle rendra vos sessions d'étude beaucoup plus rapides et puissantes.

Résumé du chapitre

L'amélioration de la mémoire commence par l'élément le plus important dans l'apprentissage d'une nouvelle compétence : le sommeil. Le sommeil favorise la consolidation de la mémoire et améliore notre capacité à nous souvenir de ce que nous avons appris pendant la journée. Il peut renforcer notre mémoire et constitue un outil d'apprentissage irremplaçable. Si votre emploi du temps actuel ne vous permet pas de dormir les sept à huit heures recommandées chaque nuit, trouvez un moment où vous pourrez donner la priorité au sommeil. C'est si important ! Les moyens mnémotechniques sont des raccourcis simples qui nous permettent d'associer l'information que nous voulons retenir à une image, une phrase ou un mot. Un palais de mémoire est un type particulier de dispositif mnémotechnique qui consiste à imaginer un endroit dans notre esprit où l'on stocke des images spécifiques et significatives pour nous aider à nous souvenir de concepts complexes. Il s'agit dans les deux cas d'outils mnémotechniques que vous pouvez utiliser pour améliorer votre mémoire. Dans le prochain chapitre, je présenterai ce que vous pouvez faire si vous avez besoin de bachoter.

CHAPITRE NEUF

Comment bachoter (quand il le faut)

Soyons réalistes : nous ne faisons de nuit blanche que lorsque nous nous sommes laissés dépasser. Des chercheurs en sciences cognitives ont mené étude après étude pour démontrer que le bachotage ne nous aide pas à apprendre à long terme. En essayant de faire entrer toutes ces nouvelles informations dans notre cerveau, nous utilisons (et sur-utilisons) notre mémoire à court terme. Rappelez-vous qu'avec l'apprentissage à long terme, nous avons besoin de notre mémoire à long terme pour nous aider à nous rappeler et à retenir la plupart des faits.

La mémoire à court terme a tendance à s'estomper rapidement, de sorte que si nous ne réutilisons pas ces informations rapidement, elles disparaîtront en l'espace de quelques minutes à quelques heures. Le bachotage, en général, ne permet pas à ces nouvelles informations de passer de la mémoire à court terme à la mémoire à long terme, ce qui est essentiel pour obtenir de bons résultats au fil du temps. N'oubliez pas que la meilleure méthode d'étude consiste à fractionner les tâches, et qu'il est toujours préférable de commencer tôt, à la fois tôt dans l'apprentissage et tôt dans la journée. Des études montrent que notre horloge biologique a tendance à nous préparer à être plus performants pendant la journée et le matin que plus tard dans la journée. Il est généralement plus recommandé d'étudier tôt le matin que tard le soir.

À notre époque, nous sommes tous confrontés, volontairement ou non, au manque de sommeil à un moment ou à un autre de notre vie. Il y a des jours où les responsabilités semblent infinies. Des études ont montré que rester éveillé toute la nuit n'est pas bénéfique pour vos habitudes d'études. En fait, vous travaillerez mieux le lendemain si vous avez passé une bonne nuit de repos. Notre cerveau perd de son efficacité en cas de manque de sommeil. Ainsi, au lieu de rester éveillé toute la nuit et de manquer la quantité de sommeil recommandée (les experts suggèrent entre sept et neuf heures), il est préférable de reposer votre cerveau et de vous réveiller tôt pour une session d'étude de dernière minute. Le bachotage, en général, nous submerge, nous frustre et nous amène à nous poser des questions auxquelles nous ne pouvons généralement pas répondre sous la pression. Par où commencer ? Comment commencer ? Vous vous sentirez encore plus dépassé que vous ne devriez l'être, alors essayez de l'éviter.

Néanmoins, nous nous retrouvons tous de temps en temps dans une situation où nous essayons de rattraper rapidement des informations ou un projet, alors même que le temps presse. Si l'impensable se produit et que vous vous retrouvez la veille d'un examen ou d'une présentation importante, confronté à la perspective de devoir passer une nuit blanche, vous pouvez encore faire certaines choses pour augmenter vos chances de réussite.

Tout d'abord, ne paniquez pas. Si vous êtes dans un état d'esprit très stressé, votre concentration sera réduite à néant, essayez avant tout de vous détendre. Si cela peut vous aider, essayez de méditer ou de faire une petite promenade avant de commencer votre session de bachotage. Une fois que vous êtes dans un bon état d'esprit, assurez-vous d'avoir toutes vos notes et tous vos livres avec vous. Tu n'auras besoin de tes livres que pour chercher quelque chose. En général, tu voudras utiliser tes notes pour t'en tenir aux éléments essentiels dont tu devras te souvenir. Ayez un crayon ou un stylo, un carnet de notes ou un bloc-notes et des surligneurs de couleur à portée de main au cas où vous en auriez besoin. Plus important encore, éteignez vos réseaux sociaux. Cette forme d'addiction ne servira qu'à vous distraire et à rendre votre séance de bachotage inefficace. Faites une pause sur Facebook, mettez votre téléphone en silencieux, éteignez la télévision et préparez-vous à vous concentrer. Vous allez avoir besoin de toute votre énergie pour vous concentrer sur le contenu que vous essayez d'apprendre à la dernière minute.

Travaillez maintenant à diviser votre support d'étude en éléments plus digestes. Si vous avez un examen à venir basé uniquement sur un livre et que vous avez procrastiné tout le semestre et n'avez pas fait les lectures demandées, concentrez-vous sur ce que vous avez vraiment besoin de savoir. Regardez les chapitres et retenez trois choses par chapitre. Il s'agit essentiellement de se concentrer sur les grandes idées et les détails clés. Comme vous êtes officiellement en train de bachoter, votre apprentissage a une durée de vie limitée. Vous voulez vous en tenir à l'essentiel et dégager les idées principales, car ce sont les points les plus susceptibles de tomber à l'examen. Votre énergie est limitée, vous devez donc la diriger vers les titres, les dates, les passages, le vocabulaire ou encore les thèmes clés. Filtrez tout le reste.

Vous pouvez utiliser un guide d'étude comme base de votre bachotage. Mieux encore, si vous n'en avez pas, vous pouvez en créer un. Ce guide vous aidera à filtrer les documents dont vous disposez pour en tirer des informations sur lesquelles vous pourrez vous concentrer. Il n'a pas besoin d'être soigné ou parfait. Écrivez-le, lisez-le à haute voix et révisez-le si nécessaire. Vous pouvez même demander à un camarade de vous donner son avis ou l'utiliser comme guide pour un groupe d'étude. Enseigner la matière à d'autres vous aidera à mieux retenir les informations.

Le bachotage consiste à trouver un bon rythme. Si cela peut vous aider, réglez un minuteur pour diviser le bachotage en plusieurs sections. L'utilisation d'un minuteur vous aidera à trouver un bon rythme d'étude. Si vous étudiez pendant huit heures d'affilée, vous avez plus de chances de vous endormir pendant votre examen que de le réussir. Je recommande de diviser le temps d'étude en cinq séquences. Toutes les cinq séquences d'étude, accordez-vous une séquence de ce que vous voulez. Par exemple, si vous étudiez pendant cinq séquences de dix minutes, faites une pause de dix minutes pour jouer au football, écouter de la musique, prendre une collation ou quelque chose de similaire. C'est à vous de choisir, mais accordez-vous une pause agréable, puis remettez-vous au travail.

Si vous vous êtes déjà inquiété de savoir si les informations que vous avez assimilées pendant une session de bachotage allaient rester dans votre mémoire, sachez que des recherches suggèrent qu'une brève séance d'exercice physique pourrait en fait contribuer à les consolider. Une étude a montré que les étudiants qui pratiquaient une activité physique modérée, telle que la course à pied, après une période d'apprentissage (y compris le bachotage d'un examen) obtenaient de meilleurs résultats que s'ils s'étaient contentés de bachoter.

La nature active de l'exercice physique aide le cerveau à retenir les nouvelles informations et à s'en souvenir au moment souhaité, ce qui n'est pas le cas d'une activité passive, telle qu'un jeu vidéo. L'hormone du stress, le cortisol, est connue pour avoir un impact sur la rétention de la mémoire. Dans certaines circonstances, le cortisol peut nous aider à nous souvenir de certaines choses, alors que dans d'autres, il altère notre mémoire. Il existe deux types de stress : le stress psychologique et le stress physique. Les chercheurs pensent que l'activité physique, comme la course à pied, libère des substances chimiques qui améliorent la rétention de la mémoire. Les chercheurs recommandent également de parler à voix haute pendant le bachotage, afin de faire appel à la mémoire auditive lorsque vous réapprenez (ou apprenez simplement) un contenu important. Faites des mouvements de main, prenez des voix amusantes, faites les cent pas dans votre appartement. En définitive, faites tout ce qu'il faut pour vous maintenir dans un état d'apprentissage actif.

Lorsque vous bachotez pour votre examen, votre présentation ou autre, vous devez fixer une heure de fin afin d'avoir la motivation nécessaire pour terminer, mais aussi pour pouvoir donner la priorité au sommeil à un moment ou à un autre. Si vous avez besoin d'une motivation supplémentaire, offrez-vous une récompense à la fin de cette période. Il peut s'agir de votre repas de sushis préféré, d'une glace, d'un chocolat ou d'un verre de vin. L'essentiel, c'est que vous ne puissiez pas l'avoir avant d'avoir fini d'étudier. Les échéances et les récompenses vous aideront à rester sur la bonne voie. Si vous êtes un adepte des régimes, mangez des carottes et du houmous à la place. Quoi qu'il en soit, fixez-vous un objectif personnel qui vous aidera à avancer sans stagner ni vous enliser.

Résumé du chapitre

Le bachotage nous fait nous sentir dépassés et frustrés, et n'est généralement pas recommandé. Il y a cependant quelques mesures à prendre si vous vous retrouvez dans cette situation. Elles consistent à diviser votre support d'étude en éléments plus digestes. Concentrez-vous uniquement sur ce que vous avez vraiment besoin de savoir. Regardez les chapitres clés, les titres ou les notes, et retenez les idées principales et les détails fondamentaux. Tenez-vous-en à l'essentiel. L'exercice physique aidera également votre cerveau à retenir ces nouvelles informations et à s'en souvenir plus facilement, alors allez courir entre deux séances de bachotage. Enfin, et surtout, donnez la priorité au sommeil. C'est la meilleure chose que vous puissiez faire pour vos performances. Dans le dernier chapitre, je vous donnerai des conseils sur la manière d'entraîner votre cerveau à rester concentré.

Entraînez votre cerveau à rester concentré

Si vous êtes comme moi, vous avez des jours où vous avez l'impression que tout arrive en même temps. C'est comme si vous n'arriviez pas à penser correctement, ni même à élaborer un plan, parce que tout vous tombe dessus en permanence. La liste des choses à faire ne semble jamais s'arrêter. Dans ces moments-là, il est d'autant plus important de s'organiser et de ralentir. Le fait de donner la priorité à cela plutôt qu'à votre liste de tâches vous aidera à vous mettre sur la bonne voie et, à long terme, vous permettra de régler les problèmes plus rapidement. Les personnes productives consacrent souvent quelques minutes chaque matin à l'organisation de leur journée. Elles consultent leur calendrier, établissent une liste de priorités, se fixent des rappels tout au long de la journée, et ainsi de suite. Dans de nombreux cas, les personnes les plus productives augmentent également leur productivité en résistant à la tentation d'être constamment à la disposition des autres. Alors, comment faire pour ressembler davantage aux personnes productives ? J'ai trois recommandations clés que je détaille ci-dessous et qui vous aideront à entraîner votre cerveau à rester concentré.

Attention aux distractions numériques

Dans le monde d'aujourd'hui, nous sommes de plus en plus bombardés de distractions dans notre travail. Des études ont montré qu'il faut parfois plus de vingt minutes pour ramener son attention sur une tâche interrompue. Les appels téléphoniques incessants, les courriels et les collègues qui s'arrêtent pour discuter ou pour poser une question « rapide » peuvent sérieusement perturber notre train de pensée et notre flux de travail. Les personnes les plus productives se réservent des plages horaires spécifiques pour répondre aux courriels, aux appels et aux SMS, afin de gagner en efficacité. Cela peut demander un peu d'adaptation de la part des collègues ou des clients, mais avec une bonne communication, ces horaires sont possibles.

Internet fournit aux apprenants toute une série d'outils de recherche utiles qui présentent de nombreux avantages en termes d'apprentissage et de recherche. Cependant, des études indiquent que les enseignants craignent que ces types de technologies ne créent des générations d'apprenants plus facilement distraits, dont la durée d'attention soit plus courte. Certains pensent même qu'elles distraient plus qu'elles n'aident les élèves sur le plan scolaire, que les aspects négatifs l'emportent sur les aspects positifs. Pour beaucoup d'étudiants, « recherche » et « Google » sont synonymes. Pour eux, le processus de recherche est passé d'une méthode relativement lente de curiosité intellectuelle et de découverte à un exercice beaucoup plus rapide, à court terme, dont l'objectif final est de trouver juste assez d'informations pour terminer un travail. Certains enseignants ont indiqué qu'ils craignaient que leurs élèves deviennent trop dépendants des moteurs de recherche et qu'ils aient du mal à déterminer la qualité des sources qu'ils découvrent, ce qui affecterait les taux d'alphabétisation et aurait des conséquences durables sur la capacité d'attention, le développement de la gestion du temps et la capacité de réflexion critique. De nombreux enseignants ont également indiqué que, bien que leurs élèves aient été élevés à l'ère du numérique, ils manquent étonnamment de compétences en matière de recherche en ligne, notamment de patience et de détermination dans la recherche d'informations difficiles à trouver.

Les répercussions du recours à l'apprentissage numérique sont plus critiques pour les jeunes apprenants que pour les apprenants adultes, mais il est tout de même important de les noter. Quel que soit l'âge, une surexposition à la technologie peut entraîner un manque de concentration et une diminution de la capacité à retenir les connaissances. Pour les apprenants adultes, ces résultats devraient surtout servir d'avertissement pour ne pas trop se laisser entraîner dans le monde numérique lorsqu'ils essaient d'apprendre quelque chose de nouveau. Internet et les technologies connexes sont si immédiats qu'ils nuisent à notre contrôle de l'attention. Le contrôle attentionnel est notre source d'attention dans notre esprit. Il nous aide à rester conscients (ou alertes), à traiter et à orienter les informations provenant des données sensorielles et à résoudre les incohérences ou les conflits dans notre apprentissage. Les effets de l'anxiété sur le contrôle attentionnel sont essentiels pour comprendre la relation entre l'anxiété et les performances. En général, les études ont montré que l'anxiété inhibe notre contrôle attentionnel sur une tâche spécifique en réduisant l'efficacité de notre traitement. Les distractions numériques fonctionnent de la même manière.

Si vous vous demandez quel est le rapport avec votre apprentissage, la réponse est : tout. La capacité de votre cerveau à rester concentré et à accomplir sa tâche détermine en fin de compte votre capacité à apprendre quelque chose de nouveau. Ce n'est que lorsque vous serez capable de vous concentrer pleinement que vous pourrez vous consacrer à votre apprentissage. Vous constaterez que vous pouvez retenir les informations beaucoup plus facilement lorsque votre cerveau n'est pas constamment distrait. Avoir les idées claires fera toute la différence. Vous devrez en venir à considérer les blocs de temps que vous réservez à l'apprentissage comme sacrés par rapport à tout le reste (à l'exception, bien sûr, des situations d'urgence). Vous voudrez à un moment donné réserver du temps dans votre journée pour vous consacrer exclusivement à votre apprentissage. Vous devez vraiment vous astreindre à le faire, car nous avons tendance à céder facilement aux distractions.

Il peut être difficile de savoir par où commencer lorsque l'on s'installe pour apprendre. Il y a une chose que j'aime beaucoup, c'est la pré-lecture, en fonction de l'objet de l'apprentissage, bien sûr. Je trouve que c'est un excellent moyen d'initier son cerveau à un nouvel apprentissage, de l'intéresser au sujet et de le préparer à l'apprentissage qui l'attend. La pré-lecture est le processus qui consiste à parcourir un texte pour trouver les idées clés avant de lire attentivement un texte ou un chapitre d'un texte du début à la fin. On l'appelle aussi « prévisualisation » ou « sondage », mais dans tous les cas, l'idée est la même. Il s'agit d'une sorte de lecture d'inspection qui vous permet d'utiliser certains repères, tels que la table des matières ou les titres des chapitres, comme une feuille de route pour votre apprentissage. Cela vous donnera une vue d'ensemble qui augmentera votre vitesse de lecture et votre efficacité. D'une manière générale, vous devez jouer un rôle actif dans votre lecture afin de mieux retenir les informations. Réfléchissez en lisant et en pré-lisant. Regardez les titres, les sous-titres, les débuts de chapitre, les introductions, les résumés de chapitre, les en-têtes, les questions d'étude et les conclusions. Vous pouvez même consulter l'index, si le livre en comporte un, afin de connaître l'éventail des sujets abordés, ou lire l'annonce de l'éditeur.

La pré-lecture vous aidera à avoir une vue d'ensemble et à comprendre l'objectif global de la lecture à venir, afin que vous puissiez concentrer votre attention sur les concepts qui comptent vraiment. Cela augmentera votre capacité à comprendre le matériel que vous étudiez. Dans de nombreux cas, le fait de prendre seulement quelques minutes pour lire à l'avance peut vous aider à mieux comprendre et à mieux retenir. Pensez-y : si vous développez votre compréhension de la vue d'ensemble avant même de commencer à lire le texte, vous disposez d'un cadre conceptuel déjà en place. Lorsque vous rencontrerez un nouveau détail ou un nouvel élément de preuve au cours de votre lecture, votre esprit saura mieux quoi en faire et comment l'organiser.

Au cours de la pré-lecture, posez-vous la question suivante : quels sont les indices que le texte me donne pour mon apprentissage futur ? Comment puis-je appliquer ce que je sais déjà à ce que je vais apprendre ici ? Quel est l'objectif de l'auteur en me disant cela ? Générer ce type de questions au fur et à mesure vous aidera à identifier et à atteindre l'objectif de votre apprentissage. Si, pour une raison ou une autre, vous manquez de temps - par exemple, si vous êtes en train de bachoter pour un examen ou une interrogation à venir - vous pouvez donner la priorité au premier et au dernier paragraphe de chaque chapitre (ou seulement à l'introduction et à la conclusion ou aux résumés des chapitres), tout en gardant à l'esprit le titre de chaque chapitre. Cette méthode ne doit pas se substituer à la lecture effective du document (que vous devrez faire plus tard), mais elle vous permettra d'avoir une vue d'ensemble rapide des thèmes et concepts les plus importants du texte. Si vous voulez aller plus loin, vous pouvez vous envoyer par e-mail votre guide d'étude de pré-lecture et le comparer à vos notes une fois que vous aurez lu le texte. L'envoi d'e-mail en tant que pratique aide en fait à mieux former votre attention. En effet, pour chaque courriel sans rapport avec le sujet que vous avez dans votre boîte de réception, vous pouvez rappeler à votre cerveau ce que vous avez appris précédemment en vous envoyant périodiquement par courriel des résumés de vos notes. Le simple fait d'en faire plus avec l'information sera utile, car vous pourrez la relire avec un regard neuf.

Chaque personne apprend de manière différente. Par exemple, certaines personnes apprennent et retiennent mieux les informations en écoutant de la musique de fond ou une sorte de bruit neutre. Même l'agitation générale d'une conversation dans un café ou d'une zone commerciale animée peut aider certaines personnes à se concentrer sur leur étude. D'autres préfèrent le calme et le silence absolu. Pour l'une ou l'autre de ces catégories d'apprenants, les écouteurs peuvent être utiles, soit pour fournir du son, soit pour l'annuler, ainsi que pour d'autres distractions. C'est à vous de déterminer où vous vous situez sur ce spectre. En ce qui concerne l'écoute de musique pendant les études, les recherches suggèrent que cela dépend du contenu de l'étude. Il a été démontré que la musique (surtout la musique classique) stimule la clarté et la concentration lorsqu'elle est diffusée en arrière-plan, en particulier pour les tâches qui ne nécessitent pas d'assimiler beaucoup de contenu complexe. Les tâches qui vous obligent à suivre plusieurs informations à la fois tout en les traitant sollicitent fortement votre mémoire de travail et peuvent donc entraver votre apprentissage. Quoi qu'il en soit, les effets positifs de la musique de fond ont été constatés et il peut être intéressant de l'essayer si vous avez du mal à vous concentrer.

Une autre découverte clé des chercheurs en sciences cognitives est l'importance de boire de l'eau pendant l'apprentissage. Une hydratation suffisante présente un certain nombre d'avantages. L'eau est bénéfique pour la peau et le système immunitaire, et permet à l'organisme de fonctionner de manière optimale. Il est intéressant de noter que l'hydratation est également essentielle pour améliorer nos capacités cognitives et peut même nous rendre plus intelligents. Une étude importante a montré que les étudiants qui emportaient (et buvaient) de l'eau dans une salle d'examen obtenaient de meilleurs résultats que ceux qui n'en buvaient pas. La déshydratation, en revanche, peut sérieusement affecter le fonctionnement de notre cerveau. Lorsque vous ne buvez pas d'eau, vous faites travailler votre cerveau plus durement que d'habitude pour accomplir les mêmes tâches.

Utilisez la technique Pomodoro

J'ai déjà abordé la technique Pomodoro dans un chapitre précédent, mais dans le contexte de la surcharge d'informations et de la concentration, elle prend un sens nouveau et amélioré. Les apprenants peuvent utiliser la technique Pomodoro pour se concentrer tout au long de la journée de travail et au fil du temps. Cette technique consiste à faire des pauses et des sessions de travail chronométrées lorsque l'on travaille sur une tâche, afin de pouvoir se concentrer à nouveau plus facilement et atteindre ses objectifs de travail. Cela vous aidera également à éviter d'être submergé ou distrait dans votre apprentissage. Si vous êtes stressé ou anxieux, votre cerveau ne sera pas en mesure d'emmagasiner et de traiter efficacement les nouvelles informations. La meilleure façon d'éviter ce type de fatigue cérébrale au cours de votre apprentissage est d'accorder une pause à votre cerveau entre deux tâches. Cette pause cérébrale est un état de repos ou une réorientation de l'attention vers une nouvelle activité pendant une courte période. Même une pause de cinq minutes peut soulager la fatigue cérébrale et vous permettre d'accorder à nouveau toute votre attention à votre apprentissage lorsque vous le reprenez.

Des personnes de différents domaines ont utilisé cette technique pour améliorer leur productivité et leur concentration. L'utilisation de la technique Pomodoro vous permettra de vous consacrer pleinement à une tâche, car elle vous donne à la fois la responsabilité et le contrôle de votre emploi du temps d'une manière qui vous maintient organisé et qui vous motive. Elle vous aidera à obtenir de meilleurs résultats en moins de temps. Le principe consiste à diviser votre travail en sessions de vingt-cinq minutes tout au long de la journée. Pendant ces vingt-cinq minutes, vous vous concentrez profondément sur une tâche particulière en vous laissant distraire le moins possible. Ensuite, vous passez à autre chose pendant une pause rapide (généralement d'environ cinq minutes). Vous pouvez répéter ce processus autant de fois que nécessaire au cours d'une journée de travail. Il est préférable de commencer par une ou deux séances par jour avant d'essayer d'en faire trois, quatre ou même cinq. Je vous recommande également de commencer par une durée plus courte (vingt-cinq minutes) avant d'essayer de passer à des durées plus longues (trente-cinq ou même quarante-cinq minutes si vous voulez essayer).

Pendant votre pause, vous pouvez vous lever, vous promener, prendre un en-cas ou parcourir un article dans les journaux avant de vous concentrer à nouveau sur votre travail. Il est préférable de limiter ces pauses à moins de dix minutes. Les experts recommandent vivement de bouger, si possible, pendant cette pause. Des études ont montré que le fait de rester assis (ou même debout) pendant de longues périodes peut augmenter le risque d'un certain nombre de problèmes de santé, notamment le diabète, les maladies cardiaques, les accidents vasculaires cérébraux et la diminution des fonctions cérébrales. En général, il est préférable d'alterner la position assise et la position debout à différents moments de la journée, afin de ne pas faire trop de l'un ou de l'autre. Vous pouvez utiliser vos cinq minutes pour vous étirer, prendre une tasse de café ou faire une petite promenade à l'extérieur du bâtiment. Votre cerveau vous en remerciera !

Si vous avez du mal à entreprendre une tâche importante parce que vous savez qu'elle prendra beaucoup de temps, vous n'êtes pas seul. C'est le cas de la plupart des gens. La technique Pomodoro vous permet de diviser cette tâche en blocs de travail afin qu'elle soit plus facile à assimiler au fil du temps. Elle peut être adaptée à vos besoins d'apprentissage spécifiques. Ainsi, si vous le souhaitez, vous pouvez fixer une période de travail plus courte pour vous aider à vous préparer progressivement à la tâche. De même, vous pouvez allonger vos pauses si vous estimez que cela vous permet de mieux enclencher vos sessions de travail. Il est également recommandé aux apprenants d'essayer d'estimer le nombre de périodes de travail nécessaires pour achever un projet particulier, afin de mieux le répartir par mois, par semaine, par jour et peut-être même par session de travail. Cela vous aidera inévitablement à vous motiver pour atteindre la ligne d'arrivée. N'oubliez pas de bloquer votre agenda et de désactiver les notifications de votre téléphone afin de limiter les distractions et de rester concentré.

Essayez la méditation

La méditation est une pratique simple que tout le monde peut apprendre, sans frais, sans équipement sophistiqué et sans formation approfondie. Elle est pratiquée depuis des milliers d'années par toutes sortes de personnes. L'une des raisons les plus courantes pour lesquelles les gens essaient de méditer est la réduction du stress et de l'anxiété. Des études ont montré que la méditation réduit le taux de cortisol, l'hormone du stress. Lorsque nous sommes confrontés à une situation stressante, notre taux de cortisol augmente. Il s'agit probablement d'une réaction d'adaptation développée par nos ancêtres pour augmenter leurs chances de survie en période d'incertitude. De nos jours, notre taux de cortisol est influencé par d'autres formes de stress mental qui peuvent avoir des effets physiques néfastes sur nous, tels que la perturbation du sommeil, la dépression et l'anxiété, l'augmentation de la tension artérielle, et qui peuvent contribuer à la fatigue et à la démotivation. La recherche a montré à maintes reprises que la méditation soulage ces symptômes de stress et peut même soulager une variété d'autres conditions liées au stress, telles que le syndrome du côlon irritable ou le syndrome de stress post-traumatique. La méditation peut également réduire les symptômes des troubles anxieux et des problèmes de santé mentale liés à l'anxiété, notamment les attaques de panique, les comportements obsessionnels ou compulsifs et les phobies. À son tour, avec le temps, la méditation contribuera à améliorer les habitudes de sommeil et à réduire les cas d'insomnie, qui sont également induits par le stress. Un effet connexe est la réduction de la tension artérielle, qui diminue non seulement pendant la pratique de la méditation, mais aussi progressivement chez les personnes qui méditent régulièrement. La méditation régulière peut alors réduire la pression sur le cœur et les artères, ce qui contribue à prévenir les maladies cardiaques.

Les distractions que nous offre notre monde font que les activités de pleine conscience comme la méditation sont essentielles pour nous permettre de nous concentrer et de rester concentrés sur nos tâches. Certains de ces outils sont essentiels à notre travail et à notre vie sociale, et il est donc difficile, mais nécessaire, de trouver un équilibre dans leur utilisation. Notre capacité à nous concentrer sur des tâches détermine notre capacité à créer des souvenirs complets. Vous souvenez-vous de la mémoire à court terme et de la mémoire à long terme ? Les souvenirs complets sont le produit d'un apprentissage profond et attentif. Notre manque d'attention aux détails ou notre tendance à vouloir brûler les étapes nous empêchent de nous souvenir d'éléments d'information cruciaux et importants. Une excellente concentration n'est pas nécessairement synonyme d'une meilleure mémoire, mais elle est essentielle pour construire une capacité bien formée et utile à retenir et à se souvenir des informations.

Malheureusement, les obstacles à notre concentration sont plus nombreux que jamais. Le monde saturé de notifications qu'est internet bombarde constamment notre attention de bribes d'informations dont l'utilité varie. Vous devez jouer un rôle actif dans la création de cet équilibre afin de bénéficier d'un environnement de travail idéal et d'atteindre vos objectifs. C'est difficile, car le simple fait de penser à votre courrier électronique ou à vos comptes de réseaux sociaux interrompt votre concentration, de sorte que la seule mise hors ligne peut être insuffisante pour vous permettre de vous concentrer.

Si cela vous semble familier, la méditation pourrait être la solution. On a constaté que la méditation aide à accroître la force et l'endurance de l'attention, la rétention de la mémoire et la résolution de problèmes. Les recherches ont montré qu'une pratique régulière de la méditation peut aider les gens à réorienter et à maintenir leur attention plus longtemps. Cela peut favoriser la créativité dans la résolution des problèmes, ainsi qu'une meilleure gestion des tâches et une meilleure concentration. La méditation est également connue pour améliorer les tendances au vagabondage de l'esprit, à l'inquiétude excessive ou incontrôlable et à l'incapacité à rester concentré ou alerte. Outre l'amélioration de l'attention et de la clarté de la pensée, la méditation peut également contribuer à garder l'esprit jeune et la mémoire intacte en réduisant les risques de perte de mémoire liée à l'âge. Certaines études ont même indiqué que la méditation pouvait inverser ou améliorer partiellement les effets de la démence. Les scientifiques ne savent pas encore exactement pourquoi la méditation a les effets qu'elle a. Cependant, il y a plus que suffisamment de preuves de son utilité pour améliorer notre cognition, notre mémoire et notre concentration. Si vous débutez, voici quelques conseils rapides à garder à l'esprit.

Trouvez toujours un endroit calme pour pratiquer la méditation, afin de minimiser les distractions. Lorsque vous commencerez, votre esprit vagabondera probablement, ce qui constituera une distraction suffisante. Vous pouvez régler un minuteur pour le temps que vous souhaitez consacrer à la méditation. Comme pour la technique Pomodoro, commencez lentement (environ cinq minutes par séance) et augmentez progressivement. Vous n'êtes pas obligé de méditer sur le sol. Vous pouvez le faire sur une chaise, sur votre canapé ou même au lit. Essayez simplement de ne pas vous endormir, car la méditation est une activité d'éveil reposante. L'essentiel est que vous soyez à l'aise pendant la méditation. N'oubliez pas de fermer les yeux et de vous concentrer sur votre respiration. Où sentez-vous votre respiration la plus forte ? Laissez les pensées entrer et sortir de votre esprit sans porter de jugement. Vous n'avez pas à rejeter les pensées ou à vous sentir coupable si vous en avez ; reconnaissez-les simplement et laissez-les partir tout en reportant votre attention sur votre respiration. Si cela vous aide, vous pouvez même penser (ou dire à voix haute) la chose suivante : « Je laisse cette pensée s'en aller et je reviens à ma pratique ». Faites ce qu'il faut pour ramener votre attention là où c'est important. C'est la clé de l'entraînement de votre cerveau. Peu importe ce qui se passe ou ce qui survient au cours de votre parcours de méditation, il est important de ne pas vous juger. Tout ce qui compte, c'est que vous vous consacriez à cette pratique, et ceci est une bonne chose.

Si la méditation en silence ou seul est trop difficile pour vous, vous pouvez essayer l'une des nombreuses méditations guidées. Il existe des vidéos sur Youtube, des applications pour téléphone telles que Headspace et Breathe, ou un certain nombre de guides plus approfondis que vous pouvez trouver dans une librairie. La plupart des recherches sur la méditation suggèrent que pour en tirer le meilleur parti, il faut s'efforcer de méditer le plus régulièrement possible, au moins quatre fois par semaine. Ne vous inquiétez pas, vous pouvez atteindre cette régularité dans votre propre pratique, et vous pouvez y aller doucement. Même si vous ne méditez que dix ou quinze minutes par jour, votre esprit vous remerciera.

Certaines personnes opteront même pour des méditations en marchant, surtout si elles sont novices en la matière. Comme pour les autres formes de méditation, l'essentiel est de suivre sa respiration. Par exemple, chaque fois que vous inspirez et expirez, vous comptez votre respiration. Comptez jusqu'à un nombre aussi élevé que vous le souhaitez et prenez note de tout ce qui vous distrait ou vous fait perdre le compte. Si vous n'aimez pas l'idée de compter votre respiration, vous pouvez également vous concentrer sur la synchronisation de votre respiration avec vos pas lorsque vous marchez. Chaque fois que vous inspirez et expirez, avancez d'un pas. Vous pouvez ensuite faire deux pas par respiration, puis trois, quatre, cinq, six, et ainsi de suite jusqu'à ce que vous vous sentiez trop mal à l'aise. L'objectif est que vous restiez concentré sur votre pratique, et non que vous atteigniez le nombre le plus élevé possible. Vous devez suivre votre instinct et prêter attention à ce qui se passe dans votre corps lorsque vous pratiquez.

Si vous aimez les promenades dans la nature, vous pouvez également vous concentrer sur la synchronisation de votre respiration avec le monde sensoriel qui vous entoure, de manière à donner la priorité à votre lien avec le monde naturel. L'objectif est ici de vous concentrer intensément sur votre respiration et votre corps et sur la manière dont ils interagissent avec le monde au fur et à mesure que vous le traversez. Commencez par les pieds et remarquez comment chaque pied est en contact avec le sol. Qu'est-ce que vous ressentez ? Que remarquez-vous à propos de ce sol ? Sentez votre poids entrer en contact avec l'air et avec vos vêtements. Sentez la température extérieure et remarquez toute sensation persistante sur votre peau. Vous pouvez vous concentrer sur différents sons, images ou odeurs de la même manière. Là encore, l'essentiel est de se concentrer sur sa respiration tout en s'immergeant dans son environnement. En général, vous trouverez le monde incroyablement paisible si vous le considérez comme une réalité physique autour de vous, sans l'analyser ni le juger.

Une fois que vous aurez acquis de l'expérience dans votre pratique de la méditation, vous pourrez essayer d'utiliser des techniques similaires d'immersion et des principes de respiration en lisant, en mangeant ou même en discutant avec d'autres personnes dans un contexte social. Cela vous aidera à être plus impliqué dans votre vie et à être davantage dans l'instant présent. La recherche de cette présence est la fonction première de la méditation. La présence vous aide à vous concentrer, ce qui vous permet d'intégrer davantage d'informations dans votre mémoire. Ce processus est intentionnel et volontaire. La méditation est un outil puissant pour améliorer la concentration et les capacités cognitives générales. Plutôt que de perdre votre temps avec des pensées et des inquiétudes inutiles ou négatives, vous pouvez vous concentrer sur votre être physique dans le moment présent. Vous serez étonné de constater à quel point vous appréciez encore plus la vie lorsque vous méditez. Lorsque vous commencez votre pratique, ne réfléchissez pas trop au processus et ne cédez pas à la paralysie de l'analyse. Concentrez-vous sur l'approfondissement de votre pratique et soyez patient avec vous-même. Avec des séances régulières, vous constaterez des améliorations notables.

Résumé du chapitre

Il n'y a pas de secret en matière de productivité. Il s'agit avant tout d'organiser votre journée d'une manière qui vous convienne. Consultez votre calendrier. Faites une liste des choses à faire. Fixez-vous des rappels. Enfin, et surtout, limitez votre utilisation de la technologie. Pour entraîner votre cerveau, il faut éviter certains stimuli (y compris les distractions numériques) et donner la priorité à ce qui vous permettra de rester sur la bonne voie. La technique Pomodoro est votre meilleure alliée pour y parvenir, tout comme les pratiques de pleine conscience telles que la méditation.

Conclusion

Vous êtes arrivé au terme de votre parcours de lecture, lequel vous a peut-être parfois semblé dense avec beaucoup de choses à traiter. Ne vous inquiétez pas. Vous n'êtes pas obligé de vous souvenir de tout, et vous pouvez toujours revenir sur certains chapitres pour mettre ces leçons en pratique.

Bien que ce livre vous donne une feuille de route pour un apprentissage accéléré, c'est à vous de travailler, d'étudier, de pratiquer et d'obtenir un retour d'information. Quel que soit le sujet que vous étudiez, commencez par comprendre ces principes afin de ne pas rester bloqué dans les détails. L'apprentissage de ces derniers viendra plus tard. Veillez à relier les nouvelles connaissances à celles que vous possédez déjà afin de faciliter la mémorisation et utilisez la technique Pomodoro pour entraîner votre cerveau et maintenir votre concentration. Vous pouvez garder ce manuel à portée de main pour le relire ou vous remémorer les techniques utilisées pour acquérir rapidement vos nouvelles compétences.

Pensez maintenant à un sujet ou à une compétence que vous voulez apprendre. Notez-le et placez-le dans un endroit où vous le verrez tous les jours ! Il est temps de commencer. Nous avons tendance à nous mettre des bâtons dans les roues en réfléchissant trop ou en ne passant pas à l'action. Rappelez-vous : vous vous retenez plus que quiconque dans le monde ne vous retient, ce qui signifie, par ailleurs, que vous seul avez le pouvoir de vous soutenir et de vous aider à atteindre et à apprendre ce que vous avez toujours voulu.

En tant qu'êtres humains, nous pouvons grandir, changer et apprendre à l'infini, et c'est sur ce sentiment que je veux vous quitter. Vous avez tellement de pouvoir et de potentiel. Chaque jour que vous passez à ne pas y croire est un jour que vous perdez. C'est peut-être la fin du livre, mais ce n'est que le début de votre aventure d'apprentissage tout au long de la vie. Tout ce qu'il faut, c'est faire le premier pas. Croyez en vous, croyez que vous pouvez atteindre la grandeur et vous y parviendrez.

JOHN R. TORRANCE

ALIMENTATION ET PUISSANCE COGNITIVE

SUPERALIMENTS, RECETTES, COLLATIONS
ET CONSEILS POUR AMÉLIORER VOTRE
SANTÉ CÉRÉBRALE, VOTRE CONCENTRATION
ET VOTRE MÉMOIRE

TABLE OF CONTENTS

INTRODUCTION

Vous connaissez cet ami agaçant qui semble toujours réussir à tout faire ? Vous savez de qui je veux parler. Au moment où vous avez lu cette première phrase, un visage vous est venu à l'esprit. Oui, je parle de la personne qui a l'air de *toujours* savoir où elle va et qui ne faiblit jamais. Même si cette personne vous rend dingue, au fond de vous, vous aimeriez bien lui ressembler un peu plus, n'est-ce pas ? D'accord, admettez-le. Peut-être même *beaucoup* plus. Un peu plus de succès ne vous ferait pas de mal, ni à votre portefeuille d'ailleurs ! N'est-ce pas ? (Je suis payé pour savoir ce genre de choses.)

Eh bien, votre grand-mère avait raison depuis le début : *vous êtes ce que vous mangez*. Des recherches de plus en plus nombreuses lui donnent raison. Après des années d'excès de nourriture à emporter lors de journées chargées, de grignotages consommés en regardant vos épisodes télévisés préférés, et de salades délaissées au profit de macaronis au fromage, vous en ressentez certainement les effets. De plus, vous êtes une vitrine ambulante de ce que vous mangez. La bedaine et les poignées d'amour témoignent amplement de votre mode de vie. Personnellement, je ne m'intéresse pas à la forme de votre corps. Je m'intéresse davantage à la forme de votre cerveau. En vous fournissant des indices subtils, votre corps agit comme un prélude à un incident imminent.

Vous vous sentez souvent ballonné. Votre travail en pâtit. Vos relations en pâtissent également. Vous n'avez tout simplement pas envie d'aller danser ou de jouer au football. La plupart du temps, vous sautez le petit-déjeuner et optez pour une pâtisserie que vous engloutissez en vous rendant au travail. Quel déjeuner ? En milieu de matinée et d'après-midi, vous vous effondrez et avez besoin d'un *Snickers* pour maintenir votre productivité. Vous êtes fatigué le matin et fatigué le soir, mais lorsque vous vous couchez, votre cerveau ne se met pas en veille. Ce n'est vraiment pas une façon de vivre. Votre cerveau est une bombe à retardement qui provoquera un jour un accident cérébral (AVC) ou, ce qui est tout aussi grave, un brouillard permanent (démence). Ces types d'incidents qui changent la vie se produisent après des années et n'offrent aucune solution miracle. La solution, c'est maintenant. Aujourd'hui. Demain.

Ne nous voilons pas la face. Vous devez vous engager. Vos relations ont besoin que vous vous investissiez à fond. Vos enfants réclament de l'attention et s'ils ne l'obtiennent pas, ils se comportent de manière inacceptable. Votre travail vous demande de plus en plus de temps et d'efforts. Vous devez être de plus en plus productif pour rester compétitif. Quelles que soient les exigences avec lesquelles vous jonglez, vous devez être au mieux de votre forme, et je peux le comprendre.

Il n'y a pas si longtemps, j'étais à votre place. Chacun de ces symptômes décrivait ma vie quotidienne et je savais que je devais faire quelque chose pour me relever et changer. Je ne pouvais tout simplement pas jongler avec toutes les balles de ma vie et, trop souvent, celles que je laissais tomber avaient de graves conséquences. Il m'a fallu faire des recherches. J'ai fait beaucoup d'expérimentations. Ce que j'ai appris m'a époustouflé. Chaque symptôme que je décrivais était directement lié à ce que je mangeais... ou à ce que je ne mangeais pas ! Dans ce monde où il y a beaucoup trop d'informations, je n'avais pas reçu les informations dont j'avais besoin. Il existe un lien entre l'alimentation et le cerveau, et lorsque j'ai découvert ce lien, mon monde a changé.

Tout à coup, quelque chose que j'avais su toute ma vie s'est mis à graviter autour d'une perspective légèrement différente, et cela a changé ma façon de penser, ma façon d'agir. Pour moi, cela a été de voir un collègue de mon âge succomber à un accident vasculaire cérébral, dont la vie a été bouleversée en un clin d'œil. L'ami autrefois indispensable que j'appréciais lors de mes aventures s'est retrouvé confiné dans un fauteuil roulant et la communication est devenue beaucoup plus difficile. Son esprit ne saisissait pas les mots qu'il voulait dire. Il n'y avait plus de filtre et ce qui sortait de sa bouche aliénait beaucoup de ses amis. Il est devenu solitaire et aigri.

Et j'ai juré de changer. C'est ainsi que j'ai commencé à changer. Pas en un jour. Pas de façon radicale. J'ai commencé à lire pour améliorer ma santé. J'ai commencé à expérimenter ce que je lisais. J'ai commencé à changer la façon dont je commandais les plats sur le menu de mon restaurant préféré. J'ai commencé à faire des listes de courses en fonction de ce qui était bon pour moi, plutôt que de choisir impulsivement sur l'étagère des produits qui me semblaient bons sur le moment. Lentement mais sûrement, j'ai changé. Vous pouvez faire de même.

Ce que vous mangez doit fournir l'énergie brute dont votre cerveau a besoin pour fonctionner de manière optimale. Cela n'inclut pas un régime de cheeseburgers et de boissons gazeuses. Manger les bons aliments augmente le pouvoir cognitif de votre cerveau, le pouvoir de réflexion. Cela réduit le risque de maladie d'Alzheimer, l'un des nouveaux fléaux de notre génération, et élimine le brouillard cérébral qui vous laisse dans un état de torpeur à votre bureau. Manger les bons aliments améliore votre mémoire. Une alimentation adéquate = moins de brouillard cérébral, plus de fonctions cérébrales. Une alimentation adéquate = moins de démence, plus de concentration. L'alimentation = fonction cérébrale (ou absence de cette dernière).

Lorsque j'ai apporté quelques changements à ma façon de considérer les aliments et leur consommation, un changement fondamental s'est opéré. Je mangeais mieux. J'étais plus performant. Je dormais mieux. J'ai décidé que je devais mettre ces informations à la disposition des autres. J'ai commencé par mes amis et ma famille. Lorsqu'ils se sont extasiés devant mes découvertes, j'ai essayé d'élargir mes activités, mais mon cercle d'influence n'était pas assez large. Comment changer cela ? J'ai d'abord consulté la merveilleuse toile mondiale.

Voici ce que j'ai découvert : trop de gourous veulent vous faire payer des sommes astronomiques pour un cours en ligne. Il y a énormément de discussions, et qui a le temps pour cela ? Ce n'est certainement pas ce que j'avais en tête. Je voulais mettre au point un programme facile à suivre, qui change la vie, pour le simple prix d'un livre, en le rendant agréable à lire et accessible. Voici ce que je vous propose : lisez les informations afin de comprendre pourquoi vous vous sentez vidés. Étudiez mes conclusions sur les superaliments et la facilité avec laquelle vous pouvez les intégrer dans votre vie. Essayez mes recettes. Ensuite, enseignez ces informations à votre famille. Faites le bilan de vos progrès. Vous serez stupéfait.

Les **avantages** de ce programme sont difficiles à battre. Vous trouverez des informations faciles à assimiler et vous prendrez plaisir à les lire ! Vous vous sentirez mieux. Vous aurez probablement meilleure allure... vous n'êtes pas opposé à l'idée de perdre quelques kilos, n'est-ce pas ? Vous obtiendrez les félicitations de vos clients et de votre patron, qui seront impressionnés par votre productivité en hausse.

Voici la promesse que je vous fais : je n'affirmerai rien que je ne puisse prouver. Je ne vous ennuierai pas avec trop d'informations générales... toutefois, je fournirai de nombreuses recherches détaillées dans un glossaire à la fin du livre. Je vous accompagnerai vers une meilleure santé. C'est un mot-clé. Vous l'avez compris ? *Coach ?*

- Un coach vous inspire, il ne dirige jamais.
- Un coach vous incite à vouloir changer, il ne vous force pas à changer.
- Un coach reste à vos côtés dans les moments difficiles.

Je veux être tout cela pour vous. Le coaching est ma vie. Je veux prendre toutes les compétences que j'utilise chaque jour pour aider les PDG et les cadres supérieurs à améliorer leur carrière, les mélanger avec les recherches que j'ai découvertes et les intégrer dans un programme facile à suivre. Je veux vous accompagner vers une meilleure santé et une productivité accrue. Vous êtes avec moi ?

Tout commence avec vous, mon ami. Vous avez été attiré par ce livre pour une raison, et il suffit de tourner la page au chapitre un et de vous y plonger. Commencez à lire, puis à manger d'une nouvelle façon d'améliorer votre cerveau. Pensez mieux. Pensez plus intelligemment. Agissez mieux. Agissez plus intelligemment. Vous voyez où je veux en venir ? Vous trouverez dans les pages qui suivent tout ce que j'ai promis et plus encore. Qu'est-ce que c'est que ce *plus*, me direz-vous ? Ce sont mes trucs et astuces, mes informations favorites pour vous aider à tirer le meilleur parti de ce livre. Il s'agit d'informations approfondies que vous entendriez, mais que vous n'absorberiez jamais, dans un cours en ligne sophistiqué. Et c'est dans ces petites pépites que vous trouverez l'or.

Je vous le redemande donc. Êtes-vous avec moi ? Tout démarre avec la première page. Commençons par découvrir les superaliments et les super pouvoirs. C'est parti !

CHAPITRE UN

Les effets de l'alimentation sur le cerveau

Si vous êtes normal, vous mangez probablement en surveillant votre tour de taille et non en vous concentrant sur votre cerveau. Mais qu'est-ce que votre tour de taille a fait pour vous ces derniers temps ? Votre cerveau, quant à lui, travaille sans relâche pour contrôler chaque respiration et chaque battement de votre cœur, la perception de chaque objet dans votre champ de vision, chaque son autour de vous. C'est ce qu'on appelle le **système nerveux autonome**. C'est là que se déroule une grande partie du travail de votre corps et, bien que vous ne supervisiez pas directement chaque transaction, votre cerveau a besoin de nutriments très performants pour bien faire son travail. C'est Coach John qui vous le dit : *pour être cérébral, il faut manger des aliments bons pour le cerveau.* C'est vrai. Il y a certains aliments qui sont bons pour le cerveau et d'autres que le cerveau préfère éviter. Tu vas apprendre de nouveaux concepts, et c'est une bonne chose. Je n'attends pas de vous que vous sachiez tout à l'avance. J'ai dû faire mes propres recherches et mon objectif est de vous transmettre ces connaissances en sections faciles à assimiler.

✳ Chaque fois que vous verrez un terme en **gras**, vous saurez qu'il s'agit d'un terme couvert par votre glossaire. Je me suis engagé à rendre cet ouvrage attrayant et lisible, avec de nombreuses informations que vous pourrez lire si elles déclenchent un désir d'en savoir plus. Cela signifie qu'une grosse partie du travail se trouve à la fin de l'ouvrage. Je vous suggère de lire le livre une première fois, de parcourir le glossaire, puis de le relire, crayon et papier en main, prêt à véritablement entamer cette aventure de la découverte d'une meilleure santé.

✳ Manger pour la santé du cerveau peut sembler radical, mais des études ont prouvé que les aliments que vous mangez jouent un rôle important non seulement pour votre santé, mais aussi pour votre fonctionnement cérébral et pour la prévention des problèmes cognitifs. On sait aujourd'hui que certains superaliments améliorent les fonctions cognitives, notamment en stimulant la mémoire, en améliorant les capacités de prise de décision, en réduisant le temps de réaction et même en améliorant l'humeur. Ces aliments sont à la base de l'alimentation saine. C'est une façon de manger qui peut non seulement vous faire gagner des heures en cuisine, mais aussi vous donner plus d'heures de vie utile, alors soyez attentif. Lisez la phrase suivante deux ou trois fois, c'est aussi important que cela :

Ce que vous mangez a un impact considérable sur votre cerveau.

- ♦ La nourriture que vous mangez est la source d'énergie du cerveau. Ce que vous mangez influe sur la quantité d'énergie dont dispose votre cerveau, tant dans sa fonction autonome que dans sa fonction cognitive ou de réflexion.
- ♦ Les aliments que vous consommez sont à l'origine de la transmission des impulsions nerveuses. Votre cerveau doit envoyer des messages et il a besoin d'une substance chimique pour faire passer le message d'un nerf à l'autre afin que cela se produise.
- ♦ L'alimentation est à la base d'une santé mentale équilibrée. En 2018, des chercheurs ont établi un lien entre la sérotonine et la santé intestinale, et le rôle qu'elle joue dans la progression de la maladie d'Al-

zheimer. Ils prévoient que la démence touchera plus de 65 millions de personnes dans le monde d'ici à 2030. C'est le fléau de notre génération et vous pouvez faire la différence en choisissant votre alimentation.

Nous allons nous pencher sur les nouvelles recherches qui paraissent dans les revues médicales. Je peux vous faire gagner du temps et de l'énergie en réduisant la pléthore d'informations aux meilleurs articles. Je vous propose une liste détaillée de ces articles ; vous pouvez vous y plonger pour une étude plus intensive si vous en avez le temps. Mais pour ce qui nous intéresse, laissez-moi faire le gros du travail pour vous.

Sérotonine : rien que des faits

Tout d'abord, parlons de la **sérotonine**. Votre corps produit de la sérotonine, un neurotransmetteur qui régule le sommeil, l'appétit, les récepteurs de la douleur et l'humeur. Bien entendu, les éléments nécessaires à sa fabrication doivent être présents pour que votre corps puisse faire son travail. Saviez-vous que 95 % de la sérotonine produite par votre organisme est fabriquée dans votre tractus gastro-intestinal (GI) ? Je ne le savais pas. Vos intestins sont tapissés de millions de cellules nerveuses appelées neurones. À chaque instant de la journée, une guerre se déroule dans cette petite arène, une guerre aux implications considérables. Les bonnes bactéries protègent la muqueuse intestinale et forment une barrière contre les mauvaises bactéries qui partent au combat en laissant dans leur sillage toxines et inflammations. Votre régime alimentaire doit donner à votre corps une chance de se battre pour produire de la sérotonine en hébergeant de bonnes bactéries.

Vous vous souvenez que j'ai dit que la sérotonine aidait à réguler le sommeil, l'appétit, la douleur et les humeurs ? Il s'agit là des éléments de base d'une vie heureuse et bonne. J'ai connu une période de ma vie où je me réveillais régulièrement à 2h30 du matin. Au bout d'un certain temps, je me suis épuisée. Après examen, mon médecin a correctement diagnostiqué un déséquilibre dans mon système et a reconnu que la sérotonine qui m'empêchait de dormir était absorbée trop tôt par une bobine hyperactive dans mon cerveau. Il m'a prescrit de très faibles doses d'un médicament bloquant l'absorption de la sérotonine, et voilà ! J'ai recommencé à dormir toute la nuit.

Trop souvent, nous passons de l'auto-assistance à la mélatonine ou à la racine de valériane, puis nous nous précipitons directement sur les somnifères. Nous nous retrouvons alors dans une situation où nous dépendons des médicaments pour nous endormir, ou dans une situation où nous dormons et ne dormons pas, selon que nous prenons des somnifères ou que nous n'en prenons plus. Ce n'est pas la solution. Manger des aliments qui favorisent la production de sérotonine, se faire diagnostiquer si son cerveau est en déséquilibre et réapprovionner sa sérotonine est une réaction bien plus saine au problème.

Lisez les informations détaillées sur la sérotonine dans le glossaire et essayez de réguler vos niveaux de façon saine.

Les probiotiques ? Qu'est-ce que c'est ?

On dit d'un régime alimentaire qui favorise les bonnes bactéries qu'il est riche en **probiotiques**. Si vous êtes comme moi, cela m'a semblé être un charabia Nouvelle Vague, une mode qui passerait rapidement. Je n'aurais pas pu me tromper davantage ! Les probiotiques sont des organismes vivants que vous consommez, soit en achetant un supplément coûteux, soit en modifiant votre alimentation pour y inclure du yaourt ou d'autres aliments fermentés. Le plus souvent, vous recherchez des lactobacillus et des bifidobacterium. Ces bonnes bactéries limitent l'inflammation, améliorent l'absorption des nutriments et activent les voies neuronales qui voyagent constamment entre votre intestin et votre cerveau. Je parie que vous ne l'avez pas vue venir, moi non plus. La relation entre mon estomac et mon cerveau a nécessité quelques recherches de ma part. Laissez-moi vous donner la version du *Reader's Digest*.

Des découvertes surprenantes établissant un lien entre un intestin sain et la démence incitent encore davantage à modifier son régime alimentaire. Certaines bactéries intestinales accentuent en effet l'accumulation de protéines cérébrales, ce qui est significatif puisque les protéines amyloïde et tau constituent les plaques de la maladie d'Alzheimer. Des recherches menées sur des souris suggèrent qu'un simple changement de régime alimentaire peut réduire ces plaques amyloïdes et diminuer l'inflammation. Que pensez-vous qu'il se passe ensuite ? Exactement. Votre mémoire s'améliore. Je ne sais pas ce qu'il en est pour vous, mais je trouve que c'est une preuve assez convaincante de la nécessité de changer de régime.

Certains régimes alimentaires influencent la présence de ces probiotiques. Les régimes méditerranéen et japonais contrastent fortement avec le régime occidental typique, composé d'aliments transformés, de quantités malsaines de sel, de beaucoup trop de sucre et de beaucoup de viande rouge. Le **régime méditerranéen** provient naturellement de pays comme la Grèce et l'Italie, situés le long de la mer Méditerranée. Il est recommandé par l'Organisation mondiale de la Santé et la Mayo Clinic. Il se caractérise par un mode de vie privilégiant les légumes et les fruits, les céréales complètes, les haricots, les noix et les graines, ainsi que l'huile d'olive, par opposition aux autres huiles transformées. Nombre de ces aliments non transformés sont fermentés et regorgent de probiotiques naturels.

Le **régime japonais** comprend plus de poisson, de légumes et de fruits. Il implique de manger lentement et en pleine conscience. Les recettes japonaises mettent l'accent sur des assaisonnements simples plutôt que sur des sauces lourdes. La nourriture est servie dans des plats plus petits. Cela facilite grandement le contrôle des portions, n'est-ce pas ? Le secret de la satiété réside dans la variété. Un aliment de base est combiné avec une soupe, un plat principal et quelques accompagnements. Les aliments de base sont le riz ou les nouilles. La soupe est généralement une soupe miso à base d'algues, de crustacés ou de tofu et de légumes dans un bouillon de soja fermenté. Le plat principal est composé de poisson, de fruits de mer ou de tofu, avec de petites quantités de viande, de volaille et d'œufs. Les accompagnements se composent de légumes, d'algues et de fruits crus ou marinés. Je ne me voyais pas manger ainsi et je ne voyais certainement pas ma femme cuisiner tout cela.

Vous voyez ce qui manque ici ? Ces deux régimes renoncent aux aliments de base de l'alimentation occidentale : de la viande rouge, beaucoup de produits laitiers, des aliments transformés, beaucoup de sel et de sucre. Ces deux régimes exigent une modification fondamentale des papilles gustatives et, bien qu'ils puissent sembler radicalement différents des menus habituels de votre foyer, vous n'êtes pas obligé de vous lancer à corps perdu dans ces régimes. La bonne nouvelle, c'est que quelques modifications très simples de votre régime actuel suffiront. Nous y reviendrons plus tard.

Les antioxydants

Lorsque j'ai entendu ce mot pour la première fois, le côté analytique de mon cerveau l'a décortiqué. *Anti* signifie *contre*. Oxydants. S'agissait-il de l'oxygène ? Pourquoi voudrais-je faire quelque chose contre l'oxygène ? Quel idiot ! Le mot était *oxydant*, comme l'oxydation du métal en rouille. J'ai été un peu lent à comprendre. Bien sûr, je suis tout à fait contre la rouille de mon cerveau. Des millions et des millions de réactions chimiques ont lieu chaque jour dans votre corps. Au cours de ce processus, certains composants deviennent instables, avec un électron libre ou supplémentaire. (Repensez à vos anciens cours de chimie organique et à la description des protons et des électrons de chaque élément). Ce minuscule électron libre est appelé *radical libre*.

Les oxydants contenant des radicaux libres sont les résidus produits lorsque votre corps métabolise et interagit avec divers composants alimentaires complexes, ce qui génère de nouvelles substances chimiques.. Les antioxydants équilibrent les oxydants dans votre circulation sanguine. Je m'explique : votre corps est une machine complexe avec toutes sortes de contrôles et d'équilibres, de mouvements et de contre-mouvements. Les antioxydants sont des composés guerriers que votre corps ingère, comme l'acide ascorbique (vitamine C), ou qu'il synthétise pour contrôler cette méchante oxydation. L'un des **antioxydants** synthétisés par l'organisme est le glutathion, fabriqué à partir de trois acides aminés : la glutamine, la glycine et la cystéine.

Non seulement votre corps produit des oxydants dans la vie de tous les jours, mais vous y êtes également exposé par le tabagisme, les radiations et d'autres polluants. Le stress et la consommation d'alcool en produisent encore plus. Lorsque l'équilibre entre les antioxydants et les radicaux libres est rompu, il en résulte un **stress oxydant**. Ce stress affaiblit les membranes cellulaires. Il endommage le tissu conjonctif et le collagène (pensez à vos genoux !). Il est un précurseur du cancer et des maladies cardiovasculaires. Il est responsable de maladies auto-immunes telles que l'arthrite et le psoriasis. Il affecte le diabète. Il n'est pas nécessaire d'être un génie pour comprendre que c'est mauvais.

C'est pourquoi nous faisons l'effort d'inclure dans notre alimentation des aliments riches en antioxydants. Ces antioxydants sont chargés d'acides gras essentiels qui stimulent et renforcent les cellules du cerveau. Certaines personnes se précipitent dans les magasins de produits diététiques et achètent des compléments alimentaires.

✳ Mais voici un indice. Vous n'en avez pas besoin. Adoptez une alimentation riche en antioxydants et économisez votre argent.

Que contient exactement votre menu sain ? Je suis heureux que vous ayez posé la question. Lisez le chapitre deux. En tant que coach, mon travail consiste à vous donner de petites bouchées d'informations, à vous inciter à prendre les mesures qui s'imposent et à vous convaincre petit à petit. Malheureusement, vous ne me rencontrez pas en personne et je ne vous parle pas directement. Ce livre est votre bouée de sauvetage. Il est beaucoup moins cher que des séances de consultation individuelles, et vous pouvez assimiler les informations au moment qui vous convient le mieux. Le danger est un danger que vous ne connaissez que trop bien.

Combien de fois avez-vous déjà essayé de changer ? Combien d'autres livres de developpement personnel se moquent de vos efforts et remplissent vos étagères ? Pour réussir cette fois-ci, il faut que nos esprits se rencontrent. Je vous écris, cher lecteur, alors lisez à haute voix si cela vous permet d'imaginer ma présence. Considérez-moi comme votre nouveau meilleur ami, quelqu'un qui est assis sur votre épaule droite au fur et à mesure que le temps passe, mais qui parle avec vous au fur et à mesure que nous avançons dans ce processus de changement vers un *vous* plus sain.

Résumé du chapitre

La nourriture que vous mangez affecte votre cerveau.

- ♦ La sérotonine est un neurotransmetteur nécessaire au fonctionnement optimal du cerveau.
- ♦ Les probiotiques sont essentiels à la santé intestinale, ce qui est une bonne nouvelle lorsqu'il s'agit de produire de la sérotonine.
- ♦ Les antioxydants, riches en acides gras essentiels, combattent les radicaux libres de l'oxydation.

Dans le chapitre suivant, vous apprendrez quels aliments donner à votre cerveau pour qu'il fonctionne de manière optimale.

CHAPITRE DEUX

Manger pour améliorer les fonctions cognitives

La clé d'une alimentation optimale pour la santé du cerveau n'est pas de changer radicalement de mode d'alimentation. Il s'agit de changer les choses, un peu par-ci, un peu par-là. En intégrant ces petits changements dans votre vie, vous en verrez les bienfaits et vous vous sentirez encouragé à faire un pas de plus vers une meilleure alimentation et un meilleur fonctionnement cognitif. N'oubliez pas. Les petits pas.

Pour se défendre contre diverses maladies liées à l'âge qui altèrent la mémoire et le fonctionnement général du cerveau, une bonne première étape consiste à se concentrer sur l'incorporation de trois nutriments seulement dans son régime alimentaire. Ils sont peut-être nouveaux pour vous et vous vous demandez quelles choses étranges vous allez devoir manger. Des algues ? Du tofu malodorant ? Détendez-vous, mon ami. Je ne suis pas allé jusque-là non plus.

Commençons par les acides gras oméga-3, les antioxydants et les **flavonoïdes**. Nous avons brièvement abordé ces sujets dans le dernier chapitre, mais il est temps d'approfondir et de passer aux choses sérieuses. C'est votre coach qui vous le dit : essayez. Tentez votre chance. Donnez-lui une semaine et voyez quelle différence cela fait. Vous ne reviendrez jamais en arrière.

Les acides gras oméga-3

Avec l'âge, le cerveau subit une dégénérescence normale. La vieille maxime selon laquelle vous n'êtes plus de première jeunesse ne s'applique toutefois pas si vous êtes attentif à ce point. Oui, les cellules nerveuses rétrécissent et les réserves de sang riches en nutriments dans le cerveau diminuent avec le temps. L'inflammation complique la situation. En réaction, le cerveau produit moins de neurotransmetteurs, ce qui se traduit par une communication médiocre ou inégale entre les cellules. Votre mémoire en souffre. C'est aussi simple que cela. N'ayez pas peur, car il existe une solution à ce problème.

Et si je vous disais qu'une alimentation riche en **acides gras oméga-3** ferait la différence ? Une étude de 2014, publiée dans la revue *Neurology*, a démontré que les femmes ménopausées ayant des niveaux plus élevés d'acides gras oméga-3 (EPA et DHA) dans leur sang avaient des volumes cérébraux plus importants. Rappelons que la réduction du volume du cerveau est liée à la maladie d'Alzheimer. Les chercheurs ont constaté une différence d'un à deux ans de fonctionnement sain par rapport à leurs homologues. Pensez à ce que vous pourriez espérer avec deux années supplémentaires de présence et un cerveau en pleine forme. Je ne sais pas ce qu'il en est pour vous, mais je veux être mentalement conscient et capable de profiter de la naissance de mes petits-enfants, et peut-être de les voir grandir à leur tour. Venons-en aux faits.

Lorsque les scientifiques parlent d'acides gras essentiels, ils veulent dire que votre corps peut synthétiser la plupart des éléments dont il a besoin, mais qu'il ne peut pas fabriquer ces acides. Ils doivent être ingérés. Le poisson est l'une des meilleures sources, mais il convient de faire une mise en garde contre le danger du mercure et d'autres contaminants à base de métaux lourds présents dans l'espadon et le tassergal. Vous n'aimez peut-être pas le poisson ? Ce n'est pas grave. Il existe d'autres aliments, autres que le poisson, qui sont riches en ce protecteur du cerveau. Les aliments riches en acides gras oméga-3 sont les suivants :

- ♦ les poissons gras d'eau froide : les anchois, le thon, le hareng, les sardines, le maquereau, le saumon, le flétan et la truite lacustre.
- ♦ les légumes à feuilles vertes : les choux de Bruxelles, les épinards, la roquette, la menthe, le chou frisé et le cresson.
- ♦ les huiles : l'huile de lin, l'huile de graines de chia, l'huile de foie de morue et l'huile de krill.
- ♦ les œufs.
- ♦ les noix.

Les antioxydants

Comme nous l'avons évoqué dans le chapitre précédent, les antioxydants protègent le cerveau contre les radicaux libres. Si l'équilibre entre les oxydants et les antioxydants dans votre corps est rompu, un état connu sous le nom de **stress oxydant** peut en résulter, avec les dommages qui en découlent pour votre cerveau.

Cela devient de plus en plus important avec l'âge. Lorsque vous étiez jeune, votre cerveau se débarrassait des composés indésirables connus sous le nom de radicaux libres comme on se débarrasse des fourmis de sa couverture lors d'un pique-nique. Le temps change les choses. Avec l'âge, ce n'est plus aussi facile. Votre corps produit chaque jour des milliers de ces molécules d'oxygène instables. Si l'on y ajoute les polluants et les rayons ultraviolets, le cerveau a de plus en plus de mal à se protéger de ce barrage permanent.

S'ils sont ignorés, les radicaux libres nuisent à l'organisme. Il s'agit d'un processus appelé stress oxydant, qui entraîne un déclin mental et une série de maladies débilitantes. La bonne nouvelle, c'est que l'organisme peut se défendre contre le stress oxydant en ingérant des antioxydants. Ces substances protègent le cerveau et ses cellules nerveuses de la destruction. L'objectif est d'en avoir un stock important. Consommez des aliments riches en antioxydants :

- ♦ la vitamine C. Nous pensons tous savoir comment ingérer de la vitamine C. Mais le savons-nous ? Voici quelques informations que vous ignorez peut-être :
  - ○ les fraises sont une source inattendue. 150 g de fraises peut vous apporter 20 mg, soit la moitié de vos besoins quotidiens.
  - ○ les agrumes (pas de prise de tête). Une orange vous apporte 70 mg, ce qui correspond à vos besoins quotidiens. Un verre de jus d'orange peut apporter jusqu'à 90 mg.
  - ○ les piments. 60 g de piments hachés contiennent près de 110 mg de vitamine C.
  - ○ les poivrons rouges. 120 g contient 200 mg de vitamine C.
  - ○ la papaye. Une portion de 150 g couvre tous les besoins en vitamine C de la journée.
  - ○ les kiwis. Étonnamment, un kiwi contient plus de vitamine C qu'une orange.
  - ○ les choux de Bruxelles. Autre surprise. Une portion cuite de 100 g correspond à 50 mg de vitamine C.
- ♦ la bêta-carotène. Traditionnellement, on pense aux carottes, mais trois aliments qui les surpassent sont les patates douces, les feuilles de vigne et les microgreens.
- ♦ le sélénium. C'est une question délicate. La quantité de sélénium contenue dans les aliments dépend du sol dans lequel ils ont été cultivés. Les noix du Brésil, les amandes, les graines et le poisson sont les trois principales sources de sélénium.

Les **flavonoïdes** constituent une autre source d'antioxydants et méritent une rubrique à part entière. Un grand nombre de fruits, de légumes et d'herbes contiennent des flavonoïdes qui servent à réduire l'inflammation, le risque de maladie cardiaque et les symptômes de l'eczéma. Il s'avère que les flavonoïdes sont également bénéfiques pour le cerveau vieillissant.

En 2012, des chercheurs du *Brigham and Women's Hospital* ont constaté que les femmes âgées qui mangeaient de grandes quantités de baies voyaient leur mémoire décliner beaucoup moins qu'un autre groupe de cette étude. Selon les chercheurs, cette différence s'explique par le fait que les baies sont riches en flavonoïdes. Des recherches ultérieures ont élargi cette affirmation. La revue *Foundational Medicine Review* a publié en 2018 un article indiquant que les flavonoïdes interfèrent avec les enzymes clés qui déclenchent la mort cellulaire. Plus important encore, ils protègent le cerveau contre les neurotoxines et réduisent l'inflammation du cerveau.

La recherche regorge d'éloges sur le rôle des flavonoïdes. Les recherches les plus récentes suggèrent qu'ils améliorent de nombreuses capacités cognitives, notamment la mémoire, l'apprentissage et la prise de décision. Il semblerait également que ces aliments puissent prévenir le déclin mental lié à l'âge. Au Royaume-Uni, 2 % de la population âgée de 65 à 69 ans est atteinte de démence. Ce chiffre passe à un sur cinq, soit 20 %, pour les personnes âgées de 85 à 89 ans. La plupart des études sur les centenaires font état d'un taux de démence de 45 à 65 % chez les personnes très âgées. En inversant ces statistiques, on se rend compte que la démence n'est ni naturelle ni inévitable. 80 % des octogénaires et près de la moitié des centenaires vivent sans démence.

La signification m'a frappé de plein fouet. Je n'étais pas obligé de finir ma vie dans les années de brouillard mental que l'on appelle démence débilitante. Le choix m'appartenait. Je pouvais profiter d'une alimentation saine et en récolter les conséquences plus tard. J'ai choisi d'améliorer mon alimentation. Le conseil que je vous donne est simple : faisons-le ensemble. Lorsque vous irez à l'épicerie et que vous commencerez à préparer le dîner de ce soir, sachez que je fais la même chose. Si c'est lundi, c'est poisson. Nous cuisinerons ensemble et vous sentirez le poids de mon soutien.

Moi, je consomme tous les aliments riches en flavonoïdes que je peux. Ces aliments sont les suivants :

- le thé vert.
- les légumes à feuilles vertes : épinards, chou frisé et cresson.
- les baies : myrtilles, fraises et mûres.
- le cacao.
- le café.
- le chocolat noir.
- le vin rouge.

La vitamine E est un autre antioxydant qui mérite sa propre section. C'est un combattant bien connu des radicaux libres, qui prévient les dommages cellulaires. J'ai grandi en connaissant bien ce sauveur. Ma mère a eu une crise cardiaque au début de l'âge adulte et s'est tournée vers le Dr Shute, qui se concentrait sur la guérison naturelle. Il a été l'un des pionniers de la recherche sur cet antioxydant dans les années 1950. Le régime qu'il lui a prescrit comprenait de grandes quantités de vitamine E et, quelques mois plus tard, son cardiologue n'a trouvé aucune trace des lésions antérieures. Ses recherches novatrices m'ont amené à apprécier les merveilles de la vitamine E.

Le Dr Shute énumère douze bienfaits de la vitamine E :

◆ elle réduit les besoins en oxygène des tissus.
◆ elle fait fondre les caillots frais et prévient l'embolie.
◆ elle améliore la circulation collatérale.
◆ elle agit comme un vasodilatateur.
◆ elle est connue pour sa capacité à lyser les tissus cicatriciels.
◆ elle favorise la cicatrisation lors de la guérison des blessures.
◆ elle augmente le nombre de plaquettes.
◆ elle diminue les besoins en insuline chez environ ¼ des diabétiques.
◆ elle est l'un des régulateurs du métabolisme des graisses et des protéines.
◆ elle stimule la puissance musculaire.
◆ elle préserve les parois des capillaires.
◆ elle prévient l'hémolyse des globules rouges.

Je me suis souvent demandé si ses travaux novateurs avaient été vérifiés. Les chercheurs actuels se penchent sur le rôle de la vitamine E dans la santé du cerveau. Une étude de 2014 publiée dans le journal de l'*American Heart Association* s'est penchée sur un type de vitamine E, le tocotriénol. Cette vitamine se trouve dans l'huile de palme et semble avoir un effet bénéfique sur la diminution de la maladie d'Alzheimer et de la maladie de Parkinson. Elle semble également réduire la probabilité d'accidents vasculaires cérébraux.

La vitamine E est en fait un conglomérat de huit composants différents, quatre tocophérols et quatre tocotriénols. La dose journalière recommandée est de 15 mg, ou 22,5 UI, et les chercheurs préfèrent la trouver dans l'alimentation plutôt que dans les suppléments. Les avantages de la **supplémentation** font l'objet de controverses entre les chercheurs et les premières études sur son efficacité ont été décevantes.

Le Dr Axe partage cet avis et note que les carences en vitamine E touchent plus sévèrement les jeunes et les personnes âgées. Il recommande de consommer chaque jour deux ou trois aliments riches en vitamine E tels que :

◆ des graines de tournesol : 130 g contient environ 35 mg.
◆ des amandes : 130 g contient 30 mg.
◆ des noisettes : 130 g contient 20 mg.
◆ des germes de blé : 80 g, nature et non cuit, contient 20 mg.
◆ de la mangue : 1 fruit entier cru représente 3 mg.
◆ de l'avocat : 1 entier cru représente 2 mg.
◆ de la courge musquée : 150 g cuits et coupés en cubes contiennent 2 mg.
◆ du brocoli : 90 g de brocoli cuit contient 2 mg.
◆ des épinards : 110 g cuits ou 60 g non cuits représentent 2 mg.
◆ du kiwi : 1 morceau moyen du fruit représente 1 mg
◆ des tomates : 1 tomate crue en tranches représente 0,5 mg.

D'autres chercheurs ont complété la liste avec :

◆ des noix et des graines : amandes, noix de pécan, beurre de cacahuètes, cacahuètes, noisettes, pignons de pin, graines de tournesol.

- des huiles : huile de germe de blé, huile de tournesol, huile de carthame, huile de maïs et huile de soja.
- des légumes à feuilles vertes : épinards, pissenlits, bettes à carde et fanes de navets.

Prenons un moment pour parler de l'alimentation saine. C'est un terme peut-être nouveau pour vous, mais c'est un sujet brûlant chez nous. Cela signifie que vous mangez des aliments frais et crus autant que possible. Un site internet entier est consacré à ce concept. Il s'agit de manger comme la nature l'a prévu. Le Dr Bowden est encore plus explicite. « Il s'agit de manger de vrais aliments préparés sans beaucoup d'ingrédients trans-formés et d'additifs inutiles. Manger des aliments aussi proches que possible de leur état naturel. Manger des aliments que l'on peut chasser, pêcher, cueillir ou arracher. Manger des aliments que votre arrière-grand-mère aurait reconnus. Manger des aliments qui s'abîment. Manger des aliments qui ne contiennent pas un tas d'ingrédients imprononçables, qu'ils soient étiquetés « naturels » ou non. »

Ne commencez pas à hyperventiler. Rappelez-vous que nous avançons à petits pas. Commencez par choisir un aliment favori dans les listes ci-dessus et mangez-le naturellement. Visitez le magazine en ligne *Clean Eating*. Essayez l'une des recettes que j'ai incluses pour vous aider dans votre démarche. Votre voyage vers une santé optimale est un voyage, pas une destination. Ne vous culpabilisez pas, mais laissez-moi vous aider à devenir plus productif. Si je peux faire ces changements un petit pas à la fois, vous le pouvez aussi. Quel est le contenu de votre liste d'épicerie cette semaine ?

Résumé du chapitre

Nous nous sommes penchés sur les trois meilleurs aliments que vous pouvez inclure dans votre régime ali-mentaire pour améliorer la santé de votre cerveau et augmenter votre productivité.

- Les acides gras oméga-3 sont vos amis. Ce sont des graisses bonnes pour le cœur.
- Les antioxydants sont présents dans les aliments riches en vitamines C et E.
- Adoptez un régime alimentaire coloré.
- Plongez dans le monde de l'alimentation saine.

Dans le prochain chapitre, vous apprendrez à incorporer ces aliments sains de manière simple. Toujours avec moi ? Tant mieux pour vous !

Chapitre trois

Les aliments pour le cerveau selon les neuroscientifiques

Lisa Mosconi, titulaire d'un doctorat, déclare : « Pour fonctionner au mieux, le cerveau a besoin d'environ 45 nutriments qui sont aussi distincts que les molécules, les cellules et les tissus qu'ils façonnent. Le cerveau, qui est radicalement efficace, fabrique lui-même un grand nombre de ces nutriments et « accepte » seulement les autres nutriments dont il a besoin dans notre alimentation. » En d'autres termes : Tout ce qui n'est pas fabriqué par le cerveau lui-même est « importé » de la nourriture que nous mangeons. Elle préconise de manger pour améliorer la santé du cerveau. Elle n'est pas la seule.

De plus en plus de preuves suggèrent que de simples mathématiques peuvent changer votre avenir. Il s'agit d'ajouter du bon et de soustraire du mauvais. Commençons par les bonnes choses. Nous avons abordé le sujet de l'alimentation sous l'angle des *types de* nutriments que nous devons consommer, mais nous n'avons pas vraiment examiné chacun de ces aliments essentiels et la manière de les intégrer à votre régime alimentaire.

♦ Pendant que vous lisez ce chapitre, prenez un bloc-notes et un crayon. Commencez à noter la liste des courses de la semaine prochaine, ajoutons quelques nouveaux articles et mettons en pratique quelques principes d'alimentation saine, d'accord ?

Les poissons gras

Vous savez déjà que toutes les graisses ne sont pas mauvaises. Les poissons gras d'eau froide comme le saumon d'Alaska, le maquereau, le tassergal ou les anchois sont tous riches en huiles oméga-3 dont votre cerveau a besoin chaque jour. Selon le *National Institute of Health*, les femmes adultes ont besoin d'environ 1,1 gramme d'oméga-3 par jour. Cela signifie qu'un filet de saumon de 85 g répondra à vos besoins quotidiens, en offrant environ 1,24 g des deux acides gras les plus importants, le DHA et l'EPA. Pour vous donner un peu de contexte, sachez que votre cerveau est composé d'environ 60 % de matières grasses. Des études montrent que le DHA peut contribuer à renforcer la mémoire et les capacités cognitives et qu'il possède des propriétés anti-inflammatoires toutes aussi précieuses. Mais que faire si vous n'aimez pas le poisson ?

Il est temps de réajuster vos papilles. Faites mariner le saumon avec un mélange d'épices et préparez une belle sauce. Ce ne sera pas le saumon le plus sain que vous ayez jamais mangé, mais il commencera à remodeler vos papilles gustatives pour mieux manger. La plupart des recettes se trouvent à la fin du livre, mais j'en inclus une pour chacun des superaliments, juste pour vous habituer à l'idée de les intégrer à votre régime alimentaire.

Même les personnes qui n'aiment pas le poisson apprécient cette recette, adaptée de *Real Simple* :

♦ allumez et préchauffez votre four à 260° C.
♦ recouvrez une plaque de cuisson d'une feuille d'aluminium et mettez-y un filet d'huile d'olive extra vierge.
♦ déposez les filets de saumon dans la poêle et tournez-les pour les enduire d'huile.

Pour l'enrobage, mélangez 1 cuillère à café de poudre de chili, ½ cuillère à café de cumin, ½ cuillère à café de paprika fumé, 1 cuillère à soupe de miel. Ajoutez du sel et du poivre. Frottez le saumon avec ce mélange, puis placez le plat de saumon au four.

Faites rôtir le saumon jusqu'à ce qu'il soit opaque à l'extérieur et juste translucide à l'intérieur, soit environ 5 minutes. Si vous voulez qu'il soit bien cuit, faites-le rôtir pendant 3 à 5 minutes supplémentaires.

Pendant qu'il est au four, préparez votre sauce, qui servira de double vinaigrette pour votre salade d'épinards. Hachez deux petites poignées de persil plat, de ciboulette ou de menthe. Placez-les dans un petit bol et ajoutez suffisamment d'huile d'olive extra vierge pour qu'elle s'accumule autour des herbes. Râpez une gousse d'ail dans le bol. Ajoutez quelques gouttes de vinaigre de vin rouge ou blanc, du sel et du poivre fraîchement moulu. Remuez et goûtez. Si c'est acide, ajoutez du sel. Si c'est salé, essayez d'ajouter une autre goutte de vinaigre.

Présentez le saumon dans une assiette et arrosez-le de votre sauce.

J'ai inclus d'autres recettes à la fin du livre, mais essayez celle-ci et voyez ce que vous en pensez. N'oubliez pas de faire preuve de flexibilité. Vous pouvez prendre n'importe quelle recette et l'adapter à votre propre usage. Faites preuve de créativité.

Les légumes verts à feuilles sombres

Si vous n'intégrez pas déjà les légumes verts comme les épinards, le chou frisé et la bette à carde dans votre alimentation, il est temps de commencer. Ils sont pleins de vitamines, de minéraux, de fibres et de nutriments qui combattent les maladies. Votre cerveau vous en remerciera. Un moyen facile de s'adapter est de préparer des salades fraîches, en augmentant chaque jour la proportion d'épinards ou de chou frisé par rapport à la laitue rouge. Peu à peu, vous vous habituerez au changement et vous vous adapterez.

Si vous préparez le saumon ci-dessus, essayez une salade fraîche de feuilles d'épinards, de laitue rouge, de noix, de raisins secs, d'oignons verts et de germes de haricots mungo. Arrosez-la de la vinaigrette que vous avez utilisée pour le saumon, et vous aurez un accompagnement rapide qui complètera votre repas.

Si vous froncez le nez et ne voulez pas manger de légumes frais, essayez de faire cuire le chou frisé ou les épinards. Croyez-moi, vous aimerez. Cette recette n'est pas particulièrement saine, mais c'est un bon premier pas pour les personnes qui détestent tout ce qui est vert.

Les légumes verts flétris

♦ Nettoyez une poignée de légumes verts à feuilles foncées. J'utilise une essoreuse à salade pour rincer et égoutter l'eau des feuilles.

♦ Faites frire une tranche de bacon et retirez-la de la poêle (je sais. Je n'ai pas promis que c'était la meilleure recette... juste une pour vous apprendre à manger vos légumes verts). Enlevez la graisse pour qu'il ne reste que quelques petits morceaux de bacon.

♦ Mettez vos épinards propres dans la poêle et faites-les sauter en ajoutant du sel et du poivre. Ajoutez les morceaux de bacon et même le mangeur le plus difficile se régalera.

L'huile d'olive extra vierge et l'huile de lin

Parmi toutes les huiles de cuisson que vous pouvez stocker dans votre armoire, et il y en a beaucoup, essayez-en une nouvelle. Si vous regardez Rachael Ray, vous connaissez l'EVOO. Vous ne connaissez peut-être pas aussi bien l'huile de lin. Procurez-vous-en et essayez de l'utiliser. Ces deux huiles sont chargées de nutriments anti-âge, riches en oméga-3 et en vitamine E.

Vous savez déjà que je suis un adpete de l'alimentation pour être en bonne santé, alors ajoutons cette huile sans utiliser de supplément. Si vous ramenez chez vous votre première bouteille d'huile de lin, voici ce que vous devez savoir. Elle est extraite de graines de lin séchées et pressées. Si la bouteille indique qu'elle est vierge, cela signifie qu'elle a été obtenue par des moyens mécaniques uniquement, sans utilisation de solvants chimiques. Elle dure longtemps, et je recommande donc d'opter pour la marque biologique ou vierge et de payer un peu plus cher pour un meilleur traitement.

Elle a une saveur croustillante, presque noisette, lorsqu'elle est utilisée directement sur les aliments. Elle est volatile et a un point de fumée très bas (107° C), ce qui signifie qu'elle n'est pas facile à utiliser sur la cuisinière pour saisir de la viande ou des légumes. Il est donc préférable d'en arroser les légumes rôtis et de les manger directement.

Le cacao

Vous avez besoin d'une excuse pour manger du chocolat en permanence ? Voici une raison de vous réjouir ! Vous avez bien entendu. Le chocolat noir a tout à fait sa place dans le régime alimentaire de votre cerveau. Recherchez les variétés dont la teneur en cacao est égale ou supérieure à 80 %, ce qui indique qu'elles sont riches en théobromine, un puissant antioxydant. Kim Smith, directrice primée du *Brain Healthy Cooking Program*, pose la question suivante : « Quelle quantité de chocolat par jour permet de garder la démence à l'écart ? » Sa réponse pourrait vous surprendre.

Voici son avis sur le chocolat :

♦ plus il est foncé, mieux c'est. Recherchez des marques annonçant 60 à 70 % de cacao.

♦ il est recommandé de consommer entre 30 et 45 g par jour. Attention à la barre chocolatée, dont la taille est généralement de 100 g. Divisez-la en trois.

♦ comptez les calories. Une barre chocolatée complète chaque jour peut ajouter 600 calories à votre régime alimentaire, et le poids supplémentaire n'est pas bon pour la santé du cerveau. Vous risqueriez de manger moins d'aliments bons pour le cerveau.

♦ certains l'aiment chaud. Il n'y a rien de mal à apprécier une ou deux tasses par jour.

Une étude qui s'est déroulée sur huit jours s'est concentrée sur la consommation de cacao à 70 %, avec des contrôles supplémentaires consistant à ne pas recevoir d'antioxydants 48 heures avant le début de l'étude, ainsi que pendant l'étude. Les résultats ont indiqué une réponse anti-inflammatoire signalée par une augmentation des cytokines. Une autre étude a consisté à mesurer l'EEG après l'ingestion de 48 g de chocolat noir à 70 % de cacao et a fait état d'une hyperplasticité cérébrale accrue. Considérez cela comme une bonne chose.

Une chose sur laquelle ils se sont tous mis d'accord : mangez plus de chocolat noir.

Les glucides complexes

Malgré l'essor irrésistible du régime cétogène, de nombreux experts en nutrition continuent d'adorer les glucides complexes. Au début, j'étais ravi parce que je n'ai jamais rencontré une pomme de terre que je n'ai pas aimé. Malheureusement, les pommes de terre ne sont pas concernées. Les glucides complexes sont des aliments comme les légumineuses, qui comprennent les haricots et les lentilles, les patates douces et les céréales complètes.

Ces aliments fournissent au cerveau un apport régulier de glucose pendant une période plus longue, au lieu d'un pic rapide qui disparaît ensuite. Remarque : lorsque je parle de haricots, je ne fais pas référence aux haricots verts, mais plutôt aux haricots blancs, pinto, rouges ou aux pois chiches. Je les ajoute aux salades et aux soupes, mais notre plat préféré est le chili. Il s'agit d'une version de notre chili blanc au poulet préféré :

1. Faites-vous plaisir et achetez un poulet rôti lorsqu'il est en promotion dans votre supermarché. Désossez-le et coupez-le en morceaux.
2. Hachez et faites sauter un oignon.
3. Ajoutez des petites boîtes de piments verts et des jalapenos coupés en dés. (N'oubliez pas que vous ne pouvez pas enlever le piquant une fois que vous l'avez mis, mais vous pouvez toujours en ajouter). Laissez-les mijoter un peu avec l'oignon.
4. Ajoutez 4 boîtes de haricots blancs rincés et 2 cubes de bouillon de poule. (Je sais. Le rinçage des haricots enlève les vitamines B, mais il enlève aussi les gaz, et je suis tout à fait d'accord avec ça).
5. Laissez mijoter un moment et, juste avant de servir, ajoutez une boîte de lait évaporé.

Dans la section des recettes à la fin du livre, j'ajouterai d'autres recettes à base de légumineuses, mais pour l'instant, il faut se faire à l'idée d'en manger davantage.

Les baies

Excellente source de fibres et de glucose, les baies ont également un indice glycémique très bas, ce qui signifie qu'elles aident à réguler le taux de glucose dans le sang. Je les achète à chaque fois qu'elles sont en vente et congèle ce que nous ne mangeons pas immédiatement. Mangez-les en dessert et ajoutez-les à vos salades.

Les myrtilles sont souvent appelées les « baies du cerveau » et sont exceptionnellement riches en antioxydants. Ce fruit est bénéfique pour le cerveau, qu'il soit consommé frais, congelé, en conserve ou sous forme d'extrait.

1. Les myrtilles réduisent le risque de démence. Une étude récente a montré que les personnes âgées qui buvaient 30 ml de jus concentré de baies (l'équivalent de 230 g de baies) présentaient une augmentation significative de l'activité cérébrale, du flux sanguin et de la mémoire par rapport au groupe placebo.
2. Elles réduisent les effets de la maladie d'Alzheimer une fois diagnostiquée. L'université de Cincinnati a réalisé des tests au cours desquels les participants ont ingéré une fois par jour soit une poudre placebo, soit une poudre de myrtilles lyophilisées (équivalant à environ 190 g de baies). Les adultes ayant consommé la poudre de myrtilles ont obtenu de meilleurs résultats en matière de cognition et de recherche de mots, avec une activité cérébrale accrue.

Quelle que soit la manière dont vous les consommez, il est presque universellement admis que les baies, et plus particulièrement les myrtilles, améliorent la mémoire, la cognition et la santé du cerveau.

L'eau

★ Si vous ne vous souvenez de rien d'autre, gardez au moins ceci en mémoire : la consommation d'eau est incroyablement importante pour la santé du cerveau.

L'avocat

Les graisses monoinsaturées contenues dans les avocats améliorent la circulation sanguine, ce qui contribue à un cerveau heureux et en bonne santé. Le problème, c'est qu'ils ne sont pas si bon marché et qu'ils s'abîment en un clin d'œil. La clé pour apprécier les avocats n'est pas de les utiliser à la nanoseconde où ils sont mûrs et encore bons, mais d'acheter les meilleurs produits dès le départ.

Voici mes meilleurs conseils pour choisir le meilleur avocat :

1. Faites attention à la couleur. Plus elle est foncée, plus vous devez manger le fruit rapidement. Achetez-en un vert si vous ne le consommerez pas avant plusieurs jours, ou un noir si vous allez faire du guacamole aujourd'hui.
2. Pressez-le doucement. S'il est ferme, il n'est pas prêt. Un produit mou et pâteux est probablement criblé de taches noires. Il faut qu'il cède un peu à une légère pression et qu'il n'y ait pas de zones molles.
3. Vérifiez la peau. Elle ne doit pas présenter d'indentations, symptomatiques d'une ecchymose.
4. Examinez sa tige. Retirez le petit capuchon et regardez la couleur en dessous. S'il est vert, il est prêt à être utilisé, s'il est brun, il est probablement trop mûr.

Maintenant que vous savez comment trouver le meilleur fruit, place au guacamole !

Les graines de citrouille

Après Halloween, les graines de citrouille grillées sont très appréciées dans notre foyer. Nous grattons et conservons ces graines, en éliminant la plupart des brins de citrouille restants. Nous les laissons sécher. Arrosez-les d'huile d'olive extra vierge et d'une ou deux pincées de sel. Faites-les rôtir à 350° jusqu'à ce qu'elles soient légèrement dorées. Miam !

Les noix

Soyez un écureuil et mangez des noix tout au long de la journée, mais les personnes au régime ont raison de s'inquiéter. Une poignée de noix peut représenter jusqu'à 10 % de l'apport calorique conseillé pour un homme, et encore plus pour une femme. Les noix, ou fruits à coque, valent le risque si vous les consommez de manière saine : en garniture de salades ou de plats d'accompagnement. Mangez des noix à la place d'autres en-cas, et non en plus. Le tableau suivant vous aidera à doser cet aliment précieux pour le cerveau en portions saines.

Portion de 28 g de noix	Calories	Grammes de matières grasses	Grammes de protéines
Amande	164	14.36	6
Noix du Brésil	184	18.6	4
Noix de cajou	163	13	4.7
Noisettes	178	17.2	4.2
Macadamia	204	21.5	2.2
Noix de pécan	196	20.4	2.6
Pistaches	158	12.6	5.8
Noix	183	18.3	4.3

Avez-vous remarqué la taille de la portion de 28 g ? Il ne s'agit pas de s'installer sur le canapé avec un gros paquet de noix de cajou, d'en manger la moitié et de se féliciter des bienfaits qu'elles procurent. Une portion de 28 g équivaut à une poignée.

Le brocoli

Dites à vos enfants qu'ils mangent de la nourriture pour leur cerveau la prochaine fois que vous leur servirez du brocoli au dîner. Ce légume est rempli d'antioxydants et de composés végétaux appelés caroténoïdes qui protègent fortement le cerveau. J'ai découvert que même les mangeurs les plus difficiles l'apprécient rôti.

Broccoli rôti

1. Préchauffez le four à 220° C.
2. Coupez les bouquets d'une ou deux tiges de brocoli et placez-les sur une plaque protégée par du papier d'aluminium. Arrosez-les d'huile d'olive extra vierge et saupoudrez-les de sel et de poivre. Saupoudrez généreusement d'ail en poudre.
3. Placez-les sur une grille supérieure du four et laissez-les rôtir jusqu'à ce qu'ils soient légèrement brûlés sur les bords.

Le café

N'abandonnez pas votre tasse de café prématurément. La recherche confirme que les buveurs de café réduisent leurs risques de développer la maladie d'Alzheimer plus tard dans leur vie. Si ce que je viens de vous dire fait battre votre cœur de soulagement et de joie, c'est que vous ne devez pas trop réfléchir à la question. L'un d'entre vous se demande cependant *comment cela se fait-il* ?

Il s'agit d'un stimulant et l'idée qu'il vous empêche de dormir est vraie. Sa structure moléculaire imite l'adénosine, un neurotransmetteur qui ralentit le cerveau pendant la nuit. Lorsque la caféine se lie à ces mêmes récepteurs, elle ne ralentit pas votre cerveau et vous avez donc plus de mal à vous endormir. Je dois avouer que j'aime tellement le café que j'en consomme même une tasse avant de me coucher, sans aucun effet néfaste. Je dois également admettre qu'il s'agit probablement d'une question de conditionnement puisque j'ai pris cette habitude pendant de nombreuses années, mais j'aime tout régime qui me permet de boire autant de café que je veux.

Le problème pour moi n'était pas seulement les arômes de café, mais aussi la crème qui rendait mon café succulent. Les cafés aromatisés ne sont que des additifs dérivés de laboratoires inclus dans le processus de torréfaction, ce qui m'a tout de suite fait sortir de mes gonds. Pire encore, je n'ai jamais acquis le goût du café noir fort. Le sucre, le sirop de maïs et les produits laitiers s'additionnent et ne font pas partie d'un régime MIND, alors il m'a fallu apprendre d'autres façons d'aromatiser mon café. J'ai commencé à acheter des grains frais et à y ajouter de la vanille ou des gousses de cannelle avant de les moudre. Pour la crème, j'ai appris à apprécier le lait écrémé avec un soupçon de vanille et une touche d'arôme d'érable. En peu de temps, mes papilles gustatives ont rattrapé mon cerveau et tout est rentré dans l'ordre.

Outre la stimulation du système nerveux central et donc l'augmentation de la vigilance, cela permet-il vraiment d'avoir un cerveau plus sain ? La réponse est oui ! Le café contient des antioxydants et sa consommation régulière est liée à une réduction du taux de maladies neurologiques telles que la maladie de Parkinson et la maladie d'Alzheimer. Les preuves s'accumulent dans votre esprit. Les antioxydants sont d'une importance vitale pour votre cerveau.

Résumé du chapitre

Nous avons abordé treize aliments excellents pour le cerveau. Vous avez obtenu vos premières recettes pour un cerveau heureux et en bonne santé.

♦ L'un des points les plus importants que nous avons abordés est l'importance de consommer les bonnes portions de ces superaliments.

- Une autre leçon importante est qu'il existe des moyens d'introduire ces aliments dans l'alimentation des personnes difficiles.
- Une alimentation saine pour le cerveau comporte de multiples facettes et un équilibre entre ces aliments. Apprenez à tous les aimer.

Dans le prochain chapitre, vous apprendrez quels sont les aliments à supprimer de votre alimentation pour améliorer la santé de votre cerveau. Ne vous laissez pas aller à cette réaction réflexe. Ce n'est pas si difficile. Je vous promets que nous surmonterons ce changement ensemble.

CHAPITRE QUATRE

Les aliments dont votre cerveau est dépendant

L es scientifiques classent à juste titre l'héroïne et l'opium parmi les dépendances, mais ils hésitent à ajouter de nouvelles dépendances importantes à cette catégorie. L'une d'entre elles est le **sucre**. Selon *Psychology Today*, l'Américain moyen consomme 70 kg de sucre *ajouté par* an. Près de la moitié provient des boissons gazeuses, des boissons énergisantes et des jus de fruits. Ce sucre déclenche la libération de dopamine dans le noyau accumbens du cerveau, la zone associée à la motivation, à la nouveauté et à la récompense. C'est cette même zone du cerveau qui réagit à la cocaïne et à l'héroïne. Vous pensez que les envies de sucre ne sont pas une réponse addictive à votre centre de plaisir ? Détrompez-vous.

Ces dépendances alimentaires sont un véritable piège pour votre cerveau et, en fin de compte, pour votre vie. La santé de votre cerveau exige que vous les supprimiez de votre alimentation, mais en même temps, votre cerveau s'est habitué à ces aliments et à leurs réponses addictives. Il en redemande. C'est le pouvoir d'une dépendance. Pendant neuf mois, j'ai remplacé le sucre par des substituts à base de stévia et des sucres alcoolisés. J'ai non seulement constaté les effets bénéfiques sur mon tour de taille et la santé de mes articulations (qui aurait cru que le sucre était un tel agent inflammatoire ?), mais j'étais aussi plus alerte sur le plan mental. Cela m'a convaincu non seulement de la valeur actuelle d'une alimentation sans sucre, mais aussi de l'avantage vital de retarder le destin de la démence.

De plus en plus de preuves suggèrent que le régime alimentaire joue un rôle prépondérant dans la santé de votre cerveau et, même si vous vous sentez dépassé par le sujet en ce moment, vous pouvez apporter ces changements. Votre objectif est d'éviter tout ce qui provoque un brouillard cérébral et ralentit le rythme de la productivité cérébrale.

La recherche montre que nous pouvons nous adapter à de nouveaux modes de vie. En grandissant, vous avez peut-être pris de mauvaises habitudes en matière de santé. Vous avez peut-être fait de mauvais choix alimentaires tout au long de votre vie. Ce n'est pas grave. Vous *pouvez* changer. Trouvé dans le *National Institute for the Clinical Application of Behavioral Medicine* (l'Institut national pour l'application clinique de la médecine comportementale) : « De nouvelles recherches en neurosciences montrent que même si notre cerveau ne s'est pas développé de manière idéale, nous pouvons appliquer des principes neuroplastiques pour l'aider à se redévelopper. » Qu'est-ce que cela signifie concrètement ? Cela signifie que vous pouvez entraîner votre cerveau à aimer et à anticiper avec joie de nouveaux aliments.

Quels sont les huit pires aliments et comment les remplacer par des aliments sains pour le cerveau ? Laissez-moi vous montrer. Si vous supprimez vos favoris, vous créez un vide et, tôt ou tard, vos mauvaises habitudes reviendront. Le secret du changement consiste à faire des petits pas et à remplacer un ancien favori par un *nouveau*. Mon périple au pays du sans sucre a eu des effets bénéfiques surprenants sur ma santé et j'ai réussi à limiter les fringales au minimum. Je ne dis pas que vous ne pouvez pas vous faire plaisir lors d'occasions particulières. Je vous encourage à trouver des substituts sains et à vous faire plaisir de temps en temps. Je craque pendant les fêtes. Je cède à la tentation car j'adore la tarte à la citrouille et les biscuits de Noël. Et pas n'importe quelle tarte à la citrouille, mais celle que ma mère préparait autrefois. Ne me donnez pas une version modifiée quand ce sont les vacances. *Ne touchez pas à mes vacances !* Je veux des biscuits au sucre glacé découpés en pères Noël et en étoiles, de la tarte à la citrouille avec de la crème fouettée et toutes mes garnitures préférées. Après les fêtes, je me remets sur la bonne voie et je reprends ma routine qui consiste à charmer mon cerveau avec une alimentation saine. Vous voyez ce que je veux dire ? Ce n'est pas une condamnation à perpétuité. Il s'agit de faire la paix avec soi-même au fur et à mesure des changements, de s'accorder de la bienveillance et de mettre en place des mesures de soutien.

Cette parenthèse pendant les fêtes a lieu parce que j'ai pris l'habitude de manger des aliments sains pour le cerveau. Il ne peut s'agir d'une parenthèse que si l'on a une habitude au départ. Comment développer cette habitude ?

Sans surprise, l'adoption de meilleures habitudes alimentaires commence par notre éloignement des étagères du milieu des rayons du supermarché. Regardez plutôt du côté des étagères supérieures et inférieures. De nombreux supermarchés proposent désormais des alternatives saines. Par exemple, je trouve du chocolat de cuisson Lily sans sucre dans la même allée que Hershey's. Apprenez à lire les étiquettes. Créez un fichier de recettes bonnes pour la santé et une liste de courses pour remplacer vos anciens produits.

Aliment #1 à éviter : les muffins industriels

Les boulangeries industrielles utilisent encore des huiles hydrogénées, du sirop de maïs à haute teneur en fructose, de l'huile de soja et des acides gras trans. Une étude menée à Montréal a montré que des souris nourries avec ces substances présentaient des symptômes de sevrage lorsqu'elles étaient soumises à un régime alimentaire plus sain. Ce n'est pas un secret : un muffin vous donnera probablement de la bedaine. Un muffin à la myrtille classique (les myrtilles sont bonnes pour la santé, n'est-ce pas ?!) contient près de 400 calories et un tiers des matières grasses de la journée. Aïe !.

Vous vous souvenez que nous avons parlé de l'alimentation saine ? Cela signifie qu'il faut manger les myrtilles, pas le muffin. Lorsque vous sautez le petit-déjeuner et que vous êtes tenté par une pâtisserie au comptoir du café, préférez emporter votre café à votre bureau, où vous avez caché des options plus saines.

Si vous êtes en réunion chez Starbucks, ce n'est peut-être pas possible. N'oubliez pas qu'un muffin de plus de 500 calories peut contenir 25 g de matières grasses, 56 g de **sucre** et 500 mg de sodium sous forme de **sel**. Une meilleure alternative est la danoise au fromage. Ce n'est pas encore parfait, mais c'est mieux, avec deux fois moins de calories que le muffin.

Aliment #2 à éviter : les boissons sucrées, y compris les sodas

Les sodas et autres boissons sucrées n'ont absolument aucun intérêt. Hormis la poussée de sucre rapide (suivie de l'inévitable chute de sucre), vous ne gagnez rien d'autre que des calories supplémentaires. Les sodas ne sont pas les seuls coupables. Évitez les boissons énergisantes, les boissons pour sportifs et les jus de fruits. *Mais le jus d'orange est bon pour la santé, n'est-ce pas ?* Lisez l'étiquette et assurez-vous qu'il ne contient pas de sucre *ajouté*.

C'est une habitude difficile à perdre, et certains d'entre vous protestent déjà en disant qu'une boisson gazeuse sans calories ne peut pas être si mauvaise pour la santé. Je suis désolé, mais la recherche n'est pas de votre côté.

Forbes a publié une étude dans la revue *Stroke,* qui a démontré une corrélation entre les sodas light et les accidents vasculaires cérébraux et la démence. Les personnes buvant au moins un soda light par jour étaient trois fois plus susceptibles de développer une démence ou de subir un accident vasculaire cérébral.

Le meilleur remède est d'arrêter le soda d'un coup et de le remplacer par de l'eau. Je sais, cela semble dur. Une bonne solution consiste à ne consommer du soda qu'à l'occasion de certains repas. Lorsque vous faites des folies et que vous mangez une pizza, accordez-vous un soda. Le reste du temps, abstenez-vous.

Mettez l'accent sur les bienfaits de l'eau pour la santé. Saviez-vous que votre corps est composé à 70 % d'eau et qu'il a besoin d'une quantité d'eau allant jusqu'à 3,5 L par jour, selon l'auteur de l'article ? Ce que les scientifiques savent, c'est que le vieux conseil de 2 L d'eau n'est pas le bon chiffre. Il est plus élevé. Votre cerveau a besoin d'un minimum de sept à huit verres par jour pour une santé cérébrale optimale. Pensez à quelque chose d'aussi simple que de dormir toute la nuit. Vous n'avez pas suer en faisant de l'exercice, mais vous vous réveillez quand même déshydraté. À chaque respiration, vous expirez de la vapeur d'eau et vos réserves s'épuisent.

Votre incapacité à vous concentrer peut être due à une simple déshydratation du cerveau. Vous ne soupçonnez pas la déshydratation lorsque vous ne rampez pas dans le désert, mais votre cerveau a besoin d'eau pour se concentrer. Quand vous êtes dans le brouillard, c'est peut-être tout simplement parce que votre cerveau économise ses ressources.

L'eau que vous buvez sert à éliminer les toxines de votre cerveau. Vos vaisseaux cérébraux ont besoin d'être hydratés pour effectuer ces importants transferts cellulaires. L'eau que vous buvez produit un sang moins concentré, ce qui offre plus de place pour les toxines qui se sont accumulées lorsque vous étiez déshydraté et lorsqu'il n'y avait pas de place pour les transférer hors de la zone de chargement.

Il est évident que l'eau est bonne pour la santé, mais que faire si vous n'aimez pas ça ? Commencez par ajouter des infusions. Elles ne sont pas chères et modifient la saveur. Vous pouvez également acheter des exhausteurs de goût sous forme de poudre ou de liquide, mais veillez à lire les étiquettes et à éviter ceux qui contiennent du sucre ajouté. Fixez-vous un objectif de quantité d'eau à boire par jour ou par heure. Gardez une bouteille d'eau à portée de main. Habituez-vous. L'eau est votre nouvelle meilleure amie. Diminuez progressivement votre besoin d'arômes et buvez de l'eau pure. Votre peau, votre corps et votre cerveau vous remercieront.

Aliment #3 à éviter : le thon en conserve

Il est vrai que l'*American Heart Association* recommande de manger des poissons gras comme le thon au moins deux fois par semaine. Cependant, si vous mettez trop souvent du thon en conserve au menu, vous risquez de faire plus de mal que de bien. Pourquoi ? Le thon obèse, le thon ahi, le germon et l'albacore ont tous une teneur élevée en mercure. L'ingestion d'une trop grande quantité de mercure pose d'autres problèmes. Une trop grande quantité de ce métal lourd peut entraîner un déclin cognitif.

Afin de rester prudent, incorporez d'autres variétés de fruits de mer comme les anchois, le saumon sauvage ou la truite. Ils offrent les mêmes avantages, mais ne présentent pas le risque d'une exposition excessive au mercure. C'est un peu intimidant, n'est-ce pas ? Le saumon est très cher et qui aime les anchois ?

Je me suis mis en tête d'apprendre à les aimer et j'ai découvert que le fait de les faire sauter dans de l'huile d'olive extra vierge, puis d'en inclure quelques-uns dans d'autres recettes, avait changé toute ma vision des choses. Les pâtes, les spaghettis et la sauce à pizza ont tous survécu à une petite dose d'anchois sans que mes convives ne protestent. Je ne me suis pas mis à manger des anchois et je ne m'attendais pas à ce que ma famille le fasse. J'ai commencé par utiliser uniquement le beurre obtenu en les faisant revenir dans de l'huile d'olive, et non le poisson lui-même. J'ai progressivement ajouté des morceaux de poisson au fur et à mesure que les palais (dont le mien) s'y habituaient. Ce n'est pas si mal ! Mieux encore, ils disparaissent dans l'air lorsqu'ils sont hachés, de sorte qu'une fois que vous vous serez habitué à leur saveur, vous ne les retrouverez jamais dans une recette où vous les aurez ajoutés.

Aliment #4 à éviter : l'alcool

Oui, certaines études encouragent la consommation d'un verre de vin par jour, mais l'abus d'alcool entraîne une diminution des fonctions cognitives et une détérioration de la santé cérébrale en général. Une étude récente portant sur plus d'un million de patients atteints de démence en France a révélé que la consommation d'alcool est l'une des causes les plus évitables de la démence. En particulier, la majorité des patients atteints de démence précoce souffraient d'alcoolisme ou de consommation excessive d'alcool.

Apprenez à apprécier un peu de vin en accompagnement de l'entrée du repas. Résistez à l'envie de boire des boissons mélangées ou des alcools plus forts en dehors des repas.

Aliment #5 à éviter : le pain et les pâtes raffinés

Le pain et les pâtes raffinés ont été dépouillés de leurs nutriments, de sorte qu'il n'y a plus de fibres pour ralentir le métabolisme de ces nutriments. Au lieu de cela, ces glucides transformés se précipitent dans votre système et provoquent un pic de sucre dans le sang. Une alimentation riche en glucides raffinés a été associée à des troubles de la mémoire chez les adultes et les enfants. Cela peut être difficile pour les amateurs de pain. (Je souffre particulièrement lorsque le pain est supprimé de mon alimentation).

Je ne suis pas non plus fan de la plupart des produits à base de céréales complètes. Ma transition vers une alimentation plus saine s'est faite par la mise en œuvre d'un programme de réduction progressive. J'ai été stricte avec moi-même et j'ai suivi mes repas. La première semaine, pour cinq repas de délicieuses pâtes ou de pain français croustillant, j'en ai mangé un à base de céréales complètes. La deuxième semaine, je suis passée à un ratio de 4:1, puis de 3:1, etc. J'ai maintenu un ratio de 2:1. Pour deux repas contenant des glucides raffinés, j'en remplace un par des céréales complètes *dans le même aliment*.

Par exemple, j'aime le riz sauvage. J'aime aussi le pain blanc. Pour moi, le riz sauvage ne remplace pas le pain raffiné mais il est mon substitut au riz blanc raffiné. Les biscuits complets faits maison sont mes substituts au pain français. Vous voyez ce que je veux dire ? Dans la mesure du possible, je remplace le riz blanc par du riz brun ou du riz sauvage. Je garde également de la farine de blé complet à portée de main.

Ma recette de biscuits au blé complet

- Préchauffez le four à 230° C.
- Mélangez 120 g de farine de blé complet avec quelques assaisonnements spéciaux : ½ cuillère à café de sel, ½ cuillère à café de moutarde moulue, ½ cuillère à café de sauge et ½ cuillère à café de graines de céleri. Ajoutez 4 cuillères à café de levure chimique.
- Incorporez 100 g de beurre dur. Travaillez doucement pour obtenir des morceaux de la taille d'un petit pois.
- Versez 250 ml de lait fermenté (j'ajoute un filet de jus de citron ou de vinaigre de cidre de pomme au lait frais pour le rendre acidulé).
- Travaillez votre pâte et formez-la sur une surface farinée en une plaque d'environ un pouce d'épaisseur. Découpez les biscuits et faites-les cuire au four pendant dix à douze minutes.
- Ces biscuits salés plaisent à tout le monde et je dois parfois en faire quatre ou cinq tournées lorsque la maison est pleine pour les fêtes.

Aliment #5 à éviter : la sauce soja

Cela n'a l'air de rien, saupoudré sur vos sushis, mais une seule cuillère à soupe contient près de 40 % de la quantité de **sel** recommandée pour la journée. Quel est le rapport entre le sel et le brouillard cérébral ? Beaucoup de choses, en fait. Selon une étude de la revue *Hypertension*, les aliments fortement concentrés en sodium peuvent restreindre les vaisseaux sanguins et, par conséquent, nuire à la concentration, aux capacités d'organisation et à la mémoire. Une forte consommation de sel peut également entraîner un déséquilibre électrolytique et donc une déshydratation, ce qui empêche de garder la tête froide.

La prochaine fois que vous commanderez des sushis, optez pour une sauce soja ou une sauce unagi à faible teneur en sodium (dont le goût ressemble beaucoup à la sauce teriyaki) et réduisez la taille de la portion. Ce simple changement peut réduire de moitié votre consommation de sodium et vous permettre de rester concentré.

Aliment #6 à éviter : les huiles végétales

On dirait seulement qu'elles sont bonnes pour la santé. Vous pensez peut-être que les huiles végétales sont meilleures pour la santé que le beurre, mais ne vous y fiez pas. Vous vous tromperiez. Certaines huiles, comme l'huile de tournesol, de soja et de canola, ont effectivement une teneur plus élevée en antioxydants oméga-6. Mais cet acide gras provoque des inflammations dans le cerveau. Ce qu'il faut, ce sont des acides gras oméga-3.

L'huile d'olive extra vierge est un meilleur choix. Vous pouvez l'utiliser partout où vous auriez utilisé du beurre, y compris sur les légumes, dans les produits de boulangerie et même sur le pop-corn !

Aliment #7 à éviter : trop de viande rouge

Une certaine quantité de viande rouge est bonne pour la santé, mais si vous pensez que cela vous autorise à manger du bœuf tous les deux jours, vous vous trompez. Des études ont montré une corrélation entre les populations qui ont une alimentation riche en viande rouge et l'incidence accrue de la maladie d'Alzheimer. Une théorie plausible est que la viande rouge augmente les niveaux de fer dans le sang, et que le fer provoque des dommages oxydatifs. Le triste résultat de la détérioration des cellules et des lésions cérébrales ne rend pas le hamburger ou le steak aussi appétissants, n'est-ce pas ?

✳ Lorsque vous achetez de la viande au supermarché, recherchez des morceaux nourris à l'herbe et limitez les soirs où vous servez du bœuf.

Résumé du chapitre

Êtes-vous toujours avec moi ? N'oubliez pas qu'il faut avancer à petits pas avec tous ces produits préférés. Réduisez les interdits et introduisez lentement des changements. Vous pouvez le faire. Trouvez des amis qui partagent les mêmes valeurs que vous et créez un club de cuisine. Vous apprendrez de nouvelles recettes et bénéficierez d'un grand soutien moral.

- ◆ Vous avez appris que le thon en conserve n'est pas un bon moyen d'augmenter la consommation de poissons gras.
- ◆ Vous avez appris une nouvelle recette de biscuits aux céréales complètes. C'est une victoire !
- ◆ Vous avez appris la chose la plus difficile à entendre. C'est différent pour chaque personne, mais vous savez ce que vous redoutez de perdre. C'est votre défi. Commencez à vous débarrasser de vos mauvaises habitudes. Coach John dit « des petits pas », n'est-ce pas ?

Dans le chapitre suivant, vous découvrirez à quel point il est facile d'élaborer un menu sain pour le cerveau.

Chapitre cinq

Le régime MIND améliore la santé du cerveau

Nous mangeons pour toutes sortes de raisons, n'est-ce pas ? Certaines personnes mangent pour faire du culturisme. Ils veulent participer à des compétitions où ils enduisent leur corps d'huile et soulèvent des poids. En mangeant certains aliments de certaines manières, ils optimisent leur programme. Certaines personnes mangent pour leur tour de taille. Elles veulent avoir une certaine apparence, alors elles suivent un régime et surveillent leur consommation d'aliments. Certains mangent pour leur cœur. Ils ont été effrayés par un incident cardiaque et changent leur façon de manger pour préserver leur santé cardiaque. Faire attention à ce que l'on mange n'est en aucun cas une nouveauté.

Mais manger de la nourriture pour le cerveau, un régime spécialement conçu pour améliorer votre pensée et vos fonctions cognitives, peut encore vous sembler radical. Permettez-moi de vous rappeler pourquoi vous faites cela : vous voulez améliorer votre fonctionnement. Cela signifie que vous devez donner à votre cerveau ce qu'*il veut manger*. Oui, mon ami, c'est aussi simple que cela. Votre cerveau fonctionne à plein régime lorsqu'il reçoit la nourriture dont il a besoin, et cela signifie que vous devez modifier votre alimentation.

J'ai fait référence à des études diététiques plus tôt dans ce livre et j'ai démontré les données et les statistiques qui sous-tendent leur efficacité. En tant que coach, je souhaite vous encourager à passer à l'étape suivante. J'espère que vous avez pratiqué les recettes du dernier chapitre. Elles sont destinées à vous mettre l'eau à la bouche, pour ainsi dire, afin de vous montrer que vous *pouvez* effectuer ces changements *avec plaisir*. Faisons un pacte entre nous, d'accord ?

Essayez ce plan pendant soixante jours. *C'est un sacré engagement !* Je peux entendre ce que vous pensez et vous le dites haut et fort. Les vingt et un jours pour prendre une nouvelle habitude sont une légende urbaine. Vous avez bien entendu. C'est un mythe. Ce n'est pas vrai. Un mensonge.

Il provient d'un livre audio écrit par un chirurgien plasticien qui a étudié la manière dont les patients s'habituaient à leur nouvelle apparence après une opération de chirurgie reconstructive. Il a constaté qu'il leur fallait environ vingt et un jours pour s'habituer à leur nouvelle apparence. À partir de là, il est devenu courant de supposer qu'il fallait vingt et un jours pour prendre une nouvelle habitude. C'est facile. Tout le monde peut essayer quelque chose pendant vingt et un jours, n'est-ce pas ? Malheureusement, beaucoup ne sont pas satisfaits du résultat et ne se sentent pas à la hauteur. Ils ont essayé. La nouvelle habitude n'a tout simplement pas tenu.

Une nouvelle étude explique pourquoi. Une étude publiée dans le *European Journal of Social Psychology* a montré qu'il fallait en moyenne soixante-six jours pour prendre une nouvelle habitude. Pour beaucoup, cela prend trois mois. L'étude était basée sur une étude longitudinale de douze semaines portant sur des comportements autodéclarés et a illustré la raison pour laquelle un essai plus long que trois semaines est nécessaire. Il nous arrive à tous de craquer. Au cours des quatre-vingt-quatre jours de l'étude, le fait de manquer un jour n'a pas eu d'effet sur le résultat de l'essai. De nouvelles habitudes ont été prises.

L'intensification de l'effort a compensé le jour de carence que nous connaissons normalement de temps en temps. Ne vous y trompez pas. Il faut du temps pour changer, puis maintenir le changement.

C'est vrai. Les thérapeutes et les coachs de toutes les disciplines prévoient désormais quatre-vingt-dix jours pour améliorer un comportement addictif, et il n'y a rien de plus addictif que la nourriture. Aucun d'entre nous ne peut s'en passer, et c'est un comportement que nous adoptons régulièrement. Je ne vais pas édulcorer les faits. Rappelez-vous, j'ai promis de *ne pas vous mentir* !

Voici donc ce qu'en dit le Coach John. Créez un tableau ou achetez un agenda avec un calendrier. Je ne vous demande pas de mesurer les calories ou de noter votre régime alimentaire, même si cela peut vous être utile. *Je vous demande de suivre vos progrès. Évaluez chaque jour si vous avez suivi le planning.* Faites-le pendant trois mois. Ensuite, revenez sur l'expérience et évaluez vos performances. Je vous fournis des recettes et des planning de repas à la fin de ce livre. Si vous voulez faire les choses facilement, il vous suffit de suivre mes quatre-vingt-dix jours de planning de repas. Si vous êtes du genre créatif ou aventureux, prenez les recettes que vous aimez et créez les vôtres.

La plupart de mes partenaires qui réussissent commencent par le planning de repas et passent rapidement à la planification de leur propre régime. Ils comprennent ce qui leur est proposé et l'adaptent facilement. Je pense que vous serez comme la plupart de mes partenaires. C'est pourquoi je vous décris le planning en détail. Comprenez-le. Suivez mes suggestions pendant une semaine ou deux, puis lancez-vous. Ne vous inquiétez pas pour l'instant de vous écarter du planning. Je vous expliquerai au fur et à mesure comment manger au restaurant ou à une fête sans compromettre votre réussite. Pour l'instant, il suffit de comprendre la science qui sous-tend le régime MIND et de ne pas paniquer, d'accord ? Toujours avec moi ?

C'est parti ! Il a été démontré que la consommation de certains aliments (et l'évitement d'autres) ralentissait le vieillissement du cerveau de 7,5 ans et réduisait les risques de développer la maladie d'Alzheimer. Il s'agit du régime MIND, dérivé d'une étude financée par le *National Institute on Aging* et menée au *Rush University Medical Center*. L'épidémiologiste nutritionnelle Martha Clare Morris, titulaire d'un doctorat en médecine, a combiné le régime populaire DASH (*Dietary Approaches to Stop Hypertension*, en français, Approches Alimentaires pour arrêter l'hypertension) et le régime méditerranéen en un régime hybride mettant l'accent sur des aliments dont l'impact sur la santé cérébrale a été prouvé.

Pourquoi est-ce si utile ? Parce qu'il élimine la nécessité de préparer des menus complets à l'aide d'un planning de repas. Il est vrai que je fournis aux méticuleux un schéma à suivre, mais voici le point essentiel : *vous n'avez pas besoin de vous compliquer la vie. Il s'agit d'une ligne directrice facile à suivre pour mener une vie saine.* Dites *oui* à certaines choses. Dites *non* à d'autres. C'est aussi simple que cela.

Voici à quoi cela ressemble, réduit à l'essentiel. Vous allez adorer la facilité avec laquelle vous pouvez adopter un régime alimentaire sain pour le cerveau !

Garnissez votre assiette de certains légumes

Il s'avère que votre mère avait raison depuis le début. Nettoyez votre assiette et mangez des légumes. Il a été démontré que les légumes verts à feuilles sombres réduisent le risque de démence et de déclin cognitif. Je sais que certains d'entre vous meurent d'envie de demander : pourquoi ?

Je vais vous le dire. Les légumes verts regorgent de nutriments liés à une meilleure santé cérébrale, comme les folates, la vitamine E, les caroténoïdes et les flavonoïdes. Il a été démontré qu'une seule portion par jour ralentissait le vieillissement du cerveau. C'est *une portion*. Augmentez-la pour obtenir un résultat optimal. Pour agrémenter votre alimentation, essayez de consommer au moins six portions de légumes verts par semaine. Complétez ensuite avec au moins une portion d'un autre légume chaque jour.

Manger des baies au dessert

Je suppose que vous connaissez le dicton « *Chaque jour une pomme conserve son homme* ». J'essaie moi-même d'en manger une chaque jour. Mais lorsque les scientifiques ont passé en revue les études sur l'alimentation et la santé du cerveau, un type de fruit s'est avéré plus important que tous les autres. Dans une étude de vingt ans portant sur plus de 16 000 personnes âgées, les personnes qui mangeaient le plus de myrtilles et de fraises présentaient les taux de déclin cognitif les plus faibles. Les chercheurs attribuent ce bénéfice à la teneur élevée en flavonoïdes des baies.

Offrez-vous au moins deux portions de baies par semaine pour une santé cérébrale optimale. Vous souvenez-vous que nous avons parlé d'une alimentation saine plus tôt dans le livre ? Oui. Mangez simplement des baies. Réduisez le temps que vous passez dans la cuisine et *mangez des baies*. Vous vous demandez peut-être maintenant ce qu'est une portion de fruits et de légumes. Il est plus facile d'imaginer une portion de chou frisé ou d'épinards préparés dans une salade ou un plat d'accompagnement, mais il est un peu plus difficile d'imaginer des baies seules en guise de dessert. On suggère 190 g, ce qui représente huit grosses fraises, ou encore 50 g de myrtilles.

Grignotez des fruits à coque (et renoncez aux Oreos).

Les fruits à coque, comme nous l'avons vu précédemment, sont riches en calories et en graisses, mais ils sont également riches en vitamine E liposoluble. Nous avons parlé de la vitamine E plus d'une fois, vous savez donc maintenant à quel point votre cerveau apprécie ses qualités exceptionnelles. C'est un bon compromis. Prenez une poignée de noix bonnes pour le cerveau au moins cinq fois par semaine. Laissez tomber les en-cas transformés comme les chips ou les pâtisseries. Cela signifie aussi de renoncer aux Oreos. Lisez les étiquettes. Vérifiez la liste des ingrédients et optez pour des variétés rôties à sec ou crues, non salées, afin d'éviter les édulcorants ou les huiles à teneur élevée en sodium. Sachez également que le beurre de cacahuète non brassé contient généralement des ingrédients ajoutés. Vous pouvez trouver des variétés saines, mais *lisez les étiquettes* !

Cuisinez la plupart du temps avec de l'huile d'olive extra vierge

L'huile d'olive extra vierge est un autre élément essentiel du régime méditerranéen que vous retrouverez dans le régime MIND. Les chercheurs recommandent d'éviter le beurre et la margarine. Utilisez davantage d'huile d'olive. Ce fut un changement radical pour notre foyer et nous avons eu du mal à nous défaire de cette habitude. Voici ce que nous avons découvert : cuisiner avec de l'huile d'olive et assaisonner avec des herbes fraîches rendait nos plats préférés tout aussi savoureux. Cultiver des herbes aromatiques sur le rebord de la fenêtre était un régal pour l'œil et pour l'estomac.

Vous ne connaissez pas encore l'huile d'olive ? Rachael Ray a inventé le populaire EVOO, huile d'olive extra-vierge, et c'est exactement ce que vous devez rechercher sur l'étiquette. Si vous vous souvenez de ce qui a été dit plus haut dans le livre, l'expression « extra vierge » fait référence à la façon dont l'huile a été traitée, sans produits chimiques. De plus, achetez une bouteille en verre opaque ou foncé pour préserver son intégrité et sa fraîcheur.

Apprenez à apprécier les repas sans viande

Une alimentation saine pour le cerveau vous incite à manger moins de viande. Dans le cadre du régime MIND idéal, vous devriez manger de la viande rouge moins de quatre fois par semaine. Les haricots, les lentilles et le soja, tous riches en protéines et en fibres, constituent un substitut valable. Ils rassasient et, en outre, sont riches en vitamines B, également très importantes pour la santé du cerveau. J'ai non pas un, mais deux exemplaires corrigés de *Diet for a Small Planet* (*Régime pour une petite planète*). Lappe propose des preuves et des recettes pour commencer à remplacer les menus chargés de viande par des alternatives plus saines.

J'ai fini par perdre ou prêter mon premier exemplaire et j'ai dû en acheter un deuxième. Naturellement, j'ai retrouvé l'original, j'en ai donc deux et je peux en prêter un à volonté. Mme Lappe parle beaucoup des protéines complémentaires, et je vous expliquerai comment j'ai adapté certaines des recettes et créé mes préférées à la fin du livre. Pour l'instant, faites tourner le concept dans votre tête. Habituez-vous à ce son. Je vous promets que ce n'est pas aussi douloureux que ça en a l'air.

Prévoyez du poisson une fois par semaine

Avez-vous des difficultés à vous souvenir du nom des personnes que vous venez de rencontrer ? C'est un phénomène courant avec l'âge... ou pas ? Les adultes (âgés de plus de 65 ans) qui ont déclaré manger du poisson une fois par semaine ont obtenu de meilleurs résultats aux tests de mémoire que leurs homologues qui n'aimaient pas le poisson. En effet, ils se souvenaient mieux des faits et ont obtenu de meilleurs résultats aux jeux de chiffres que les personnes qui ne mangeaient pas de poisson. Si vous n'aimez pas le poisson, rassurez-vous : rien ne prouve que le fait d'en manger plus d'une fois par semaine soit plus bénéfique pour votre cerveau.

C'est-à-dire une fois par semaine pour des performances optimales. Vous avez compris, n'est-ce pas ?

Il n'y a pas de mal à boire du vin

Je ne parle évidemment pas d'abuser de l'alcool. L'excès d'alcool est mauvais pour l'organisme à bien des égards. Toutefois, des études suggèrent qu'un verre de vin consommé avec modération peut réduire le risque de démence. En effet, il pourrait retarder l'apparition de la maladie d'Alzheimer d'un à deux ans. Ce n'est pas rien.

Consultez vos agendas des deux dernières années. Quels événements importants auriez-vous manqués si votre cerveau s'était déconnecté trop tôt ? Mariages, vacances, promotions, remises de diplômes, de nombreux événements spéciaux émaillent votre vie. Ils sont importants pour vous, mais aussi pour votre famille et vos amis. Soyez bienveillant envers vous-même et vos proches. Protégez votre cerveau afin de pouvoir continuer à profiter de ces événements !

Résumé du chapitre

Nous avons abordé dans ce chapitre un grand nombre d'aliments clés que vous devez inclure dans votre alimentation.

♦ Mangez plus de légumes verts à feuilles.
♦ Essayez de manger sainement vos friandises.
♦ Soyez une noix (en mangeant plus de noix).
♦ Optez pour une huile d'olive extra vierge.
♦ Manger moins de viande.
♦ Mangez plus de poisson.
♦ Prenez un verre de vin avec votre dîner.

Dans le prochain chapitre, nous allons nous retrousser les manches et nous plonger dans les planning de repas qui optimiseront la santé de votre cerveau. J'ai hâte !

Chapitre six

Qu'y a-t-il sur votre liste de courses ?

La théorie seule ne suffit pas. Si vous voulez vraiment protéger votre cerveau, il est temps de passer à la pratique. Nous pouvons apprendre tout ce que nous voulons et prononcer tous les mots à la mode. Mais tant que nous ne nous y mettons pas et que nous ne passons pas à l'action, ce ne sont rien d'autre que des paroles. Il est temps de passer aux choses sérieuses et de passer du stade de l'ébauche à celui de l'expérience d'une journée de régime MIND. Vous voudrez le lire, l'essayer et vous y habituer. Nous avons parlé de l'essayer pendant trois mois, et voici votre premier aperçu de ce à quoi ressemble une journée de régime MIND, son goût et ses sensations... J'espère qu'il vous plaira !

Rappelons-le. Le régime MIND, c'est :

- ◆ six portions par semaine de légumes verts à feuilles et une portion par jour d'autres légumes.
- ◆ cinq portions de noix par semaine.
- ◆ deux portions de baies par semaine.
- ◆ trois portions de haricots et de légumineuses par semaine.
- ◆ la viande rouge en moins, la viande blanche en plus : deux portions de volaille par semaine.
- ◆ une fois par semaine, mettez du poisson dans votre menu.
- ◆ oubliez le beurre, cuisinez avec de l'huile d'olive.
- ◆ profitez d'un verre de vin par jour.

Pour être précis, les interdictions sont les suivantes : réduire la viande rouge à moins de quatre portions par semaine, réduire le beurre à moins d'une cuillère à soupe par jour, réduire le fromage à moins d'une portion par semaine, limiter les pâtisseries et les sucreries à moins de cinq portions par semaine, et se laisser tenter par la restauration rapide moins d'une fois par semaine. Ce sont vos paramètres de départ. Efforcez-vous de les réduire au fur et à mesure que votre essai de quatre-vingt-dix jours avance.

Le petit déjeuner

Personne ne remet en question le rôle du petit déjeuner pour la santé, il est donc évident que votre cerveau aime aussi le petit déjeuner. C'est un sujet délicat pour moi. Mon alarme de faim habituelle sonne vers 10 heures, alors que j'ai besoin d'être dehors à 7 h 30 le matin. Ma mauvaise habitude de me coucher tard et de dormir jusqu'à la dernière minute a encore compliqué le processus de prise d'un petit déjeuner sain et nutritif.

Le passage à un petit déjeuner MIND a nécessité un changement complet de paradigme pour moi et, par extension, pour ma famille. Nous en avons parlé. Nous avons planifié une semaine de petits déjeuners MIND, puis nous sommes allés au supermarché. Nous avons commencé par prendre un petit déjeuner MIND deux fois au cours de la première semaine, puis nous avons élargi nos menus et augmenté progressivement le nombre de petits déjeuners. Voici notre première tentative de transition.

Commencez votre journée par un petit déjeuner stimulant pour le cerveau. Mangez des céréales complètes. Nous avons découvert que nous appréciions les flocons d'avoine, que nous avons garnis de noix et de baies. Il était plus facile pour nous de les préparer la veille au soir dans une mijoteuse, puis d'ajouter les garnitures le matin. C'était notre première tentative. C'est une excellente recette et elle est facile à préparer.

Gruau d'avoine façon tarte aux pommes

Pour deux personnes.

- ♦ Mettez deux pommes coupées en tranches dans une mijoteuse.
- ♦ Ajoutez 28 g de sucre de stévia. Nous avons utilisé de la cassonade.
- ♦ 1 cuillère à café de cannelle.
- ♦ Déposez 160 g de flocons d'avoine sur le dessus.
- ♦ Versez 1 L d'eau sur le dessus.

Ne remuez pas. Faites cuire pendant la nuit, de huit à neuf heures. Le matin, garnissez chaque bol d'une poignée de noix et de 75 à 150 g de myrtilles. Nous avons versé un peu de lait sans matière grasse et nous avons englouti le tout.

Le fait que nous ayons commencé à l'automne, lorsque les matins frais étaient à l'ordre du jour, nous a aidés. C'était chaud, ça tenait au corps, et c'était un vrai délice. En un rien de temps, c'est devenu un plat de base hebdomadaire que toute la famille appréciait.

Le déjeuner

Pour moi, le déjeuner se déroulait souvent assis à mon bureau. J'avais pris la mauvaise habitude de commander un plat de restauration rapide et de me précipiter à mon bureau pour le manger pendant que je travaillais. Il n'était donc pas étonnant que mon cerveau ralentisse en milieu d'après-midi, ce qui m'incitait à prendre un Snickers pour tenir le coup jusqu'à la fin de la journée. Ce repas a été déterminant pour moi dans le passage à un mode d'alimentation sain pour le cerveau.

- ✳ L'essentiel était de préparer un bon repas du soir avec des portions suffisamment grandes pour pouvoir emporter des restes au travail. Le micro-ondes de la salle de pause réchauffait mon repas et je mangeais à mon bureau tout en travaillant, comme d'habitude.

Plus important encore, je n'ai plus connu la baisse de régime habituelle de 15 heures. J'étais une véritable machine à travailler tout au long de l'après-midi.

La collation en milieu d'après-midi

Au début, je gardais des contenants de noix et de mélanges de fruits secs (sans les M & Ms) à mon bureau pour grignoter et calmer les fringales les jours où je ne prenais pas de déjeuner sain pour le cerveau. Comme j'adore les noix, c'était facile. J'ai fini par développer un modèle pour mes collations, mais nous y reviendrons dans le prochain chapitre !

Le dîner

La majorité de mes calories et de mes graisses étaient traditionnellement consommées au cours du dîner. J'avais besoin de recettes pour lutter contre la démence et, au début, j'ai refusé l'idée d'essayer de nouveaux aliments comme le quinoa. J'ai grandi en mangeant de la viande et des pommes de terre, méfiant à l'égard des nouveaux ingrédients. Mon esprit d'aventure s'est développé une fois que je me suis habitué à me sentir bien et que j'ai voulu mettre un peu de variété dans ma vie.

Le bonimenteur

Pour 6 personnes

Nous avons dû faire preuve de créativité pour que toute la famille participe à ce projet, ce qui a nécessité d'adapter les recettes et de trouver des noms plus attrayants pour les repas. Ne me demandez pas comment nous en sommes arrivés à ce nom pour des pâtes de type méditerranéen. Je pense que nos enfants aimaient les pirates et que nous utilisions des sabres (longs couteaux) pour découper les ingrédients. Mais voyez-vous comme il est facile d'appâter les petits esprits (dont le mien !) dans l'aventure de l'exploration d'une toute nouvelle façon de manger ? C'était notre première incursion dans le monde des dîners MIND sains et qui aiment le cerveau.

Faites bouillir de l'eau légèrement salée et faites cuire un paquet de pâtes complètes al dente. Rincez-les.

Préparer le plat à sauter :

- ♦ 2 poitrines de poulet, coupées en tranches fines ou en cubes
- ♦ 1 oignon émincé
- ♦ 120 g d'épinards lavés, coupés en rubans étroits que les plus jeunes ne pourront pas distinguer
- ♦ 1 paquet de champignons, nettoyés à l'aide d'une serviette en papier humide et coupés en tranches
- ♦ 1 gousse d'ail hachée
- ♦ 150 g d'amandes tranchées
- ♦ une poignée d'herbes hachées

Faites sauter les ingrédients du sauté dans l'huile d'olive extra-vierge dans l'ordre indiqué. Lorsqu'ils sont prêts, ajoutez vos pâtes Farfalle. Nous les avons garnies d'herbes fraîches hachées, car nous avions des pots de sauge, de basilic, de romarin et de persil plat sur le rebord de la fenêtre. C'est le persil plat que nous avons préféré. Nous avons ensuite versé un peu plus d'huile d'olive pour que les pâtes soient bien moelleuses.

Ce plat est devenu le préféré de tous les membres de la famille. Notre ménage le recommande vivement.

Votre liste de courses

Pour la première semaine, allez chercher ces produits au supermarché :

Au rayon frais :

- ♦ 1 contenant de flocons d'avoine
- ♦ 300 g de myrtilles
- ♦ un sac de pommes
- ♦ 250 g de champignons frais
- ♦ 1 grand sac d'épinards frais
- ♦ 1 petit oignon
- ♦ 1 bulbe d'ail
- ♦ 1 petit bouquet d'herbes fraîches si vous souhaitez ajouter de la saveur à votre repas

Dans les rayons du supermarché :

- ♦ 1 pot de flocons d'avoine
- ♦ un substitut de sucre. Nous utilisons à la fois de la stévia et des substituts d'alcool de sucre.
- ♦ un grand sac d'amandes en vrac
- ♦ un paquet de pâtes Farfalle complètes
- ♦ une bouteille d'huile d'olive extra-vierge

Au rayon boucherie :

- ♦ 2 poitrines de poulet

Au rayon des produits laitiers :

- ♦ 3 L gallon de lait sans matière grasse

Êtes-vous prêt ? Soyez courageux. Essayez. Vous êtes armé de tous les faits et vous connaissez les avantages. Vous avez maintenant un planning à mettre en œuvre. C'est là que se trouve le point critique. C'est là que vous vous investissez et que vous vous préparez à suivre vos progrès.

✱ Vous vous souvenez de ce tableau ? Mettez une étoile ou cochez chaque case où vous avez inséré un repas MIND dans votre routine quotidienne. Les collations comptent, bien sûr. Votre objectif pour le 90ème jour est d'avoir trois ou quatre marques de valeur dans chaque case. C'est ainsi que vous mesurerez vos progrès d'une manière visuelle qui renforcera vos efforts.

Résumé du chapitre

Lire des articles sur la santé du cerveau ne sert pas à grand-chose si l'on ne *mange pas* d'aliments sains pour le cerveau. Il est temps d'investir un peu d'effort et d'argent pour apprendre à vivre sans démence.

- ◆ N'oubliez pas que nous ne l'essayons que cette semaine. C'est une journée. Vingt-quatre heures.
- ◆ Il s'agit de petits pas. Essayer trop de choses trop tôt est une forme d'auto-sabotage.
- ◆ Vous avez tout ce qu'il faut pour réussir, il vous suffit de vous présenter à la table.

Dans le chapitre suivant, vous apprendrez à prendre des collations saines. C'est tout aussi important que votre premier jour d'essai.

CHAPITRE SEPT

Les meilleurs aliments à grignoter pour le cerveau

Ne nous voilons pas la face. Parfois, vous allez grignoter. Qu'il s'agisse d'un grand match, d'un examen, d'un projet ou d'une soirée entre amis, vous allez grignoter. Certaines de vos collations actuelles ne vous aident pas. Les collations sucrées entraînent un effondrement du taux de sucre suivi d'une sieste d'urgence. Les chips salées et les sauces qui bouchent les artères sont tout simplement malsaines. Les bons en-cas vous rendront plus productif. Mangez des choses qui aiguisent votre concentration. Grignotez des aliments pour le cerveau.

Concentrons-nous sur les bons en-cas. De bons apéritifs. Des aliments que vous, votre famille et vos invités apprécierez. Je commencerai par des en-cas que vous pouvez utiliser pour remplir le garde-manger, toujours disponibles pour un petit remontant, puis j'ajouterai des recettes de plats que vous pourriez avoir envie de préparer pour un événement spécial.

❖ Les amandes sont saines et agréables à manger. Si vous n'êtes pas fan, essayez les cacahuètes, les noix de cajou, les noix ou les pistaches.
  ✱ L'astuce consiste à acheter les variétés non salées et à les saupoudrer juste ce qu'il faut.

❖ Les raisins sans pépin. Achetez-en quelques grappes lorsqu'elles sont en vente et mettez-les dans un sac de congélation au congélateur.
  ✱ Si vous avez des enfants, vous devrez peut-être les cacher. Les nôtres ont trouvé la cachette et en ont pris quelques-uns pour les emporter à l'extérieur. Il faut bien l'avouer. Ils ont pris tout le sac et se sont enfuis avec leur butin !

❖ Le chocolat noir. Vous vous souviendrez sans doute de tous ses bienfaits (antioxydants et stimulants naturels) pour votre cerveau. Pensez aux endorphines et aux pensées heureuses que vous produisez en même temps. N'oubliez pas non plus les calories. Il s'agit d'un en-cas à grignoter, pas d'un aliment pour s'empiffrer.

❖ Le maïs soufflé (les pop-corn). Préparez une version saine en les arrosant d'huile d'olive extra vierge et en les saupoudrant de sel. Gardez une cuillère de sucre à la cannelle à portée de main si vous avez envie de sucreries. Faites-en une version saine et savourez-la parce que c'est un en-cas.
  ✱ Laissez tomber les sachets pour micro-ondes et habituez-vous à faire du pop-corn vous-même.

❖ Les légumes et le houmous. Vous savez que vous l'aimez, mais saviez-vous qu'il est bon pour vous ? Fabriqué à partir de pois chiches, il est riche en vitamines B et ses fibres sont excellentes pour vous rassasier.

* Lorsque vous achetez vos légumes, ne les placez pas simplement dans votre réfrigérateur lorsque vous rangez vos courses. Prenez quelques instants pour les laver et les trancher afin de pouvoir les grignoter facilement. Il vous sera beaucoup plus facile de vous tourner vers une collation saine si elle est prête à l'emploi.

❖ Le yaourt grec. Non seulement il est plus riche en protéines (deux fois plus par portion), mais il regorge de nutriments qui renforcent les os et de probiotiques qui font le bonheur des intestins.
  * Laissez tomber les variétés sucrées et assaisonnez-les vous-même. Versez un filet de miel ou ajoutez un reste de salade de fruits.
  * Pour les invités, il peut être transformé en parfait aux fruits. J'utilise des gobelets en plastique transparent pour en apprécier tout l'effet. Alternez des couches de yaourt avec des couches de fruits frais et complétez le tout avec quelques flocons d'avoine. Ce parfait est prêt à impressionner vos invités ou à régaler votre famille un samedi matin.

❖ Le mélange de noix. Conservez-les dans un récipient hermétique jusqu'à un mois, afin de les avoir toujours à portée de main en cas de besoin. Méfiez-vous des variétés vendues dans le commerce, qui contiennent de l'huile hydrogénée, du sel et du sucre.
  * Faites votre propre mélange de noix. Utilisez des graines de citrouille, des noix de cajou, des graines de tournesol, des noix de pécan, des amandes, des canneberges séchées, des raisins secs... mais oubliez les bonbons. Remplacez-les par des produits de luxe comme de l'ananas séché ou d'autres friandises préférées.

❖ La salade de fruits. Préparez-en une grande quantité et utilisez-la aussi bien pour le petit-déjeuner que pour le goûter. Utilisez tous vos fruits préférés, comme les pommes, les oranges, les raisins, les fraises, les myrtilles, les kiwis, les morceaux d'ananas non sucrés et les bananes. En plus de satisfaire les papilles gustatives, vous remplirez votre corps d'énergie, de fibres naturelles et d'une foule de vitamines et de minéraux.
  * Nous aimons y ajouter une poignée de menthe hachée. Gardez-en sur votre rebord de fenêtre afin d'en avoir toujours sous la main.

❖ Si vous ne pouvez pas résister à l'envie de tremper, trempez les pommes dans du beurre de cacahuète. C'est délicieux !
  * Si vous les préparez pour une fête, confectionnez ces délicieux petits sandwichs que vous pouvez trouver sur Pinterest.

❖ Les pois chiches grillés. Si vous avez besoin de trouver l'alternative parfaite aux chips ou aux crackers, vous l'avez trouvée. Les pois chiches sont pleins de fibres et de protéines.
  * Faites-les rôtir au four à 90° C pendant 45 minutes à une heure. Assaisonnez-les avec de la poudre de chili et une pincée de sel. Pour varier, ajoutez de l'ail et du parmesan ou du miel et de la cannelle.

❖ L'avocat. Nous adorons l'écraser et le tartiner sur des toasts. Faites du guacamole et faites plaisir à tout le monde !

❖ La délicieuse banane glacée. Offrez-vous votre dose quotidienne de potassium en achetant des bananes en promotion. Pelez-les et congelez-les pour en faire des smoothies, ou passez-les au robot pour obtenir un substitut crémeux à la crème glacée.

❖ Les chips de chou frisé. Oui, c'est bien ça. Faites-les rôtir comme des pois chiches et mangez-les à la place des chips.

Un tel chapitre ne serait pas complet sans une section sur les smoothies. Ce sont les incontournables de notre famille. La plupart de nos créations commencent par de la glace. Ajoutez vos fruits. Ajoutez vos assaisonnements. J'ajoute généralement une poignée de chou frisé congelé (ils ne le remarquent jamais). Versez un peu de lait d'amande, d'eau ou de jus. Réglez votre mixeur sur smoothie et préparez vos papilles. Il se peut que vous deviez l'arrêter si des fruits congelés se logent dans le fond (vous saurez qu'il a besoin d'un coup de pouce parce que votre mixeur commencera à gémir et finira par fumer). J'utilise le manche d'une cuillère en bois pour remuer les fruits et ajouter un peu de liquide. Il fonctionne alors comme sur des roulettes. J'ajoute un ou deux sachets de stévia si le goût est un peu trop acidulé. J'ai toujours des protéines en poudre non sucrées à portée de main si mes jeans me serrent et que j'ai besoin d'un en-cas céto. J'ai un grand verre toujours rempli de pailles pour toutes les occasions. Voici nos versions préférées ! Vous remarquerez que je mesure rarement quoi que ce soit. Faisons en sorte que ce soit simple et facile.

❖ Miam au chocolat. Quelques glaçons, des bananes congelées, deux cuillères à soupe de beurre de cacahuète, du chou frisé congelé, 20 g de flocons d'avoine et une bonne cuillère de cacao. Parfois, j'ajoute un peu de lait d'amande.
❖ Délice de myrtilles. Commencez par quelques glaçons, ajoutez des bananes congelées, bien sûr. Ajoutez un de ces sacs de myrtilles congelées que vous avez achetés en promotion et que vous avez mis de côté pour une utilisation future. J'ajoute généralement du lait d'amande.
❖ Choco-Avi-Shake. Un demi-avocat, quelques cuillères à soupe de cacao, un ou deux sachets de stévia, une cuillère à café de vanille, 250 ml de glace et un peu de lait de coco. Un vrai délice ! Très satisfaisant et céto en plus !
❖ Smoothie Aloha. Des oranges et de l'ananas en morceaux avec du jus de fruits.
❖ Sunshine Shake. Des fraises et des bananes, des protéines en poudre à la vanille avec du lait d'amande.
❖ Choco-Berry. Quelques glaçons, des fraises fraîches ou surgelées, quelques cuillères à soupe de cacao, du chou frisé surgelé et du lait d'amande.
❖ Minceur abdominale. Une banane, une poignée d'avoine, une poignée de fraises congelées et environ 200 ml d'eau.
❖ Frostie au chocolat. Des glaçons, quelques cuillères à soupe de cacao en poudre, une petite banane congelée, une demi-cuillère à café de vanille, un demi-litre de lait d'amande (le chou frisé congelé ne fait qu'accentuer l'aspect chocolaté).
❖ C'est un date. J'utilise du beurre d'amande au lieu du beurre de cacahuète. Hachez quelques dattes dénoyautées, ajoutez une banane et 200 ml de lait d'amande.
❖ Vert, vert, vert. Bien sûr, il s'agit presque uniquement d'épinards. J'ajoute une pomme coupée en tranches ou des morceaux d'ananas. J'ai toujours une banane congelée dans le congélateur. Parfois, j'ajoute un reste de concombre. J'ajoute quelques cuillères à soupe de yaourt grec nature. Je complète le tout avec un peu de jus d'orange. Il s'agit d'un smoothie détoxifiant qui ne fera pas de mal à vos papilles.

Agrémentez vos smoothies d'une garniture de fruits ou placez une rondelle de bananes sur le rebord d'un verre. Saupoudrez le tout d'avoine. Ces smoothies sont dignes de toutes les occasions, qu'il s'agisse d'un petit déjeuner de week-end ou d'un petit remontant d'après-midi d'été. Ils constituent un excellent petit déjeuner à emporter, qui vous permettra de rincer votre verre en plastique une fois au bureau.

Les entrées attirent une bonne partie de mon attention. Qu'il s'agisse de fêtes d'entreprise, de réunions de quartier ou d'un match entre amis, j'ai parfois besoin de quelque chose de plus raffiné que du céleri avec du beurre de cacahuète et des raisins secs. Le pire, c'est qu'on dirait que j'ai toujours besoin d'une entrée le jour le plus chargé de la semaine, lorsque je suis le moins bien préparé et le plus fatigué. C'est pourquoi vous avez besoin de quelques idées pour ne jamais être tenté de retomber en mode chips et sauce (halte ! Ne le faites pas !) Ces entrées plairont à coup sûr, et je n'ai inclus que les recettes que vous pouvez préparer à partir d'un garde-manger ou d'un congélateur bien garni.

✳ Vous trouverez une liste de courses à la fin de ce chapitre. Faites des réserves. Préparez les légumes ou les fruits selon les instructions lorsque vous les déballez et les conservez. Cela vous facilitera la vie et vous ne vous gratterez plus la tête en vous sentant comme un cancre.

La préparation est l'antidote à la tentation de servir à vos amis et à votre famille un plat qui a l'air bon, mais qui est rempli de graisses indésirables qui bouchent les artères. Il n'est pas nécessaire de les faire frire ou de les garnir d'un monticule de fromage. Adoptez un style de réception plus sain et ne sacrifiez pas votre élégance pour autant. Je vous promets que ces plats sont agréables à regarder, qu'ils mettent l'eau à la bouche et, oserais-je le dire ? Permettez-moi de le chuchoter. *Sain.* Optez pour la qualité. Toujours. Voici quelques-uns de nos plats préférés.

La lance de Poséidon

Ceci est incroyablement simple et glamour. Ce plat allie le croquant au savoureux. Et oui, vous pouvez le préparer en quelques minutes.

1. Pelez la peau d'un concombre anglais, en laissant quelques morceaux pour la couleur. Coupez le concombre en tranches.
2. Garnissez chaque tranche d'une cuillerée de yaourt grec assaisonné d'aneth et de raifort. En général, je mélange 250 g de yaourt avec trois cuillères à soupe d'aneth et une cuillère à soupe de raifort.
3. Déposez quelques morceaux de saumon fumé sur le dessus.
4. Il ne reste plus qu'à assembler le tout d'un élégant pic à cocktail.
5. Déposez quelques brins d'aneth sur le plateau et voilà ! C'est est prêt pour la dégustation.

Les pommes plaquées

Elles vous plairont à coup sûr ! Associer le croquant sucré de la pomme à la succulente saveur de la salade de poulet, c'est du génie ! Du pur génie.

1. J'achète toujours quelques poulets rôtis lorsqu'ils sont en promotion. Je les désosse, je les découpe en morceaux et je les congèle dans des sacs de congélation étiquetés. L'étape salissante est terminée. Il est temps de préparer une entrée. Sortez-en un du congélateur, passez-le au micro-ondes pendant une minute et le tour est joué.
2. Mettez le poulet décongelé dans un saladier. Ajoutez des canneberges séchées, des noix de pécan grillées et hachées, des tranches fines de céleri, des raisins coupés en deux, des petits morceaux d'ananas, etc. Si vous ne l'avez pas encore compris, je vide le réfrigérateur de tout ce que j'ai sous la main. Vous ne pouvez pas vous tromper. Sérieusement.

3. Créez une vinaigrette. Je commence par du yaourt grec, puis j'ajoute du jus de citron, du sel, du poivre et une pincée de curry en poudre.
4. Coupez une pomme entière en fines lamelles. Si vous ne l'utilisez pas immédiatement, arrosez la pomme d'un filet de jus de citron pour qu'elle ne brunisse pas.
5. Mettez une cuillère de salade de poulet dans chaque assiette. Boum !
6. Accompagnez d'un vin blanc et vous transformez en un clin d'œil votre repas en expérience culinaire de qualité.

Les rouleaux d'épingles

Quel que soit le jour de la semaine, il y a toujours un sac de tortillas dans mon réfrigérateur. Nous adorons les tacos et les burritos, et ces tortillas remplacent le pain dans les sandwichs. Quelle formidable façon de transporter la garniture jusqu'à la bouche, en se régalant les doigts et l'estomac au passage ! Ces tortillas se disposent joliment sur l'assiette et offrent une excellente présentation.

1. Commencez par une tortilla de n'importe quelle saveur que vous avez sous la main.
2. Créez la pâte à tartiner en mélangeant dans un bol du houmous, des épinards hachés, du basilic haché, quelques tomates séchées au soleil et quelques pignons de pin grillés.
3. Enduisez chaque tortilla d'une couche de votre mélange et roulez-les.
4. Coupez-les en tranches et présentez-les dans un plat. Ajoutez un brin d'herbes fraîches en guise de garniture pour donner plus de fantaisie au plat.

Des champignons farcis pas comme les autres

C'est plutôt chic ! Le plus beau, c'est que vous n'aurez pas à sacrifier la saveur pour des calories vides. La nourriture pour le cerveau atteint ainsi un tout autre niveau. Pensez-y de cette façon : commencez par des fibres et beaucoup de vitamines et de minéraux. Ajoutez un grand nombre d'antioxydants. Assaisonnez avec des éclats de saveur. Mettez-les au four et, en quelques minutes, vous aurez quelque chose de fabuleux à servir, même pour les occasions les plus raffinées. Ils sont d'une taille parfaite, super mignons et tellement bons pour vous.

1. Préchauffez le four à 180° C.
2. Essuyez les champignons frais avec un chiffon humide. Retirer les tiges. J'en fais deux douzaines car ils disparaissent rapidement. Disposez-les sur une plaque de cuisson.
3. Préparez un bol de délicieuse farce :
   a. J'utilise une base de reste de quinoa, environ 90 g.
   b. Ajoutez deux ou trois gousses d'ail émincées. Si votre famille l'apprécie, ajoutez un petit oignon haché. Faites sauter le tout dans un peu d'huile d'olive extra vierge.
   c. Utilisez quelques poignées d'épinards hachés et ajoutez-les à la poêle. J'y ajoute généralement mes restes de quinoa pour les réchauffer.
   d. Ajoutez quelques noix de pécan hachées.
   e. Hachez les pieds des champignons et ajoutez-les. Ne gaspillons rien.
   f. J'assaisonne souvent le mélange avec quelques cuillères à soupe de parmesan.
4. Remplissez les champignons en y déposant votre succulente farce.
5. Faites-les cuire au four pendant quinze ou vingt minutes.

6. Dressez les assiettes et accompagnez votre entrée d'un verre de vin blanc pour en faire une soirée élégante.

Les poivrons doux Mama Mia

Ces poivrons se déclinent en plusieurs couleurs et sont riches en antioxydants, en vitamine B6 , en vitamines C et A. Ils sont pleins de fibres, vous n'avez même pas besoin de les couper en tranches ou en dés et vous pouvez ignorer le désordre de leurs graines. Il n'y a rien de plus facile ! Faites mariner les poivrons et servez-les. Ai-je précisé qu'il s'agissait d'une entrée rapide ? Conservez-les dans un bocal hermétique pour une jolie présentation, et les enfants ne résisteront pas à l'envie de les attraper.

1. Achetez des poivrons en filet.
2. Lavez et séchez-les.
3. Enduisez-les d'un peu d'huile d'olive extra vierge et faites-les griller dans un four réglé à environ 160° C ; retournez-les après environ cinq minutes, pour les faire griller des deux côtés. Laissez-les refroidir.
4. Hachez des quantités égales d'herbes. J'utilise généralement de l'aneth et du persil car j'en ai toujours sur le rebord de la fenêtre. Coupez-les en dés.
5. Préparez la marinade :
   a. Ajoutez environ six sachets de stévia.
   b. Vous devrez mettre une quantité folle de sel. Ne craignez rien. Ajoutez simplement deux cuillères à soupe de sel. N'oubliez pas que les poivrons seront conservés à l'intérieur et que vous ne boirez pas la marinade.
   c. Incorporez 200 ml de vinaigre blanc et d'eau.
6. Mettez les herbes dans le fond d'un bocal à couvercle. Placez les poivrons grillés et versez la marinade. Laissez les poivrons s'imprégner de la saveur pendant une nuit et servez-les directement du bocal avec une longue fourchette pour les découper et les retirer.

Les bouchées Buffalo (ou les ailes de poulet pas comme les autres)

Parfois, on en a simplement besoin. Pas de jugement ici. Nous les faisons sans le poulet, et les invités soucieux des calories ne s'en plaignent jamais. Ils regorgent de fibres et sont parfaits pour être trempés dans vos sauces. Vous aurez besoin de serviettes. Ils sont incroyablement bons et si vous pouvez vous passer du poulet, c'est encore mieux pour vous.

1. Préchauffez le four à 230° C. Vaporisez-le d'un revêtement antiadhésif et tenez-le prêt.
2. Cassez des fleurettes de chou-fleur et mélangez-les à ce mélange d'enrobage :
   a. 60 g de farine
   b. Ajoutez vos assaisonnements préférés. Nous préférons une cuillère à café d'ail en poudre, du sel et du poivre. Mélangez le tout.
   c. Ajoutez 120 ml d'eau.
3. Placez les fleurettes de chou-fleur enrobées sur la plaque de cuisson préparée et laissez-les cuire pendant une quinzaine de minutes. Vous devrez probablement les retourner une fois au cours du processus.
4. Retirez-les lorsqu'elles sont prêtes, mais laissez le four allumé pour l'étape suivante. Versez un filet d'huile d'olive extra vierge et mélangez les fleurettes de chou-fleur pour les enrober. Remettez-les sur

la plaque de cuisson et poursuivez la cuisson pendant encore une demi-heure. Vous voulez qu'elles soient croustillantes.

5. Lorsque vous les sortez du four, laissez-les reposer pendant dix ou quinze minutes.

6. Servez-les avec une sauce composée de yaourt grec nature mélangé à de l'ail en poudre et de l'aneth haché.

Addiction à la salsa

Nous ne nous en lassons pas et nous en faisons une énorme quantité. Servez-la avec des pains pita cuits au four pour une version plus saine des chips et de la salsa. Elle est bonne sur n'importe quel poulet ou poisson grillé. Elle habille les bâtonnets de céleri. Quelle que soit la combinaison, vous ne pouvez pas vous tromper. C'est l'accompagnement idéal pour toutes les fêtes. J'utilise principalement des ingrédients frais, je les mélange dans un bol et le tour est joué.

1. 4 tomates coupées en morceaux. Vous pouvez être pointilleux et utiliser des Romas, mais j'utilise ce que j'ai.
2. 1 mangue moyenne, pelée et coupée en morceaux.
3. 1 avocat mûr, coupé en morceaux.
4. 120 g de maïs surgelé.
5. 1 boîte de haricots noirs égouttés et lavés.
6. 1 petit oignon rouge, coupé en petits dés.
7. 2 ou 3 gousses d'ail coupées en dés.
8. Des piments jalapenos coupés en dés. Si j'enlève les graines, j'en utilise quatre. Si je laisse les graines, j'en utilise deux. Portez des gants pour cette opération et, pour l'amour du ciel, ne vous frottez pas les yeux. (Je suis déjà passé par là.)
9. 1 bouquet de coriandre en dés.
10. 3 cuillères à soupe de jus de citron vert.
11. 1 cuillère à soupe d'huile d'olive extra vierge.

Liste de courses

Avez-vous vu ce qu'il manquait à toutes ces entrées, smoothies et autres plaisirs ? De la viande rouge. J'ai utilisé un poulet rôti de mon congélateur. Vous allez commencer à revoir votre façon de faire les courses, et au lieu de dépenser beaucoup trop d'argent en viande rouge, vous allez allouer quelques-unes de ces économies au rayon des produits frais. Je vous donne une liste de produits que je garde en stock. J'en utilise certains comme entrée, et tout ce qui n'entre pas dans une recette ou une salade se retrouve dans une assiette de légumes frais.

Je m'occupe également de mes produits lorsque je les apporte dans la cuisine. La vie est mouvementée et le fait de faire un travail de préparation fait une énorme différence. Je sais qu'il s'agit simplement de changer un créneau horaire pour un autre, mais faites-moi confiance. Lorsque vos produits frais sont préparés et prêts à être utilisés, ils ne seront pas gaspillés. Vous les utiliserez.

Produits

- pommes, 1 sac
- oranges, 1 sac
- oignons rouges
- poivrons doux
- céleri - cassez les tiges, nettoyez-les, coupez-les en sections que vous utiliserez
- carottes : épluchez et coupez-les en lamelles
- bananes : achetez 4 ou 5 régimes, épluchez-les et congelez la plupart d'entre elles dans des sacs de congélation.
- épinards frais - je les lave et les mets en sachet. Si je ne peux pas les utiliser assez rapidement, je les congèle pour remplacer les glaçons dans les smoothies.
- des noix et des graines (nous les achetons généralement en vrac).
- ail, 1 tête ou bulbe
- des avocats si vous les utiliserez
- concombre anglais (avec une peau comestible) - en tranches
- tête de chou-fleur (ou 2) - Enlevez les fleurettes et conservez-les dans un sac au réfrigérateur
- myrtilles, 50 à 100 g. Nettoyez et congelez 70 g dans un sac de congélation.
- fraises - à moins que vous ne les utilisiez le lendemain, traitez-les. Nettoyez-les, coupez les tiges, coupez-les en tranches et congelez-les dans des sacs à sandwichs, en en plaçant plusieurs dans des sacs de congélation plus grands.
- raisins sans pépins, selon les produits en vente
- mangue si vous faites de la salsa
- piments jalapenos si vous faites de la salsa
- tomates
- ananas, s'il est en vente - épluchez, coupez et congelez des petits morceaux.
- champignons - s'ils sont en vente et que vous les farcissez cette semaine.
- canneberges séchées, et d'autres fruits secs si vous en préparez un mélange
- des herbes fraîches, si vous n'avez pas de jardin sur le rebord de votre fenêtre

Produits d'épicerie

- boîtes de haricots noirs lorsqu'elles sont en vente
- quinoa
- épices
- cacao noir 75-80%
- boîtes de tomates séchées au soleil
- tranches de pain pita si vous avez besoin d'un véhicule pour transporter une délicieuse bouchée
- beurre de cacahuètes (je recherche généralement une variété naturelle sans sucre)
- tortillas
- huile d'olive extra vierge, vinaigre, jus de citron et jus de citron vert

Rayon traiteur

- poulet rôti - j'en achète plusieurs lorsqu'ils sont en promotion. Je les désosse immédiatement et je conserve la moitié de chaque poulet dans des sacs de congélation séparés pour des repas ultérieurs.

- du saumon fumé si vous préparez des bouchées au concombre
- houmous

Rayon produits laitiers

- lait d'amande
- yaourt grec
- rayon congélateur
- maïs congelé

Résumé du chapitre

J'espère que vous écoutez Coach John et que vous revoyez vos habitudes alimentaires. Une fois que vous aurez commencé à manger sainement, à manger des tapas au dîner, à réduire la viande rouge et le sucre, vous ne reviendrez jamais en arrière.

- Dépensez votre argent dans des aliments que votre grand-mère reconnaîtrait.
- Achetez des produits frais, mangez des produits frais.
- Achetez beaucoup de produits en promotion si vous pouvez les congeler ou les utiliser plus tard.
- Mangez des repas plus légers.

Dans le chapitre suivant, vous découvrirez un grand nombre de nouvelles recettes d'entrées pour les repas du soir. Recherchez des plats que votre famille apprendra à aimer et habituez-vous à quelques recettes étonnantes pour les invités.

CHAPITRE HUIT

Une semaine de recettes de superaliments pour le cerveau

Ce chapitre est peut-être le plus précieux du livre. Ces recettes sont votre bouée de sauvetage pour un esprit pleinement opérationnel et un cerveau qui tourne à plein régime. Je me réjouis pour vous !

Recettes de petit déjeuner pour une semaine de super fonctionnement cérébral :

Casserole du dimanche matin (pour 6 personnes)

Ingrédients :

- 2 cuillères à soupe de la matière grasse de votre choix (huile d'olive extra vierge ou ghee) fondue
- 1 grande patate douce ou igname, coupée en dés
- ½ cuillère à café de sel marin fin
- 1 poivron, coupé en dés
- ½ oignon jaune, coupé en dés
- 60 g d'épinards hachés
- 10 œufs, fouettés
- ½ cuillère à café d'ail en poudre
- ½ cuillère à café de sel

Préparation :

1. Préchauffez le four à 200° C. Graissez un plat à four 9x12 avec de l'huile d'olive vaporisée.
2. Mélangez les patates douces coupées en dés avec l'huile d'olive et saupoudrez de sel.
3. Placez les patates douces sur une plaque de cuisson et faites-les cuire pendant 20 à 25 minutes, jusqu'à ce qu'elles soient tendres.
4. Pendant que les patates douces cuisent, faites chauffer une grande poêle sauteuse à feu moyen. Ajoutez l'oignon et le poivron. Laissez cuire jusqu'à ce que les oignons soient translucides et les poivrons tendres.
5. Placez votre mélange de légumes dans le fond de votre plat de cuisson. Ajoutez les patates douces et les épinards. Ajoutez ensuite les œufs ainsi que l'ail en poudre et du sel. Mélangez jusqu'à ce que le tout soit bien homogène.
6. Mettez au four et laissez cuire pendant 25-30 minutes, jusqu'à ce que les œufs soient pris au milieu.

Pain doré Ezekiel (pour 1 ou 2 personnes)

Ingrédients :

- ◆ 2 tranches de pain Ezekiel
- ◆ 2 œufs
- ◆ 2 cuillères à soupe de lait d'amande
- ◆ 1 cuillère à soupe de cannelle
- ◆ 1 cuillère à café de miel brut (facultatif)
- ◆ 1 cuillère à café d'huile de coco
- ◆ garnitures au choix (je recommande le sirop d'érable pur, les fraises et les bananes coupées en tranches)

Préparation :

1. Faites chauffer une poêle antiadhésive à feu doux ou moyen. Graissez la poêle avec de l'huile de coco.
2. Fouettez les œufs, le lait, la cannelle et le miel dans un bol de taille moyenne. Transférez le mélange d'œufs dans un moule à tarte ou un bol à fond plat.
3. Plonger le pain Ezekiel dans le mélange d'œufs pendant 15 secondes de chaque côté.
4. Faites cuire le pain Ezekiel pendant 2 à 3 minutes de chaque côté, jusqu'à ce qu'il soit doré.
5. Servez chaud avec les garnitures de votre choix.

Omelette Olé (pour 2 personnes)

Ingrédients :

- ◆ huile d'olive extra vierge
- ◆ 4 œufs
- ◆ 1 cuillère à soupe de lait d'amande
- ◆ légumes en dés au choix (poivrons, oignons, restes de pommes de terre au four en tranches, etc.)
- ◆ 60 g de fromage de chèvre frais (ou un fromage râpé de votre choix)
- ◆ 60 g de jeunes pousses d'épinards
- ◆ coriandre
- ◆ 1 avocat coupé en tranches
- ◆ 50 g de sauce salsa

Préparation :

1. Versez un filet d'huile d'olive extra vierge dans une sauteuse de taille moyenne à feu moyen, ajoutez les légumes et faites-les cuire jusqu'à ce qu'ils soient tendres.
2. Pendant ce temps, battez les œufs et le lait dans un petit bol.
3. Ajoutez les œufs battus dans la poêle, puis remuez une fois, de manière à ce que les légumes soient mélangés aux œufs. Réduisez le feu à faible intensité pendant trois minutes. Soulevez les bords du mélange d'œufs à mesure qu'il cuit et inclinez la poêle pour que les œufs non cuits remplissent le fond. Quand la préparation est légèrement ferme, ajoutez le fromage de chèvre et repliez l'omelette sur le côté. Couvrez la poêle avec du papier d'aluminium et laissez-la sur feu doux pendant encore quelques minutes, jusqu'à ce que les œufs soient bien cuits. Éteignez la cuisinière et laissez la poêle

couverte, en laissant la chaleur résiduelle faire cuire l'omelette jusqu'à ce que le centre soit complètement cuit.

4. Servez avec des tranches d'avocat et de la salsa. Les pommes de terre rissolées et le pain grillé ne vous manqueront même pas !

Œuf dans son nid (pour 2 personnes)

Ingrédients :

- 2 œufs
- 1 cuillère à soupe d'huile d'olive extra vierge
- 1 avocat coupé en deux
- sel et poivre
- sauce salsa

Préparation :

1. Versez un filet d'huile d'olive dans votre sauteuse à feu moyen.
2. Lorsqu'elle est chaude, cassez vos œufs dans la poêle, en les faisant frire comme vous le souhaitez.
3. Glissez chaque œuf dans un demi-avocat.
4. Garnissez de salsa. Mmmh !

Pancakes aux flocons d'avoine et au babeurre (pour 4 personnes)

Ingrédients :

- 120 ml d'eau
- 60 g de lait sec instantané
- 1 cuillère à soupe de miel
- 500 ml de babeurre
- 120 g de flocons d'avoine
- 130 g de farine de blé entier
- 1 cuillère à café de bicarbonate de soude
- 1 à 2 œufs battus
- 1 cuillère à soupe d'huile de coco
- Fruits frais et miel en garniture ou sirop de fruits rouges

Préparation :

1. Mélangez l'eau, le lait et le miel. Incorporez le babeurre. Ajoutez les flocons d'avoine. Laissez le mélange au réfrigérateur pendant une nuit pour ramollir les flocons d'avoine.
2. Incorporez le reste des ingrédients en battant.
3. Faites cuire les pancakes dans une poêle chaude recouverte d'huile de coco fondue. Maintenez le feu à un niveau bas. Lorsque les pancakes sont couverts de bulles, retournez-les et laissez-les cuire à cœur.
4. Servez avec les garnitures.

5. Pour préparer un sirop de fruits rouges : mixez 450 g de baies congelées dans votre mixeur. Ajoutez 1 cuillère à café de fécule de maïs et faites bouillir à feu moyen, en remuant fréquemment. Laissez cuire jusqu'à ce que le mélange s'épaississe. Servez chaud sur les pancakes.

Granola (plus de 12 portions)

Ingrédients :

- 500 g de flocons d'avoine
- 80 g de germes de blé
- 40 g de flocons de son
- 180 g de graines de sésame
- 60 g de graines de tournesol
- 80 g de millet entier
- 2 cuillères à soupe de levure de bière
- 140 g de noix de coco râpée
- 230 g de graines de citrouille
- 140 g d'amandes tranchées
- 150 g de noix hachées
- 500 g de fruits secs
- 340 g de miel
- 1 cuillère à café de vanille
- 120 ml d'huile de coco

Préparation :

1. Préchauffezr le four à 200° C.
2. Mettez les flocons d'avoine dans une casserole ou une cocotte et faites-les griller en les secouant fréquemment.
3. Ajoutez le reste des ingrédients secs. Faites griller pendant encore 5 minutes.
4. Ajoutez l'huile de coco, le miel et la vanille. Mélangez bien. Faites griller 5 minutes de plus.
5. Conservez dans un récipient hermétique.

Wrap du matin ensoleillé (pour 4 personnes)

Ingrédients :

- 4 œufs
- ¼ de cuillère à café de poivre, saupoudrage de sel
- 180 g de reste de riz
- 1 poivron rouge, coupé en dés
- huile de coco
- 4 tortillas de 15 cm
- 110 g de fromage râpé fumé
- Sauce salsa

Préparation :

1. Préchauffer le four à 180° C.
2. Versez un filet d'huile de coco dans une poêle à feu moyen. Faites cuire le poivron jusqu'à ce qu'il soit tendre.
3. Réchauffez le riz au micro-ondes.
4. Fouettez les œufs avec du sel et du poivre.
5. Ajoutez les œufs au mélange de légumes et faites cuire en remuant pour brouiller les œufs.
6. Enveloppez les tortillas dans du papier d'aluminium et réchauffez-les au four pendant quelques minutes.
7. Pour assembler, superposez le mélange d'œufs et de légumes avec le riz, le fromage râpé et la salsa au milieu d'une tortilla. Plier le tiers gauche vers le centre. Rouler le bord inférieur vers le haut.
8. Servez immédiatement en ajoutant de la salsa. Vous pouvez les conserver dans une boîte hermétique et réchauffer un ou deux wraps à la fois au four à micro-ondes pendant 1 à 2 minutes.

Riz au lait du petit déjeuner (en quelque sorte) (pour 4 personnes)

Ingrédients :

- Versez des quantités égales de riz brun et de liquide dans une marmite instantanée. J'utilise moitié eau, moitié lait d'amande.
- Fruits secs.
- Faites cuire en position riz.
- Servez avec des myrtilles et du lait d'amande.

Recettes pour le déjeuner

Soupe réconfortante aux carottes, au gingembre et au curcuma (pour 2 personnes)

Ingrédients :

- 3 carottes coupées en dés
- 1 oignon blanc coupé en dés
- 3 gousses d'ail émincées
- 1 cuillère à soupe de gingembre frais râpé
- 2 cuillère à soupe de curcuma frais râpé
- 1 L de bouillon de légumes
- 1 cuillère à soupe de jus de citron
- Lait de coco en conserve (pour la garniture)
- Graines de sésame (pour la garniture)

Préparation :

1. Coupez l'oignon et la carotte en petits morceaux (il n'est pas nécessaire d'être précis, car tout sera mixé à la fin). Râpez finement le gingembre et le curcuma.

2. Chauffez une petite quantité d'huile d'olive extra vierge dans le fond d'une grande marmite et faites sauter l'oignon pendant 3 minutes jusqu'à ce qu'il soit translucide. Ajoutez l'ail, le curcuma et le gingembre. Faites sauter encore une minute.

3. Ajoutez la carotte coupée en dés et faites revenir encore deux ou trois minutes.

4. Ajoutez le bouillon de légumes et laissez mijoter pendant 20 à 25 minutes, jusqu'à ce que les carottes soient bien cuites et tendres.

5. Transférez la soupe dans un mixeur et veillez à ce que les ingrédients soient bien mélangés.

6. Incorporez le jus de citron.

7. Servez avec un tourbillon de lait de coco et garnissez de graines de sésame.

Soupe au poulet et aux légumes (pour 12 à 15 personnes)

Ingrédients :

- Un poulet de 1 ou 2 kg (cuisson à l'étouffée, à la friteuse, cuisses, pilons, poitrines, etc. à poids égal)
- 1,5 à 2 L d'eau
- 1 oignon moyen coupé en dés
- 4 gousses d'ail émincées
- 3-4 carottes coupées en tranches
- 4 branches de céleri avec feuilles, coupées en tranches
- 200 g de riz brun
- 450 g de maïs surgelé ou 420 g de maïs entier en conserve égoutté
- 450 g de haricots verts surgelés ou 420 g de haricots verts en conserve, égouttés
- 4 grosses pommes de terre coupées en dés
- 500 g de pâtes (sauf si du riz est utilisé). Rotini, Fusilli, Farfalle, pâtes roues, orzo, toutes saveurs
- 30 g de persil plat frais haché ou 20 g de persil sec
- 30 g de thym frais haché ou 20 g de thym sec
- 90 g de chou vert ou rouge, coupé en tranches

Préparation :

1. Préparez le poulet et le bouillon : placez le poulet dans un grand faitout et ajoutez suffisamment d'eau pour le couvrir. Laissez le couvercle entrouvert pour que la vapeur s'échappe, puis portez à ébullition. Laissez mijoter pendant environ une heure, jusqu'à ce que le poulet soit tendre. Retirez le poulet et filtrez le bouillon. Lorsque le poulet est suffisamment froid pour être manipulé, retirez la viande de l'os. Jetez la peau et les os. Utilisez comme indiqué ci-dessous ou conservez pour un autre jour.

2. Faites revenir l'oignon et l'ail dans un petit filet d'huile d'olive extra vierge. Ajoutez-les au bouillon.

3. Ajoutez les carottes, le céleri, le riz et les légumes surgelés au bouillon. Laissez mijoter jusqu'à ce que les carottes soient tendres.

4. Ajoutez les pommes de terre et les pâtes.

5. Ajoutez les herbes, le chou et faites cuire jusqu'à ce que le chou commence à ramollir, mais qu'il soit encore un peu croquant.

Taco Verdes (pour 2 personnes)

Ingrédients :

- 4 tortillas
- 200 g de tofu
- 1 avocat mûr
- 2 cuillères à soupe de jus de citron
- 60 ml d'huile de coco
- 1 cuillère à café d'aneth frais émincé
- ½ cuillère à café de sel
- 60 ml d'eau
- 1 boîte de haricots noirs égouttés
- 1 petit oignon coupé en dés
- 100 g de laitue et de pousses
- Sauce salsa

Préparation :

1. Dans un blender, mixez le tofu, l'avocat, le jus de citron, l'huile, les assaisonnements et l'eau.
2. Faites revenir l'oignon jusqu'à ce qu'il devienne translucide. Ajoutez les haricots noirs et faites chauffer.
3. Préparez des tacos avec les haricots noirs, le mélange mixé, les légumes et la salsa dans chaque tortilla.

Le salade bowl de l'extrême (pour 8 personnes)

Ingrédients :

- 1 laitue rouge
- 1 laitue romaine
- 1 sac de jeunes pousses d'épinards frais
- 1 cuillère à café de poivre au citron
- 1 boîte de pois chiches égouttés
- 1 boîte de haricots noirs égouttés
- 1 brocoli
- 1 chou-fleur
- 2 poivrons, un vert et un rouge, coupés en fines lamelles
- 40 g d'amandes tranchées
- 60 g de canneberges séchées
- 190 g de myrtilles
- 30 g de graines de tournesol
- 30 g de graines de citrouille
- 60 g de yaourt grec nature
- 2 cuillères à soupe d'aneth émincé

Préparation :

1. Coupez les feuilles de laitues en petits morceaux.
2. Saupoudrez généreusement les feuilles de laitues de poivre au citron et mélangez.
3. Ajoutez les haricots égouttés.
4. Coupez les fleurettes de brocoli et de chou-fleur et ajoutez-les.
5. Ajoutez les lamelles de poivron.
6. Ajoutez toutes les noix, les graines et les fruits.
7. Mélangez la vinaigrette de yaourt et d'aneth, ajoutez et mélangez bien.

Bowl de salade d'œufs (pour 4 personnes)

Ingrédients :

♦ 6 œufs durs écalés
♦ Mayonnaise et moutarde
♦ Sel et poivre
♦ Deux grosses tomates

Préparation :

1. Coupez les œufs durs en dés.
2. Ajoutez la mayonnaise et la moutarde et mélangez pour humidifier et maintenir les œufs ensemble.
3. Assaisonnez avec du sel et du poivre.
4. Coupez les tomates en deux et retirez la pulpe.
5. Servez la salade d'œufs dans les tomates creuses.

Taboulé en bocal (pour 2 personnes)

Ingrédients :

♦ 500 ml d'eau
♦ 2 cubes de bouillon
♦ 400 g de boulgour ou de blé concassé
♦ 60 g de persil plat frais haché
♦ 30 g d'oignons hachés
♦ 2 tomates fraîches coupées en morceaux
♦ 2 cuillères à soupe de menthe fraîche hachée
♦ 180 ml de jus de citron (environ le jus de 4 citrons)
♦ 120 ml d'huile d'olive extra vierge
♦ Extras : fleurettes de brocoli, courgettes hachées, fleurettes de chou-fleur.

Préparation :

1. Faites cuire le blé dans de l'eau chaude avec le bouillon pendant au moins une heure, ou jusqu'à ce que le liquide soit absorbé.

2. Ajoutez au blé le persil, les oignons, les tomates, le jus de citron et l'huile.
3. Ajoutez vos extras préférés.
4. Mélangez légèrement le tout et répartissez dans des bocaux de conserve d'une contenance d'un de-mi-litre. Rangez-les dans le réfrigérateur pour les prendre le matin en allant au travail.

Dîner du dimanche et repas du soir

Piccata de poulet

Ingrédients :

- 2 poitrines de poulet désossées, coupées en deux et séchées
- 30 g de farine d'amande
- 5 cuillères à soupe d'huile d'olive extra vierge
- 6 cuillères à soupe d'huile de coco
- 80 ml de jus de citron frais (deux à trois citrons)
- 30 g de câpres
- 20 g de persil plat frais haché
- sel et poivre selon vos goûts
- 140 g de jeunes champignons Portabello coupés en tranches
- 500 ml de bouillon de poule
- 380 g de riz brun

Préparation :

1. Placez le bouillon de poulet et le riz brun avec les assaisonnements appropriés dans votre marmite instantanée. Réglez sur le mode riz et ne vous en préoccupez pas.
2. Assaisonnez le poulet avec du sel et du poivre. Versez de la farine d'amande dans un bol et enrobez les deux côtés, en secouant l'excédent.
3. Dans une grande poêle, faites fondre 2 cuillères à soupe d'huile de coco avec 3 cuillères à soupe d'huile d'olive. Lorsque l'huile commence à grésiller, ajoutez 2 morceaux de poulet et faites-les cuire pendant 3 minutes, ou jusqu'à ce qu'ils soient dorés. Retournez et laissez cuire l'autre côté. Retirez les morceaux de poulet et placez-les dans une assiette. Si vous cuisinez pour plus de personnes, rajoutez de l'huile de coco et de l'huile d'olive dans la poêle et poursuivez la cuisson d'autres morceaux de poulet.
4. Avec une cuillère à soupe d'huile de coco, faites revenir les champignons. Retirez-les avec le poulet.
5. Remettez la casserole sur le feu et ajoutez le jus de citron, le bouillon et les câpres. Portez à ébullition, en grattant les morceaux bruns de la poêle pour plus de saveur. Goûtez pour vérifier l'assaisonnement, puis remettez le poulet et les champignons dans la poêle pendant cinq minutes.
6. Dressez le poulet sur un lit de riz. Ajoutez le reste de l'huile de coco à la sauce et fouettez-la bien. Versez la sauce sur le poulet et garnissez de persil.

Poulet au four et orzo (pour 2 personnes)

Ingrédients :

- ♦ 120 g d'orzo
- ♦ 250 ml de bouillon de poulet
- ♦ 2 filets de poisson blanc de 110 à 140 g chacun (cabillaud, aiglefin ou tout autre poisson frais de votre supermarché local)
- ♦ 2 gousses d'ail écrasées
- ♦ 1 cuillère à soupe d'huile d'olive extra vierge
- ♦ 340 g de tomates cerises coupées en deux
- ♦ 1 cuillère à soupe de vin blanc
- ♦ 45 g d'olives noires ou de kalamata dénoyautées
- ♦ une poignée de basilic frais finement haché

Préparation :

1. Mettez l'orzo et le bouillon dans votre marmite instantanée et réglez sur le mode riz. Laissez mijoter tranquillement.
2. Versez l'huile d'olive dans un grand plat allant au four et réglez sur feu moyen. Lorsque l'huile devient brillante, ajoutez l'ail. Faites-le cuire en le remuant souvent. L'ail brûlé devient amer. L'ail doit être parfumé mais pas bruni. Une à deux minutes.
3. Ajoutez les tomates. Incorporez le vin blanc. Retirez du feu.
4. Assaisonnez les filets de poisson. Placez-les dans la poêle de façon à ce qu'ils touchent le fond de la poêle. Garnissez les deux filets d'olives et de feuilles de basilic. Déposez une partie des tomates et du jus de cuisson sur le dessus des filets.
5. Transférez le plat au four et faites cuire pendant dix à quinze minutes.
6. Servez avec de l'orzo et des courgettes ou de la courge d'été sautées.

Patates douces grillées au curry de noix de coco (pour 2 personnes)

Ingrédients :

- ♦ 2 grosses patates douces, rincées, frottées et séchées. Coupez les parties abîmées. Coupez en morceaux de 5 cm.
- ♦ 2 cuillères à soupe d'huile de coco fondue
- ♦ 1 cuillère à soupe de curry en poudre
- ♦ 1 cuillère à café de sel de l'Himalaya selon le goût

Préparation :

1. Préchauffez le four à 210° C.
2. Dans un grand saladier, mélanger les cubes de patates douces avec l'huile de coco fondue, le curry et le sel jusqu'à ce que les pommes de terre soient bien enrobées d'huile et d'épices.
3. Répartissez les pommes de terre assaisonnées dans un grand plat à four et placez-le sur la grille centrale du four.

4. Réglez le minuteur sur quarante-cinq minutes. Retournez les pommes de terre toutes les quinze minutes pour éviter qu'elles ne brûlent.

Chaudrée de fruits de mer (pour 4 personnes)

Ingrédients :

Bouillon de poisson :

- ◆ 1 à 2 kg de têtes de poisson. Veillez à retirer la peau, les arêtes, les nageoires et les queues.
- ◆ Sel
- ◆ 2 cuillères à soupe d'huile de coco
- ◆ 1 oignon haché
- ◆ 2 carottes hachées
- ◆ 2 branches de céleri hachées, avec leurs feuilles
- ◆ 230 ml de vin blanc
- ◆ 1 poignée de champignons séchés, de préférence matsutake
- ◆ 2 feuilles de laurier

Chaudrée :

- ◆ 1 cuillère à soupe d'huile de coco
- ◆ 50 g d'oignon jaune ou blanc haché
- ◆ 2 branches de céleri hachées. Utilisez les feuilles.
- ◆ 700 g de pommes de terre pelées et coupées en dés
- ◆ 1 à 1,5 L de bouillon de poisson ou 1 L de bouillon de poulet plus 250 à 500 ml d'eau
- ◆ 450 à 900 g de poisson coupé en morceaux
- ◆ 160 g de maïs frais ou décongelé
- ◆ 150 g de crème fraîche
- ◆ poivre noir selon le goût
- ◆ 2 cuillères à soupe d'aneth frais haché ou de ciboulette pour la garniture

Préparation :

1. Pour préparer le bouillon, portez une grande casserole d'eau à ébullition et salez-la bien. Ajoutez les têtes de poisson. Lorsque l'eau revient à ébullition, faites cuire pendant 1 minute. Retirez les morceaux de poisson et conservez-les, mais jetez l'eau. En blanchissant les têtes de poisson de cette manière, vous obtiendrez un bouillon au goût plus pur.
2. Essuyez la casserole. Ajoutez l'huile et réglez le feu à une température de moyenne à élevée. Lorsque l'huile est chaude, ajoutez l'oignon, la carotte et le céleri, en remuant souvent. L'oignon devrait être cuit au bout de quatre à cinq minutes. Ajoutez le vin blanc pour déglacer la poêle. À l'aide d'une cuillère en bois, raclez les morceaux brunis au fond de la casserole. Ajoutez les feuilles de laurier et les champignons séchés. Laissez le vin bouillir pendant une minute ou deux, puis ajoutez le poisson blanchi. Couvrez avec suffisamment d'eau fraîche pour recouvrir le tout d'environ un cm. Portez à un très léger frémissement (à peine bouillonnant) et laissez cuire pendant quarante-cinq minutes.

3. Préparez un grand bol pour le bouillon et placez une passoire au-dessus. Recouvrez la passoire d'une serviette en papier ordinaire ou d'une étamine. Éteignez le feu sous le bouillon et versez-le à la louche à travers la passoire, et dans le bol. N'essayez pas de récupérer les derniers morceaux de bouillon dans la casserole, car elle sera pleine de débris. Jetez le contenu de la casserole et de la passoire, mais conservez le bouillon.

4. Pour préparer la chaudrée, faites fondre l'huile de coco à feu moyen. Ajoutez l'oignon et le céleri et faites revenir jusqu'à ce qu'ils soient tendres. Ajoutez les pommes de terre et le bouillon de poisson ou de poulet et portez à ébullition. Ajoutez du sel selon votre goût. Faites cuire jusqu'à ce que les pommes de terre soient tendres, environ quinze à vingt minutes.

5. Ajoutez le maïs et les morceaux de poisson. laissez cuire doucement pendant environ cinq minutes, jusqu'à ce que le poisson soit à peine cuit. Éteignez le feu et incorporez les herbes, la crème fraîche et le poivre noir.

Pâtes au pesto (pour 5-6 personnes)

Ingrédients :

♦ un paquet de 500 g de pâtes au choix (rotini, fusilli, farfalle etc.)
♦ 40 g de feuilles de basilic frais
♦ 140 g de pignons de pin
♦ 1 gousse d'ail hachée
♦ 40 g de parmesan
♦ 1 cuillère à soupe de fromage râpé
♦ 120 ml de lait d'amande
♦ 120 ml de jus de citron
♦ 200 g de yaourt grec non aromatisé
♦ ½ cuillère à café de sel
♦ une pincée de piment de Cayenne

Préparation :

1. Faites cuire les pâtes en suivant les instructions de l'emballage.
2. Dans un mixeur ou un robot ménager, mélangez les feuilles de basilic, les pignons de pin, l'ail, le fromage, le jus de citron et le lait d'amande jusqu'à ce qu'ils soient bien hachés. Ajoutez le yaourt, le sel et le poivre, et mixez le pesto jusqu'à ce qu'il soit lisse, en s'arrêtant pour racler les parois si nécessaire.
3. Égouttez bien les pâtes. Remettez-les dans la même casserole. Ajoutez le pesto et mélangez bien pour enrober uniformément les pâtes. Transférez dans un plat de service et garnissez de feuilles de basilic si vous le souhaitez.

Boulgour espagnol (pour 2 personnes)

Ingrédients :

♦ 2 cuillères à soupe d'huile de coco
♦ 1 gousse d'ail hachée
♦ 50 g d'oignons verts hachés

- ½ poivron vert coupé en dés
- 250 g de boulgour
- 190 g de haricots rouges ou pinto cuits
- 1 cuillère à café de paprika
- sel selon le goût
- ¼ de cuillère à café de poivre noir
- huit à dix tomates

Préparation :

1. Faites chauffer l'huile de coco dans une poêle et faites-y revenir l'ail, les oignons verts, le poivre vert et le boulgour jusqu'à ce que le boulgour soit enrobé d'huile et que les oignons soient translucides.
2. Ajoutez les haricots, le paprika et les assaisonnements.
3. Blanchissez les tomates pour enlever les peaux, coupez-les et ajoutez-les à la poêle.
4. Couvrez et portez à ébullition, puis réduisez le feu et laissez mijoter pendant environ quinze minutes, jusqu'à ce que le liquide soit absorbé et que le boulgour soit tendre. Ajoutez du bouillon de poulet ou de l'eau si nécessaire.

Tourbillons de lasagnes (pour 4 à 6 personnes)

Ingrédients :

- 8 pâtes à lasagne
- 900 g d'épinards frais
- 2 cuillères à soupe de parmesan
- 250 g de fromage ricotta
- ¼ de cuillère à café de noix de muscade
- 2 cuillères à soupe d'huile de coco
- 2 gousses d'ail émincées
- 25 g d'oignons hachés
- 450 g de sauce tomate
- ½ cuillère à café de basilic
- ½ cuillère à café d'origan

Préparation :

1. Faites cuire et égouttez les pâtes à lasagne jusqu'à ce qu'elles soient al dente. Mettez-les de côté. Préchauffez le four à 180° C.
2. Lavez les épinards, mettez-les dans une casserole avec un couvercle hermétique et faites-les ramollir pendant environ sept minutes à feu moyen.
3. Égouttez les épinards et pressez-les dans une étamine ou du papier absorbant pour éliminer l'excès d'humidité. Mélangez-les avec les fromages et la noix de muscade. Assaisonnez le mélange avec du sel et du poivre.
4. Enrobez chaque pâte du mélange et roulez-les. Placez-les dans un moule peu profond avec le côté ouvert vers le bas.

5. Chauffez l'huile de coco et faites revenir l'ail et l'oignon jusqu'à ce que l'oignon soit translucide. Ajoutez la sauce tomate et les herbes. Laissez mijoter, assaisonnez selon le goût.

6. Versez la sauce sur les pâtes et faites cuire pendant vingt minutes au four.

Qu'en est-il de ces moments où une envie de sucre vous fait craquer ? Lorsque vous avez besoin de regarder quelque chose en boucle et que vous devez grignoter ? J'ai quelques recettes saines pour ces situations. On ne peut manger des baies ou des desserts qu'un certain nombre de fois avant de se rebeller naturellement, et n'oubliez pas que j'ai mis l'accent sur les petits pas !

Biscuits aux pépites de chocolat hyperprotéinés

Préchauffez le four à 190° C. J'utilise du papier sulfurisé sur les plaques de cuisson parce que je n'aime pas laver les moules, alors si vous êtes comme moi, tapissez ces plaques avant de commencer à cuisiner. Il ne s'agit pas d'une version puriste des biscuits, mais plutôt d'une version qui vous permet de vous faire plaisir tout en faisant le plein de protéines.

Ingrédients :

♦   240 g de beurre
♦   50 g de sucre brun à la stévia ou à l'érythritol (d'accord, utilisez du sucre blanc si vous souffrez !)
♦   2 œufs
♦   40 g de lait en poudre
♦   1 cuillère à café de bicarbonate de soude
♦   240 g de farine de blé entier
♦   1 cuillère à café de sel
♦   1 paquet de pépites de chocolat
♦   70 g de noix hachées (cacahuètes, noix de cajou ou noix non salées)
♦   60 g de graines de tournesol ou de citrouille non salées

Préparation :

1. Faites fondre le beurre jusqu'à ce qu'il soit mou.
2. Ajoutez les sucres et mélangez jusqu'à ce que le tout soit bien homogène.
3. Ajoutez les œufs.
4. Je suis paresseux et j'ajoute tous les ingrédients secs dans un puits sur le côté du bol en une seule fois. Je les mélange ensuite complètement.
5. Ajoutez les pépites de chocolat, les noix et les graines.
6. Déposez sur les plaques de cuisson tapissées de papier sulfurisé des cuillerées en fonction de la taille des biscuits que vous souhaitez obtenir. Faites cuire 8 à 10 minutes. S'ils s'étalent trop, il faut ajouter de la farine. S'ils sont trop gonflés, vous avez ajouté trop de farine.

Le vin

Vous vous souvenez que je vous ai dit qu'un verre de vin était bon pour la santé ? J'ai grandi dans un foyer abstinent et j'ai dû apprendre à marier les vins pour obtenir des résultats satisfaisants. Voici quelques conseils qui pourraient vous être utiles.

- ◆ Votre vin doit être à la fois plus acide et plus doux que votre plat.
- ◆ Votre vin doit être aussi intense que les plats de votre menu.
- ◆ Un vin blanc se marie mieux avec le poulet et les fruits de mer.

Les gourmands décrivent vingt saveurs différentes dans les aliments. J'ai trouvé cela assez incroyable. Ces saveurs comprennent le sucré-salé habituel, et vont jusqu'à des sensations beaucoup plus éclectiques. Pour associer un vin, il suffit de savoir trois choses. Quel est le degré de sucrosité du vin ? Quel est le degré d'amertume du vin ? Quel est le degré d'acidité du vin ?

Je m'appuie sur deux principes de base : est-ce que cela me plaît ? Est-ce que c'est pour le dîner ou le dessert ? Vous voyez comme c'était facile ? Pour le dîner, je choisis un vin blanc ou rouge de base (si je sers du bœuf). Pour le dessert, j'opte pour un Moscato ou un vin mousseux. Un verre par jour. N'oubliez pas que le vin est riche en calories, c'est donc comme le chocolat noir. Une portion. Soyez honnête et ne trichez pas sur ce point !

Résumé du chapitre

Vous devriez maintenant vous sentir à l'aise avec les recettes qui nourrissent votre cerveau. Cette fois-ci, vous devrez dresser votre propre liste de courses, car je ne peux pas savoir à quel moment et à quelle vitesse vous plongerez dans ce monde de menus stimulants pour le cerveau. Êtes-vous en train de cocher les cases de votre calendrier ? Si vous êtes toujours avec moi, vous êtes à quelques mois de vivre avec un cerveau ultra-performant. Je suis fière de vous !

- ◆ Ce que vous avez remarqué dans ce chapitre, c'est qu'il est facile de trouver et de préparer des aliments pour le cerveau.
- ◆ Avez-vous remarqué l'absence de viande rouge ? Je vous ai spécifiquement proposé des recettes pour compléter celles que vous connaissez déjà.
- ◆ N'oubliez pas d'intégrer progressivement ces nouveaux plats à votre régime alimentaire. Il n'est pas nécessaire de divorcer d'un bon steak. Une séparation cordiale avec droit de visite suffit.

Dans le prochain chapitre, vous apprendrez à détoxifier votre cerveau. Cela semble effrayant, n'est-ce pas ? Ça va aller, je vous le promets.

CHAPITRE NEUF

Comment se détoxifier pour améliorer la santé cérébrale

On entend beaucoup parler de désintoxication, mais soyons sûrs que nous sommes tous sur la même longueur d'onde. Physiologiquement, il s'agit d'une fonction cellulaire à laquelle votre corps travaille sans relâche. Lorsque vos cellules se détoxifient, elles emballent les débris restants sous forme d'aliments et de sécrétions qui sont excrétés par le corps. Bien entendu, les aliments sont évacués par le tube digestif. Mais vous évacuez également des toxines par les voies respiratoires, la sueur et les voies génito-urinaires. Pour accomplir cette tâche, le foie, les poumons, la vésicule biliaire, la peau, les reins et, bien sûr, le cerveau sont tous impliqués.

De tous les organes du corps, c'est le cerveau qui souffre le plus lorsque des toxines circulent dans le système. On entend constamment parler d'agressions telles que le tabac, les médicaments, les aliments inflammatoires, l'alcool, les drogues, les métaux lourds, les micro-organismes, les produits chimiques et les polluants environnementaux, mais l'hypothèse naturelle est qu'elles affectent des organes spécifiques et la circulation sanguine. Peu de gens s'arrêtent pour réfléchir à ce qui se passe lorsqu'ils traversent la barrière hémato-encéphalique et envahissent le sanctuaire intérieur de la pensée et de la fonction.

Cela se produit lorsque vos défenses naturelles sont débordées. Les métabolites malsains déclenchent un dysfonctionnement mitochondrial et les cellules rebelles se reproduisent. Les carences métaboliques, l'immunotoxicité et la neuroinflammation (inflammation du cerveau) commencent à affecter votre système. En conséquence, l'énergie de votre corps est détournée vers les points chauds, comme le cerveau. Le cœur et les muscles souffrent, et vous ressentez de la fatigue, un brouillard mental, des difficultés cognitives.

Vous commencez votre programme d'alimentation saine, vous apprenez à suivre les protocoles MIND, mais il y a encore des toxines qui se cachent dans votre cerveau, et vous devez vous débarrasser de cette saleté le plus tôt possible. Si vous êtes prêt à tourner la page, détoxifions-nous !

Je vais vous suggérer d'entreprendre un régime d'élimination complet. Pour certains d'entre vous, ce régime ne sera pas le même que pour d'autres. Certains d'entre vous ne sont pas diabétiques, mais sont sensibles au sucre. Certains d'entre vous sont sensibles au sel et souffrent de ballonnements lorsqu'ils se laissent tenter par des collations salées. Certains d'entre vous se disent : « *Je n'ai pas ce genre de problèmes, je n'ai pas besoin de ça !* » Voilà ce qu'il en est. Vous n'avez pas *encore* de tels problèmes. Vous avez quand même besoin de vous déoxifier.

Commencez par vous concentrer sur ce que vous mangez. Mangez autant de couleurs que possible dans un éventail de fruits et de légumes différents. Toutes ces couleurs contiennent des vitamines et des nutriments essentiels au processus. Incluez chaque jour dans votre alimentation du gingembre, du curcuma, de l'ail, des betteraves, des germes de brocoli et des herbes comme le thym et le romarin. Mangez des légumes à feuilles sombres et des légumes crucifères comme le chou. Mangez des noix, des légumineuses et des aliments gras comme les avocats et les bananes. Tout cela vous semble familier ? Vous êtes déjà sur la bonne voie, n'est-ce pas ?

Ajoutez-y l'alimentation par intervalles. C'est ce qu'on appelle le **jeûne intermittent**. Il s'agit de permettre à votre corps de faire une pause dans la digestion et de détourner l'énergie du tube digestif vers les organes que votre corps utilise pour la désintoxication. Consultez votre médecin, mais sachez qu'il n'est pas nécessaire d'en faire trop. Un simple jeûne intermittent permet à votre corps de concentrer son énergie sur les organes qui détoxifient plutôt que sur le tube digestif qui absorbe un énième repas.

Il s'agit peut-être d'un concept nouveau pour vous, mais en réalité, ses racines remontent à l'Antiquité. De nombreuses religions pratiquent le jeûne pour se rapprocher du Tout-Puissant, et certains recommandent le « jeûne » comme une forme de régime, mais il est temps d'examiner ce que le jeûne est et ce qu'il n'est pas. Jeûner, ce n'est pas s'affamer pour perdre du poids. Il s'agit d'un contrôle volontaire de votre consommation de nourriture en dehors des normes sociétales des trois repas par jour. Observez le déroulement d'une journée normale.

Vous vous levez et rompez le jeûne d'une nuit de repos. Lorsque vous mangez, votre corps fait grimper l'insuline pour couvrir l'afflux attendu de nutriments. Bien entendu, vous mangez probablement plus que ce dont vous avez besoin pour le moment, et votre corps transforme le surplus en glycogène (sucre stocké dans le foie). Au fil de la journée, l'espace de stockage de tout ce glycogène est surchargé et votre corps commence à transférer ce glycogène en graisse (également stockée dans le foie, bien que j'en trouve beaucoup autour de mon tour de taille). Au cours de tous ces repas, votre corps n'a pas le temps de gérer les niveaux croissants de toxines et c'est comme une situation qui ne demande qu'à se compliquer.

Lorsque vous jeûnez, c'est le contraire qui se produit. Votre corps transforme son réservoir de graisse en glycogène. Ce glycogène est ensuite métabolisé en glucose. Votre corps se « régale » de la graisse du sol. Consultez un médecin et soyez prudent. Commencez par un objectif simple. Prenez un repas à jeun et voyez comment votre corps réagit à l'expérience. Développez ensuite vos efforts. Élaborez un planning, par exemple deux fois par semaine en mangeant pendant huit heures et en jeûnant pendant seize heures. Certains jeûnent vingt-quatre heures deux fois par semaine.

N'oubliez pas que l'objectif est la désintoxication. Il n'est pas nécessaire d'en faire trop. Il suffit de laisser votre corps se reposer de son travail normal de traitement d'une trop grande quantité de nourriture, et il commencera son nettoyage et son régime interne. Tels sont les avantages physiologiques connus du jeûne intermittent :

- réduction du stress oxydant (cette surcharge de radicaux libres dont nous avons parlé).
- désintoxication de votre système.
- réinitialisation de votre taux d'insuline.
- mise de l'organisme en cétose (brûler les graisses au profit du sucre pour fournir de l'énergie).
- bienfaits anti-âge.
- niveaux plus élevés d'hormone de croissance humaine.
- réduction des taux de triglycérides dans le sang.

Pendant votre désintoxication, essayez de minimiser les toxines et les contaminants alimentaires. Recherchez des produits biologiques pour minimiser l'exposition aux pesticides et aux résidus de produits chimiques agricoles. Utilisez des cosmétiques, des produits d'hygiène personnelle et des produits d'entretien écologiques. En faisant attention à ce que vous mangez et utilisez, vous vous rendrez compte de l'ampleur de la contamination de notre environnement.

Parallèlement, augmentez votre niveau d'exercice. Courez, marchez, inscrivez-vous à un cours de yoga, dansez ou faites du vélo. Faites bouger votre corps et commencez à transpirer. C'est vrai. Éliminez ces toxines !

N'oubliez pas de surveiller votre consommation d'eau. Remplissez votre bouteille d'eau plusieurs fois par jour. Votre corps a besoin d'éliminer les toxines, mais comment peut-il le faire s'il est déshydraté ? Nous parlons ici d'eau, on ne compte pas l'envie coupable de boire un soda au déjeuner ou le café du matin. Buvez de l'eau pour vous déoxifier.

Résumé du chapitre

De nos jours, tout le monde veut se détoxifier, mais généralement pour de mauvaises raisons. L'organe le plus important de votre corps est votre cerveau. Éliminons ces toxines tenaces pour rester dynamique et vigilant.

- ♦ Il n'est pas difficile de détoxifier son cerveau. Faites attention à ce que vous mangez. Buvez beaucoup d'eau. Faites de l'exercice.
- ♦ Le jeûne intermittent est un excellent moyen de détoxification et un mode de vie sain à adopter.
- ♦ Il s'agit d'un mode de vie, pas d'une solution ponctuelle.

Dans le chapitre suivant, vous apprendrez comment être en bonne santé et le rester. Tout repose sur votre système immunitaire et sa stimulation maximale.

Chapitre dix

Renforcez votre système immunitaire

Nous parlons de notre système immunitaire en termes de prévention des maladies, et à juste titre. Vous souvenez-vous de l'événement auquel vous avez assisté l'autre soir ? Celle où cette personne n'a pas arrêté de tousser ? Les microbes ambulants propagent les maladies, c'est vrai, mais devez-vous être la prochaine victime ?

Lorsque nous parlons de votre capacité à lutter contre les maladies, nous nous référons à plusieurs facteurs fondamentaux. Quelle est la virulence de l'organisme responsable de la maladie ? S'agit-il d'un microbe qui évolue depuis plusieurs jours ou d'une superbactérie à l'origine d'une épidémie mondiale ? La réponse dépend beaucoup de vous. Êtes-vous bien reposé ? Quelle est la force de votre système immunitaire ? Votre corps peut combattre la plupart des infections s'il est armé jusqu'aux dents avec les bons guerriers systémiques et si vous fonctionnez au maximum de vos capacités. Évidemment, tout cela affecte votre capacité à penser, à traiter les informations et à travailler avec une efficacité maximale. Voyons ce qui compose votre **système immunitaire** et comment vous pouvez l'améliorer.

Vous serez peut-être surpris d'apprendre qu'une petite guerre s'est déroulée toute votre vie dans les coulisses de votre corps. Votre peau est votre première ligne de défense. Les bronches de vos poumons tentent d'évacuer les toxines gazeuses et l'acide gastrique s'efforce de neutraliser les toxines ingérées. Certaines toxines échappent à ces mécanismes de défense. Dès qu'un agent pathogène pénètre dans votre système, la guerre commence.

Le système lymphatique, la rate, les amygdales et le thymus jouent un rôle majeur dans la production d'agents destinés à combattre les agents pathogènes envahissants. Vous serez peut-être surpris d'apprendre que votre intestin joue également un rôle important dans ce processus. Je sais, n'est-ce pas ? Encore et encore, vous apprenez que ce que vous mangez et la façon dont ces aliments sont digérés sont beaucoup plus importants que vous ne l'avez jamais imaginé. Écoutez encore une fois le coach John. Le réseau complexe de cellules et de systèmes qui vous maintiennent en bonne santé dépend fortement de votre intestin. Ils dépendent d'un intestin sain.

Pas moins de soixante-dix pour cent de vos cellules immunitaires résident le long des voies de votre système intestinal. La muqueuse intestinale sécrète des anticorps qui identifient et détruisent les bactéries nocives. Votre tube digestif synthétise également des vitamines et des composés qui agissent pour ou contre vous. Lorsque l'organisme se fait la guerre à lui-même, on parle de maladie auto-immune. Celles-ci prennent la forme de maladies chroniques et souvent handicapantes qui peuvent vous affecter toute votre vie. Si vous connaissez quelqu'un qui souffre de lupus, de polyarthrite rhumatoïde ou de fibromyalgie, vous savez déjà que vous voulez éviter de contracter ces maladies.

Renforçons ce que nous avons déjà appris :

- ◆ pour une santé intestinale optimale, il faut des probiotiques.
- ◆ les aliments transformés sont dépourvus de leurs qualités innées.
- ◆ cuisiner à partir de zéro avec de vrais ingrédients est utile.
- ◆ une alimentation saine signifie que vous consommez de vrais aliments.
- ◆ les viandes et les produits biologiques vous permettent d'éliminer les pesticides que vous ne voulez pas manger.

Discutez avec votre médecin ou un prestataire de soins holistiques de vos éventuelles sensibilités alimentaires. Il se peut que vous souhaitiez supprimer le gluten, les produits laitiers ou le soja de votre alimentation. Les analyses de selles permettent d'évaluer les niveaux de bactéries intestinales et d'identifier les déséquilibres. Les aliments que vous consommez et la façon dont votre corps les traite sont importants, et c'est à vous de devenir le détective qui recherche les informations nécessaires à une santé et à un fonctionnement cérébral optimaux.

Il convient également d'examiner vos niveaux de vitamines. Qu'est-ce qui circule dans votre sang ? Quels sont les ingrédients de base avec lesquels votre cerveau doit travailler pour vous permettre de passer la journée ? La vitamine D est probablement la vitamine la plus importante pour le système immunitaire. De nombreux médecins et thérapeutes holistiques recommandent une supplémentation de 2 000 à 5 000 UI de vitamine D par jour. Demandez à votre médecin de vérifier votre taux pour déterminer la quantité dont vous avez besoin.

La vitamine C est une autre vitamine qui influe sur le système immunitaire. Les personnes soumises à un stress physique et surtout émotionnel accru risquent de contracter un rhume. Vous souvenez-vous que nous avons parlé de la virilité ou de la force d'un organisme en relation avec la façon dont vous êtes prêt à le combattre ? Lorsque l'organisme est stressé, il n'est pas en mesure de lutter aussi bien. Augmentez votre taux de vitamine C pour réduire l'incidence du rhume. Les professionnels de la santé suggèrent de prendre des suppléments de 1 000 mg à 5 000 mg par jour. Si vous ne consommez pas de vitamine C, il se peut que vous ayez besoin de suppléments.

Votre système immunitaire aime une alimentation équilibrée composée d'aliments entiers, non transformés et riches en antioxydants. Cela vous dit-il quelque chose ? Ce que vous apprenez, c'est l'importance des aliments que vous consommez et la façon dont ils influencent non seulement votre santé actuelle, mais aussi la façon dont vous vous sentirez demain, le jour suivant et dans dix ans. Deux superaliments influencent votre système immunitaire. Le premier consiste à manger quatre ou cinq portions de légumes verts par jour. Laitue, moutarde brune, chou vert, épinards, chou frisé... vous devriez maintenant les connaître par cœur ! L'autre superaliment pourrait vous surprendre. Les champignons. Saviez-vous que les champignons regorgent de vitamine D ? Certaines études suggèrent que divers champignons en offrent bien plus. Le maïtaké et le reishi semblent également stimuler l'activité des globules blancs.

En outre, inscrivez davantage d'ail à votre menu. Lorsqu'il est écrasé, l'ail libère de l'allicine, un composé qui combat les microbes à l'origine des infections.

Enfin, vous renforcez votre système immunitaire avec suffisamment de **sommeil** chaque nuit. Les guérisseurs recommandent de dormir sept à huit heures par nuit, ce qui est un luxe pour la plupart des adultes, mais néanmoins nécessaire. Un sommeil insuffisant diminue votre capacité à lutter contre les maladies. Si vous avez du mal à vous endormir ou à rester endormi toute la nuit, consultez votre médecin. Des déséquilibres chimiques ou hormonaux peuvent être en cause. Essayez de prendre de la mélatonine ou de la racine de valériane avant de vous coucher pour améliorer la qualité de votre sommeil.

Résumé du chapitre

Pour avoir un système immunitaire fort, vous devez protéger et nourrir votre cerveau.

- Consommez des aliments riches en vitamines C et D.
- Adoptez un régime alimentaire équilibré et intégrez des légumes verts à chaque repas. Mangez plus de champignons frais.
- Dormez comme si votre vie en dépendait. Parce que c'est le cas.

Merci de m'avoir invité chez vous, d'avoir pris le temps de lire et d'assimiler ces informations, de m'avoir permis d'être votre coach motivationnel. Si vous avez pris note de vos apports et ajusté vos habitudes alimentaires, vous remarquez une différence visible dans votre apparence et votre état d'esprit. Si vous avez tardé à vous y mettre, il n'est pas trop tard. C'est là tout l'intérêt de ce livre. Vous pouvez vous rattraper lorsque vous ressentez les effets d'une indulgence excessive et rééquilibrer votre organisme.

En tant que coach, j'ai essayé d'identifier les questions qui sous-tendent la raison pour laquelle vous avez acheté ce livre. J'ai essayé de vous fournir un cadre pour comprendre pourquoi vous devez changer, et je vous ai offert des recettes pour vous aider à faire ces changements. Cependant, le coaching est bien plus que cela. En tant que coach, il est important que je vous incite à vous voir tel que vous êtes et tel que vous voulez être.

Prenez un moment et faites la liste de ce que vous voyez en vous en ce moment. Dressez la liste des bonnes habitudes, des indulgences, des preuves d'un excès de consommation et d'un manque d'exercice.

Faites maintenant la liste de ce que vous voulez devenir. Comment vous changeriez-vous si vous le pouviez ? Si le temps et l'argent n'étaient pas un obstacle ? Dressez la liste de ces changements, même si vous les jugez irréalisables.

C'est dans l'espace entre les deux listes que la motivation entre en jeu. Pour continuer à faire des changements et à devenir plus sain, vous devez rester motivé. Voici des moyens de vous offrir le plus beau des dividendes : une personne plus jeune et en meilleure santé.

- Trouvez un partenaire de responsabilisation et faites un pacte, fixez-vous un objectif.
- Continuez à suivre vos progrès.
- Créez un carnet ou un système de classement pour les recettes saines.
- Élaborez un planning de repas que votre famille suivra.
- Établissez une liste de courses principale pour les achats hebdomadaires.
- Continuez à faire des petits pas. Ne rendez pas les choses trop difficiles et ne vous contentez pas de ce qui vous semble confortable.
- Trouvez le type d'exercice physique que vous aimez et que vous ferez régulièrement.
- Achetez une bouteille d'eau que vous aimez et remplissez-la régulièrement.
- Apprenez à cuisiner à partir de rien.

Vous avez lu le livre une fois et vous êtes arrivé à la fin. Maintenant, revenez en arrière et pliez le coin des pages qui vous ont été les plus utiles. Mettez en évidence les concepts que vous souhaitez approfondir. Relisez le livre, plus lentement, en prenant des notes. C'est là que vous trouverez l'or. Je sais que certains d'entre vous ont simplement parcouru et lu chaque chapitre rapidement. Vous avez levé le nez sur certaines recettes. Vous avez haussé les épaules et vous vous êtes dit : « pfff ! » Maintenant, vous lisez les derniers mots pour voir si vous voulez vraiment plonger dans le processus de votre propre changement. Permettez-moi de vous promettre ceci : si vous le faites, vous regarderez en arrière dans trois mois et vous serez étonné du changement que cela a apporté à votre vie, à votre travail, à vos relations.

Votre santé est la seule chose que vous pouvez posséder sans l'intervention d'autres personnes. Vous pouvez choisir ce que vous mangez. Vous pouvez choisir de laisser tomber le soda et de boire un verre d'eau fraîche et rafraîchissante. Vous pouvez choisir de manger moins de steaks ou de hamburgers et plus de poisson. Vous pouvez choisir de manger des légumes verts. Vous pouvez choisir de marcher davantage. Aucun gouvernement, aucun patron, aucun ami ne vous en empêche. Tout dépend de vous. Demandez-vous ce que vaut votre santé. Il est temps de faire ces changements avant qu'il ne soit trop tard pour préserver sa santé.

Je sais que vous voulez faire ces changements parce que vous avez pris le livre et que vous êtes arrivé jusqu'ici. Maintenant, allez jusqu'au bout. Revenez en arrière, reprenez les choses qui vous ont fait lever le nez et trouvez un moyen d'y remédier. Il faut parfois une tragédie pour que nous soyons prêts à changer, et je prie pour que ce ne soit pas le cas pour vous. Parfois, il suffit de se prendre par le col et de se secouer pour se sentir concerné et faire ce qui doit être fait. Comme je n'habite pas près de chez vous et que nous ne pouvons pas nous rencontrer lors de séances hebdomadaires, mes pages doivent faire le travail pour moi. Alors, revenez en arrière. Relisez le livre. Faites vos devoirs. Maîtrisez votre destin.

Apprenez autant que possible. Je vous ai donné une liste complète de ressources, et vous apprendrez beaucoup en lisant les autres sources que vous trouverez. Ces lectures renforcent ce que vous avez appris et offrent un intérêt composé dans le but d'accroître votre motivation à rester en bonne santé, à mieux manger et à faire plus d'exercice. En plus de lire davantage, suivez les bons conseils. Le monde est plein de colporteurs qui vendent des remèdes faciles à tout ce qui vous fait souffrir.

Votre santé est trop précieuse pour que vous essayiez de vous soigner vous-même ou que vous suiviez de mauvais conseils. Renseignez-vous le plus possible et demandez l'avis de plusieurs personnes avant de procéder à des changements radicaux. Examinez d'un œil critique les régimes à la mode. Apprenez à reconnaître les compétences des prestataires de soins de santé en qui vous avez confiance et observez leurs patients. Obtenez des recommandations. Ma plus grande préoccupation en tant que coach est que vous en appreniez juste assez pour vous mettre en danger ou devenir la proie de quelqu'un qui utilise le bon verbiage mais qui n'a pas l'expertise nécessaire pour s'occuper de vous. Le monde est dangereux, mes amis. Soyez intelligents, soyez vigilants.

N'oubliez pas qu'une bonne santé passe par une alimentation saine et beaucoup de couleurs. Je ne recommande pas de prendre des pilules, des suppléments ou des poudres. Je ne vends aucun produit. Je veux plutôt vous vendre de la santé. Une santé optimale. Une santé rayonnante. Laissez-moi vous faire économiser une fortune et beaucoup de temps. Considérez la nourriture comme votre amie et laissez ses couleurs vous guérir. Considérez l'eau comme la source de la vie. Buvez-la. Considérez l'exercice comme la danse de la vie. Intégrez-le un peu dans votre routine quotidienne. C'est le Coach John qui vous quitte. Jusqu'à notre prochaine rencontre, soyez heureux. Portez-vous bien. Soyez bienveillants envers vous-même.

Les antioxydants - Il s'agit de substances chimiques dérivées des aliments que nous consommons et dont la principale fonction est d'équilibrer les oxydants présents dans votre circulation sanguine. Permettez-moi d'expliquer cela. Votre corps est une machine complexe avec toutes sortes de contrôles et d'équilibres, de mouvements et de contre-mouvements. Les oxydants sont les résidus de la création par votre corps de nouvelles substances chimiques métabolisées à partir des aliments que vous consommez.

Les antioxydants sont des composés guerriers que l'organisme synthétise pour lutter contre l'oxydation. L'un d'entre eux est le glutathion, fabriqué à partir de trois acides aminés : la glutamine, la glycine et la cystéine. Des millions et des millions de réactions chimiques ont lieu chaque jour dans votre corps. Au cours de ce processus, certains composés deviennent instables, avec un électron libre ou supplémentaire. (Rappelez-vous vos anciens cours de chimie organique et la description des protons et des électrons de chaque élément). Ce minuscule électron libre est appelé *radical libre*.

Votre corps produit certains de ces radicaux libres dans la vie de tous les jours. Il est exposé à certains d'entre eux par le biais du tabagisme, des radiations et d'autres polluants. Il en acquiert certains en raison du stress et de la consommation d'alcool. Lorsque l'équilibre entre les antioxydants et les radicaux libres est rompu, il en résulte un stress oxydant. Ce stress affaiblit les membranes cellulaires. Il endommage le tissu conjonctif et le collagène (pensez à vos genoux !). C'est un facteur précurseur du cancer et des maladies cardiovasculaires. Il est responsable de maladies auto-immunes telles que l'arthrite et le psoriasis. Il affecte le diabète. Vous ne pouvez pas vous permettre d'ignorer cette partie essentielle de votre régime alimentaire.

Le système nerveux autonome - On l'appelle souvent le système nerveux involontaire parce qu'il fonctionne pendant le sommeil et sans aucune autodirection. Perdre le contrôle des muscles, c'est perdre son autonomie personnelle, peut-être perdre un travail particulier ou encore perdre des activités chères. La perte de vos fonctions autonomes est désastreuse. Le fonctionnement de votre cerveau et la longévité de votre cœur dépendent de la capacité de votre corps à être le cheval de trait le plus efficace que l'humanité ait jamais connu.

Il fonctionne à partir de la moelle épinière, à l'arrière du cerveau, et se divise en deux centres distincts : le sympathique et le parasympathique. Ces deux centres de contrôle remplissent des fonctions différentes, activant et désactivant souvent divers interrupteurs. Quel est le rapport entre votre dîner et tout cela ? Plus que vous ne le pensez.

Prenons un exemple parmi tant d'autres. Vous vous levez le matin et vous voulez faire monter l'adrénaline, ce qui permet au système nerveux sympathique de se mettre au travail. Celui-ci exécute son rôle de combat ou de fuite tout au long de la journée. Il a besoin d'un neurotransmetteur pour transmettre tous ces messages à l'ensemble de l'organisme. Que se passe-t-il lorsque vous voulez vous coucher le soir ? Le parasympathique travaille en opposition directe, en utilisant l'acétylcholine pour signaler des substances chimiques comme la sérotonine pour vous permettre de vous détendre et de vous endormir. Imaginez une petite roue dans une cage de hamster. Le hamster court et court, la faisant tourner dans une seule direction. Puis, tout à coup, il s'arrête, grignote peut-être une bouchée de nourriture et commence à faire tourner la roue dans la direction opposée. Votre cerveau est comme la roue du hamster, et le sens dans lequel il tourne dépend des neurotransmetteurs qui activent les transmissions nerveuses.

Les neurotransmetteurs sont des substances chimiques que votre corps fabrique et stocke dans les terminaisons nerveuses, prêtes à être activées sur commande pour que différents événements puissent se produire. Ils utilisent tous le même cerveau, les mêmes nerfs, les mêmes jonctions, mais chaque neurotransmetteur déclenche un type différent de réaction chimique avec un type différent de résultat. Votre corps synthétise ces neurotransmetteurs à partir des aliments que vous consommez.

Cette réalité saisissante nous échappe souvent lorsque nous nous gavons de chips et de sodas devant la télévision, n'est-ce pas ? Pas étonnant que nous fonctionnions mal ! La chaîne d'approvisionnement pour la fabrication de ces conductions nerveuses est interrompue. Si vous le faites assez souvent et assez longtemps, le désordre biologique s'installe. Si vous voulez éviter une telle tragédie, mangez des fruits, des légumes et des céréales complètes. Ce sont les sources des éléments constitutifs dont vous avez besoin.

L'alimentation saine - Il y a une pléthore d'experts qui veulent vous vendre le concept de l'alimentation saine. *Inscrivez-vous à mon programme (moyennant un abonnement mensuel)* ou *achetez mon magazine*. Vous pouvez faire l'un ou l'autre, ou les deux, mais sachez ce qu'est une alimentation saine. Ensuite, essayez-la. Enfin, voyez si vous avez besoin de payer pour participer à un programme ou si vous voulez vous abonner à un magazine.

Les chercheurs décrivent l'alimentation saine en termes simples et compréhensibles :

♦ mangez de vrais aliments. Nous en avons déjà parlé, n'est-ce pas ? Évitez les aliments transformés et mangez des choses que votre grand-mère reconnaîtrait.
♦ mangez pour être en bonne santé, pas pour ressentir du plaisir.
♦ mangez plus de plantes.

Quel est le contraire d'une alimentation saine ? Les additifs alimentaires, tout d'abord. Évitez les substituts du sucre comme l'aspartame, une neurotoxine connue. Le glutamate monosodique (GMS) stimule les cellules nerveuses et finit par les user. Certains pensent qu'il bloque la sensation de satisfaction, ce qui incite à manger davantage. D'autres personnes y sont tout simplement sensibles et ressentent des maux de tête, des nausées, des bouffées de chaleur ou même des palpitations après l'avoir ingéré. Les acides gras trans sont des additifs destinés à prolonger la durée de conservation des aliments transformés.

Vous pouvez les trouver sur les étiquettes sous des noms comme acide laurique, acide myristique, variations de l'acide linoléique et acide arachidonique. Les colorants alimentaires sont ajoutés aux aliments transformés parce que leurs colorants naturels ont été éliminés au cours de la transformation ou pour inciter l'acheteur à prendre un emballage attrayant. Chaque additif coloré est lié à des recherches sur divers carcinomes ou maladies. Le sulfite de sodium, les nitrates de sodium et les nitrites de sodium sont d'autres conservateurs à éviter. Le BHA et le BHT sont ajoutés aux aliments transformés pour les empêcher de changer de couleur et de devenir rances. Le dioxyde de soufre est un conservateur qui détruit la vitamine E de votre corps. Le bromate de potassium est ajouté aux produits de boulangerie.

Remarquez-vous la tendance ? Lorsque vous regardez les étiquettes et que vous avez du mal à lire certains mots, posez l'aliment. Ces additifs difficiles à lire sont le contraire d'une alimentation saine. Mangez les aliments tels qu'ils sont. Pas comme les fabricants les ont transformés.

Les flavonoïdes - Ces puissants dérivés des aliments que vous consommez interagissent avec les enzymes pour des performances optimales. Une étude décrit leur capacité à augmenter les interactions avec les neuroprotéines et à faciliter les connexions vasculaires en augmentant l'apport sanguin. De nombreuses études préliminaires suggèrent l'existence d'un lien vital entre la santé de votre cerveau et ces éléments de base.

Chez les plantes, ils font partie des processus fondamentaux d'utilisation des rayons ultraviolets dans la photosynthèse et d'utilisation de l'azote dans une vie végétale saine. L'Institut Linus Pauling décrit six variétés différentes de ces micronutriments : les anthocyanidines (baies, raisins et vin), les huiles de flavan-3 (thé, cacao, baies, raisins et pommes), les flavanones (oignons, brocolis, baies, pommes et thés), les flavones (agrumes et jus) et les isoflavones (soja et légumineuses). Les flavonols sont les plus courants. Ils sont bénéfiques pour les plantes et, lorsque vous les consommez, ils continuent à l'être pour vous.

Lorsque vous mangez ces fruits et légumes colorés, dégustez du chocolat, buvez du vin ou du thé oolong. Vous ingérez ces composés et ils sont métabolisés ou transformés en substances chimiques qui signalent à votre organisme qu'il doit entreprendre des actions anti-inflammatoires, anti-diabétiques et anti-cancéreuses. Les essais cliniques sont suffisamment prometteurs pour que l'on s'en préoccupe. À ce stade, les preuves sont sommaires, mais les chercheurs espèrent pouvoir prouver leur valeur dans les mécanismes de neuroprotection. Cela annoncerait un changement dans la façon dont nous traitons la démence en la prévenant complètement. Je m'attends à ce que des preuves soient apportées et je recommande toutefois que nous mangions comme si c'était déjà le cas. Cela ne peut que vous rendre plus sain, et si cela permet de prévenir la maladie d'Alzheimer, c'est un grand plus !

Le système immunitaire - Votre système immunitaire est une partie de votre corps beaucoup plus importante que vous ne l'imaginez. Nous avons parlé de la peau comme première ligne de défense, mais ce que vous ne savez peut-être pas, c'est que les cellules épithéliales (comme la peau) sont des guerrières qui tapissent chaque surface de votre corps exposée au monde extérieur. Votre gorge, vos intestins, vos vaisseaux sanguins et tous vos organes ont un revêtement épithélial. Consultez un vieux livre de biologie pour en savoir plus. Certains sont plats (cellules épithéliales squameuses qui tapissent les vaisseaux sanguins et les poumons), cuboïdaux (dans les reins et d'autres glandes), colonnaires (dans les intestins, le nez et la gorge) et ciliés (tapissés de petits poils qui poussent le mucus autour d'eux).

Si votre organisme ne parvient pas à repousser un microbe, il entre en guerre en interne. Si vous poursuivez vos recherches, vous vous souviendrez d'un chapitre sur l'immunité humorale, qui consiste en une deuxième ligne de défense de l'organisme. Les deux plus courantes sont la barrière hémato-encéphalique et la barrière sang-liquide céphalo-rachidien. Chacune tente de filtrer les microbes avant qu'ils n'infectent le cerveau ou le système nerveux, qui contrôle l'ensemble de l'organisme.

S'ils franchissent la première ligne de défense, c'est la guerre. Les globules blancs ne représentent qu'environ 1 % du sang, mais ils travaillent sans relâche. Il en existe cinq types :

- ♦ les monocytes - ils décomposent la paroi cellulaire des bactéries.
- ♦ les leucocytes - ces cellules créent des anticorps pour lutter contre les bactéries et les virus.

- ♦ les neutrophiles - ces cellules permettent l'hémolyse et digèrent les bactéries.
- ♦ les éosinophiles - ils s'attaquent aux cellules cancéreuses et aux allergènes.
- ♦ les basophiles - ils déclenchent la libération d'histamine et d'autres substances chimiques combattant les réactions allergiques.

Lorsque vous êtes infecté par une maladie, vos globules blancs et leurs systèmes de soutien entrent en jeu. Ils produisent de l'interféron, qui tente de perturber les virus, et des macrophages pour évacuer les matières mortes. Si les microbes de la maladie pénètrent dans vos cellules, la phagocytose (par l'intermédiaire des leucocytes) commence, en essayant d'entourer les cellules envahissantes et de les maîtriser. Les granulocytes (neutrophiles, éosinophiles et basophiles) attaquent les protéines des bactéries et les neutralisent.

Lorsque vous tombez malade et que vous consultez votre médecin, il se peut que l'on vous fasse une prise de sang pour analyser vos globules blancs. Un résultat normal se situe entre 5 000 et 10 000 globules blancs. Si une numération différentielle est demandée, vous verrez beaucoup de chiffres qui peuvent vous sembler insignifiants à première vue. Ce tableau montre à quoi ressemble une formule sanguine saine.

Globules blancs par type	Pourcentage de la numération formule sanguine
neutrophile	de 55 à 73%
lymphocyte	20-40%
éosinophile	1-4%
monocyte	2-8%
basophile	0.5-1%

La détermination des cellules présentes, de leur taux élevé ou faible, permet de déterminer le type d'infection que votre corps combat.

Sérieusement, cela ressemble à une saga épique du bien et du mal, avec des forces héroïques luttant parfois contre des obstacles insurmontables, tout cela dans le but de vous garder en vie. Tout ce que vous pouvez faire pour renforcer votre système immunitaire fournit à ces globules blancs l'énergie et les ressources nécessaires pour mener cette guerre. Lorsque vous les privez de ce dont ils ont besoin en adoptant une mauvaise alimentation ou encore en vous couchant tard, vous devenez vulnérable aux maladies

Que se passe-t-il lorsque le système immunitaire s'emballe ? Si votre corps s'emballe et produit trop de globules blancs, on vous diagnostique une leucémie ou un lymphome. Un autre problème survient lorsque le système produit trop de cellules et que celles-ci n'arrivent jamais à maturité. Il s'agit d'un trouble myéloprolifératif, qui est diagnostiqué lorsqu'un déséquilibre des cellules est constaté. Si votre organisme va trop loin dans la guerre et commence à considérer vos cellules comme l'ennemi, vous développez une maladie auto-immune comme le lupus, la fibromyalgie, l'arthrite ou le psoriasis. Le corps commence à s'attaquer à lui-même.

Tout cela montre l'importance de maintenir un système immunitaire sain et en pleine forme.

Le jeûne intermittent - Les recherches abondent dans ce sens : nous mangeons trop, trop souvent. Accorder à notre corps une pause dans son besoin incessant de digérer de plus en plus d'aliments présente de nombreux avantages. Ces bienfaits s'articulent autour de quatre changements fondamentaux qui se produisent lorsque le corps est au repos :

- les niveaux d'insuline diminuent de manière significative et, par conséquent, vous commencez à brûler des graisses.
- votre taux sanguin d'hormone de croissance augmente. Beaucoup. Cela facilite également la combustion des graisses tout en stimulant la croissance musculaire.
- votre corps entame d'importants processus de réparation, comme le transport des déchets vers les dépôts d'excrétion.
- il s'agit là d'un point important. Votre corps stimule plusieurs gènes et molécules liés à votre système immunitaire et à votre longévité.

Tout cela se produit lorsque vous participez à un cycle de jeûne intermittent. Il ne s'agit pas de régimes draconiens. Il s'agit plutôt d'un retrait programmé de la nourriture. Deux ou trois jours par semaine, vous vous adaptez à un programme de 8 heures de repas et de 16 heures sans nourriture ni eau. Certains s'abstiennent de manger et de boire pendant vingt-quatre heures deux fois par semaine. Parlez-en à votre médecin. Faites un essai. Déterminez ce qui vous convient. Voici quelques-uns des autres bienfaits dont vous bénéficierez.

1. Bien sûr, vous perdrez cette graisse du ventre tenace. Attendez-vous à une taille plus fine.
2. À moins que vous ne vous goinfriez pendant vos autres heures de travail, vous perdrez également du poids.
3. Vous réduirez votre risque de diabète de type 2.
4. Vous réduirez l'inflammation et le stress oxydant dans votre corps.
5. Il n'y a pas de preuve concluante, mais il existe des preuves prometteuses que le jeûne réduit le risque de cancer.

Ce sont les bienfaits pour le cerveau qui nous intéressent le plus ici. Le jeûne intermittent augmente les niveaux d'une hormone cérébrale appelée *facteur neurotrophique dérivé du cerveau (BDNF)*. Les scientifiques pensent qu'une déficience de cette hormone est responsable de la dépression et d'autres problèmes de santé mentale. On pense que le jeûne réduit le risque d'accident vasculaire cérébral, bien que cela puisse être le résultat d'une alimentation plus saine en parallèle. Les chercheurs pensent que le jeûne pourrait retarder l'apparition de la maladie d'Alzheimer, ou du moins en réduire la gravité. Ce changement de mode de vie a amélioré les symptômes de la maladie d'Alzheimer chez neuf patients sur dix.

L'une des méthodes les plus courantes de jeûne intermittent consiste à limiter les repas à une courte fenêtre de huit heures sur vingt-quatre. Je trouve qu'il est plus facile de jeûner pendant ma journée de travail. Je suis capable d'accomplir plus de choses et mon esprit est plus vif. Je prends un repas le soir et je grignote des noix ou des fruits secs lorsque je me détends.

Les preuves sont convaincantes, même si elles ne sont pas concluantes. Elles sont suffisamment convaincantes pour que je change mes habitudes et que je les recommande à mes clients. Votre cœur vous remerciera. Vous constaterez une diminution du risque de cancer. Votre corps aura l'énergie nécessaire pour réparer les gènes. Vous vivrez probablement plus longtemps.

Le régime japonais - Basé sur le « washoku », la cuisine japonaise traditionnelle, les personnes qui adoptent ce régime mangent de plus petites portions de plats préparés avec des ingrédients simples et frais. Pensez à un repas dans un restaurant oriental. Personne ne reçoit une assiette de la taille d'un wok. Les mets délicats sont servis dans de petites assiettes et tentent le palais sans l'endormir avec des aliments trop lourds. L'accent est mis sur le plaisir des yeux, en faisant en sorte qu'une partie du festin soit visuelle plutôt que sensible au palais.

Le régime japonais se compose essentiellement de poisson, de nouilles variées, de tofu, de riz cuit à la vapeur, d'algues, de fruits et de légumes fraîchement cuits. Certains ingrédients marinés ou fermentés équilibrent les saveurs et ajoutent des probiotiques au mélange. Ce que l'on ne voit pas, c'est beaucoup d'œufs, de produits laitiers ou de viande. Ces aliments sont présents en très petites quantités et de manière complémentaire. Ces repas se caractérisent par une cinquième sorte de sensation des papilles gustatives, une riche saveur umami, comme on l'appelle. Le riz sushi, préparé avec du vinaigre pour le rendre collant, est au centre de la plupart de ces repas. Ce vinaigre fait-il une différence ?

Selon des recherches acceptées par l'Organisation mondiale de la Santé, les femmes qui suivent ce régime vivent généralement jusqu'à 87 ans, et les hommes jusqu'à 80 ans en moyenne. Les sujets étudiés vivent non seulement plus longtemps, mais ils présentent moins d'hypertension, moins de maladies cardiaques, moins d'accidents vasculaires cérébraux et jouissent d'une meilleure santé articulaire. Il n'est pas nécessaire de manger du poisson cru pour mettre ce régime en pratique. Mangez des portions plus petites dans des assiettes plus petites. Utilisez davantage de légumes et de fruits. Mangez moins de viande. Faites en sorte que vos repas soient esthétiques. Vivez mieux et plus longtemps.

Le régime méditerranéen - Les scientifiques ont constaté une longévité et un mode de vie plus sain chez les riverains de la mer Méditerranée. Ce n'était pas le fait de leurs médecins ou de leurs pharmacies. C'est leur assiette qui est en cause. Ce régime est considéré comme sain pour le cœur. Il comprend un apport quotidien de légumes, de fruits, de céréales complètes et de graisses saines. Chaque semaine, il y a du poisson, de la volaille, des haricots et des œufs. La consommation de produits laitiers est modérée et celle de viande rouge est réduite. Il s'agit de partager le repas avec la famille ou les amis, d'apprécier un verre de vin rouge et de discuter longuement. Il est basé sur les plantes et non sur la viande.

Ce régime fait la part belle aux graisses saines, avec moins de graisses saturées et d'acides gras trans, connues pour être à l'origine de maladies coronariennes. L'huile d'olive est une graisse monoinsaturée qui réduit le taux de cholestérol et de lipoprotéines de basse densité (LDL). Les noix et les graines, qui figurent également en bonne place dans leurs recettes, contiennent également des graisses monoinsaturées. Il en va de même pour les poissons gras tels que le maquereau, le hareng, la sardine, le thon blanc et le saumon. Tous sont riches en acides gras oméga-3, connus pour réduire l'inflammation. Les acides gras oméga-3 présentent d'autres avantages, comme la réduction du risque d'insuffisance cardiaque et d'accident vasculaire cérébral.

Les bienfaits typiques pour la santé sont une diminution des maladies cardiovasculaires, une réduction du diabète, une baisse de la tension artérielle, une diminution de la démence et un allongement de la durée de vie. L'amélioration de la santé des personnes qui suivent ce régime a été constatée pour la première fois dans les années 1950 et, depuis, de nombreuses études l'ont confirmée. En revanche, le régime américain typique, composé de viande et de pommes de terre, sans verdure, s'il vous plaît, est mortel.

Acides gras oméga-3 - En principe, il existe deux acides gras essentiels : l'acide alpha-linolénique (l'un des nombreux acides gras oméga-3) et l'acide linoléique (un acide gras oméga-6). En théorie, votre corps peut fabriquer tout ce dont vous avez besoin à partir de ces deux substances.

Remarquez que j'ai dit *en théorie*. En réalité, ce n'est pas toujours le cas et c'est là que le régime alimentaire entre en jeu. Les bonnes graisses sont essentielles. Deux d'entre elles sont essentielles : l'EPA (acide eicosapentaénoïque) et le DHA (acide docosahexaénoïque). Ne me demandez pas qui les a nommés. Pourquoi donnerait-on à quelque chose d'essentiel un nom aussi difficile à prononcer ? On les trouve dans certains poissons. L'ALA (acide alpha-linolénique) se trouve dans des sources végétales telles que les noix et les graines.

La liste des maladies affectées par un manque d'acides gras oméga-3 ressemble à un programme de conférence de l'AMA. La polyarthrite rhumatoïde, la dépression, la maladie d'Alzheimer, le développement du fœtus, le TDAH et l'asthme indiquent tous que les oméga-3 déficients sont des co-conspirateurs dans les processus pathologiques. Les vieux charlatans qui vendaient un sérum capable de tout guérir, de la morsure de serpent à la paralysie, n'étaient pas si loin de la vérité qu'on le pensait. Il est vrai que certains éléments de base constituent le fondement de la santé et que leur absence provoque des ravages dans l'organisme.

Probiotiques - Je parie que vous ne saviez pas que les bactéries sont dix fois plus nombreuses que les cellules de votre corps. C'est pourtant vrai. Vos bactéries intestinales saines et quelques levures amicales sont des vedettes qui contribuent à synthétiser des substances chimiques importantes pour votre cerveau. En plus de synthétiser la sérotonine, elles remplissent un certain nombre d'autres fonctions saines au sein de votre corps, et les scientifiques ont encore du mal à déterminer tous les faits.

Cela n'a pas empêché le public de prendre le train des probiotiques. En 2012, l'Institut national de la santé américain (*the National Institute of Health - NIH*) a indiqué que quatre millions d'adultes américains déclaraient prendre des compléments alimentaires à base de probiotiques. Plus révélateur encore, 300 000 enfants avaient reçu des probiotiques de la part de leurs parents ou des personnes qui s'occupaient d'eux. Ces personnes soucieuses de leur santé ont pris connaissance des nouvelles recherches et n'ont pas tardé à prendre le train en marche.

Selon Wang et Shurtleff, « la communauté de micro-organismes qui vit sur nous, et en nous, s'appelle le « microbiome » C'est un sujet de recherche brûlant. Le projet du microbiome humain (the *Human Microbiome Project*), soutenu par le NIH de 2007 à 2016, a joué un rôle clé dans cette recherche en cartographiant les bactéries normales qui vivent dans et sur le corps humain sain. Sur la base de cette compréhension du microbiome normal, des chercheurs du monde entier, dont beaucoup sont soutenus par le NIH, explorent actuellement les liens entre les modifications du microbiome et diverses maladies. Ils développent également de nouvelles approches thérapeutiques conçues pour modifier le microbiome afin de traiter les maladies et de favoriser la santé. »

Voici ce qu'en dit le NIH : Ils *pourraient* favoriser la culture de bactéries saines dans l'organisme. Ils *pourraient* influencer la réponse immunitaire de l'organisme. Ils *pourraient* aider à soulager les douleurs pelviennes chroniques. En d'autres termes, on en sait trop peu pour pouvoir faire de véritables affirmations. Mais il n'est pas trop tôt pour consommer davantage d'aliments riches en probiotiques, comme le yaourt grec, le chocolat noir et les cornichons. Plusieurs aliments d'origine étrangère y figurent également, ce qui n'est pas très surprenant : le miso, le kéfir et le kimchi.

Le sel - Votre corps a besoin de sel, mais en réalité, vous en mangez probablement beaucoup trop. Les aliments transformés sont saturés de sel, et une personne moyenne consomme 77 % de son apport quotidien en sel dans des aliments tels que le pain et les chips. En outre, nous avons pris l'habitude de saler nos aliments. Que se passe-t-il lorsque l'on ingère trop de sel ?

- ♦ L'hypernatrémie - en langage médical, il s'agit d'un excès de sodium dans la circulation sanguine, qui se manifeste lorsqu'une personne est gravement déshydratée ou a consommé trop de sel. Les symptômes sont les suivants : irritabilité, crampes musculaires, confusion, dépression et vomissements. Des fluides intraveineux sont nécessaires pour réhydrater le corps aussi rapidement que possible.
- ♦ Les ballonnements, que nous connaissons tous lorsque nous abusons des aliments salés.
- ♦ La soif.

Voici ce qui se passe lorsque vous avez trop de sel dans votre organisme. Lors de la digestion, le sel passe dans la circulation sanguine et les cellules essaient de décharger l'excès dans les cellules de l'ensemble du corps. Pour maintenir l'équilibre de votre système, vous devez retenir de l'eau, d'où les ballonnements. Tout ce liquide supplémentaire est difficile à supporter pour la paroi des vaisseaux sanguins, qui deviennent plus rigides au fil du temps, ce qui entraîne une hypertension artérielle. Vous avez mangé allègrement et un jour, cela vous rattrapera avec des conséquences assez graves.

Tout ce brassage de sodium indésirable (provenant du sel, un composé de chlorure de sodium) a pour but de vous maintenir en vie, mon ami. Votre corps entretient une danse très délicate appelée homéostasie. Vous devez disposer de sodium et de potassium pour assurer le transport normal des matériaux à l'intérieur et à l'extérieur de chaque cellule, et votre circulation sanguine transporte des fluides pour faciliter ce processus. Pour maintenir cet équilibre délicat, l'organisme dispose d'une pompe gérée par une enzyme appelée adénosine triphosphatase. Cette enzyme pompe le sodium hors des cellules et pompe le potassium dans les cellules. Tout cela a pour but d'assurer les niveaux nécessaires à l'utilisation du glucose comme source d'énergie.

Pour réguler les quantités appropriées de sodium et de potassium, vous entendrez les professionnels parler du régime DASH. C'est l'abréviation de *Dietary Approaches to Stop Hypertension* (approches diététiques pour arrêter l'hypertension). C'est très simple. Mangez moins de sel. Mangez plus d'aliments riches en potassium. Il s'agit des légumes, des fruits, des fruits de mer et des produits laitiers. Mangez des pommes de terre cuites au four (plutôt que des pommes de terre pelées), du yaourt nature, du saumon et des bananes. La meilleure chose à faire est de manger moins d'aliments transformés, moins d'aliments salés et de bannir le sel de table.

Sérotonine - Il s'agit de la 5-hydroxytryptamine. Il s'agit d'un neurotransmetteur monoaminergique, c'est-à-dire un neurotransmetteur qui agit au niveau des terminaisons nerveuses pour assurer le passage sécurisé des informations d'un nerf à l'autre. Imaginez qu'un nerf est une longue tentacule d'informations qui s'étend à partir du cerveau. Chaque nerf a une tête, un long corps appelé axone et une queue. Il doit se connecter au nerf suivant pour transmettre l'information du cerveau au cœur, aux poumons, aux jambes, à toutes les parties du corps. Il y a un petit espace mort entre ces nerfs, et le neurotransmetteur transporte l'information à travers cet espace jusqu'au nerf suivant.

Au-delà de la transmission nerveuse, la sérotonine affecte de nombreuses parties du corps. Elle aide à contrôler le transit intestinal, les nausées et la diarrhée, ce qui a un lien direct avec le syndrome du côlon irritable (SCI). Elle régule l'anxiété et l'humeur. Si elle est en quantité insuffisante, vous devenez soudainement déprimé. Ce n'est pas un secret : c'est la substance chimique responsable d'un bon sommeil. En cas de blessure, les plaquettes sanguines libèrent de la sérotonine pour aider à former des caillots et prévenir les hémorragies. La sérotonine joue également un rôle dans la santé des os. Un taux élevé de sérotonine favorise l'ostéoporose, ce qui constitue un problème pour les personnes âgées qui ont des difficultés à dormir. Prenez la juste dose. Elle a également un effet sur la libido.

Nous insistons le plus souvent sur son rôle dans la santé mentale. Réduisez le besoin de recourir à des produits pharmaceutiques en régulant votre humeur de manière naturelle. Des niveaux normaux de sérotonine signifient que vous vous sentez plus heureux, plus calme et plus concentré.

Les taux normaux de sérotonine sont mesurés par des analyses de sang et devraient se situer entre 101 et 283 nanogrammes par millilitre (ng/mL). Il n'est pas nécessaire de le savoir ou de s'en souvenir, mais l'essentiel est qu'il s'agit d'une substance chimique que n'importe quel laboratoire peut mesurer. Si vous pensez avoir un taux élevé ou faible, demandez à votre médecin de vous prescrire un test. Un taux faible signifie que vous devez l'augmenter, et les médicaments vont normalement directement dans l'armoire à pharmacie. Tout d'abord, essayez d'augmenter votre exposition à la lumière vive. Essayez de faire de l'exercice régulièrement. Mangez des œufs, du fromage, de la dinde, des noix, du saumon, du tofu et de l'ananas pour augmenter votre taux de cholestérol. Essayez de méditer chaque jour.

À l'inverse, la prise de médicaments entraînant une élévation du taux de sérotonine provoque l'effet inverse, connu sous le nom de syndrome sérotoninergique. Les symptômes sont les suivants : frissons, diarrhée, maux de tête, confusion et dilatation des pupilles. En l'absence de traitement, ce syndrome peut affecter les muscles volontaires, ce qui se traduit par une forte fièvre, une pression artérielle élevée, un rythme cardiaque rapide ou irrégulier et des crises d'épilepsie.

Lorsque vous le pouvez, mangez pour être en meilleure santé plutôt que d'aller directement à la pharmacie et de prendre des cachets.

Sucre, succédanés de sucre - Avez-vous réalisé que le sucre représente une part importante de votre alimentation ? La quantité journalière recommandée varie en fonction du rapport que vous lisez, mais disons que nous parlons de 37,5 g pour les hommes et de 25 g pour les femmes. Cela représente environ douze cuillères à café de sucre par jour. Que mangent en réalité la plupart des gens ? Une personne qui consomme 2 000 calories par jour ingère probablement 50 grammes de sucre. C'est incroyable ! Certains chercheurs supposent que l'adulte moyen absorbe ces 50 grammes sous forme de *sucre ajouté, de sucre caché*, en plus des plaisirs sucrés.

Il est facile de reconnaître le sucre dans une canette de soda. Une canette de Coca Cola de 330 ml contient 39 grammes de sucre. Ajoutez à ce Coca-Cola un sachet de Skittles (47 grammes de plus) et vous verrez que le compte est bon. Le problème, c'est que ces sucreries ne sont que la partie émergée de l'iceberg. Réalisez que si vous n'évitez pas activement le sucre, vous en consommerez probablement beaucoup trop, et à partir de sources que vous n'auriez jamais imaginées. Presque tous les aliments transformés contiennent du sucre :

- granola
- barres protéinées
- yaourt

- pain
- sauce tomate
- soupes en conserve
- les beurres de noix transformés

Devenez un lecteur d'étiquettes. Vous savez qu'il faut faire attention au sirop de maïs et probablement aux mots en -ose comme fructose et maltose. Faites attention aux cinquante-six autres mots qui se font passer pour du sucre, comme le fructose, le saccharose, le sucre de betterave, la mélasse, le miel, le caramel, la caroube, tout type de sucre ou de sirop, la dextrine, le dextrose, la maltodextrine, le D-ribose, le galactose, le nectar d'agave ou encore le turbinado.

Cela signifie-t-il qu'il ne faut jamais manger de sucreries ? Non. Recherchez des substituts à la stévia, comme le chocolat. Utilisez le xylitol et d'autres sucres alcoolisés, qui sont moins caloriques et ont moins d'effets inflammatoires sur l'organisme. L'érythritol est fabriqué par un processus de fermentation de l'amidon de maïs et offre toute la douceur du sucre avec seulement 5 % des calories. Le sorbitol et le maltitol en sont d'autres. J'utilise la stévia et l'érythritol pour remplacer le sucre dans mes biscuits, mes gâteaux et mon pain, avec d'excellents résultats. Bonne cuisine !

Suppléments - Les scientifiques s'interrogent sur l'utilité d'avaler des pilules et des suppléments pour favoriser la santé cérébrale. Certains préconisent les suppléments et d'autres se demandent s'ils sont métabolisés ou excrétés en totalité. Personne n'apporte de preuve de leur valeur. L'engouement pour les vitamines a commencé dans les années 1960, lorsque les Pierrafeu étaient vendus aux enfants. Puis One A Day est devenu populaire. Ces campagnes publicitaires ont légitimé la supplémentation et le public s'est emballé. La prise de multivitamines s'est transformée en une multitude de vitamines spécifiques. J'admets que je me suis laissé entraîner de temps en temps dans cet engouement, en prenant des vitamines E, C, B12 et de la biotine. Je n'ai pas pu m'en empêcher. C'est comme si le monde était passé au crible de la médecine de crise et que, par conséquent, nous tournions tous autour comme des poulets à qui l'on aurait coupé la tête, picorant des compléments alimentaires dans l'espoir d'éviter des maladies telles que les maladies cardiaques et la démence.

Les probiotiques en sont un exemple. La *Food and Drug Administration* (FDA) réglemente les compléments alimentaires, mais certains probiotiques n'ont pas besoin d'être contrôlés par la FDA. Les fabricants peuvent affirmer ce qu'ils veulent sans se faire taper sur les doigts tant qu'ils ne font pas d'allégations en matière de santé. Personne ne sait s'ils sont utiles ou nuisibles, mais cela ne fait aucune différence pour certains guérisseurs holistiques qui les prescrivent ou pour les entreprises qui les fabriquent. La meilleure alternative est un régime riche en nutriments, que j'ai décrit à maintes reprises tout au long de ce livre.

Depuis que je me concentre sur une alimentation saine, plutôt que sur la prise de pilules, je suis en meilleure santé et plus calme. Je dors mieux et plus régulièrement. J'ai appris à soigner mon corps avec des aliments comme la nature l'a prévu. C'est le Coach John qui vous parle : *améliorez votre santé à travers votre alimentation*.

Berk, L., Bruhjell, K., Peters, W., Bastian, P., Lohman, E., Bains, G., Arevalo, J., Cole, S. (2018). Dark Chocolate Effects on Human Gene Expression. [Les effets du chocolat noir sur l'expression génétique humaine]. Fédération des sociétés américaines de biologie expérimentale. Résumé n° 755.1. Consulté le 22 décembre 2019 sur https://www.fasebj.org/doi/10.1096/fasebj.2018.32.1_supplement.755.1

Borelli, L. (2017). 6 Benefits of Eating Blueberries for Brain Health, From Lowering Dementia Risk to Improving Memory. [6 avantages de la consommation de myrtilles pour la santé du cerveau, de la réduction du risque de démence à l'amélioration de la mémoire]. Consulté le 22 décembre 2019 sur https://www.medicaldaily.com/6-benefits-eating-blueberries-brain-health-lowering-dementia-risk-improving-419938

Bowden Ph.D., CNS, J. (2018). Clean Eating Is Not Disordered. [L'alimentation saine n'est pas désordonnée]. Consulté le 22 décembre 2019 sur https://www.cleaneatingmag.com/author/jonny-bowden-phd-cns

DiSalvo, D. (2017). Why is Diet Soda So Bad For Your Brain? [Pourquoi le soda est-il si mauvais pour votre cerveau ?]. Consulté le 22 décembre 2019 sur https://www.forbes.com/sites/daviddisalvo/2017/04/27/why-is-diet-soda-so-bad-for-your-brain/#42bd7c885fad

Révisé par Freeborn Ph.D., D., Cunningham, L., LoCicero MD, R, Mis à jour par Rogers, K. (2018). White Blood Cell. [Cellule sanguine blanche]. Encyclopedia Britannica. Consulté le 22 décembre 2019 sur https://www.britannica.com/science/white-blood-cell

Greenberg Ph.D., M. (2015). Why Our Brains Love Sugar--and Our Bodies Don't. [Pourquoi nos cerveaux adorent le sucre mais notre corps non]. Consulté le 22 décembre 2019 sur https://www.psychologytoday.com/us/blog/the-mindful-self-express/201302/why-our-brains-love-sugar-and-why-our-bodies-dont

Higdon, J. (2005). Flavonoids. [Flavonoïds]. Université d'État de l'Oregon. Mis à jour en février 2016. Consulté le 22 décembre 2019 sur https://lpi.oregonstate.edu/mic/dietary-factors/phytochemicals/flavonoids#subclasses

Jeaveans, C. (2014) How Much Sugar Do We Eat? [Quelle quantité de sucre consommons-nous ?]. Consulté le 22 décembre 2019 sur https://www.bbc.com/news

Lally, P., van Jaarsveld, C., Potts, H., Wardle, J. (2009). How Are Habits Formed: Modelling Habit Formation in the Real World. [Comment les habitudes se forment-elles : Modéliser la formation des habitudes dans le monde réel]. European Journal of Social Psychology. Consulté le 22 décembre 2019 sur https://onlinelibrary.wiley.com/doi/abs/10.1002/ejsp.674

Lappé, F. M. (1971). Diet for a Small Planet. [Régime pour une petite planète]. Ballantyne Books. New York.

Lehmen, S., Fogoros, R. (2019). Serving Sizes for Eighteen Fruits and Vegetables. [Portions de dix-huit fruits et légumes]. Consulté le 22 décembre 2019 sur https://www.verywellfit.com/serving-sizes-for-18-fruits-and-vegetables-2506865

Levy CHHC, J. (2018). Vitamin E Benefits the Skin, Hair, Heart, Eyes and More. [La vitamine E est bénéfique pour la peau, les cheveux, le cœur, les yeux et plus encore]. Consulté le 22 décembre 2019 sur https://draxe.com/nutrition/vitamin-e-benefits/

Loma Linda University Health. Dark Chocolate Boosts Memory. [Le chocolat noir stimule la mémoire]. Consulté le 27 février 2019 sur http://www.alzheimersweekly.com/2018/05/dark-chocolate-boosts-memory.html

McKay Ph.D., S. (2019). Is Alzheimer's Disease a Women's Health Problem? [La maladie d'Alzheimer est-elle un problème de santé de femmes ?]. Consulté le 22 décembre 2019 sur http://yourbrainhealth.com.au/

Mosconi Ph.D., L. (2018). Mind Food: What a Neuroscientist Eats. [Mind Food : ce que mange un neuroscientifique]. Consulté le 20 décembre 2019 sur https://www.thetimes.co.uk/article/mind-food-what-a-neuroscientist-eats-wd9mfz9st

Organisation mondiale de la Santé. (2013). WHO | Dementia cases set to triple by 2050 but still largely ignored. [OMS | Les cas de démence devraient tripler d'ici 2050 mais restent largement ignorés]. Consulté le 20 décembre 2019 sur https://www.who.int/mediacentre/news/releases/2012/dementia_20120411/en/

Perry, D. (2018). 2 Rules for How to Cook Salmon Even Haters Will Love. [2 règles pour cuisiner un saumon que même les détracteurs aimeront]. Consulté le 20 décembre 2019 sur https://www.realsimple.com/food-recipes/how-to-cook-salmon-for-haters

Puckette, M. (2016). Food and Wine Pairing Basics. [Les bases de l'accord mets et vins]. Mis à jour le 30 octobre 2019. Consulté sur https://winefolly.com/tutorial/getting-started-with-food-and-wine-pairing/

Rederer, M. 15 "Healthy" Foods You Won't Believe Are Full of Added Sugar. [15 aliments "sains" dont vous ne croirez pas qu'ils sont pleins de sucre ajouté]. Consulté le 22 décembre 2019 sur https://healthprep.com/fitness-nutrition/15-healthy-foods-you-wont-believe-are-full-of-added-sugar/?utm_source=-bing&utm_medium=search&utm_campaign=328752049&utm_content=1146791188590073&utm_term=processed%20sugar&msclkid=d173b9d2037a12294431e42de10ac3f4

Shahzad MSc, A. (2018). Advances Along the Gut-Liver-Brain Axis in Alzheimer's Disease: Why Diet May Be So Impactful. [Avancées le long de l'axe intestin-foie-cerveau dans la maladie d'Alzheimer : pourquoi le régime alimentaire peut avoir un tel impact]. Consulté le 20 décembre 2019 sur https://www.alz.org/aaic/releases_2018/AAIC18-Tues-gut-liver-brain-axis.asp

Shute, E. et Shute, W. Shute Vitamin E Protocol. [Protocole Shute de la vitamine E]. Consulté le 20 décembre 2019 sur http://www.doctoryourself.com/shute_protocol.html

Smith, K. (2017). How to Eat More Brain Healthy Foods. [Comment manger plus d'aliments sains pour le cerveau]. Consulté le 20 décembre 2019 sur .http://ageright.org/2017/05/13/eating-more-brain-healthy-foods/

Sons, T. (2017). Supercharge Brain Health With These Foods. [Ces aliments qui renforcent la santé du cerveau]. Consulté le 20 décembre 2019 sur https://www.lifehack.org/530346/supercharge-brain-health-with-these-foods

Weiss, MD MCR, J., Woodell MD, T. (2019). Sodium Homeostasis. Chronic Disease in the Elderly. [Homéostasie du sodium. Maladies chroniques chez les personnes âgées]. Consulté le 22 décembre 2019 sur https://www.sciencedirect.com/topics/medicine-and-dentistry/sodium-homeostasis

Williams, R. (2012). Flavonoids, Cognition and Dementia: Actions, Mechanisms, and Potential Therapeutic Utility for Alzheimer Disease. [Flavonoïdes, cognition et démence : actions, mécanismes et utilité thérapeutique potentielle pour la maladie d'Alzheimer]. Consulté sur https://www.sciencedirect.com/science/article/abs/pii/S0891584911005764

Wang, Ph.D., Y. et Shurtleff, Ph.D., D. (2012). Probiotics: What You Need to Know [Probiotiques : ce qu'il faut savoir]. Consulté le 22 décembre 2019 sur https://www.sciencedirect.com/science/article/abs/pii/S0891584911005764